Die Neuausrichtung der Zwischenstaatlichkeitsklausel der Art. 81, 82 EG

Frankfurter wirtschaftsrechtliche Studien

Herausgegeben von
Theodor Baums, Andreas Cahn, Friedrich Kübler,
Hans-Joachim Mertens, Eckard Rehbinder, Gunther Teubner

Band 57

PETER LANG
Frankfurt am Main · Berlin · Bern · Bruxelles · New York · Oxford · Wien

Manuel Lorenzo Alonso

Die Neuausrichtung der Zwischenstaatlichkeitsklausel der Art. 81, 82 EG

Folgen der neuesten Entwicklungen des Gemeinschaftsrechts für die Zwischenstaatlichkeitsklausel – unter besonderer Berücksichtigung des Bankenbereichs

PETER LANG
Europäischer Verlag der Wissenschaften

Bibliografische Information Der Deutschen Bibliothek
Die Deutsche Bibliothek verzeichnet diese Publikation in der Deutschen Nationalbibliografie; detaillierte bibliografische Daten sind im Internet über <http://dnb.ddb.de> abrufbar.

Zugl.: Frankfurt (Main), Univ., Diss., 2003

D 30
ISSN 0723-0427
ISBN 3-631-51047-0

www.peterlang.de

VORWORT

Eurosklerosis, Demokratiedefizit und Eurokratie sind nur einige Stichworte, mit denen der Zustand der Europäischen Union in den letzten Jahre angesichts des ständigen Wachstums der Zahl ihrer Mitglieder und ihrer mangelnden Anpassung an die veränderten Bedingungen beschrieben worden ist. Die Entwicklungen der letzten Jahre, wie etwa die Globalisierung und die bevorstehende Erweiterung der Gemeinschaft, haben den Reformdruck verstärkt. Die Mitgliedstaaten haben sich schließlich den Herausforderungen gestellt und wollen die seit langem geforderte institutionelle Reform beschleunigen und zum Abschluss bringen.[1] Auch das in den Art. 81, 82 EG[2] niedergelegte Gemeinschaftskartellrecht ist von dem Reformdruck betroffen und die Gemeinschaft bereitete eine umfassende Reform dieses Bereichs vor. Ziel der Reformen ist, die Effektivität der europäischen Wettbewerbsregeln zu steigern, um ihre Bedeutung für den Integrationsprozess zu erhalten.[3] Hierbei treten Spannungen auf, da die ordnungspolitischen Auffassungen der Mitgliedstaaten – wie am Streit über die Industrie- versus Wettbewerbspolitik zu beobachten – als unvereinbar gelten.[4] Im Rahmen der angestrebten Reformen schlagen sich diese Spannungen unmittelbar dort nieder, wo um das Verhältnis von gemeinschaftlichem und nationalem Recht gerungen wird: Bei der Reform der Durchführungsvorschriften der Art. 81, 82 EG wurde um die Einführung einer Ausschließlichkeitsregelung und bei der europäischen Zusammenschlusskontrolle wird um die Absenkung der Umsatzschwellen gestritten.[5] Das ist verständlich, da mit den Reformen Zuständigkeitsfragen, die aus Sicht der Mitgliedstaaten einen Souveränitätsverlust bedeuten, verbunden sind. Insbesondere im Zusammenhang mit den die Art. 81, 82 EG betreffenden Reformen wird im Gegenzug die Forderung gestellt, dass das die Abgrenzung von europäischem und nationalem Kartellrecht bestimmende Merkmal der „Beeinträchtigung des Handels zwischen Mitgliedstaaten“ (auch Zwischenstaatlichkeitsklausel) zugunsten des Anwendungsbereichs des Kartellrechts der Mitgliedstaaten einzuschränken sei.[6] Dieser Frage gehe ich nach.

Die Dissertation wurde am 9. August 2002 beim Fachbereich Rechtswissenschaften der Johann Wolfgang Goethe-Universität eingereicht und von Herrn Prof. Dr. Eckard Rehbinder betreut, dem ich hierfür nochmals danke. Für die

---

[1] Clement, S. 20.
[2] Die Zitierweise der Bestimmungen der Verträge folgt der Zitierweise der Bestimmungen der Verträge in den Texten des Gerichtshofes. Siehe hierzu die Informationen des Gerichtshofs auf seiner Homepage: http://curia.eu.int/de/jurisp/remnot.htm.
[3] Siehe zur „Vertiefung“ der Wettbewerbsregeln - Baron in Langen/Bunte, KartR, Einführung zum EG-Kartellrecht Rn. 114ff.
[4] Streit, FS Hoppmann, S. 199.
[5] Kommission, Vorschlag VO-17/62, Art. 3; Kommission, Grünbuch FKVO 2001.
[6] Wolf, EuZW 1994, S. 233 Fußnote 12.

Veröffentlichung wurde die Arbeit aktualisiert und befindet sich auf dem Stand Ende Februar 2003.

Herrn Prof. Dr. Theodor Baums gebührt ebenfalls Dank für das zügige Erstellen des Zweitgutachtens. Beiden danke ich auch für das Angebot, die Arbeit in der Reihe *„Frankfurter wirtschaftsrechtliche Studien"* herauszugeben.

Für die finanzielle Unterstützung durch ein Stipendium richtet sich mein Dank außerdem an die Graduiertenförderung der Johann Wolfgang Goethe-Universität; insbesondere die freundliche Betreuung durch Frau Knobloch sei an dieser Stelle hervorgehoben.

Schließlich geht mein Dank an Herrn Rechtsanwalt Oliver Faust für die Durchsicht des Manuskripts auf Schlüssigkeit. Frau Assessorin Petra Bosshammer und meiner Freundin Diane Tröller gebührt der Dank für das Korrekturlesen der kompletten Arbeit. Dies entbindet mich natürlich nicht von der Verantwortung für den Inhalt und die Form der Arbeit: Fehler gehen ausschließlich zu meinen Lasten.

Meiner Mutter Emilia Obach gebührt mehr als nur Dank für die Weitergabe der Einsicht, dass Wissen in unserer Gesellschaft eine wesentliche Investition in die individuelle Zukunft ist und die Bereitschaft dies zu ermöglichen.

Inhaltsverzeichnis

KAPITEL 1: GRÜNDE FÜR DIE REFORM DES EG-KARTELLRECHTS

Das Bestreben der Reform des EG-Kartellrechts beruht nicht nur auf dem Drang der Mitgliedstaaten nach mehr eigener Verantwortung in diesem Bereich. Die Anwendung und Durchsetzung des europäischen Kartellrechts hat in den letzten Jahren durch den Zuwachs der Mitgliedstaaten immer mehr an Effektivität verloren, so dass sich Praktiken herausgebildet haben, die Zweifel an der Rechtmäßigkeit, zumindest aber Zweifel an der Rechtssicherheit, des Handelns der Kommission haben aufkommen lassen.

1. TEIL: VOLLZUGSDEFIZITE

Der Vorwurf des Vollzugsdefizits an die Adresse der Kommission[7] lässt sich nachvollziehen, wenn man die Dauer der anhängigen Verfahren, die Zahl des Verfahrensrückstaus, die Zahl der neuen Verfahren in die Betrachtung einbezieht.
Gerade im Bereich der zahlenmäßig überwiegenden Anmeldeverfahren nach Art. 81 Abs. 3 EG in Verbindung mit Art. 4 VO Nr. 17/62 (etwa 60 %)[8] lassen sich Fälle zitieren, deren Dauer zwischen zwei und vier Jahren betrug.[9]
Der Rückstau bei der Bearbeitung von Anmeldungen ist zwischen den Jahren 1987 und 1994 von 2.917 auf 604 zurückgegangen. Damit stellt sich die Lage hinsichtlich der Fallbearbeitung zwar nicht als dramatisch dar. Zu Bedenken ist aber, dass dieser Erfolg darauf beruht, dass keine intensive Einzelfallprüfung vorgenommen wird. Die Kommission stützt sich bei der Bewältigung ihres Arbeitspensums auf informelle Verfahren und das Massenverfahren der Gruppenfreistellungsverordnung.[10]
Im Zeitraum von 1987 bis 1994 war auch ein Anstieg von Neuanmeldungen von 190 auf 235 zu verzeichnen. Im Jahre 1995 stieg die Zahl dann sogar auf 360, sank dann mit Schwankungen bis zum Jahr 200 auf 101 Anmeldungen.[11] Zu beachten ist, dass 1995 ein besonderes Jahr war, da nach dem Beitritt Schwedens, Finnlands und Österreichs die bei der EFTA-Überwachungsbehörde anhängigen Verfahren der Kommission übergeben wurden.[12] Die Zahl der gesamten neuen Fälle fiel zwischen den Jahren 1997 und 1999 von 499 auf 388, was vor allem an der Bekanntmachung der Kommission über Vereinbarungen von geringer Bedeutung von 1997 liegen dürfte.[13]

---

[7] Wolf/Fink, WuW 1994, S. 289; Möschel, NJW 1995, S. 282f.; Groger/Janicki, WuW 1992, S. 994 bezeichnen den Vollzug als Achillesferse der europäischen Wettbewerbspolitik; Rehbinder, FS Mestmäcker, S. 720; Eilmannsberger, JZ 2001, S. 366; a. A.: Fikentscher, WuW 2001, S. 447; Emmerich, WuW 2001, S. 3.
[8] Lässig, S. 6.
[9] Möschel, NJW 1995, S. 282f.; Wolf/Fink, WuW 1994, 289.
[10] Ehlermann, WuW 1993, S. 1000; Lässig, S. 6.
[11] Kommission, XXX. Wettbewerbsbericht (2000), S. 68.
[12] Lässig, S. 7.
[13] Kommission, XXIX. Wettbewerbsbericht (1999), S. 7.

Demgegenüber nahm die Anzahl der abgeschlossenen Fälle seit 1995 von 417 auf 582 zu. Dabei wuchs die Zahl der förmlichen Entscheidungen, trotz des gesteigerten Falleingangs, von 14 auf zwischendurch 68 im Jahre 1999. Das darf aber nicht darüber hinwegtäuschen, dass der Abschluss der Fälle in über 90 % nur durch Zuhilfenahme informeller Entscheidungen erreicht werden konnte.[14]

Der Gesamtbestand an offenen Fällen ist im Laufe der Jahre 1995 bis 2000 mit Schwankungen von 1.221 auf 931 gesunken.[15] Die Beschwerden sind in dem selben Zeitraum von 284 auf 441 hochgeschnellt. Schließlich haben auch die Verfahren *ex officio* (von der Kommission eingeleitete Verfahren) insgesamt von 47 auf 84 zugenommen.[16]

Im Hinblick auf den in nächster Zeit nicht reduzierbaren Verfahrensstau sehen Unternehmen von einer Anmeldung vieler Kooperationen ab, die nach ihrer Ansicht nach Art. 81 Abs. 3 EG freistellungsfähig sind.[17]

Die für die Bewältigung der Fälle nach dem Verfahren der VO 17/62 notwendige Aufstockung des Personals der Kommission ist bis auf weiteres nicht absehbar, zumal weitere Kapazitätserweiterungen von dem steigenden Fallaufkommen – auch im Bereich der staatlichen Beihilfen - aufgezehrt werden.[18]

Die Situation dürfte sich durch den geplanten Beitritt der Mittel- und Osteuropäischen Länder noch verschärfen.[19]

Die Kommission ist sich dieser Mängel bewusst und betreibt selbst eine Reform des EG-Kartellrechts,[20] um sich vorrangig mit solchen Fällen zu beschäftigen, die für die Gemeinschaft von größerer Bedeutung sind, insbesondere die Beschwerden und die von Amts wegen eingeleiteten Verfahren.[21]

2. TEIL: MECHANISMEN DER ARBEITSERLEICHTERUNG IN DER FREISTELLUNGSPRAXIS

Die Kommission hat von der ihr gesetzlich überlassenen Möglichkeit Gebrauch gemacht, um den aus Einzelfreistellungsverfahren folgenden Arbeitsaufwand zu reduzieren: Der Erlass von Gruppenfreistellungsverordnungen und informelle Entscheidungsverfahren.[22]

---

[14] Kommission, XXX. Wettbewerbsbericht (2000), S. 68.
[15] Kommission, XXX. Wettbewerbsbericht (2000), S. 69.
[16] Kommission, XXX. Wettbewerbsbericht (2000), S. 68.
[17] Lässig, S. 6f.
[18] Wiedemann, Kommentar Bd. I, AT Rn. 28; Lässig, S. 7.
[19] Kommission, VO-Entwurf 17/62, S. 3 und unten Kapitel 3, 2. Teil E.
[20] Siehe unten Kapitel 2, 5. Teil A., D. zur Reform der Durchführungsvorschriften Art. 81 und 82 EG und sowie die neue GVO für Vertikalvereinbarungen, Forschung und Entwicklung („F&E“), Spezialisierungsvereinbarungen.
[21] Ehlermann, WuW 1993, S. 999; Lässig, S. 7f.
[22] Rehbinder, FS Mestmäcker, S. 720.

A. GRUPPENFREISTELLUNGEN

Art. 81 Abs. 3 EG sieht neben den Einzelfreistellungen als Ausnahme vom Verbot des Art. 81 Abs. 1 EG die Möglichkeit der Freistellung von Gruppen von Vereinbarungen zwischen Unternehmen, Gruppen von Beschlüssen von Unternehmensvereinigungen beziehungsweise Gruppen abgestimmter Verhaltensweisen (GVO) vor. Die Gruppenfreistellungen werden von Art. 249 Abs. 2 EG erfasst und stellen somit eine Norm des sekundären Gemeinschaftsrechts dar.[23]

Grundsätzlich ist der Europäische Rat für den Erlass von GVOen zuständig gemäß Art. 83 Abs. 2 lit b) EG. Der Rat hat insgesamt sechs Verordnungen erlassen, die aber vornehmlich dazu dienten, die dem Rat gemäß Art. 83 Abs. 2 lit b) EG obliegende Aufgabe in Verbindung mit Art. 211 Spiegelstrich 4 EG auf die Kommission zu übertragen.[24] Die Kommission hat hiervon Gebrauch gemacht und zahlreiche GVOen erlassen, um die administrative Belastung durch die Masse an Einzelfreistellungsverfahren zu lindern.[25]

Hierbei ist Kritik laut geworden, dass der Erlass der GVOen so viel neue Probleme bereitet hat, dass sie den Nutzen aufzuwiegen drohen, weswegen dieses System unter anderem keinen Eingang in die 6. GWB-Novelle gefunden hat.[26]

GVOen enthalten immer einen detaillierten Katalog von Musterklauseln, die ausdrücklich freigestellt oder für wettbewerbsrechtlich unbedenklich erklärt werden (so genannte weiße Klauseln). Die weißen Klauseln entstammen den Erfahrungen der Kommission mit solchen Verträgen. Verwenden die Unternehmen ausschließlich solche Klauseln, dann wird die Vereinbarung automatisch, d. h. ohne Anmeldung gemäß Art. 4 VO 17/62, vom Kartellverbot freigestellt. Der Nachteil der Klauseln liegt auf der Hand: Wollen die Parteien die automatische Freistellung erlangen, müssen sie den Text wörtlich übernehmen und sind demnach in ihrer Vertragsfreiheit stark eingeschränkt.[27]

Aus wettbewerbspolitischer Sicht kann der in den GVOen enthaltene Vorbehalt, der Kommission die Gruppenfreistellung unter gewissen Umständen wieder zu entziehen, nicht darüber hinwegtäuschen, dass die nachträgliche Kontrolle bei den weißen Klauseln ins Leere läuft. In diesen Fällen wird gar nicht erst angemeldet, so dass der Kommission ein Einblick in die tatsächlichen Verhältnisse verwehrt ist. Damit findet eine Prüfung, ob die Freistellungsvor-

---

[23] Bunte in Langen/Bunte, KartR, Art. 81 Generelle Prinzipien, Rn. 194.

[24] Martinek/Habermeier, ZHR 158 (1994), 110f.; Bunte in Langen/Bunte, KartR, Art. 81 Generelle Prinzipien, Rn. 194.

[25] Rittner, KartR, S. 228 Fußnote 9; Möschel, EWS 1995, S. 251; Lässig, S. 8.

[26] Lässig, S. 9 und Baron, FIW 178 (1999), S. 1ff. allgemein zur 6. GWB-Novelle.

[27] Sog. „Zwangsjackeneffekt" - Rittner, JZ 1996, S. 381; Lässig, S. 9; der nach Auffassung der Kommission für vertikale Vereinbarungen durch die neue VO über die Anwendung von Art. 81 Abs. 3 EG auf Gruppen von vertikalen Vereinbarungen und abgestimmten Verhaltensweisen Nr. 2790/99 vom 22.12.1999, ABl. Nr. L 336, S. 21ff. beseitigt sein soll - Semler/Bauer, DB 2000, S. 193 Fußnote 11.

aussetzungen gegeben sind, weder vor noch nach dem Abschluss der Vereinbarung statt.[28]
Oft enthalten GVO auch Kataloge von Klauseln, die *per se* nicht freistellungsfähig sind (so genannte schwarze Klauseln) oder bei denen die Möglichkeit besteht, sie im Widerspruchsverfahren bei der Kommission zu legalisieren (so genannte graue Klauseln). Bei den grauen Klauseln tritt die Freistellung ein, falls die Kommission nicht binnen einer Frist von sechs Monaten Widerspruch einlegt. Es handelt sich dabei um die Fiktion einer positiven Entscheidung.[29] Sie beruht auf der abstrakt-generellen Unterstellung der positiven Auswirkung für den technischen und wirtschaftlichen Fortschritt sowie der angemessenen Verbraucherbeteiligung und enthält somit ein erhöhtes Risiko der Fehleinschätzung.[30] Abgesehen von dem Risiko der Fehleinschätzung ruft das Widerspruchsverfahren rechtsstaatliche Probleme hervor. Es wird auf die Gefahr hingewiesen, dass mit diesem Verfahren die Verfahrensgarantien der Art. 10 Abs. 2 und 3 sowie Art. 19 Abs. 3 VO 17/62 umgangen werden könnten, wie z. B. die Beteiligung der Mitgliedstaaten, Anhörung des Beratenden Ausschusses, Veröffentlichung im Amtsblatt. Dem Widerspruchsverfahren fehle daher die notwendige Ermächtigung durch den Rat, da es die VO 17/62 ändere.[31] Das dafür bestehende praktische Bedürfnis[32] kann insoweit nicht die Zweifel an der Rechtmäßigkeit verdrängen; auch wenn die Unternehmen nur in seltenen Fällen das Widerspruchsverfahren nutzen.[33]
In diesem Zusammenhang soll nur noch auf die rechtssystematischen Probleme hingewiesen werden,[34] die durch die große Zahl der bestehenden GVOen entsteht. Die große Zahl der bestehenden GVOen verringert die Rechtssicherheit, Rechtsklarheit und Überschaubarkeit für die Marktteilnehmer. Daher verwundert die Aufforderung des Europäischen Parlaments an die Kommission nicht, klare Leitlinien für den Anwendungsbereich jeder Gruppenfreistellung sowie ihrer Beziehungen zueinander aufzustellen.[35]

---

[28] Möschel, NJW 1995, S. 283 f.; Lässig, S. 10.
[29] Bechtold, EuR 1992, S. 47; Lässig, S. 9.
[30] Lässig, S. 14.
[31] Überblick hierzu bei Wiedemann, Kommentar Bd. I, AT Rn. 204; Martinek/Habermeier, ZHR 158 (1994), S. 126.
[32] Wiedemann, Kommentar Bd. I, AT Rn. 199; Martinek/Habermeier, ZHR 158 (1994), S. 125f., Lässig, S. 9f.
[33] Lässig, S. 10.
[34] Ein besonderes Problem stellen z. B. die „überschießenden" Wettbewerbsbeschränkungen dar: Soll eine Vereinbarung, die neben weißen Klauseln auch graue oder schwarze Klauseln enthält, in ihrer Gänze nichtig sein oder beschränkt sich die Nichtigkeit nur auf die „überschießende" Klausel? Siehe zum Streitstand Wiedemann, Kommentar Bd. I, AT Rn. 308ff.; Martinek/Habermeier, ZHR 158 (1994), S. 128ff.
[35] Lässig, S. 10.

Dem versucht die Kommission mit ihrer neuen GVO für Vertikalvereinbarungen[36] und den beabsichtigten GVOen für Horizontalvereinbarungen[37] Rechnung zu tragen.[38]
Abschließend ist zu bemerken, dass mit der Aufhebung des Verbotsprinzips des Art. 81 Abs. 1 EG im Geltungsbereich der GVO wettbewerbspolitische Probleme entstehen. Neben die weitgehend leerlaufende Kontrolle der freigestellten Vereinbarungen durch die Kommission tritt die Gefahr der Sektoralisierung des EG-Kartellrechts durch das System der GVOen.[39] Diese folgt aus der branchenspezifischen Betrachtung, die über den wettbewerblichen Anlass hinaus auch in die Vertragsfreiheit eingreift, um ein eventuelles Ungleichgewicht der Parteien auszugleichen.[40] Einen Ausgleich kann das nationale Kartellrecht in diesen Fällen wegen des Prinzips vom Vorrang des Gemeinschaftsrechts im Kollisionsfalle nicht schaffen.[41] Eine Freistellung durch eine GVO ist nach diesem Grundsatz der Bewertung nach nationalem Kartellrecht entzogen.[42]

B. INFORMELLE ENTSCHEIDUNGSVERFAHREN

Im Laufe der Jahre hat die Kommission verschiedene informelle Entscheidungsverfahren eingeführt, die nicht in der VO 17/62 enthalten sind. Das Hauptaugenmerk liegt auf den *comfort letters*; während den so genannten *settlements* bisher wenig Aufmerksamkeit geschenkt wird, obwohl ihre Zahl ebenfalls hoch sein dürfte.[43]

I. COMFORT LETTERS

Comfort letters sind aus der Not geboren und weichen von dem in der VO 17/62 vorgesehenen Verfahren für die Freistellung wettbewerbsbeschränkender Vereinbarungen ab: Zunächst wäre eine Anmeldung durch die Unternehmen, dann die Bekanntmachung der Anmeldung im Amtsblatt, im Folgen-

---

[36] GVO Nr. 2790/99 vom 22.12.1999, ABl. Nr. L 336, S. 21ff., die die vorher erlassenen fünf GVO im Vertikalbereich größtenteils ersetzt - siehe hierzu Semler/Bauer, DB 2000, S. 194.
[37] Verordnung Nr. 2659/2000 vom 29.11.2000, ABl. 2000 L 304 S. 7 über die Anwendbarkeit von Art. 81 Abs. 3 EG auf Vereinbarungen über Forschung und Entwicklung; Verordnung Nr. 2658/2000 vom 29.11.2000, ABl. 2000 L 304 S. 3 über die Anwendbarkeit von Art. 81 Abs. 3 EG auf Spezialisierungsvereinbarungen.
[38] Kritisch Rittner, DB 2000, S. 1211ff.
[39] Groger/Janicki, WuW 1992, S. 992; Lässig, S. 12.
[40] Groger/Janicki, WuW 1992, S. 992.
[41] Siehe zum Grundsatz EuGH *Walt Wilhelm*, Slg. 1969, S. 14 Rn. 6 und im Einzelnen unten Kapitel 3, 1. Teil E.
[42] Lieberknecht, S. 598f.; Bunte in Langen/Bunte, KartR, Einführung zum EG-Kartellrecht, Rn. 79; a. A.: Hossenfelder/Müller/Parlasca, ZHR 160 (1996), S. 12.
[43] Lässig, S. 17.

den eine Entscheidung der Kommission[44] und schließlich die Veröffentlichung der Entscheidung im Amtsblatt notwendig, vgl. Art. 4 Abs. 1 Satz 2, Art. 81 Abs. 3 i.V.m. Art. 6 Abs. 1 VO 17/62, Art. 21 Abs. 1 VO 17/62. Im Hinblick auf die große Zahl der Anmeldungen und der reduzierten personellen Kapazität der Kommission ließ und lässt sich das von der VO 17/62 vorgesehene Verfahren nicht realisieren.[45] Daher entwickelte die Kommission die Praxis der *comfort letters*. Bei den *comfort letters* handelt es sich um Verwaltungsschreiben, in denen den Unternehmen mitgeteilt wird, dass die Anmeldung der wettbewerbsbeschränkenden Vereinbarung kein unmittelbares Eingreifen der Kommission erforderlich macht. Den Unternehmen wird in Aussicht gestellt, eine positive Entscheidung zu treffen, wenn sie notwendig werden sollte – also im Falle des Ignorierens des *comfort letters* durch eine nationale Behörde, ein nationales Gericht oder gar des Vertragspartners.[46] Denn *comfort letters* schließen den Fall für die Kommission vorläufig ab, sie stellen aber keine verbindliche Zusage einer positiven Entscheidung dar und haben keine Bindungswirkung.[47] Der Mangel an Rechtsbindung folgt schon aus der Person des Unterzeichnenden: Bei einer Freistellungsentscheidung ist dies die hierfür formell zuständige Kommission. Bei einem *comfort letter* ist es hingegen der Direktor der Generaldirektion Wettbewerb, also die Verwaltung ohne Ermächtigungsgrundlage.[48] Auch die zum Teil fehlende vorhergehende Veröffentlichung der *comfort letters*, wie sie für die Anmeldungen für Freistellungen in Art. 19 Abs. 3 VO 17/62 vorgesehen ist, trägt zu der fehlenden Bindungswirkung bei. In solchen Fällen ist die Beteiligung Dritter ausgeschlossen.[49] Die oftmals fehlende Begründung bei dem Erlass eines *comfort letters* rundet das Bild ab und verdeutlicht die mit der Praxis der *comfort letters* verbundenen rechtstaatlichen Bedenken.[50]

Dies gilt trotz der Formalisierung der Verwaltungspraxis im Bereich der *comfort letters*,[51] die den in der VO 17/62 vorgesehenen Entscheidungsformen

---

[44] Wobei intern die materielle Entscheidungsbefugnis auf den Wettbewerbskommissar oder dessen Generaldirektor zum Teil delegiert wird, was nicht gegen das Kollegialitätsprinzip verstößt - EuGH *Akzo*, Slg. 1986-IV, S. 2613ff. Rn. 30ff.

[45] Lässig, S. 14

[46] Der *comfort letter* ändert nichts an der zivilrechtlichen Nichtigkeit nach Art. 85 Abs. 2 - Bunte in Langen/Bunte, KartR, Art. 81 Generelle Prinzipien Rn. 180 m.w.N.

[47] EuGH *Giry und Guerlain*, Slg. 1980-II, S. 2373 Rn. 12f.; Bunte in Langen/Bunte, KartR, Art. 81 Generelle Prinzipien Rn. 180.

[48] EuGH *Frubo*, Slg. 1975-I, S. 582f. R. 19/20; Bechtold, EuR 1992, S. 45.

[49] Auf den Unterschied zwischen so genannten einfachen (keine Veröffentlichung) und qualifizierten *comfort letters* (mit voriger Veröffentlichung nach Art. 19 VO 17/62) wird an dieser Stelle nicht eingegangen. Siehe Ehricke, ZHR 158 (1994), S. 180 zu der Bindungswirkung der qualifizierten *comfort letters;* Lässig, S. 14 ff.; Sauter in Langen/Bunte, KartR, Art. 19 VO Nr. 17/62, Rn. 28.

[50] Lässig, S. 15; Bunte in Langen/Bunte, KartR, Art. 81 Generelle Prinzipen, Rn. 181.

[51] Lässig, S. 15 m.w.N.

immer weiter angenähert wird[52] und sie in letzter Konsequenz auszuhöhlen droht. Dass den anmeldenden Unternehmen ein *comfort letter* genügt – und wegen des zeitlichen Aufwandes für den Erhalt eines Negativattests oder einer Freistellungsentscheidung genügen muss – lässt sich leicht nachvollziehen: kürzere Verfahrensdauer, weniger Öffentlichkeit, reduzierte bis keine Mitwirkungsmöglichkeiten der nationalen Kartellbehörden durch den Ausschluss des beratenden Ausschusses, eine aus dem Vertrauensgrundsatz folgende wenigstens eingeschränkte Selbstbindung der Verwaltung.[53]
Es mag die Unternehmen nicht beeindrucken, dass die nationalen Behörden nicht durch die *comfort letters* gebunden sind und damit keine Sperre für die Anwendung strengeren nationalen Rechts oder für das (Wieder-)Aufgreifen des Falles durch die nationalen Kartellbehörden nach Art. 81 Abs. 1 EG i.V.m. Art. 9 Abs. 3 VO 17/62 errichtet wird,[54] da mit Ausnahme des Bundeskartellamt die nationalen Kartellbehörden in der Regel das Verfahren nicht (wieder) aufgreifen.[55] Die Unternehmen würden in einem solchen Fall eine positive Freistellungsentscheidung von der Kommission verlangen, so dass die nationalen Behörden sich der Sperrwirkung des EG-Kartellrechts gegenüber sähen. Das mag auch einer der Gründe sein, warum die nationalen Behörden so selten in Fällen der Erteilung eines *comfort letters* vorgehen. Bedenklich ist diese Praxis vor allem im Hinblick darauf, dass die Kommission *comfort letters* auch bei bedeutsamen wettbewerbsbeschränkenden Maßnahmen[56] erteilt. Dabei handelt sie entgegen der eigenen Erklärung,[57] Fälle von besonderer politischer, wirtschaftlicher oder rechtlicher Bedeutung für die Gemeinschaft im förmlichen Entscheidungsverfahren behandeln zu wollen.[58]
Auch die Gefahr, dass die wettbewerbsbeschränkende Vereinbarung im Zivilrechtsverfahren vor den nationalen Behörden für unwirksam erklärt wird, ist als gering einzuschätzen. *Comfort letters* haben keine präjudizielle Wirkung - Art. 9 Abs. 3 VO 17/62 gilt nur für Verwaltungsbehörden und die sie überwachenden Kartellverwaltungsgerichte[59] - können aber als tatsächlicher Umstand

---

[52] Befristete comfort letter, Aufgabe von Auflagen an die Unternehmen innerhalb bestimmter Fristen – vgl. Lässig, S. 15; Sauter in I/M, EG WbR Bd. I, Art. 85 Abs. 1 A. Rn. 6.
[53] Bunte in Langen/Bunte, KartR, Art. 81 Generelle Prinzipien, Rn. 180; Lässig, S. 15.
[54] Bartodziej, S. 77; Lässig, S. 16f.; Ritter in I/M, EG-WbR Bd. II, Art. 9 VO Nr. 17/62 Rn. 17; Pernice in Grabitz/Hilf, EGV/EWGV II (Maastricht Vertrag), nach Art. 87, Rn. 11; a. A.: Ehricke, ZHR 158 (1994), S. 181: bei qualifizierten *comfort letters* sei es der nationalen Behörde verwehrt, im Gegensatz zur „Entscheidung" der Kommission tätig zu werden. Brinker, WuW 1996, S. 558 will Verwaltungsschreiben sogar in jedem Fall zur Auslegung des nationalen Kartellrechts heranziehen.
[55] Lässig, S. 16.
[56] Hossenfelder/Müller/Parlasca, ZHR 160 (1996), S. 22f.
[57] Kommission, Bekanntmachung über die Zusammenarbeit mit den nationalen Gerichten, Rn. 14; Ehlermann, WuW 1992, S. 19.
[58] Hossenfelder/Müller/Parlasca, ZHR 160 (1996), S. 22f.; Möschel, NJW 1995, S. 283; Lässig, S. 15f.
[59] EuGH *BRT ./. SABAM*, Slg. 1974, S. 62f. Rn. 12/14ff.

gewürdigt werden.[60] Es besteht jedenfalls immer die Möglichkeit der Verfahrensaussetzung, wenn der *comfort letter* eine Legalisierungsfähigkeit nahe legt.[61]
Um in den Genuss der Bußgeldfreiheit gemäß Art. 15 Abs. 5 VO 17/62 zu kommen, müssen die Unternehmen also lediglich ihr Vorhaben anmelden. Haben sie einen *comfort letter* erhalten, müssen sie bis zur Beendigung ihres Vorhabens nicht mehr mit dem Eingreifen der Kommission rechnen, so dass die Bußgeldfreiheit auch bis zur Beendigung bestehen bleibt. Die Bußgeldfreiheit erlangen die Unternehmen auch, wenn die Kommission nach Eingang der Anmeldung und dem Abgeben einer Empfangsbestätigung in keiner Weise tätig wird – der Fall also liegen bleibt. Das Liegenbleiben der Fälle stellt zahlenmäßig immer noch den größten Teil der anhängigen Verfahren dar.[62]

II. SETTLEMENTS

Noch größeren Bedenken begegnet die Praxis der Kommission, Fälle dadurch abzuschließen, dass Unternehmen Gegenleistungen in Form von Zusicherungen zukünftigen Wettbewerbsverhaltens erbringen und die Kommission im Gegenzug das Verfahren aussetzt.[63] Die Öffentlichkeit und Wettbewerber werden eines *settlements* allenfalls bei dem Durchlesen der Wettbewerbsberichte gewahr. Stellungnahmen der Wettbewerber oder interessierter Dritter im Sinne der VO 17/62 sind für diese Verfahren nicht vorgesehen; auch die dafür erforderlichen Informationen über den Inhalt und den Stand des Verfahrens sind kaum erhältlich.[64]
Settlements sind auch für die beteiligten Unternehmen nicht unproblematisch, da die Verhandlungen lediglich auf Verwaltungsebene stattfinden, ohne Ermächtigung der Beamten zur Abgabe verbindlicher Erklärungen im Namen der Kommission, und ihr informeller Charakter nicht einmal die Selbstbindung der Kommission zur Folge hat. Die fehlende Bindungswirkung gegenüber Dritten, nationalen Behörden oder Gerichten versteht sich von selbst.[65] Im Falle einer wettbewerbsbeschränkenden Vereinbarung zwischen Unternehmen kann sich das vertragstreue Unternehmen nicht auf den Vertragsbruch des anderen Unternehmens berufen und die Einhaltung beziehungsweise Schadenersatz geltend machen, da die Vereinbarung schwebend unwirksam ist. Das andere Unternehmen wird sich hingegen nicht auf die Nichtigkeit berufen, da die Freistellung auch rückwirkend erteilt werden kann. Das Risiko, dass die Freistellung

---

[60] Kommission, Bekanntmachung über die Zusammenarbeit mit den nationalen Gerichten, Rn. 20 und 25.
[61] Kommission, Bekanntmachung über die Zusammenarbeit mit den nationalen Gerichten, Rn. 30; Bunte in Langen/Bunte, KartR, Art. 81 Generelle Prinzipien, Rn. 180 geht sogar von Aussetzungspflicht aus.
[62] Bartodziej, S. 74f.
[63] Bartodziej, S. 77f.
[64] Lässig, S. 18.
[65] Kerse, S. 278f., 282.

nicht erteilt wird, trägt das sich an der Vereinbarung festhaltende Unternehmen. Das durch die Kommissionspraxis geschaffene Risikosystem, das an die Stelle des eigentlich vorgesehenen Systems der Einzelfreistellungen getreten ist, kann dem Bedürfnis nach Rechtssicherheit der Unternehmen, die investitionsträchtige Kooperationen schließen wollen, kaum genügen.[66]

Der auch im Freistellungsverfahren kritisierte Lobbyismus unter Beteiligung ehemaliger Beamter der Generaldirektion Wettbewerb findet sich im Bereich der *settlements* wieder. Damit ist zum einen das Problem angesprochen, dass der Einfluss der beteiligten Unternehmen für den Rang des Verhandlungspartners auf Seiten der Kommission und der sich hieraus ergebenden Spielräume maßgebend ist – insoweit wird der Verdacht des Ersetzens von Kompetenzregelungen und wettbewerbsrechtlich orientierten Entscheidungen durch Lobbyismus sowie die Vorzugsbehandlung bei besonders guten Verbindungen geäußert.[67] Andererseits wird der Rückgriff der Unternehmen auf solche Personen, die in der Politik oder EG-Verwaltung bedeutende Rollen gespielt haben, angesprochen, da bestehende persönliche Beziehungen in den Verhandlungen nicht schaden können.[68]

Diese Praxis widerspricht besonders deutlich der von der Kommission postulierten Erklärung, die Verfahren transparenter und bürgernäher zu gestalten.[69]

ERGEBNIS KAPITEL 1

Aus der vorangegangenen Übersicht lassen sich ohne weiteres die Probleme im Bereich der Art. 81, 82 EG ersehen. Insgesamt ist festzustellen, dass die Effektivität der Wettbewerbsordnung durch die Kommission alleine schon seit längerem nicht gewährleistet ist. Die Belastung der Kommission wird auch in Zukunft auch nicht abnehmen: Zusammenschlüsse von europaweiter Bedeutung werden aufgrund der Globalisierung zunehmen und der angestrebte Beitritt von bis zu 15 Ländern zur EU wird ihr Übriges dazu tun.[70] Welche Lösungswege bisher vorgeschlagen und welche eingeschlagen wurden, ist Gegenstand des nächsten Kapitels.

---

[66] Bechtold, EuR 1992, S. 46f.; Lässig, S. 20.

[67] Derzeit stehen etwa 15.000 Lobbyisten rund 30.000 Mitarbeitern in den EU-Institutionen gegenüber – Friedrich, F.A.Z. v. 4.09.2001, S. 28.

[68] Lässig, S. 18f.

[69] Zuletzt Kommission, XXX. Wettbewerbsbericht (2000), bei Rn. 15 Kasten 1; Kommission, Weißbuch 1999, Rn. 8.

[70] Siehe Kapitel 3, 2. Teil E.

KAPITEL 2: BISHERIGE ALTERNATIVE LÖSUNGSANSÄTZE

Eine Entlastung der Kommission und die Steigerung der Effektivität der Überwachung der wettbewerbsrelevanten unternehmerischen Maßnahmen kann nur dadurch erreicht werden, dass der durch die Kommission zu entscheidende Anteil der Fälle reduziert wird. Hierfür bieten sich mehrere Lösungsansätze an.

1. TEIL: EUROPÄISCHES KARTELLAMT

Vorgeschlagen wird die Einführung einer europäischen Kartellbehörde. Diese soll nach dem Vorbild des Bundeskartellamt eine unabhängige Institution werden.[71] Damit soll vor allem dem strukturellen Problem der Kommission – der Vermengung von politischen (administrativen) und rechtlichen Kompetenzen – entgegengewirkt werden.[72] Auch den Herausforderungen, die durch die Globalisierung entstehen, könnten die Nationen besser Herr werden. Der Vorschlag dürfte schon an seiner politischen Realisierbarkeit scheitern, da er innerhalb der Gemeinschaft nur von Deutschland vertreten wird.[73] Zweifelhaft erscheint auch die Behauptung, dass die Unabhängigkeit der Brüsseler Behörde automatisch deren Freiheit von politischer Beeinflussung in der oben dargestellten Form beseitigt.[74] Es wird von Kommissionsseite aus sogar vorgetragen, dass sich die Mitgliedstaaten keinesfalls eine politische Kontrolle der Behördenentscheidung nehmen lassen und demzufolge eine größere Möglichkeit besteht, offener als bei der bisherigen Kommissionspraxis wettbewerbsfremde Einflüsse auszuüben.[75] Die fehlende Kontrolle politischer Einflussnahme durch die öffentliche Meinung auf Gemeinschaftsebene verstärkt diesen Effekt noch. Keinesfalls folgt aus der Gründung einer unabhängigen europäischen Kartellbehörde eine Effizienzsteigerung bei der Bearbeitung eingegangener und *ex officio* zu verfolgender Fälle.[76] Es ist nicht damit zu rechnen, dass dieser Behörde mehr Personal zur Verfügung gestellt würde als der Generaldirektion Wettbewerb oder dass die Verfahren vor dem Europäischen Kartellamt effizienter gestaltet werden würden. Schließlich muss sich der Vorschlag vorhalten las-

---

[71] Bartling, FS Ingo Schmidt, S. 29; Groger/Janicki, WuW 1992, S. 997f.; Wettbewerbsbericht 1995 der EG-Kommission vorgestellt – Widerstand gegen europäisches Kartellamt, WuW 1996, 462.

[72] Bartodziej, S. 217ff; Groger/Janicki, WuW, S. 998.

[73] Schlecht, FS Mestmäcker, S. 758f.; Wettbewerbsbericht 1995 der EG-Kommission vorgestellt – Widerstand gegen europäisches Kartellamt, WuW 1996, 462.

[74] Schlecht, FS Mestmäcker, S. 759f.; van Miert in Europa zwischen Ordnungswettbewerb und Harmonisierung, S. 228.

[75] Lässig, S. 22; van Miert in Europa zwischen Ordnungswettbewerb und Harmonisierung, S. 228; verstärkt wird dies noch durch das abweichende Verständnis von Wettbewerb innerhalb und erst recht außerhalb der Gemeinschaft – siehe zu den sozio-kulturellen Aspekten Pape, ELJ 1999, S. 438ff.

[76] Lässig, S. 22; van Miert in Europa zwischen Ordnungswettbewerb und Harmonisierung, S. 228; Rittner, JZ 1996, S. 379.

sen, dass er zentralistischer Natur ist. Damit widerspricht er dem Willen der Mitgliedstaaten zur Dezentralisierung;[77] abgesehen davon, dass die bestehenden Ressourcen in den nationalen Kartellbehörden vergeudet würden.[78]

2. TEIL: ERRICHTUNG EINER *CARTEL TASK FORCE*

In Ahnlehnung an die *Merger Task Force* (*MTF*) der Zusammenschlusskontrolle VO 4064/89 (FKVO) wird die Möglichkeit der Einrichtung einer *Cartel Task Force* für die Bearbeitung der Fälle nach Art. 81 und 82 EG vorgeschlagen. Der Grund liegt in der Effektivität der Organisationsform der europäischen Zusammenschlusskontrolle. Von der Übertragung erhofft man sich eine Effizienzsteigerung auch bei der Bearbeitung der Fälle nach Art. 81 und 82 EG.[79]
Die *MTF* ist eine Direktion innerhalb der Generaldirektion Wettbewerb und ist nochmals in vier operationelle Einheiten unterteilt.[80] Ein Teil der dort beschäftigten Beamten wird von den nationalen Behörden, die selbst über eine Zusammenschlusskontrolle verfügen, gestellt. Die entsendeten Beamten bleiben ungefähr drei Jahre und bringen der *MTF* neben der personellen Verstärkung auch einen Erfahrungsgewinn im Bereich der Zusammenschlusskontrolle.[81]
Hinzu kommt, dass die *MTF* auch auf den Kenntnisstand der sonstigen Branchenabteilungen der Generaldirektion Wettbewerb zurückgreifen kann, um die dort vorhandenen sektorspezifischen Kenntnisse für sich fruchtbar zu machen.[82]
Innerhalb der operationellen Einheiten wird je nach Eingang eines Falles ein Team gebildet, das aus dem Leiter der operationellen Einheit und zwei Berichterstattern besteht. Damit ist den Unternehmen – anders als bei den Verfahren nach Art. 81 und 82 EG – zu Beginn des Verfahrens grundsätzlich nicht bekannt, wer ihren Fall betreuen wird. Dieses Informationsdefizit ist faktisch irrelevant, da die anmeldenden Unternehmen in der Regel vor der Anmeldung von der Möglichkeit informeller Informationsgespräche Gebrauch machen, für die effizientere Gestaltung der Anmeldung nach Formblatt C/O. Die Zusammensetzung des Teams ist dadurch spätestens bis zur Anmeldung bekannt.[83]
Auch formell ist die Position der Fallbearbeiter gegenüber denen im Rahmen der Art. 81, 82 EG etwas selbständiger. Das Fusionskontrollverfahren wird generell in das Vor- und das Hauptverfahren unterschieden. Das Vorprüfverfah-

---

77 Ähnlich Lässig, S. 22.
78 Zur Situation in den Mitgliedstaaten - Bartodziej, S. 123ff.; Lässig, S. 22; zum österreichischen Kartellrecht: Farnleitner, WuW 1994, 114ff.; zum finnischen Recht - Nuolimaa, EuZW 1993, S. 90ff.
79 Möschel, EWS 1995, S. 251; Paulweber/Kögel, AG 1999, S. 515; Möschel, GS Böhm, S. 44.
80 Ein aktueller Organisationsplan ist auf der Homepage der Kommission abrufbar: http://www.europa.eu.int/comm/
81 Rohardt, WuW 1991, S. 383; Lässig, S. 95.
82 Die ständigen Kontakte zu den anderen Generaldirektionen und dem Juristischen Dienst werden ebenfalls für die Bewertung einzelner Fälle genutzt – Lässig, S. 96.
83 Lässig, S. 96.

ren muss innerhalb eines Monats nach Anmeldung des Zusammenschlusses zur Entscheidungsreife gelangt sein, dabei findet lediglich eine summarische Prüfung des Sachverhaltes statt. Das Vorprüfverfahren wird regelmäßig durch das Team, das mittels interner Ermächtigung des Wettbewerbskommissars durch die Kommission dazu befugt ist, mit der Erklärung der Vereinbarkeit des Zusammenschlusses mit dem Gemeinsamen Markt abgeschlossen. Die seltene Einleitung des Hauptprüfverfahrens und deren abschließende Entscheidung wird dann wieder durch die Kommission als Kollegialorgan beschlossen.[84]

Die kurze Frist, im Vorprüfverfahren innerhalb eines Monats zur Entscheidung zu gelangen, birgt aber das Risiko, dass die *MTF* inhaltlich überfordert sein könnte. Wie jetzt auch durch den EuG in der Aufhebung der Entscheidungen der Kommission *Airtours / First Choice*, *Schneider / Legrand* und *Tetra Laval / Sidel* festgestellt.[85] Das Risiko wird nur leicht dadurch gemindert, dass die *MTF* eine Fristverlängerung herbeiführen kann, wenn die für die Anmeldung eingereichten Unterlagen ihrer Auffassung nach nicht vollständig sind, Art. 10 Abs. 1 FKVO. Die Praxis der *MTF*, bereits im Vorprüfverfahren in großem Umfang Auflagen und Zusagen auszuhandeln, verstärkt den Eindruck ungenügender Auseinandersetzung mit dem jeweiligen Zusammenschluss. Dem hat die Kommission entgegenzutreten versucht, indem sie nunmehr interessierten Dritten Gelegenheit zur Stellungnahme gegeben hat.[86] Dennoch tritt der Vorwurf auf, dass die *MTF* wegen der engen Fristvorgaben nicht immer gründlich genug vorgingen.[87]

Zentrales Problem des Vorschlags ist, dass die Anzahl der Anmeldungen nach Art. 81 Abs. 3 EG die Zahl der Anmeldungen in der Zusammenschlusskontrolle weit übersteigt und die Kommission auf eine Aufstockung des Personals nicht hoffen kann. Das Kapazitätsproblem soll dadurch behoben werden, dass die nationalen Kartellbehörden eigene Beamte auf Zeit entsenden, wie sie dies auch schon bei der *MTF* gemacht haben. Damit sei der Haushalt der Kommission weniger belastet als bei der Anstellung eigener Beamter und die Arbeit könne durch die hinzugekommenen Beamten bewältigt werden. Die personelle Verzahnung von Kommission und nationalen Behörden führe zu einer größeren Rechtseinheitlichkeit des EG-Kartellrechts als dies bei dezentralen Lösungsansätzen möglich wäre.

Allerdings gehen die Befürworter der Schaffung einer *Cartel Task Force* von der – gerade im Zuge der Forderung nach mehr Dezentralisierung – unwahrscheinlichen These aus, dass die nationalen Behörden noch mehr Beamte entsenden, deren Versorgungskosten sie zu tragen haben und deren Arbeit den nationalen Behörden nicht zugute kommt. Dabei müssten die nationalen

---

[84] Kerber, Fusionskontrollpraxis, S. 142; Lässig, S. 96; Lediglich in 27 von 398 Fällen wurde bis 1995 das Hauptprüfverfahren eingeleitet – Löffler, WuW 1996, S.209f..

[85] Siehe hierzu Immenga/Immenga, BB 2002 (Heft 51/52), S. I.

[86] Kerber, Fusionskontrollpraxis, S. 141f.

[87] Paulweber/Kögel, AG 1999, S. 515 m.w.N.

Behörden neue Beamte einstellen, um die durch Entsendung entstehenden Lücken zu füllen. Dabei dürfte die zusätzliche Belastung der nationalen Haushalte zugunsten der Arbeitserleichterung der Kommission genauso unwahrscheinlich sein wie die unmittelbare Aufstockung des Haushalts der Kommission. Die Notwendigkeit des Aufstockens des Personals wirft zudem die Frage auf, ob sich durch die Vergrößerung nicht auch die Effektivität der zu gründenden *Cartel Task Force* relativieren dürfte.[88]

3. TEIL: VERKÜRZUNG DES VERFAHRENS VOR DER KOMMISSION

Als weitere Alternative bietet sich die Straffung des Verfahrens vor der Kommission an.

A. COMFORT LETTERS ALS FORMELLE ENTSCHEIDUNG

Ein Ansatz ist die „Beförderung" des *comfort letters*, der nur die Selbstbindung der Kommission zur Folge hat,[89] zu einer der Freistellung gleichgestellten Verwaltungsentscheidung. Damit könnte man den mit der Praxis der *comfort letters* verbundenen geringen Aufwand mit denen der Verbindlichkeit der Freistellungsentscheidung nutzen.

Die im Bereich des *comfort letters* bestehenden rechtsstaatlichen Bedenken bei der Transparenz des Verfahrens für Dritte und der Rechtssicherheit für die betroffenen Unternehmen müssten hierfür beseitigt werden.[90] Die dazu notwendigen Maßnahmen, insbesondere die Begründung des *comfort letters*, würden aber gerade dazu führen, dass der Charakter einer zügigen Mitteilung der Kommission wegfallen würde. Das automatische Nachreichen der Freistellungsentscheidung nach Erteilung eines *comfort letters* hingegen wäre ebenfalls ungeeignet, weil dem die begrenzte Personalkapazität der Kommission entgegensteht.[91]

B. KLEINERE ZAHL VON ENTSCHEIDUNGSTRÄGERN BEI DER KOMMISSION

Eine Verkürzung des Verfahrens soll auch die Verringerung der Entscheidungsträger bei der Kommission herbeiführen. Bisher werden – zumindest formell – alle Entscheidungen von der Kommission als Kollegialorgan getroffen. Um seinen Vorschlag durchzusetzen, braucht der Wettbewerbskommissar daher mindestens zehn weitere Stimmen aus der Kommission, so dass unter Umständen auch wettbewerbsfremde oder nationale Interessen vom Wettbewerbskommissar berücksichtigt werden müssen.[92] Dem soll dadurch abgeholfen werden, dass dem Wettbewerbskommissar die Ermächtigung erteilt wird, alleine oder in einem verkleinerten Gremium gemeinsam mit zwei weiteren

---

[88] Lässig, S. 98; Paulweber/Kögel, AG 1999, S. 515.
[89] Bunte in Langen/Bunte, KartR, Art. 81 Generelle Prinzipien Rn. 180 m.w.N.
[90] Siehe oben Kapitel 1, 2. Teil B. I.
[91] Lässig, S. 91; Esser-Wellié, WuW 1995, S. 474, der dieses Problem durch die Einführung eines Widerspruchssystems lösen will.
[92] Kerber, Fusionskontrollpraxis, S. 144.

Kommissaren, die Freistellungsentscheidungen treffen zu können. Die realistischere[93] zweite Variante kann aber wettbewerbsfremde Einflüsse ebenfalls nicht ausschließen. Darüber hinaus geht der Vorschlag am eigentlichen Problem vorbei, da die langen Verfahrensdauern Folge der vorhergehenden aufwendigen rechtlichen Prüfung und Begründung der Freistellungsentscheidung durch die Generaldirektion Wettbewerb ist. Die Änderung der formellen Entscheidungskompetenz nach Art. 9 Abs. 1 VO 17/62 ändert hieran nichts.[94]

C. EINFÜHRUNG EINES WIDERSPRUCHSSYSTEMS

Ein weiterer Vorschlag nimmt sich das System der Freistellungsfiktionen einiger GVOen zum Vorbild. Danach soll ein Widerspruchssystem für die Erteilung der Freistellungen eingeführt werden. Die betroffenen Unternehmen müssten ihre wettbewerbsbeschränkende Maßnahme anmelden und würden die Freistellung erhalten, wenn die Kommission nicht binnen einer (kurzen) Frist Widerspruch einlegt.[95] Bei dem Einwand, dass die Fristen für die Erteilung eines Widerspruchs durch die Kommission zu kurz sind, wird auf das Vorprüfverfahren der FKVO verwiesen. Im Rahmen des Vorprüfverfahrens habe die Kommission bewiesen, auch innerhalb kürzester Zeit auf komplexe Sachverhalte reagieren zu können. Zudem sei die Begründung des Widerspruchs nicht mehr notwendig. Im Falle eines Widerspruchs soll die endgültige Entscheidung wie bisher oder innerhalb einer bestimmten Frist fallen.[96]
Dass durch die Einführung des Widerspruchssystems die rechtlichen Bedenken, die bei den GVOen mit grauen Klauseln bestehen, nochmals potenziert werden, übersieht diese Auffassung. Es würden zwar die Anmeldungen im Amtsblatt veröffentlicht, so dass die Kenntnisnahme durch interessierte Dritte gewahrt wäre, dennoch würde die Beteiligung des Beratenden Ausschusses nach Art. 10 Abs. 2 und 3 VO 17/62 erst nach erfolgtem Widerspruch stattfinden und die Beteiligung der Mitgliedstaaten damit nochmals zurückgehen. Das zeigt die mit dem Vorprüfverfahren der FKVO gemachte Erfahrung der Kommission, das Verfahren schon in dieser Phase zu beenden.[97] Es wird auch nicht beachtet, dass die Zahl der Anmeldungen nach Art. 81 EG weit größer ist als die nach der FKVO. Bei gleichbleibendem Personalbestand könnte die Kommission daher nicht alle Sachverhalte voll erfassen und innerhalb der kurzen Fristen angemessen bearbeiten. Damit könnte eine wettbewerbsbeschränkende Maßnahme in den Genuss der Legalisierung nach Art. 81 Abs. 3 EG gelangen, ohne dass die materiell-rechtlichen Voraussetzungen gegeben wären. Der Verbotstatbestand des Art. 81 Abs. 1 EG würde

---

[93] Die GD Wettbewerb verfügt jetzt schon über einen viel höheren Einfluss und Bekanntheitsgrad als die übrigen Direktionen, was dort auf Misstrauen stößt - siehe Lässig, S. 94.
[94] Lässig, S. 94.
[95] Bechtold , EuR 1992, S. 53f.; Esser-Wellié, WuW 1995, S. 474.
[96] Bechtold , EuR 1992, S. 53f.; Esser-Wellié, WuW 1995, S. 474,
[97] Paulweber/Kögel, AG 1999, S. 515; Lässig, S. 92.

ausgehöhlt.[98] Dies zieht auch Bedenken nach sich, ob die VO 17/62 noch als Rechtsgrundlage für ein solches generelles Widerspruchssystem herangezogen werden kann, da Art. 83 lit b) EG verlangt, dass *„dem Erfordernis einer wirksamen Überwachung bei einfacher Verwaltungskontrolle Rechnung zu tragen"* ist.[99] Das Widerspruchssystem widerspricht auch der Absicht der Kommission, sich auf Fälle von besonderem Gemeinschaftsinteresse zu konzentrieren.[100]

4. TEIL: BISHERIGE DEZENTRALE AUSLEGUNG UND ANWENDUNG DER ART. 81, 82 EG

Weit verbreitet sind Vorschläge zur dezentralen Anwendung der Art. 81 und 82 EG, da damit die Ressourcen auf nationaler Ebene genutzt werden könnten. Die Behörden können EG-Recht anwenden, wenn eine gesetzliche Befugnis vorhanden ist. Gleiches gilt für die nationalen Gerichte, da Regelungen des Gemeinschaftskartellrechts unmittelbar anwendbares Recht darstellen.[101] Den größten Erfolg zur Steigerung der Effizienz des Wettbewerbsschutzes verspricht man sich von einer verstärkten dezentralen Anwendung des Gemeinschaftskartellrechts und der Zusammenarbeit von Kommission, nationalen Behörden und Gerichten. Hierzu soll der von der Kommission eingeschlagene Weg weiter fortgesetzt werden. Motivation für die Verstärkung der Zusammenarbeit der Kommission mit den nationalen Behörden dürfte das in einer Untersuchung gefundene Entlastungspotenzial gewesen sein. Ausgangspunkt war, neben der quantitativen Betrachtung in wie vielen Fällen lediglich Unternehmen aus einem Mitgliedstaat beteiligt waren, die tatsächlichen Auswirkungen der wettbewerbsbeschränkenden Maßnahme und die Betroffenheit Dritter Unternehmen in anderen Staaten. Die Untersuchung der Kommission gelangte zum Ergebnis, dass etwa 40 % der Beschwerden und 20 % der Anmeldungen von den nationalen Behörden behandelt werden könnten.[102]

A. STATUS QUO DER ZUSAMMENARBEIT MIT NATIONALEN BEHÖRDEN UND DEREN GRENZE

Die Stärkung der Zusammenarbeit der Kommission mit den nationalen Kartellbehörden bezieht sich naturgemäß auf die Zusammenarbeit bei der Behandlung der Fälle, die in den Anwendungsbereich der Art. 81, 82 EG fallen. Um ihre bisherige Praxis zu verdeutlichen, hat die Kommission eine Bekanntma-

---

[98] Lässig, S. 92.
[99] Paulweber/Kögel, AG 1999, S. 515; Bechtold, EuR 1992.
[100] Lässig, S. 92f.
[101] Bunte in Langen/Bunte, KartR, Einführung zum EG-KartellR Rn. 28.
[102] Hossenfelder/Müller/Parlasca, ZHR 160 (1996), S. 25; Lässig, S. 67; kritisch zur dezentralen Anwendung Behrens, FS Everling I, S. 83ff.

chung über die Zusammenarbeit mit den nationalen Kartellbehörden herausgegeben.[103]

I. VERHÄLTNIS DER KOMMISSION UND DER NATIONALEN BEHÖRDEN

Das bestehende Verhältnis von Kommission und nationalen Behörden ist im Bereich der Anwendung des europäischen Kartellrechts von der faktischen subsidiären Kompetenz der nationalen Behörden geprägt, da Art. 9 Abs. 3 VO 17/62 festlegt, dass die nationalen Behörden für die Anwendung der Art. 81, 82 EG zuständig sind, soweit kein formelles Verfahren[104] durch die Kommission eingeleitet worden ist. Dabei waren vor Erlass der VO 17/62 gemäß Art. 88 EWG die Mitgliedstaaten und damit die nationalen Behörden für die Anwendung der Art. 81, 82 EG zuständig. Die Kommission fungierte gemäß Art. 89 EWG lediglich als Aufsichtsbehörde. In dem Zeitraum „alleiniger Herrschaft" kam es aber zu keiner Entscheidung, da keine Verletzung der Art. 81, 82 EG vorgetragen wurde.[105] Aus der primären Zuständigkeit der Mitgliedstaaten für die Anwendung und den Vollzug des Gemeinschaftsrechts ist im Lauf der Zeit faktisch durch die Zuständigkeitssperre des Art. 9 VO 17/62 eine subsidiäre geworden.[106] Verstärkt wird dieser Effekt durch die Möglichkeiten der Kommission, sich vor Einleitung eines formellen Verfahrens der informellen *comfort letters* zu bedienen, Negativatteste und Freistellungserklärungen auszustellen, Ermittlungen durchzuführen, Untersagungs- und Abstellungsverfügungen zu erlassen sowie die Möglichkeit des Verhängens von Bußgeldern.[107] Demgegenüber richten sich die Möglichkeiten der nationalen Behörden gerade im Untersuchungs- und Sanktionsbereich nach nationalem Recht. Das Verhängen von Bußgeldern[108] nach Maßgabe des Art. 15 VO 17/62 wegen Verstoßes gegen Art. 81, 82 EG bleibt aber stets ausgeschlossen.[109]
Der Grund für die Kompetenzverteilung ist schnell erfasst: Es soll eine einheitliche Anwendung des Wettbewerbsrechts in der Gemeinschaft erreicht werden. Das beinhaltet den Schutz der Unternehmen vor parallel laufenden Ver-

---

[103] Kommission, Bekanntmachung über die Zusammenarbeit mit den nationalen Behörden; Einen Überblick über die bisherige Zusammenarbeit Sauter, S. 97ff.

[104] Erst durch die Mitteilung an die Mitgliedstaaten. Die Mitteilung der Beschwerdepunkte findet gleichzeitig statt, ist aber keine formelle Verfahrenseinleitung, da sie noch nicht den Willen zum Ausdruck bringt eine Entscheidung nach Art. 2, 3, oder 6 VO 17/62 zu treffen – Lässig, S. 43.

[105] Groger/Janicki, WuW1992, S. 994; Ritter in I/M, EG-WbR Bd. II, Art. 9 VO 17/62 Rn.1.

[106] Lässig, S. 44; Bunte in Langen/Bunte, KartR, Einführung zum EG-Kartellrecht, Rn. 82; Emmerich, KartR, S. 470: konkurrierende Rechtsanwendungszuständigkeit. Wie sich diese sekundärrechtliche Regelung auf die Rechtsnormenkonkurrenz bezüglich der nationalen Rechte und der Art. 81, 82 EG auswirkt ist eine davon zu unterscheidende Frage, der in Kap. 3, 2. Teil, B. nachgegangen wird.

[107] Lässig, S. 44; Ritter in I/M, EG-WbR Bd. II, Art. 9 VO 17/62 Rn. 16

[108] Für Deutschland siehe §§ 81f. GWB und Klocker, WuW 1990, S. 113f.

[109] Ritter in I/M, EG-WbR Bd. II, Art. 15 VO 17/62 Rn. 74; Bechtold, GWB, § 47 Rn. 9.

fahren mit unterschiedlich lautenden Entscheidungen.[110] Dabei hielten die Mitgliedstaaten selbst die Konzentration der Entscheidungen bei der Kommission im Hinblick auf die abweichenden rechts- und wirtschaftspolitischen Vorstellungen in den Mitgliedstaaten für die Entwicklung des europäischen Kartellrechts für notwendig.[111] Damit wird die integrationspolitische Aufgabe der Kommission durch die zentrale Anwendung des Gemeinschaftskartellrechts deutlich, die von der Kommission als Leitbild zugrunde gelegt wird.[112] Die Kommission ist im Gegenzug gemäß Art. 10 VO 17/62 zur Zusammenarbeit verpflichtet, indem bestimmte Informationspflichten und die Beteiligung des Beratenden Ausschusses festgelegt werden. Über den Beratenden Ausschuss können die Mitgliedstaaten ihre Meinung kundtun, da er gemäß Art. 10 Abs. 4 VO 17/62 aus Vertretern der nationalen Kartellbehörden besteht.

II. METHODIK DER ARBEITSTEILUNG

Da nunmehr alle Mitgliedstaaten über Kartellbehörden verfügen, ist die Kommission gewillt, diese verstärkt bei solchen Fällen zum Zuge kommen zu lassen, die in den Anwendungsbereich der Art. 81, 82 EG fallen. Dies geschieht durch die Ausübung des der Kommission zustehenden Aufgreifermessens, aufgrund dessen die Kommission entscheiden kann, ob sie einen Fall selbst behandelt oder ob sie den Fall an eine nationale Behörde abgibt.[113]
Da mit dieser Zusammenarbeit eine Erleichterung für alle Beteiligten, also auch die Unternehmen, angestrebt wird, soll wie in der FKVO das *one stop shop*-Prinzip gelten: Es soll sich immer nur eine Behörde mit dem Fall beschäftigen.[114] Nach der Bekanntmachung der Kommission über ihre Zusammenarbeit mit den nationalen Kartellbehörden findet die Aufteilung nach dem Prinzip des Schwerpunktes der Auswirkungen statt. Bei wettbewerbsbeschränkenden Maßnahmen, deren Auswirkungen sich im Wesentlichen auf dem Gebiet eines Mitgliedstaates beschränken, soll die nationale Kartellbehörde den Fall behandeln. Dies kommt aber dann nicht in Betracht, wenn die wettbewerbsbeschränkende Maßnahme gemäß Art. 81 Abs. 3 EG freistellungsfähig ist. Dies macht Sinn, da allein die Kommission befugt ist, eine solche Freistellung zu erteilen – so genanntes „Freistellungsmonopol" des Art. 9 Abs. 1 VO 17/62. Vorgänge mit besonderer Bedeutung für die Gemeinschaft, insbesondere solche die neue Rechtsfragen aufwerfen, werden ebenfalls nicht an die nationalen Behörden verwiesen, sondern verbleiben in der

---

[110] Generalanwalt Roemer in EuGH *De Haecht II*, Slg. 1973, S. 95; Bunte in Langen/Bunte, KartR, Art. 81 Generelle Prinzipien, Rn. 83.
[111] Bunte in Langen/Bunte, KartR, Einführung zum EG-Kartellrecht, Rn. 82; Lässig, S. 44.
[112] van Miert in Europa zwischen Ordnungswettbewerb und Harmonisierung, S. 223; Lässig, S. 44.
[113] EuG *Automec II*, Slg. 1992-II/3, S. 2275ff. Rn. 75ff., Rn. 102ff.
[114] Kommission, Bekanntmachung über die Zusammenarbeit mit den nationalen Behörden, Rn. 10.

Zuständigkeit der Kommission.[115] Welche Behörde schließlich den Fall erhält, entscheidet die Kommission. Dabei bezieht sie die Bereitschaft zur Durchsetzung des Gemeinschaftsrechts sowie die personellen und sachlichen Mittel für die Ausübung der Kompetenzen in ihre Abwägung ein. Als besonders kritisch sind in diesem Zusammenhang Fälle zu nennen, in denen öffentliche Unternehmen betroffen sind und bei denen die Beurteilung von nationalen Kartellbehörden vorgenommen werden muss, die nicht vom Wirtschafts- oder Handelsministerium unabhängig sind. Wegen der Möglichkeit der politischen Einflussnahme behält sich die Kommission gerade in solchen Fällen ein Eingriffsrecht vor.[116]

Es wird aus all dem deutlich, dass eine erfolgreiche Zusammenarbeit für eine umfangreiche dezentrale Anwendung besonders stark von einem engen und ständigen Informationsaustausch zwischen Kommission und den Mitgliedstaaten abhängt, was besonders im Rahmen der Freistellungsmöglichkeit nach Art. 81 Abs. 3 EG gilt.[117]

III. Nationale Kartellbehörden und die Anwendung des Europäischen Kartellrechts

Eine weitere Schwierigkeit bei der dezentralen Anwendung der Art. 81, 82 EG stellt die teilweise auf nationaler Ebene hierfür fehlende Kompetenz dar. Von 15 Mitgliedstaaten verfügen 8 Staaten über Ermächtigungsgrundlagen für die nationalen Behörden, um die Art. 81, 82 EG anzuwenden, während in 7 Mitgliedstaaten diese Ermächtigungsgrundlage fehlt.[118]

Zum Teil beruht dieser Mangel auf einer bewussten Entscheidung: So haben sich Finnland und das Vereinigte Königreich im Rahmen der Reform ihres Kartellrechts gegen die Einführung der Ermächtigungsgrundlage entschieden.[119] Damit verfügt die dezentrale Anwendung des europäischen Kartellrechts über wesentliche Lücken. Dies hat für die materielle Behandlung der Fälle auf nationaler Ebene keine wesentlichen Auswirkungen, wenn die innerstaatlichen Regelungen denen der Gemeinschaft entsprechen.[120] Dennoch ist die Bereitschaft, die Fälle, in denen die Zwischenstaatlichkeitsklausel erfüllt ist, an die

---

[115] Kommission, Bekanntmachung über die Zusammenarbeit mit den nationalen Behörden, Rn. 24ff.

[116] Kommission, Bekanntmachung über die Zusammenarbeit mit den nationalen Behörden, Rn. 33, 36; Lässig, S. 50.

[117] Groger/Janicki, WuW 1992, S. 996; Lässig, S. 51.

[118] Die acht Staaten, in denen die Anwendung der Art. 81, 82 EG möglich ist, sind: Belgien, Frankreich, Deutschland, Griechenland, Italien, Niederlande, Portugal und Spanien. Österreich, Dänemark, Finnland, Irland, Luxemburg, Schweden und das Vereinigte Königreich haben sich gegen die Einführung einer Ermächtigungsgrundlage entschieden – Kommission, XVIII. Wettbewerbsbericht, S. 329ff, 361f.

[119] Kommission, XVIII. Wettbewerbsbericht, S. 361.

[120] Lässig, S. 45.

nationalen Behörden zu verweisen, geringer, weil die rechtlichen Instrumente nicht gleich sind.[121]

Die Mitgliedstaaten, in denen die Wettbewerbsbehörden über eine Ermächtigungsgrundlage verfügen, können mit dem EG-Kartellrecht Lücken im nationalen Recht füllen. Dies ist auch die primäre Funktion der dezentralen Anwendung in den Mitgliedstaaten, in denen das EG-Kartellrecht und das Mitgliedstaaten Kartellrecht inhaltlich nicht übereinstimmt. Dort, wo das nationale Recht dem Recht der Gemeinschaft entspricht, ist die Anwendung der Art. 81, 82 EG überflüssig. Dies dürfte auch ein Grund für die immer noch relativ geringe Zahl der Anwendungsbeispiele sein.[122] Erst wenn das nationale Recht Lücken aufweist, insbesondere durch die Formulierung von Ausnahmebereichen wie etwa die deutsche Sportbereichsausnahme des § 31 GWB, gewinnt das Gemeinschaftsrecht an Bedeutung. So konnte das Bundeskartellamt mit Hilfe des damaligen Art. 85 EG-Vertrag i.V.m. § 47 GWB (a. F.) gegen ein grenzüberschreitendes Kartell im Strom- und Gashandel vorgehen, das von einer damaligen Ausnahmeregelung erfasst wurde.[123] In die gleiche Richtung zeigt auch die Anwendung der Art. 81, 82 EG auf die Exklusivitätsverträge über Hotelbetten deutscher Reiseveranstalter mit spanischen Hotels. Damit konnte gegen diese wettbewerbsbeschränkenden Vereinbarungen direkt vorgegangen werden, ohne dass die Voraussetzungen des § 18 GWB (a. F.) vorgelegen hätten.[124] Die Anwendung der Art. 81, 82 EG durch andere nationale Behörden erfassten insbesondere Vertriebssysteme, Absprachen im Bankgewerbe oder die Einschränkung von Fernsehübertragungsrechten. Auch hier konnten Lücken im Wettbewerbsschutz durch nationale Ausnahmebereiche mit Hilfe des Gemeinschaftskartellrechts geschlossen werden.[125]

Nicht nur die im Wesentlichen übereinstimmenden Regelungen tragen zu der Zurückhaltung der nationalen Behörden bei der Anwendung des Gemeinschaftsrechts bei. Auch die Beschränkungen im Vollzug, also drohender Zuständigkeitsverlust gemäß Art. 9 Abs. 3 VO 17/62 durch eine Verfahrenseröffnung in Brüssel und das Freistellungsmonopol der Kommission gemäß Art. 81 Abs. 3 EG, tragen hierzu bei.[126]

Gerade das Freistellungsmonopol der Kommission gemäß Art. 9 Abs. 1 VO 17/62 für die Entscheidungen nach Art. 81 Abs. 3 EG verhindert eine wesentliche Entlastung durch die Zusammenarbeit von Kommission und Mitgliedstaaten. Der schon früh vorgeschlagenen Aufgabe des Freistel-

---

[121] Lässig, S. 47; Bunte, DB 1994, S. 922.
[122] Lässig, S. 47f.
[123] Bundeskartellamt *Stadt Nordhorn*, WuW/E BKartA, 2859, 2863ff., 2869f. und vergleiche § 103 GWB a. F.; Lässig, S. 47f.
[124] BKartA *Selektive Exklusivität*, WuW/E BKartA 2761, 2765ff.; KG Berlin *Selektive Exklusivität*, WuW/E OLG 5580, 5590f.; BGH *Selektive Exklusivität*, NJW-RR 1998, S. 764ff.; Lässig, S. 49.
[125] Lässig, S. 49.
[126] Lässig, S. 49.

lungsmonopols[127] ist die Kommission immer mit den Argumenten der Gefahr der unterschiedlichen Anwendung durch die nationalen Gerichte (so genannte *Kohärenz*) und der fehlenden Kompetenz zur Bewertung von komplexen wirtschaftlichen Zusammenhängen unter Berücksichtigung der Vertragsziele entgegengetreten. Der umfassende und nur auf offensichtliche Beurteilungsfehler hin prüfbare Ermessensspielraum verstärkt die Befürchtung einer unterschiedlichen Rechtsanwendung und Entscheidungsfindung mit Vorzug der nationalen Interessen vor denen der Gemeinschaft.[128]

Da aber jeder Fall einen potenziellen Freistellungsfall darstellt[129] und eine rückwirkende Freistellung durch die Kommission rechtlich immer möglich ist, sind die Unternehmen versucht nach einer Untersagungsverfügung der nationalen Behörde, ihr Glück bei der Kommission zu suchen.[130]

Man kann also feststellen, dass die ursprüngliche primäre Zuständigkeit der nationalen Behörden rechtlich und tatsächlich eingeschränkt und schließlich ausgetauscht worden ist. Art. 9 VO 17/62 gibt zwar den nationalen Behörden zunächst die Kompetenz für die Anwendung der Art. 81, 82 EG. Der durch das Tätigwerden der Kommission eintretende Verlust der Zuständigkeit ist jedoch der Regelfall.

Auch die Bekanntmachungen über die Zusammenarbeit der Kommission und den nationalen Gerichten und Behörden[131] haben das Ausnutzen der Sperrwirkung des Art. 9 Abs. 3 VO 17/62 durch die Unternehmen nicht verhindern können, so dass die nationalen Behörden weiterhin Zaungäste bleiben. Denn die Unternehmen rechnen im besten Fall mit einer günstigeren Entscheidung aus Brüssel oder hoffen auf den dortigen Verfahrensstau, so dass es zu keiner Untersagung kommt und auch das Bußgeldrisiko gemäß Art. 15 Abs. 5 VO 17/62 aufgehoben ist.[132]

B. ZUSAMMENARBEIT MIT NATIONALEN GERICHTEN UND DEREN GRENZE

Ausgangspunkt für die Zusammenarbeit mit den nationalen Gerichten ist die unmittelbare Anwendbarkeit der Art. 81, 82 EG in den Mitgliedstaaten, die von Amts wegen stets zu prüfen ist und von den betroffenen Unternehmen und Bürgern vor den Gerichten geltend gemacht werden können.[133] Die größte Zahl der vor den nationalen Gerichten anhängigen Verfahren betrifft Zivilrechtsstreitigkeiten über den Verstoß eines Vertrages gegen Art. 81 Abs. 2 EG

---

[127] Wolf, WM 1992, S. 1730.

[128] EuGH *Grundig / Consten*, Slg. 1966, S. 396; EuG *Matra Hachette*, Slg. 1994-II, S. 595ff. Rn. 104; Lässig, S. 51.

[129] Lässig, S. 63.

[130] Immenga in Europa zwischen Ordnungswettbewerb und Harmonisierung, S. 232f.; Lässig, S. 64 m.w.N.

[131] ABl. 1997 Nr. C 313 S. 3; ABl. 1993 Nr. C 39, S. 6.

[132] Lässig, S. 53; Sauter in Langen/Bunte, KartR, Art. 15 VO 17/62, Rn. 7.

[133] Lässig, S. 33 m.w.N.

und dessen Rechtsfolgen nach dem Recht des jeweiligen Mitgliedstaats.[134] Hier muss das Gericht über die Anwendbarkeit des EG-Rechts entscheiden und ob eine Freistellung im Sinne des Art. 81 Abs. 3 EG in Betracht kommt. Die ursprünglich sehr zurückhaltende Anwendung des EG-Kartellrechts durch die nationalen Gerichte ist zurückgegangen, so dass eine in absoluten Zahlen beeindruckende Sammlung an nationalen Entscheidungen vorliegt.[135] Damit ist nichts zu dem Verhältnis der Entscheidungen zu den insgesamt zu behandelnden Fällen gesagt, die von den Art. 81, 82 EG erfasst werden.[136] Zu der Verstärkung des Gebrauchs der Art. 81, 82 EG hat die von der Kommission erlassene *„Bekanntmachung über die Zusammenarbeit zwischen der Kommission und den Gerichten der Mitgliedstaaten bei der Anwendung der Artikel 85 und 86 des EG-Vertrages“*[137] beigetragen. Seit dem sind zwar die mehr Entscheidung erlassen worden, die sich auf EG-Recht stützen. Sie hat aber bei weitem nicht den angestrebten Entlastungseffekt erzielt, weil das Entlastungspotenzial insgesamt nicht groß war und die tatsächlich erzielten Entlastungen durch Belastungen der Kommission aufgewogen wurden. Hinderlich wirkt sich auch aus, dass das Beschwerdeverfahren vor der Kommission günstiger ist als vor den nationalen Gerichten, da der Kommission größere Ermittlungsbefugnisse zur Verfügung stehen als den Gerichten in den zivilrechtlichen Unterlassungsklagen.[138] Als größtes Hindernis für eine spürbare Entlastung wird oft das Freistellungsmonopol ausgemacht.[139] Der EuGH begründet das Freistellungsmonopol gegenüber den Gerichten mit den gleichen Argumenten, die er den nationalen Behörden entgegenhält. Dabei wird auf die Komplexität der damit verbundenen Fragen und die Gefahr inkohärenten Anwendung durch die nationalen Gerichte verwiesen.[140] Gerade diese Kohärenz ist Ausdruck der Rechtssicherheit und im Rahmen der Freistellung von wettbewerbsbeschränkenden Maßnahmen besonders anfällig für die Divergenzen der nationalen wettbewerbspolitischen Ansätze.[141] Aus dem Freistellungsmonopol folgt im Falle des Streits über die Freistellungsfähigkeit einer wettbewerbsbeschränkenden Maßnahme, dass stets die Kommission anzurufen ist. Dem nationalen Gericht fehlt hierfür die Kompetenz nach Art. 81 Abs. 3 EG.[142] Eine Ausnahme besteht bei Zivilstreitigkeiten über die Gültigkeit einer Kartell-

---

[134] Vgl. Streit über die Nichtigkeitsfolge nach Art. 86 i.V.m. § 134 BGB – Bornkamm, S. 52; Möschel in I/M, EG-WbR Bd. I, Art. 86 EGV, Rn. 27ff.

[135] Lässig, S. 34.

[136] Wesseling, European Law Review 1997, S. 35.

[137] ABl. 1993 Nr. C 39, S. 6.

[138] Lässig, S. 40; Bunte, DB 1994, S. 925.

[139] Wolf, WM 1992, S. 1730; Groger/Janicki, WuW 1992, S. 996; a. A.: Esser-Wellié, WuW 1995, S. 474.

[140] EuGH *Delimits ./. Henninger Bräu*, Slg. 1991-I/1, S. 991 Rn. 44.

[141] Zu den verschiedenen wettbewerbspolitischen Ansätzen siehe schon die Diskussion um die Einführung der „Industriepolitik“ in den EG-Vertrag und in die FKVO – Kerber, Europäische Fusionskontrolle, S. 84ff. m.w.N.

[142] EuGH *Delimitis ./. Henninger Bräu*, Slg. 1991-I/1, S. 993 Rn. 52.

vereinbarung. Der Gerichtshof räumt dem nationalen Gericht insoweit Entscheidungsspielraum ein, indem er den nationalen Gerichten zugesteht, von der Gültigkeit einer Vereinbarung ausgehen zu dürfen, wenn die Voraussetzungen des Art. 81 Abs. 1 EG offensichtlich nicht erfüllt sind. Darüber hinaus kann das nationale Gericht von der Nichtigkeit der wettbewerbsbeschränkenden Maßnahme ausgehen, wenn außer Zweifel steht, dass unter Berücksichtigung der Gruppenfreistellungsverordnung und der bisherigen Entscheidungspraxis der Kommission keinesfalls eine Freistellungsentscheidung in Betracht kommt.[143] In solchen Fällen versucht die Kommission Hilfestellung zu leisten, indem sie den nationalen Gerichten in ihrer Bekanntmachung die Amtshilfe auf Grundlage von Art. 10 i.V.m. Art. 3 lit g) EG anbietet.[144] Den nationalen Gerichten wird vorgeschlagen, sich unter Wahrung des innerstaatlichen Prozessrechts an die Kommission zu wenden, um Informationen über den Stand eines Freistellungsverfahrens zu erlangen oder Beratung in Rechtsfragen zur Kommissionspraxis, Auslegung der Zwischenstaatlichkeitsklausel und dem Spürbarkeitserfordernis zu erhalten. Die Stellungnahme der Kommission dient lediglich als Entscheidungshilfe und ist – anders als die Entscheidungen des EuGH im Vorlageverfahren nach Art. 234 EG – nicht verbindlich.[145]
Deutlich wird durch diese Form der Amtshilfe die Absicht der Kommission, im Zweifel jeden Fall an sich ziehen zu können. Damit wird der Eindruck eines „zentralistischen Geistes" der Kommission erweckt, der zudem als „*wohlwollend ... aber gönnerhaft*" beschrieben wird.[146]

C. BILANZ DER BISHERIGEN DEZENTRALEN ANWENDUNG DER ART. 81, 82 EG

Die von der Kommission in die Entlastungswirkung der Zusammenarbeit mit den mitgliedstaatlichen Behörden und Gerichten gesetzten Erwartungen wurden nicht erfüllt. Der von der Kommission verfolgte Ansatz wird dennoch größtenteils als richtig angesehen. Um aber das volle Potenzial der dezentralen Anwendung des Gemeinschaftskartellrecht auszunutzen, wurden Vorschläge aus der Praxis und Literatur vorgetragen, die seitens der Kommission auf Ablehnung stießen. In der Diskussion stand das Freistellungsmonopol der Kommission. Nur die Aufgabe des Freistellungsmonopols zugunsten der nationalen Behörden würde eine spürbare Entlastung nach sich ziehen.[147]

---

[143] K. Schmidt, NJW 1995, S. 2255, 2257; Esser-Wellié, WuW 1995, S. 467, Lässig, S. 38.
[144] Aus Art. 10 i.V.m. Art. 3 lit g) EG folgt die Verpflichtung von Kommission und nationaler Justiz zu loyaler Zusammenarbeit; Kamann/Horstkotte, WuW 2001, S. 462f.
[145] Lässig, S. 37f.; Kommission, Bekanntmachung über die Zusammenarbeit mit den nationalen Gerichten, Rn. 20ff.
[146] Mestmäcker in Gerken, Ordnungswettbewerb und Harmonisierung, S. 203, weitere Kritik bei Odersky, S. 708f.
[147] Wolf/Fink, WuW 1994, S. 291f.; Hossenfelder/Müller/Parlasca, ZHR 160 (1996), S. 30; Groger/Janicki, S. 997; a. A.: Esser-Wellié, WuW 1995, S. 474.

Dem hat die Kommission bisher ablehnend gegenüber gestanden und eine Änderung der VO 17/62 in diesem Sinne unter die Prämisse einer „Wettbewerbsunion" gestellt, die folgende Voraussetzungen erfüllen sollte:[148]

- Alle nationalen Behörden müssen über eine Ermächtigung zur dezentralen Anwendung des europäischen Kartellrechts verfügen und die dafür notwendigen personellen und sachlichen Mittel vorweisen können.
- Die nationalen Verfahrensvorschriften und Sanktionen bei Verstößen gegen das Kartellverbot müssen einheitlich sein, um ein „Forumshopping" der Unternehmen zu verhindern.
- Entscheidungen nationaler Behörden auf der Grundlage der Art. 81, 82 EG müssten gemeinschaftsweite Geltung haben.
- Alle Mitgliedstaaten müssten über vergleichbare Rechtsschutzgarantien verfügen, die es den betroffenen Unternehmen erlauben, gegen Entscheidungen der nationalen Kartellbehörden vor staatlichen und Europäischen Gerichten zu klagen.

5. TEIL: ZUKÜNFTIGE DEZENTRALE ANWENDUNG DER ART. 81, 82 EG

Von ihrer ablehnenden Haltung ist die Kommission abgerückt: Die Kritik am Status Quo und die Einsicht in die mangelnde Effektivität des Schutzes des Wettbewerbs hat die Kommission zur Veröffentlichung des Weißbuches zur Reform der Durchführungsvorschriften zu den Art. 81, 82 EG (Weißbuch) veranlasst.[149]

A. VORSCHLÄGE DER KOMMISSION IM EINZELNEN

Die in der EG seit 1962 steigende Zahl der Mitgliedstaaten, die bei Realisation der „Osterweiterung" schon in den nächsten Jahren einen weiteren Höhepunkt verzeichnen wird,[150] hat die auf nur sechs Mitgliedstaaten angelegte VO 17/62 schon lange überholt. Die im Weißbuch vorgeschlagene Reform geht davon aus, dass die Kommission

> *„das zentrale Problem der Bekämpfung der besonders schweren Verstöße, die dezentrale Anwendung der Wettbewerbsregeln und die Verminderung der Verwaltungszwänge für die Unternehmen am ehesten durch ein System der gesetzlichen Ausnahme verwirklicht werden können."*

---

[148] van Miert in Europa zwischen Ordnungswettbewerb und Harmonisierung, S. 227.
[149] Kommission, Weißbuch 1999.
[150] Siehe im Einzelnen dazu unten Kapitel 3, 2. Teil E.

Dieses System der Legalausnahme stützt die Kommission auf drei Pfeiler: die Abschaffung des Genehmigungs- und Anmeldesystems, die dezentrale Anwendung des Gemeinschaftskartellrechts und die Verstärkung der nachherigen Kontrolle.[151]

I. ÜBERGANG ZUM SYSTEM DER LEGALAUSNAHME

Das derzeitige Verbotssystem mit der möglichen Genehmigung der wettbewerbsbeschränkenden Vereinbarung soll durch ein Verbotssystem mit Legalausnahme ersetzt werden, da das Genehmigungssystem nicht mehr geeignet sei, die Verfolgung der besonders schweren Verstöße gegen die Wettbewerbsregeln und eine effektive Überwachung im Sinne des Art. 83 EG zu gewährleisten.[152] Das System der Legalausnahme führt zu einer automatischen Freistellung der wettbewerbsbeschränkenden Maßnahme, wenn die gesetzlichen Voraussetzungen erfüllt sind. Einen behördlichen Bescheid erfordert das System der Legalausnahme nicht mehr. Der Übergang soll laut Kommission den Unternehmen zugute kommen, da damit das Anmeldeerfordernis wegfällt und eine erhebliche Kostenersparnis eintritt. Die Unternehmen sollen durch den Wegfall des Anmeldezwangs auch größere Freiräume in der Verfolgung ihrer Geschäftspolitik erhalten. Die Unternehmen müssen damit zwar die Vereinbarkeit ihrer wettbewerbsbeschränkenden Maßnahmen mit dem Gemeinschaftsrecht selbst überprüfen – ihnen wird damit eine größere Verantwortung auferlegt - dies soll aber durch die Aufhebung der bestehenden Verwaltungszwänge kompensiert werden.[153] Hierfür beabsichtigt die Kommission den Erlass von GVOen mit einem weiter gefassten Anwendungsbereich. Ziel ist es, durch Verwendung von Marktanteilsschwellen die Vereinbarungen von Klein- und Mittelbetrieben abdecken zu können. Art. 81 EG soll stärker anhand eines wirtschaftlichen Ansatzes ausgelegt werden, um den Anwendungsbereich auf Unternehmen mit einer gewissen Marktmacht zu beschränken.[154]
Für Teilfunktionsgemeinschaftsunternehmen[155] im Produktionsbereich soll aber das Anmeldesystem beibehalten werden, weil die Gründung solcher Unternehmen mit hohen Investitionskosten verbunden und eine Entflechtung wegen der funktionellen Integration von Unternehmensteilen nur schwer zu realisieren ist. Auch hier schränkt die Kommission den Anwendungsbereich des Anmeldesystems durch Verwendung von Mindestinvestitionssummen ein. Um für diese Ausnahme keine Verfahren-Sonderregelung in die VO 17/62 einzuführen, wird diese Fallgruppe in den Anwendungsbereich der FKVO verscho-

[151] Kommission, Weißbuch 1999, Rn. 74f.
[152] Als Beweis führt die Kommission an, das in der 35-jährigen Anwendung der VO 17/62 nur gegen neun aller angemeldeten Vereinbarungen (ohne Vorliegen einer Beschwerde) ein Verbotsbescheid erlassen wurde – Kommission, Weißbuch 1999, Rn. 77 und Fußnote 53.
[153] Kommission, Weißbuch 1999, Rn. 76f.
[154] Kommission, Weißbuch 1999, Rn. 75, 78.
[155] Siehe hierzu Bechtold, FIW 178 (1999), S. 77ff.

ben, wodurch eine parallele Überprüfung nach FKVO und Art. 81 EG möglich wäre (Art. 2 Abs. 4 FKVO).[156]

II. DEZENTRALE ANWENDUNG DES GEMEINSCHAFTSKARTELLRECHTS

Das Freistellungsmonopol des Art. 9 VO 17/62 zeigt die zentralistische Natur der VO 17/62 auf, die eine effektive dezentrale Anwendung des Gemeinschaftskartellrechts verhindert hat. Das Freistellungsmonopol soll nun aufgegeben werden. Um Unstimmigkeiten bei der Anwendung des EG-Kartellrechts zu verhindern, soll die Kompetenzverteilung folgendermaßen festgelegt werden:

Die Wettbewerbspolitik muss weiterhin auf Gemeinschaftsebene geregelt werden, da der Kommission als Hüterin der Verträge und als Garantin des Gemeinschaftsinteresses eine besondere Rolle bei der Durchführung des Gemeinschaftsrechts und der Gewährleistung einer kohärenten Anwendung der Wettbewerbsregeln zukommt. Dementsprechend behält die Kommission das Initiativ-Monopol für die Ausarbeitung und das Vorschlagen von Rechtstexten. Die GVOen werden in diesem Rahmen eine noch größere Rolle spielen als bisher, da das System der Legalausnahme nach dem Grundsatz der Rechtssicherheit erfordert, dass freigestellte Maßnahmen nicht vom nationalen Recht verboten werden. Um dies gemeinschaftsweit zu sichern,[157] ist mit Hilfe des Art. 83 Abs. 2 lit e) EG eine entsprechende gesetzliche Regelung einzuführen. Bekanntmachungen und Leitlinien sollen die von der Kommission verfolgte Politik erläutern und den nationalen Instanzen Anhaltspunkte für die Anwendung der Art. 81, 82 EG geben.[158] Auf Einzelentscheidungen will die Kommission nicht verzichten. Es sollen neben den Verbotsentscheidungen in Präzedenzfällen auch Positiventscheidungen ausnahmsweise möglich sein, wenn sie aus Gründen des Allgemeininteresses erforderlich sind. Diese Positiventscheidungen sollen dem Negativattest ähneln, da sie sich auf die Feststellung beschränken, dass eine Vereinbarung mit dem gesamten Art. 81 EG vereinbar ist, weil sie nicht in dessen Anwendungsbereich fällt oder die Voraussetzungen des Art. 81 Abs. 3 EG erfüllt.[159] Schließlich soll im Rahmen des Untersagungsverfahrens auch die Durchsetzung der von Unternehmen gemachten Zusagen, die eventuell bestehende wettbewerbliche Bedenken beseitigen, ermöglicht werden. Hierfür ist das Einführen einer neuen Einzelentscheidung notwendig, die eine Zusage verbindlich macht und den Beteiligten und Dritten die Berufung auf die Zusage vor den nationalen Instanzen ermöglicht.[160]

---

[156] Kommission, Weißbuch 1999, Rn. 79 ff.

[157] Derzeit verfügen nur Belgien, Dänemark, Spanien und das Vereinigte Königreich über Vorschriften, die ein der Wirksamkeit einer GVO entgegenstehendes Verhalten der nationalen Behörden untersagen – vgl. Kommission, Weißbuch 1999, Rn. 85.

[158] Kommission, Weißbuch 1999, Rn. 83ff.

[159] Kommission, Weißbuch 1999, Rn. 88 f.

[160] Kommission, Weißbuch 1999, Rn. 90.

1. ZUSAMMENARBEIT MIT DEN NATIONALEN INSTANZEN

Darüber hinaus soll die bestehende Zusammenarbeit mit den nationalen Gerichten und Wettbewerbsbehörden verstärkt werden.
Die Kommission hat bezüglich der Zusammenarbeit mit den nationalen Kartellbehörden ein *„Netz von Behörden"* vor Augen, dessen Tätigkeit durch gemeinsame Grundsätze und eine enge Zusammenarbeit gekennzeichnet ist.[161] Dieses Ziel soll dadurch erreicht werden, dass den Behörden das Recht und die Pflicht auferlegt wird, Freistellungen zu erteilen oder auch zu versagen. Das Recht der Behörde, die Anwendbarkeit einer GVO zu widerrufen, wird als logische Folge bezeichnet. Um Schwierigkeiten bei Untersuchungen in mehreren Staaten zu begegnen, schlägt die Kommission vor, dass ein System des Verweises von Fällen an eine Behörde nach der Maßgabe der effizienten Bearbeitung eingeführt wird. Dies setzt den unmittelbaren Zugang der Behörde zu allen Schriftstücken der Akte voraus, was durch die Änderung des derzeit entgegenstehenden Art. 20 VO 17/62 ermöglicht werden soll. Die in diesem Zusammenhang eingeholten Informationen dürfen lediglich für die Anwendung der Art. 81 und 82 EG oder bei der Anwendung des nationalen Kartellrechts verwendet werden. Da die Informationen unter Umständen mehreren Behörden zur Verfügung stehen, soll durch eine Ergänzung der VO 17/62 die Möglichkeit einer zweifachen Sanktion in der gleichen Sache ausgeschlossen werden.[162]
Im Hinblick auf die nationalen Gerichte liegt das Hauptaugenmerk ebenfalls auf der Beseitigung des Freistellungsmonopols der Kommission. Den Unternehmen soll damit die Möglichkeit genommen werden, Entscheidungen der Gerichte durch Anmeldung bei der Kommission zu blockieren. Die Kommission verspricht den Unternehmen mit der Aufgabe des Freistellungsmonopols des Art. 81 Abs. 3 EG, ihre Freistellung vor den Gerichten geltend machen und so schneller als bisher ihre wettbewerbsbeschränkenden Maßnahmen durchsetzen zu können. Unternehmen, die gegen diese Maßnahmen Beschwerde einlegen, sollen hingegen schneller als bisher Schadensersatz verlangen können. Die Kommission verweist für Fragen der gerichtlichen Zuständigkeit und Vollstreckung gerichtlicher Entscheidungen in Zivil- und Handelssachen auf die Übereinkommen von Brüssel und Lugano.[163]

---

[161] Kommission, Weißbuch 1999, Rn. 91.

[162] Kommission, Weißbuch 1999, Rn. 96ff.

[163] Kommission, Weißbuch 1999, Rn. 100f.; Brüssler Übereinkommen über die gerichtliche Zuständigkeit und Vollstreckung gerichtlicher Entscheidungen in Zivil- und Handelssachen; ABl. L 299 vom 31.12.1972, geändert durch Beitrittsübereinkommen von 1997, ABl. C 15 vom 15.01.1997, S. 1; Übereinkommen über die gerichtliche Zuständigkeit und die Vollstreckung gerichtlicher Entscheidungen in Zivil- und Handelssachen – Geschlossen in Lugano am 16. September 1988, ABl. L 319 vom 25.11.1988, S. 9.

2. WAHRUNG DER KOHÄRENZ

Die Kommission sieht in der dezentralen Anwendung ein Konfliktpotenzial zwischen Entscheidungen der Kommission und denen der nationalen Behörden. Sie verweist zur Lösung von Konflikten auf die seit 1962 bestehende parallele Anwendbarkeit des nationalen Rechts neben den Art. 81, 82 EG, die nur selten zu Problemen geführt hat. Die bisher im Konfliktfall herangezogenen Grundsätze (insbesondere die Zuhilfenahme von Art. 234 EG) dürften nach Ansicht der Kommission genügen, um neue Konfliktfälle zu lösen. Für den Fall der Fälle will die Kommission aber weitere Vorkehrungen treffen, die insbesondere den Grundsatz der kohärenten Anwendung des nationalen oder des Gemeinschaftsrechts durch die nationalen Behörden verstärkt.[164] Ansonsten verfügt das Gemeinschaftsrecht mit Art. 226 EG und Art. 234 EG über zwei wesentliche Instrumente, um eine einheitliche Anwendung des Gemeinschaftskartellrechts und eine Kohärenz in der Wettbewerbspolitik durchzusetzen. Da sich diese Verfahren aber unter Umständen als zu langwierig erweisen können, will die Kommission bindende Maßnahmen für die Gewährleistung einer effektiven Zusammenarbeit erlassen.[165]
Entsprechend der Informationspflicht der Kommission gegenüber dem Beratenden Ausschuss gemäß Art. 10 VO 17/62 soll eine Verpflichtung zur Unterrichtung der Kommission über alle Anwendungsfälle im Bereich der Art. 81 und 82 EG für die nationalen Kartellbehörden eingeführt werden. Die Kommission verweist hierbei auf § 50 Abs. 3 GWB, der mit der 6. Novelle eine solche Verpflichtung dem Bundeskartellamt auferlegt. Damit sollen ohne den Gebrauch autoritärer Verfahren Konflikte gelöst und eine kohärente Wettbewerbspolitik gesichert werden. Eine Informationspflicht soll auch für Verfahren unter Anwendung des nationalen Rechts gelten, soweit sich diese auf bestimmte Gemeinschaftsverfahren auswirken können. Sicherheitshalber will sich die Kommission das Recht vorbehalten, ein bei einer nationalen Behörde anhängiges Verfahren an sich zu ziehen, das in den Geltungsbereich der Art. 81 und 82 EG fällt. Das hieraus folgende Informationsnetz hat nach Ansicht der Kommission eine Stärkung des Beratenden Ausschusses für Kartell- und Monopolfragen zur Folge. Dieser soll zu einer Art Forum umgewandelt werden, in dem alle wichtigen Fälle ohne Rücksicht auf behördliche Zuständigkeit erörtert und zu denen der Ausschuss gehört werden soll[166]
Den staatlichen Gerichten soll eine vergleichbare Informationspflicht bei Anwendung der Art. 81, 82 EG auferlegt werden. Die Kommission könnte dann als „*amicus curiae*" tätig werden. Als Vorbild zählt die Kommission das deutsche und das französische Kartellrecht auf, die über solche Regelungen verfügen.[167]

---

[164] Kommission, Weißbuch 1999, Rn. 101 ff.
[165] Kommission, Weißbuch 1999, Rn. 104.
[166] Kommission, Weißbuch 1999, Rn. 105f.
[167] Kommission, Weißbuch 1999, Rn. 107.

III. VERSTÄRKUNG DER NACHTRÄGLICHEN KONTROLLE

Durch die Einführung des Systems der Legalausnahme sieht die Kommission Nachbesserungen der nachträglichen Kontrolle für notwendig an. Bei ihren Vorschlägen knüpft die Kommission an drei Bereiche an: die Stärkung der Untersuchungsbefugnisse, Beschwerden und die Verhängung von Sanktionen.

Die Stärkung der Untersuchungsbefugnisse erfordert nach Ansicht der Kommission die Möglichkeit, Nachprüfungen gemäß Art. 14 Abs. 3 VO 17/62 gleichzeitig und kohärent durchzuführen. Nachprüfungen von Unternehmen können derzeit nur im Rahmen des nationalen Rechts[168] stattfinden und erfordern in der Regel eine richterliche Verfügung. Bei Vorgehen in mehreren Mitgliedstaaten kann dies zu erheblichen Schwierigkeiten führen. Die Kommission sieht zwei Lösungsmöglichkeiten vor: Die richterliche Kontrolle zu zentralisieren und sie einem Gericht der Gemeinschaft anzuvertrauen oder die nationalen Verfahrensrechte so zu harmonisieren und zu vereinfachen, dass erforderliche Ermächtigungen zügig und gleichzeitig erteilt werden. Die Kommission favorisiert die erste Alternative, da die zweite Lösung eine tiefgreifende Änderung des gerichtlichen Verfahrensrechts in bestimmten Mitgliedstaaten voraussetzen würde. Im Rahmen von stattfindenden Nachprüfungen soll den Bediensteten der Kommission zudem das Recht eingeräumt werden, den Vertretern und Mitarbeitern des Unternehmens mündliche Fragen, die im Zusammenhang mit der Nachprüfung stehen, zu stellen und die erhaltenen Antworten zu Protokoll nehmen zu können. Die Befragten sollen verpflichtet werden, vollständige und richtige Antworten zu erteilen. In die neue VO 17/62 soll der Kommission nach dem Vorbild einzelner Mitgliedstaaten das Recht eingeräumt werden, alle Personen, die ihr für die Untersuchung nützliche Informationen liefern könnten, vorzuladen, in ihren Amtsräumen zu vernehmen und ihre Aussagen zu Protokoll zu nehmen. Zielgruppe sind Personen, die im Rahmen der Nachprüfung nicht befragt werden konnten, Beschwerdeführer und sonstige Dritte.[169]

Die von der Kommission vorgesehene Konzentration auf besonders schwere Verstöße führt zu einer größeren Bedeutung des Beschwerdeverfahrens, der durch die Erleichterung des Einreichens von Beschwerden Rechnung getragen werden soll. Dabei will die Kommission das ihr vom EuGH eingeräumte Aufgreifermessen ausnutzen.[170] Es soll dafür verwendet werden, Beschwerdeführer über die Vorgehensweise der Kommission in einer entsprechenden Bekanntmachung zu unterrichten. Dabei geht es vor allem darum, dem Beschwerdeführer einen Leitfaden zu geben, anhand dessen festgestellt werden

---

[168] Kommission, Weißbuch 1999, Rn. 110; nach EuGH *Höchst*, Slg. 1989-III, S. 2922ff., 2927f. Rn. 32ff.

[169] Kommission, Weißbuch 1999, Rn. 109ff.

[170] EuG *Automec II*, Slg. 1992-II/3, S. 2275ff. Rn. 75ff.

kann, welche Instanz anzurufen (nationale Behörde oder Kommission) sowie in welcher Form die Beschwerde einzureichen ist und welche Informationen von den Beschwerdeführern benötigt werden. Den Beschwerdeführern soll mit der Bekanntmachung auch vor Augen geführt werden, dass die Kommission nur die Beendigung der festgestellten Verstöße verlangen kann oder hohe Geldbußen gegen Unternehmen verhängt, die Vergeltungsmaßnahmen gegen Beschwerdeführer ergreifen. Die Kommission ist aber nicht berechtigt, Schadensersatz zu verhängen. Das Beschwerdeverfahren vor der Kommission soll in zwei Stufen verlaufen. In der ersten Stufe wird von der Kommission untersucht, ob eine eingehende Beschäftigung mit dem Fall notwendig ist. Die an den Beschwerdeführer gerichtete Entscheidung soll innerhalb von vier Monaten erfolgen. Beschließt die Kommission die Beschwerde nicht weiter zu verfolgen, steht dem Beschwerdeführer das Klagerecht vor dem Europäischen Gerichtshof 1. Instanz zur Verfügung. Entscheidet sich die Kommission für die weitere Untersuchung der Beschwerde, ist sie innerhalb einer angemessenen Frist abzuschließen. Kommt die Kommission zu dem Ergebnis, dass der Beschwerde nicht stattgegeben werden kann, teilt sie dies dem Beschwerdeführer in einem begründeten Schreiben mit. Abgesehen von der Einführung einer Frist sollen die Vorschriften über die Beschwerdeabweisung vereinfacht und das kontradiktorische Verfahren flexibler ausgestattet werden. Dies erfolgt vor dem Hintergrund, dass das gegenwärtige Verfahren sehr zeitaufwendig ist[171] und mehr als die Hälfte sämtlicher in den vergangenen Jahren von der Kommission erlassenen förmlichen Entscheidungen die Abweisung einer Beschwerde zum Gegenstand hatten.[172]

Im Bereich der Sanktionen soll der in Art. 15 Abs. 2 VO 17/62 festgelegte Höchstsatz beibehalten werden. Durch den Wechsel zu dem System der Legalausnahme würde wegen des Wegfalls der Anmeldung die mit der Anmeldung verbundene Immunität gegen die Festsetzung von Geldbußen ebenfalls wegfallen. Darin sieht die Kommission die Verstärkung des präventiven Charakters der Verbotsvorschrift der Art. 81, 82 EG. Im Übrigen fordert die Kommission die Erhöhung der Bußgelder in Anlehnung an die FKVO für die während einer Nachprüfung von Unternehmen unrichtig gemachten Angaben oder unvollständig vorgelegter Unterlagen. Gleiches gilt für das Verhängen von Zwangsgeldern gegen Unternehmen, die sich der Erteilung von Auskünften oder der Durchführung einer Nachprüfung widersetzen. Neu eingeführt werden soll ein Bußgeld bei Verstoß gegen Zusagen, das ebenfalls dem Vorbild des Art. 15 Abs. 2 FKVO folgt. Für Mitglieder einer Unternehmensvereinigung soll

---

[171] Die Kommission muss dem Beschwerdeführer in einem Schreiben gemäß Art. 6 VO 2842/98 vom 22. Dezember 1998 über die Anhörung in bestimmten Verfahren nach Art. 81 und 82 EG, ABl. L 354 vom 30. Dezember 1998, S. 18, ihre vorläufige Stellungnahme darlegen, dessen Antwort abwarten und eine förmliche Entscheidung erlassen – Kommission, Weißbuch 1999, Rn. 121.

[172] Kommission, Weißbuch 1999, Rn. 117ff.

in Zukunft die Beitreibung der Geldbuße nach dem Grundsatz der gesamtschuldnerischen Haftung festgeschrieben werden.[173]

B. REAKTIONEN DER INTERESSIERTEN KREISE

Das Weißbuch stellt lediglich Ansatzpunkte für eine Reform nach Ansicht der Kommission dar. Da sie hierfür die politische Unterstützung der Mitgliedstaaten benötigt, soll es als Ausgangspunkt für eine breit angelegte Debatte dienen. Die Kommission forderte daher in ihrem Weißbuch die Mitgliedstaaten und sonstige interessierte Kreise auf, Stellungnahmen bis zum 30. September 1999 abzugeben.[174] Am 29. Februar 2000 veröffentlichte die Kommission eine Zusammenfassung der eingegangenen Stellungnahmen zum Weißbuch (Zusammenfassung).[175]
Die Reformbestrebungen wurden von allen interessierten Kreisen begrüßt. Das verwundert kaum, da schon seit langem Reformen in diesem Bereich gefordert wurden. Im starken Kontrast zu der Begrüßung der Reformbestrebungen stehen aber zum Teil die ablehnenden Positionen über die Gestaltung der Reform.

I. WECHSEL ZUM SYSTEM DER LEGALAUSNAHME

Die Vereinbarkeit des Wechsels von einem Anmelde- und Genehmigungssystem zu einem System der Legalausnahme mit Art. 81, 82 EG wird größtenteils bejaht. Nur zwei Mitgliedstaaten verlangen eine Anpassung des Vertrages.[176]
Für einen solchen Wechsel sprechen sich fast alle der interessierten Kreise aus, insbesondere das Europäische Parlament und 12 von 14 Mitgliedstaaten. Das System soll aber den Unternehmen die Möglichkeit der freiwilligen Anmeldung wettbewerbsbeschränkender Maßnahmen bei der Kommission offen halten.[177] Die schon von der Kommission vorgesehene Ausnahme für Produktionsgemeinschaftsunternehmen wird teilweise befürwortet, wobei die Unterteilung zwischen Produktionsgemeinschaftsunternehmen und sonstigen investitionsträchtigen Gemeinschaftsunternehmen als willkürlich empfunden wird und daher aufgehoben werden sollte. Eine andere Auffassung stellt hingegen die Pflicht zur Anmeldung eines Gemeinschaftsunternehmens in Frage und schlägt eine freiwillige Anmeldung mit Beschränkung durch Umsatz- beziehungsweise Investmentschwellen vor.[178] Lediglich zwei Mitgliedstaaten und die Stellungnahmen aus dem Bereich von Einzelhandelsunternehmen sprechen sich gegen die Einführung des Systems der Legalausnahme aus. Be-

---

[173] Kommission, Weißbuch 1999, Rn. 123ff.
[174] Kommission, Weißbuch 1999, Rn. 140 f.
[175] Kommission, „*White Paper on Reform of Regulation 17 – Summary of the observations*“ vom 29.02.2000 (Zusammenfassung).
[176] Kommission, Zusammenfassung, S. 6, Rn. 3.1. f.; ablehnend Mestmäcker, EuZW 1999, S. 525f.
[177] Kommission, Zusammenfassung, S. 7, Rn. 4.1.
[178] Kommission, Zusammenfassung, S. 9, Rn. 4.2.

gründet wird dies damit, dass es insbesondere im Bereich der Horizontalvereinbarungen faktisch zu einer Missbrauchskontrolle führen würde, die weniger effizient ist als das Anmelde- und Genehmigungssystem.[179]

Der Übergang zum System der Legalausnahme soll aber nicht konsequent durchgeführt werden. So sprechen sich zwei Mitgliedstaaten für die Möglichkeit freiwilliger Anmeldungen durch Unternehmen aus, um den Unternehmen in den Grenzbereichen Rechtssicherheit verschaffen zu können. Gegen den Erhalt eines freiwilligen Anmeldesystems stellen sich zwar sieben Mitgliedstaaten;[180] der Vorschlag der Kommission, eine Art Positiventscheidung einzuführen, löst hingegen nur wenig Widerspruch aus. Unterschiede bestehen lediglich bei der Frage, wann eine Positiventscheidung von der Kommission getroffen werden soll. Geht das ECOSOC noch von der beschränkten Möglichkeit der Positiventscheidung durch die Kommission aus, so fordern gleich fünf Mitgliedstaaten, dass dieses Recht auch den nationalen Behörden zustehen soll. Die Stellungnahmen aus Industrie und Anwaltschaft fordern sogar die allgemeine Möglichkeit, Positiventscheidungen zu erlassen und nicht nur in besonderen Fällen.[181] Damit wird das Prinzip der Legalausnahme weiter aufgeweicht, womit das Risiko für die Wiedereinführung des Anmeldesystems besteht, weswegen sich auch vier Mitgliedstaaten gegen die Einführung von Positiventscheidungen ausgesprochen haben.[182]

In die gleiche Richtung stößt auch der Vorschlag, dass Unternehmen die Möglichkeit gegeben werden soll, im Vorfeld die Klärung eines Falles durch die Kommission vornehmen zu lassen („Stellungnahmen/*opinions*"). Zwei Mitgliedstaaten halten die „Einführung" eines solchen Systems für notwendig. Industrie und Anwaltschaft sind ebenfalls für die Möglichkeit einer Stellungnahme der Kommission, was konsequenterweise im Einklang nach einer unbeschränkten Möglichkeit der Positiventscheidung der Kommission steht. Mit dem Erlangen einer Stellungnahme soll den Unternehmen vor allem Bußgeldfreiheit gewährt werden.[183]

Die Möglichkeit der Stellungnahme ist inhaltlich nichts Neues, da sie sehr an die Kommissions-Praxis der *comfort letters* erinnert. Zwei Mitgliedstaaten sehen gleichwohl die mit dem System der *comfort letters* verbundenen rechtstaatlichen Probleme und wenden sich gegen die Möglichkeit der Stellungnahme der Kommission. Außerdem bliebe das Freistellungsmonopol der Kommission faktisch erhalten, wenn die Kommission das Exklusivrecht zur Abgabe von Stellungnahmen erhält.[184]

---

179 Kommission, Zusammenfassung, S. 7f., Rn. 4.1.
180 Kommission, Zusammenfassung, S. 9f., Rn. 4.3.
181 Kommission, Zusammenfassung, S. 10, Rn. 4.4.
182 Kommission, Zusammenfassung, S. 11, Rn. 4.4.
183 Kommission, Zusammenfassung, S. 12, Rn. 4.6.
184 Kommission, Zusammenfassung, S. 12, Rn. 4.6.

II. DEZENTRALISIERUNG

Bei der Frage der Dezentralisierung der Anwendung des europäischen Kartellrechts klaffen die Auffassungen noch weiter auseinander. Während das Europäische Parlament, das ECOSOC und 12 von 14 Mitgliedstaaten für eine Dezentralisierung sind, spricht sich die Mehrheit der Stellungnahmen aus Industrie und Anwaltschaft dagegen aus. Der Grund liegt darin, dass im Bereich der Dezentralisierung der Anwendung des Gemeinschaftsrechts die größten Gefahren für eine inkohärente Anwendung und eventuelle Renationalisierung des Gemeinschaftskartellrechts bestehen.[185]

Probleme und Gefahren der Dezentralisierung der Anwendung des Gemeinschaftsrechts werden gesehen in[186]

- den mangelnden Fachkenntnissen der Gerichte,
- den unterschiedlichen nationalen Verfahrensordnungen,
- dem fehlenden Zugang zu wesentlichen Informationen beziehungsweise die Vertraulichkeit von Informationen,
- der bereits jetzt schon bestehenden Überlastung der Gerichte,
- den beschränkten Ressourcen nationaler Wettbewerbsbehörden in einigen Mitgliedstaaten,
- der fehlenden Ermächtigung aller Wettbewerbsbehörden, Gemeinschaftskartellrecht anwenden zu können,
- der Wirkung der Entscheidungen der Gerichte „inter partes“ ohne Bindungswirkung für Dritte sowie
- der Möglichkeit der Berücksichtigung politischer Interessen in Form von Industriepolitik durch die nationalen Gerichte und Wettbewerbsbehörden.

Daraus folgt die Gefahr der inkohärenten Anwendung des Gemeinschaftskartellrechts und dies führt zur Fragmentierung des Gemeinsamen Marktes sowie der Renationalisierung des Wettbewerbsrechts und zum *forum shopping.*[187] Dieses Risiko könnte durch die „Osterweiterung“ nochmals verstärkt werden, da durch die dortige bisherige Planwirtschaft möglicherweise eine Durchdringung des Wettbewerbsgedankens in nicht ausreichendem Maße erfolgt ist. Zum Teil wird der Vergleich zu der Situation in den Mitgliedstaaten zum Zeitpunkt des Erlasses der VO 17/62 gezogen und gefolgert, dass entweder auf

---

[185] Kommission, Zusammenfassung, S. 13, Rn. 5.2.

[186] Kommission, Zusammenfassung, S. 14, Rn. 5.2, S. 18 Rn. 6.1., S. 21 Rn. 6.5.

[187] Kommission, Zusammenfassung, S. 14, Rn. 5.2.; S. 16, Rn. 5.4.

eine Dezentralisierung zu verzichten sei oder den Beitrittskandidaten zu Beginn besondere Hilfe zu leisten sei.[188]
Im Hinblick auf die nationalen Verfahrensordnungen sieht das ECOSOC eine Harmonisierung der Verfahrensrechte als wünschenswert an. Diesem Wunsch schließt sich nur ein Mitgliedstaat an, während zwei Mitgliedstaaten Opposition beziehen. Industrie und Anwaltschaft sehen eine Harmonisierung als unumgänglich an, um die Kohärenz des Gemeinschaftsrechts und die Einhaltung rechtsstaatlicher Grundsätze beim Austausch vertraulicher Information zwischen den Wettbewerbsbehörden zu gewährleisten.[189]

1. DEZENTRALISIERUNG UND NATIONALE GERICHTE

Um eine kohärente Anwendung des Gemeinschaftsrechts zu gewährleisten, hatte die Kommission vorgeschlagen, als *amicus curiae* vor den nationalen Gerichten aufzutreten. Dieser Vorschlag wurde mit Zurückhaltung oder Ablehnung der Mitgliedstaaten aufgenommen, da sie hier die Unabhängigkeit der Gerichte betroffen sehen und die Beteiligung zu umständlich und zeitaufwendig sei. Die Stellungnahmen aus der Industrie und Teilen der Anwaltschaft fielen ähnlich ablehnend aus, da die Kommission so nur in ungenügender Weise für Kohärenz sorgen kann. Zudem wird befürchtet, dass der Aussage der Kommission zu viel Gewicht beigemessen werden könnte, da sie als unabhängiger Sachverständiger angesehen werden könnte.[190] Die bisherige Praxis der nationalen Gerichte zeigt auch, dass sie gewohnt sind, das EuG im Vorlageverfahren gemäß Art. 234 EG anzurufen, was nach Ansicht der Industrie das angemessene Verfahren ist, um die kohärente Anwendung des EG-Kartellrechts zu gewährleisten.
Das Europäische Parlament und ECOSOC wird die Einrichtung besonderer nationaler Fachgerichte gefordert. Drei Mitgliedstaaten unterstützen dies. Die Industrie fordert ebenfalls die Einrichtung von Fachgerichten, wenn eine Dezentralisierung trotz der vorgebrachten Bedenken erfolgen sollte. Teile der Anwaltschaft schlagen die Einrichtung einer Art Generalanwalt vor.[191]

Die Gefahr des *forum shopping* wird in fast allen Stellungnahmen genannt. Für die Industrie und die Anwaltschaft besteht hierin sogar das Hauptrisiko der Reform. Die von der Kommission vorgeschlagenen Vorsichtsmaßnahmen werden als ungenügend empfunden, um der Gefahr vorzubeugen, dass sich Kläger den Gerichtsstand aussuchen, der für die strikteste Anwendung des Kartellverbots bekannt ist. Gerade für pan-europäische Vertriebssysteme besteht die Gefahr von Mehrfach-Verfahren und missbräuchlichen Klagen, mit dem Ziel Geschäftspläne zu vereiteln. Die bestehende Brüsseler Konvention von 1968 auf die die Kommission verweist, wird als ungenügend empfunden, da sie die

---

188 Kommission, Zusammenfassung, S.14, Rn. 5.2.; S. 27, Rn. 8.3.
189 Kommission, Zusammenfassung, S. 26, Rn. 8.2.
190 Kommission, Zusammenfassung, S. 15f., Rn. 5.3.
191 Kommission, Zusammenfassung, S. 13f. Rn. 5.2.

Gleichheit von Sachverhalt und Tatsachen verlangt. Das Problem, dass die Entscheidungen der nationalen Gerichte nur Wirkung *inter partes* entfalten, wird ebenfalls nicht gelöst. Das Europäische Parlament verlangt im Zusammenhang mit dem Risiko des *forum shopping* nur, dass eine genaue Zuständigkeitsverteilung unter Berücksichtigung des Subsidiaritätsprinzips erfolgt. Um der Gefahr des Missbrauchs vorzubeugen, schlägt das ECOSOC den Erlass von Mitteilungen, Empfehlungen oder Einzelentscheidungen vor.[192]

Für die Überprüfung der Entscheidungen der nationalen Gerichte wird der EuG von Industrie und Anwaltschaft im Vergleich zum EuGH als geeignete Instanz angesehen. Es wird jedoch ein dramatischer Arbeitszuwachs für den EuG befürchtet. Teilweise wird Art. 234 EG als nicht ausreichend angesehen, weswegen das Einrichten von dezentralisierten Gemeinschaftsgerichten bevorzugt wird.[193]

2. DEZENTRALISIERUNG UND NATIONALE WETTBEWERBSBEHÖRDEN

Die Ausweitung der Dezentralisierung auf die nationalen Kartellbehörden hat die Kommission im Bildnis eines Netzes von Behörden beschrieben, um Probleme bei der kohärenten Anwendung des Gemeinschaftsrechts zu vermeiden.[194] Allerdings treten in diesem Zusammenhang verschiedene Bedenken auf.

Um ein gemeinschaftsweites und damit funktionsfähiges Netzwerk aufbauen zu können, wird von allen Seiten verlangt, dass alle Mitgliedstaaten ihre Wettbewerbsbehörden zur Anwendung des Gemeinschaftskartellrechts ermächtigen müssen. Das Europäische Parlament und das ECOSOC richten eine entsprechende Aufforderung an die Mitgliedstaaten. Von mehreren Mitgliedstaaten und der Industrie wird auf das Problem beschränkter Ressourcen der Behörden in einigen Mitgliedstaaten hingewiesen. Zudem sieht die Industrie auch hier Gefahren für den Gemeinsamen Markt, da die Behörden nationale Interessen berücksichtigen könnten, da sie in geringerem Maße unabhängig sind als die Kommission und auch politisch leichter beeinflussbar. Die Übersetzungs- und Sprachenproblematik im Netzwerk solle ebenfalls nicht unterschätzt werden. Schließlich wird zum Teil die Möglichkeit der Kommission, sich auf die wichtigen Fälle zu konzentrieren, wegen des erhöhten Koordinationsaufwandes bezweifelt.[195] Jedenfalls wird eine größere Transparenz und Vorhersehbarkeit des Verteilungsverfahrens gefordert. Der hierfür von der Kommission verwendete Begriff des Gemeinschaftsinteresses und der Begriff des „eigenständigen nationalen Marktes“ ist insoweit genauer zu bestimmen. Insbesondere die Industrie fürchtet die Möglichkeit von parallelen Verfahren in mehreren Mitgliedstaaten und fordert das Festschreiben der Zuständigkeit nach dem Prinzip des *one stop shop*. Das Ermessen der Kommission in ein

---

[192] Kommission, Zusammenfassung, S. 16f., Rn. 5.4.
[193] Kommission, Zusammenfassung, S. 17, Rn. 5.5.
[194] Zuletzt Böge/Schaub, WuW 2001, S. 929.
[195] Kommission, Zusammenfassung, S. 18, Rn. 6.1.

nationales Verfahren einzugreifen oder davon abzusehen, soll durch die Pflicht zum Einschreiten ersetzt werden. Darüber hinaus sollte bei Überschreiten einer bestimmten Umsatzschwelle die Möglichkeit bestehen, gegen die Entscheidung der nationalen Wettbewerbsbehörde bei der Kommission Widerspruch einzulegen.[196]

Umstritten ist auch, ob Entscheidungen nationaler Kartellbehörden gemeinschaftsweite Wirkung haben sollen. Von den Mitgliedstaaten sprechen sich drei dafür und zwei dagegen aus, während die Mehrzahl diesbezüglich kein Votum abgibt. Die Stellungnahmen der Industrie befürworten eine gemeinschaftsweite Wirkung, insbesondere die Positiventscheidungen. Es wird eine Art Widerspruchssystem vorgeschlagen, nach dem die Kommission oder andere Behörden innerhalb einer bestimmten Frist Einspruch einlegen müssten. Ansonsten hätte die Entscheidung gemeinschaftsweite Wirkung. Alternativ wäre eine Anerkennung auf Basis eines multilateralen Vertrages wie der Brüsseler Konvention von 1968 oder einer Verordnung denkbar.[197]

Bei Konflikten zwischen den nationalen Behörden und der Kommission beziehungsweise der nationalen Behörden untereinander wird seitens der Mitgliedstaaten das Nutzen präventiver Mechanismen gefordert. Dabei sind fünf Mitgliedstaaten, die Industrie und die Anwaltschaft gegen die Ermächtigung der Kommission, Positiventscheidungen der Behörden aufzuheben. Industrie und Anwaltschaft fordern, die Kompetenz des EuG dahingehend zu ändern, dass im Konfliktfall Beschwerde erhoben werden kann oder die Einführung der Pflicht zum Einschreiten der Kommission bei abweichenden Entscheidungen der nationalen Behörden. Drei Mitgliedstaaten sprechen sich für das Beibehalten von Art. 9 Abs. 3 VO 17/62 aus. Das Europäische Parlament sieht im gegenseitigen Austausch von Beamten, der Verstärkung der Zusammenarbeit und gemeinsamen Treffen das effektivste Mittel, um Konflikten im Vorfeld zu begegnen. Die ESA unterstützt die Möglichkeit der Kommission, Verfahren an sich ziehen zu können, wobei die Voraussetzungen im Einzelnen noch herausgearbeitet werden müssen.[198]

Der für die Funktionsfähigkeit des Behördennetzwerkes notwendige Informationsaustausch wirft ebenfalls rechtstaatliche Bedenken auf, die im Rahmen der Reform unbedingt geregelt werden müssen. Zur Sicherung der Rechte der betroffenen Unternehmen verweist das ECOSOC darauf, dass die Informationen nur zu dem Zweck verwendet werden dürfen, für die sie angefordert wurden.
Die Mitgliedstaaten geben zu Bedenken, dass die nationalen Verfahrensordnungen hierzu geändert werden müssen, um den horizontalen und vertikalen Informationsaustausch zu ermöglichen. Die Einrichtung von Garantien für die

196 Kommission, Zusammenfassung, S. 19, Rn. 6.2.
197 Kommission, Zusammenfassung, S. 19f., Rn. 6.3.
198 Kommission, Zusammenfassung, S. 20, Rn. 6.4.

Vertraulichkeit der Information ist ebenfalls notwendig. Die größten Bedenken kommen naturgemäß aus der Industrie, die auf starke Abweichungen der nationalen Verfahrensordnungen im Bereich der Sanktionen und der vertraulichen Behandlung von Informationen verweist. Eine besondere Gefahr wird in der Nutzung der Informationen für Strafprozesse in Mitgliedstaaten oder in Drittstaaten gesehen. Da die Untersuchungskompetenz der Kommission nicht strafrechtlicher Natur ist, fehlen derzeit wichtige strafprozessuale Garantien, wie z. B. das Recht auf einen Anwalt oder das Recht, sich nicht selbst zu belasten.[199]

III. VERSTÄRKUNG DER POST-KONTROLLE

Auch die von der Kommission angedachte verstärkte nachträgliche Kontrolle zum Ausgleich des Anmelde- und Genehmigungssystems ist nicht ohne Kritik geblieben. So wird angemahnt, dass die Stärkung der Rechte der Kommission nicht ohne Stärkung der Verteidigungsrechte der betroffenen Unternehmen erfolgen darf. Das Europäische Parlament trägt daher dem Europäischen Rat vor, eine neue Verfahrensordnung zu erlassen, die die Verteidigungsrechte der am Verfahren beteiligten Unternehmen stärkt, insbesondere im Bereich der Fristen und der Einsicht in Akten.[200]

Hinsichtlich der Frage der gerichtlichen Kontrollmöglichkeit der Untersuchungen besteht fast einhellig die Auffassung, dass diese ebenfalls verstärkt werden muss. Dabei wenden sich drei Mitgliedstaaten ausdrücklich gegen die Zentralisation, da sie diese als vertragswidrig ansehen. Zwei Mitgliedstaaten bestreiten die Notwendigkeit einer Reform zur Zentralisation der gerichtlichen Kontrolle. Nur ein Mitgliedstaat hält die Variante der Zentralisation der gerichtlichen Kontrolle sinnvoller als die Harmonisierung der nationalen Verfahrensordnungen.[201]

Teilweise wird die Verstärkung der Rechte der Kommission zur Post-Kontrolle als faktische Möglichkeit zum Vollzug des Gemeinschaftsrechts gesehen. Dies ist durch das geltende Gemeinschaftsrecht nicht gedeckt, da der Vollzug des Gemeinschaftskartellrechts den Mitgliedstaaten obliegt.[202]

Die von der Kommission vorgeschlagene Erweiterung der mündlichen Befragung und den damit verbundenen Sanktionen wird von der Industrie und Anwaltschaft mit Bedenken gesehen. Es wird an das Recht der Betroffenen erinnert, sich nicht selbst zu belasten, das mit der mündlichen Befragung nicht in Frage gestellt werden darf. Weitere Bedenken betreffen die Befragung vor Ort sowie die Pflicht zur vollständigen und wahren Aussage. Gerade dem Recht

---

[199] Kommission, Zusammenfassung, S. 21, Rn. 6.5.
[200] Kommission, Zusammenfassung, S. 22, Rn. 7f.
[201] Kommission, Zusammenfassung, S. 23, Rn. 7.2.
[202] Kommission, Zusammenfassung, S. 23, Rn. 7.2.

zur Beistellung anwaltlicher Vertretung und der Möglichkeit Anmerkungen zum Protokoll der Kommission zu machen, wird besondere Bedeutung zugemessen. Im Zusammenhang mit der mündlichen Befragung sind der Anwaltschaft insgesamt noch zu viele Fragen offen.[203]

Gefordert wird aus der Anwaltschaft im Zusammenhang der Verstärkung der Verteidigungsrechte der Betroffenen, dass das *„legal privilege"* auch auf Syndizi erweitert wird. Zwei Mitgliedstaaten sind der Ansicht, dass die Kommission dieses Anliegen zumindest gründlich überprüfen sollte.[204]

Im Bereich der Anpassung und Verhängung von Bußgeldern werden kaum Bedenken geäußert. Nur der Vorschlag der Kommission, gegen Unternehmensvereinigungen Bußgeldern verhängen zu können, wird von Industrie und Anwaltschaft abgelehnt. Es soll nach deren Stellungnahme nur auf die Verantwortlichkeit des Einzelnen abgestellt werden. Einem Mitgliedstaat geht dieser Vorschlag der Kommission ebenfalls zu weit, während ein anderer Mitgliedstaat die Beteiligung der einzelnen Unternehmen im Rahmen der Bußgeldverhängung nach dem Prinzip der Verhältnismäßigkeit anmahnt.[205]

IV. AUSWIRKUNGEN DER REFORM AUF DAS VERHÄLTNIS VON GEMEINSCHAFTSRECHT UND NATIONALEM RECHT

Besonderes Augenmerk legten das Europäische Parlament, ECOSOC sowie Teile der Industrie und Anwaltschaft auf die Auswirkungen der Reform auf das Verhältnis von Gemeinschaftsrecht und nationalem Recht. Das Europäische Parlament und das ECOSOC fordern, dass die Reform nicht zu einer Renationalisierung des Wettbewerbsrechts führen oder gar den Vorrang des Gemeinschaftsrechts in Frage stellen darf. ECOSOC verlangt daher eine Vorschrift, nach der kein nationales Recht anwendbar sein darf, wenn das Gemeinschaftsrecht einschlägig ist.[206]
Das geht weiter als der jetzige Zustand, nach dem beide Kartellordnungen parallel anwendbar sind und das Gemeinschaftsrecht nur im Konfliktfall Vorrang genießt.[207]
Teile der Industrie und Anwaltschaft machen geltend, dass das Prinzip der Legalausnahme die Rechtsprechung des EuGH zu *Walt Wilhelm*[208] außer Kraft setzt, da diese Entscheidung auf dem konstitutiven Charakter der Freigabeentscheidung als positivem Eingriff beruht. Das System der Legalausnahme führt dazu, dass eine Maßnahme mit Art. 81 EG insgesamt vereinbar ist oder nicht. Diesbezügliche Entscheidungen haben nur feststellenden Charakter und

---

[203] Kommission, Zusammenfassung, S. 23, Rn. 7.2.
[204] Kommission, Zusammenfassung, S. 25, Rn. 7.7.
[205] Kommission, Zusammenfassung, S. 24f., Rn. 7.5.
[206] Kommission, Zusammenfassung, S. 25f., Rn. 8.1.
[207] EuGH *Walt Wilhelm*, Slg. 1969, S. 1, 13f. und Kapitel 3, 1. Teil E.
[208] EuGH *Walt Wilhelm*, Slg. 1969, S. 1, 13f.

keinen konstitutiven Charakter. Das Prinzip der Legalausnahme könnte daher den Vorrang des Gemeinschaftsrechts in Frage stellen.[209]

C. DIE DEUTSCHE POSITION

Die deutschen Stellungnahmen können zu dem Kreis der kritischen Positionen gezählt werden, die zwar die Reformbestrebungen der Kommission begrüßen, sie aber nicht auf dem von ihr gewählten Weg begleiten wollen.

I. MONOPOLKOMMISSION

Die Monopolkommission hat in ihrem im Oktober veröffentlichten 28. Sondergutachten zum Weißbuch der Kommission Stellung genommen.

1. AUFGABE DES ANMELDE- UND GENEHMIGUNGSSYSTEMS

In erster Linie spricht sich die Monopolkommission gegen die Aufgabe des Anmelde- und Genehmigungssystems zugunsten eines Legalausnahmesystems aus.
Maßgebend sei bei der wettbewerbspolitischen Beurteilung des Wechsels nicht die so genannten *hardcore*-Kartelle wie Preis-, Gebiets- und Mengenabsprachen, da diese nie angemeldet werden. Wesentlich bedeutender sei die *„Brandbreite von Grauzonenmaßnahmen zwischen Wettbewerbern"*. Es bliebe zwar formal beim Verbotsprinzip, faktisch würde aber ein Missbrauchsprinzip eingeführt, wenn die geplanten Bußgeldsanktionen und zivilrechtliche Klagen seitens Dritter nicht greifen, da die Beteiligten die Wettbewerbsbeschränkungen bis zum Einschreiten einer Wettbewerbsbehörde praktizieren könnten. Um das Verbotsprinzip auch faktisch beizubehalten, müssten wirksame Verfahrensregeln eingeführt werden. Die geringe Gewichtung dieses Zusammenhangs durch die Kommission wird von der Monopolkommission bemängelt.[210]
Anders als die Kommission ist die Monopolkommission auch der Auffassung, dass sich der Systemwechsel nicht auf die VO 17/62 beschränkt, sondern eine Änderung des EG-Vertrages erforderlich macht. Sie bezweifelt die Richtigkeit der historischen Auslegung der Kommission in diesem Sinne. Zudem verweist sie auf die vom EuGH vorgegebenen Auslegungsgrundsätze, dass die historische Auslegung in ihrer Bedeutung unter der systematischen und teleologischen Auslegung steht.[211] Diese ergebe aber, dass eine Vertragsänderung notwendig sei, da der Vertrag systematisch eine präventive Kontrolle vorsehe. Der Vertrag bestimme nämlich eine eindeutige Trennung zwischen Verbots-

---

[209] Kommission, Zusammenfassung, S. 26, Rn. 8.1.

[210] Monopolkommission, 28. Sondergutachten, Rn. 71.

[211] Monopolkommission, 28. Sondergutachten, Rn.15, Rn. 72 und siehe den Streit in der Literatur. Für die Verfassungskonformität: Schaub/Dohms, WuW 1999, S. 1065ff.; wohl auch Geiger, EuZW 2000, S. 166f.; dagegen: Weyer, ZHR 164 (2000), S. .614f., 634; Mestmäcker, EuZW 1999, S. 525f.;kritisch auch Immenga, EuZW 1999, S. 609; Wolf, EuZW 1999, S. 641; Deringer, EuZW 2000, S. 6f., 11; Paulweber/Kögel, AG 1999, S. 506f., 515, Möschel, JZ 2000, S. 61ff.

und Ausnahmetatbestand, wie sich aus Art. 81 Abs. 1 EG und Art. 81 Abs. 3 EG sowie Art. 83 Abs. 2 lit a) und b) EG entnehmen lasse. Die Monopolkommission verweist in diesem Rahmen auch auf den konstitutiven Charakter einer Freistellungserklärung, der durch die Einführung eines Legalausnahmesystems verloren ginge. Schließlich würde der Wortlaut von Art. 81 Abs. 3 EG gegen ein generelles System der Legalausnahme sprechen, da nach Art. 81 Abs. 3 EG nur Gruppen von Vereinbarungen freigestellt werden dürften. Der Begriff der Gruppe enthalte eine Begrenzung und weise dem Verordnungsgeber die Aufgabe zu, abgrenzbare Teilmengen zu bilden. Eine pauschale Freigabe sei hiermit gerade nicht gemeint.[212] Auch die Regelungen der Art. 83 Abs. 2 lit a) und b) EG sowie Art. 84 EG weisen auf eine vom EG-Vertrag vorgesehene präventive Kontrolle hin, da sie ansonsten inhaltsleer wäre.[213] Darüber hinaus würde durch die Reform die unmittelbare Anwendung des Art. 81 Abs. 1 EG aufgehoben. Die Monopolkommission bezieht sich hierfür auf die Rechtsprechung des EuGH, nach der nur Art. 81 Abs. 1 EG nicht aber Art. 81 Abs. 3 EG unmittelbar anwendbares Recht ist. Das Legalausnahmesystem bedingt aber, dass ein Fall anhand von Art. 81 Abs. 1 in Verbindung mit Abs. 3 EG zu prüfen ist. Daraus folge, dass die unmittelbare Anwendbarkeit von Art. 81 Abs. 1 EG aufgehoben würde und eine entsprechende Regelung im Rahmen eines Verletzungsverfahrens für nichtig zu erklären wäre gemäß Art. 230 Abs. 2 i.V.m. Art. 231 EG.[214] Verstärkt wird die Vereinbarkeit der Änderung der Durchführungsverordnung mit dem EG-Vertrag durch die Rechtsprechung des Bundesverfassungsgerichts. Danach sind Maßnahmen, die inhaltlich eine Vertragsänderung darstellen, durch das Zustimmungsgesetz nicht gedeckt. Die Beurteilung obliegt dem Verfassungsgericht, so dass entsprechende Hoheitsakte im Rahmen einer Verfassungsbeschwerde angegriffen werden könnten.[215] Eine Änderung muss aber im Wege der ordnungsgemäßen Vertragsänderung erfolgen, da das vereinfachte Verfahren nach Art. 308 EG wegen fehlender Voraussetzungen eines solchen Verfahrens und dessen Subsidiarität nicht einschlägig sei. Damit wäre die Einstimmigkeit im Rat sowie die Zustimmung aller nationalen Parlamente notwendig.[216]

Auch wettbewerbspolitisch sei das System der Legalausnahme bedenklich. Mit Verweis auf historische und rechtsvergleichende Erfahrungen in den Staaten Europas und der USA mit Legalausnahmen begründet die Kommission die Überlegenheit des Anmelde- und Genehmigungssystems. Die vermeintliche Anlehnung der Vorschläge der Kommission zum US-amerikanischen Antitrust-Recht kritisiert die Monopolkommission mit Verweis auf das komplett anders

[212] Monopolkommission, 28. Sondergutachten, Rn. 16, Rn. 72.
[213] Monopolkommission, 28. Sondergutachten, Rn. 17.
[214] Monopolkommission, 28. Sondergutachten, Rn. 18, 72.
[215] Monopolkommission, 28. Sondergutachten, Rn. 19, 72.
[216] Monopolkommission, 28. Sondergutachten, Rn. 20 f., 72

gestaltete System,[217] das entweder eine - wenig wahrscheinliche - Änderung der nationalen Verfahrensordnungen erfordere[218] oder nach deutschem Recht gegen den *ordre public* verstöße.[219] Die dort regierende Kostenregelung, die dem Beklagten auferlegt, auch im Falle einer Klageabweisung in der Regel die eigenen Kosten selbst zu tragen, erhöhe zudem das Risiko von missbräuchlich erhobenen Klagen mit dem Ziel, einen außergerichtlichen Vergleich zu erreichen.[220] Im Übrigen gehe mit der Aufgabe des präventiven Erlaubnissystems ein Informationsverlust einher, da Anmeldungen einen Gesamtüberblick auf die Wettbewerbssituation in bestimmten Branchen und Märkte verschaffen. Erst dieser Überblick erlaubt das Setzen von Prioritäten, wie es von der Kommission beabsichtigt wird.[221] Die Monopolkommission verweist hierbei auf die noch vor kurzem getroffenen Aussagen der Kommission, die eben diese Auffassung vertreten hat.[222] Den Unternehmen obliege es dann, sich diesen für die objektive wettbewerbliche Beurteilung der Vereinbarung notwendigen Gesamtüberblick zu verschaffen, wozu sie kaum in der Lage wären.[223] Die Meinung der Kommission durch das Einführen des Instituts der Positiventscheidungen einen Ausgleich schaffen und weitere Unsicherheiten durch Bekanntmachungen sowie Leitlinien beseitigen zu können, teilt die Monopolkommission nicht. Positiventscheidungen haben lediglich deklaratorischen Charakter und stellen im Übrigen einen Fremdkörper im Legalausnahmesystem dar. Die Monopolkommission weist zudem darauf hin, dass mit Einführung der Positiventscheidung auch die angestrebte Arbeitsentlastung der Kommission hinfällig wird.[224] Bei den Bekanntmachungen und Leitlinien besteht das Problem in ihrer Unverbindlichkeit für die nationalen Instanzen. Hinzu kommt, dass sie als generelle Regelungen keine Abgrenzungsprobleme im konkreten Fall zu lösen vermögen und damit kaum Hilfestellung leisten können.[225]

---

[217] Siehe im Einzelnen zu der Effektivität der Verfolgung von Kartellverstößen, die *per se* dem Kartellverbot unterliegen und *rule of reason*-Sachverhalten, die eine eingehendere Überprüfung erfordern, kostenträchtig sind und daher kaum verfolgt werden - Monopolkommission, 28. Sondergutachten, Rn. 26, 75, 80.

[218] Monopolkommission, 28. Sondergutachten, Rn. 37f.

[219] Zivilrechtliche Schadensersatzklagen, die den entstandenen Schaden um ein Mehrfaches übersteigen („*punitive damages*") sind dem deutschen Zivilrecht unbekannt. Ausländische Entscheidungen werden in Deutschland nicht anerkannt, da sie gegen den *ordre public* verstoßen. Ähnliches gilt für das in den USA übliche Erfolgshonorar der Anwälte auf Klägerseite – Möschel, ORDO 52 (2000), S. 70; Monopolkommission, 28. Sondergutachten, Rn. 37 ff., 80.

[220] Monopolkommission, 28. Sondergutachten, Rn. 39, 80.

[221] Diese Probleme sind aus den bisher erlassenen GVOen bekannt und würden durch eine generelle Geltung des Legalausnahmeprinzips gerade im kritischen Bereich der Horizontalvereinbarungen verstärkt - Monopolkommission, 28. Sondergutachten, Rn. 27 f., 75.

[222] Monopolkommission, 28. Sondergutachten, Rn. 32.

[223] Monopolkommission, 28. Sondergutachten, Rn. 34, 40, 75; ebenfalls kritisch Weitbrecht, EuZW 2002, S. 581, der aber ein überwiegen der Vorteile der Reform feststellt.

[224] Monopolkommission, 28. Sondergutachten, Rn. 35.

[225] Monopolkommission, 28. Sondergutachten, Rn. 35.

Für das Verhältnis zum GWB würde der Systemwechsel auf europäischer Ebene dazu führen, dass das differenzierte Freistellungssystem nach Maßstab des Gefährdungspotenzials einer Wettbewerbsbeschränkung durch die Entwicklung auf europäischer Ebene dem Harmonisierungsdruck zum Opfer fallen könnte.[226]

2. FOLGEPROBLEME

Mit der Reform, wie sie im Weißbuch der Kommission vorgesehen ist, sind noch weitere Probleme verbunden, die nach Ansicht der Monopolkommission nicht genügend berücksichtigt worden seien. Die Monopolkommission bringt vor, dass mit der Einführung des Legalausnahmesystems die Walt Wilhelm-Rechtsprechung des EuGH hinfällig würde. Anders als in der Zusammenfassung der Kommission geht sie davon aus, dass dies zu einem undifferenzierten allgemeinen Vorrang des Gemeinschaftsrechts führen könnte. Mit dem angedrohten verstärkten Erlass von GVOen, die ebenfalls Vorrang vor dem nationalen Recht genießen, könne das nationale Recht nicht nur unterlaufen, sondern „gleichgeschaltet“[227] werden.[228] Gleiches gilt für die vorgesehenen Positiv- und Zusagenentscheidungen der Kommission.[229]
Das System der Legalausnahme birgt nach Auffassung der Monopolkommission auch erhebliche Gefahren für die Wahrung der Rechtseinheit. Sie verweist insoweit auf die Möglichkeit der unterschiedlichen Behandlung gleicher Sachverhalte durch die nationalen Gerichte und das daraus resultierende Risiko des *forum shopping*. Die Monopolkommission bezweifelt, dass der geplante Erlass von Bekanntmachungen und Leitlinien dies verhindern könne, da sie nicht verbindlich seien. Auch zivilprozessuale Besonderheiten stehen den Vorstellungen der Kommission entgegen. Die vorgesehenen Benachrichtigungspflichten sind mit einem hohen Reibungsverlust und erheblichem zeitlichen und personellen Aufwand für Gerichte und Kartellbehörden verbunden. Das zeigen die Erfahrungen mit dem entsprechenden § 90 GWB. Die Entsendung eines *amicus curiae* in jedes Verfahren würde schließlich jede Arbeitsentlastung der Kommission zunichte machen.[230] Anders im System der präventiven Administrativerlaubnis, da hier begründungspflichtige Entscheidungen der nationalen Gerichte vorlägen. Damit stünden die notwendigen Erkenntnisquellen zur Verfügung, um eine kohärente Rechtsanwendung zu gewährleisten.[231]
Die mit Art. 81 Abs. 3 EG verbundene Zielsetzung, eine Abwägung kollidierender Vertragsziele zu ermöglichen, könne durch die nationalen Instanzen wegen des damit verbundenen politischen Gehalts nicht durchgeführt werden. Die nationalen Gerichte sind ausschließlich an normative Kriterien gebunden

[226] Monopolkommission, 28. Sondergutachten, Rn. 41.
[227] Monopolkommission, 28. Sondergutachten, Rn. 44.
[228] Monopolkommission, 28. Sondergutachten, Rn. 42ff.
[229] Monopolkommission, 28. Sondergutachten, Rn. 79.
[230] Monopolkommission, 28. Sondergutachten, Rn. 47f.
[231] Monopolkommission, 28. Sondergutachten, Rn. 49.

und wären aufgrund der Dispositionsmaxime sowieso nur auf das Vorbringen der Parteien beschränkt.[232] Bei den nationalen Behörden bestünde hingegen die Gefahr der politischen Einflussnahme, da der Wettbewerbsgedanke allzu oft durch kurzfristige Opportunitätserwägungen ausgehebelt würde.[233]

3. UNVERHÄLTNISMÄßIGKEIT DES SYSTEMWECHSELS

Die Monopolkommission bestreitet außerdem die von der Kommission geltend gemachte Arbeitsüberlastung der durch das präventive Erlaubnissystem erforderlichen Anmeldungen. Im Gegenteil: Das System der Legalausnahme wäre, wenn eine konsequente Wettbewerbskontrolle betrieben werden soll, noch arbeitsintensiver.[234] Die hohe Zahl der noch zu bewältigenden Anmeldungen stamme aus den Gründungsjahren der EWG und könnten im Zuge einer Einmalanstrengung beseitigt werden. Dabei beschränkt sich die Zahl nicht nur auf Anmeldungen im Sinne von Art. 81 Abs. 3 EG. Die Zahl der Anmeldungen in den letzten Jahren entspräche denen der abgeschlossenen Fälle. Ein Systemwechsel sei daher nicht erforderlich.[235] Durch weitere bevorstehende Entlastungen[236] könnte die Zunahme von Anmeldungen aufgrund der bevorstehenden Osterweiterung aufgefangen werden.[237]

Daraus folgert die Monopolkommission, dass sich am bestehenden Anmeldesystem Verbesserungen vornehmen lassen, die das Erreichen eines effektiven Wettbewerbsschutzes ermöglichen.

Gerade in der Vereinfachung und Straffung des Freistellungsverfahrens sieht die Monopolkommission viel Entlastungspotenzial. Die Defizite im gegenwärtigen System seien der Kommission selbst zuzuschreiben. Entlastungen dürfte die GVO für Vertikalvereinbarungen und die geplante GVO für Horizontalvereinbarungen bringen. Im Rahmen des Einzelfreistellungssystems könnte am umfangreichen Formblatt A/B angesetzt werden. In Anlehnung an das Verfahren vor dem Bundeskartellamt sollen sich die Anmeldung zunächst auf wenige essentielle Angaben beschränken und nur in problematischen Fällen weitere Angaben gemacht werden müssen.[238] Weiteres Entlastungspotenzial erkennt die Monopolkommission in der Umschichtung des Personals der Generaldirektion Wettbewerb nach dem Vorbild der *Merger Task Force* und der Aufstockung des Personals der *cartel unit* unter befristeter Abstellung von Beamten nationaler Behörden nach Brüssel. Damit würde auch die Belastung des Haus-

---

[232] Monopolkommission, 28. Sondergutachten, Rn. 50, 78.
[233] Monopolkommission, 28. Sondergutachten, Rn. 51ff.
[234] Monopolkommission, 28. Sondergutachten, Rn. 55, 61.
[235] Monopolkommission, 28. Sondergutachten, Rn. 58 f., 74.
[236] Aufgabe des Anmeldeerfordernisses für sämtliche Vertikalvereinbarungen gemäß Art. 4 Abs. 2 VO 17/62 seit Juni 1999, GVO für Vertikalvereinbarungen für Vereinbarungen bis zu einem Marktanteil von 30%, Reformüberlegungen im Hinblick auf horizontale Kooperationen - Monopolkommission, 28. Sondergutachten, Rn. 59.
[237] Monopolkommission, 28. Sondergutachten, Rn. 59; ähnlich Fikentscher, WuW 2001, S. 447; Emmerich, WuW 2001, S. 3.
[238] Monopolkommission, 28. Sondergutachten, Rn. 63.

halts der Kommission geringer ausfallen, wie das Beispiel *Merger Task Force* zeigt.[239]

4. DEZENTRALISIERUNG

Auch einer Dezentralisierung des Freistellungsmonopols nach Art. 81 Abs. 3 EG steht sie ablehnend gegenüber, wobei die Monopolkommission die Auffassung vertritt, dass sich die Dezentralisierung auch ohne Aufgabe des präventiven Erlaubnissystems realisieren lasse. Sie zieht aber eine formale Dezentralisierung vor, weil die materielle Dezentralisierung mit erheblichen Folgeproblemen verbunden sei, wie z. B. die praktikable und eindeutige Zuständigkeitsabgrenzung[240] und die Frage der extraterritorialen Wirkung nationaler Behördenentscheidungen.[241]
Diese könne auf zwei Wegen durchgeführt werden: Der Entsendung eines Brüsseler Mitarbeiters in die nationalen Wettbewerbsbehörden, der die Art. 81 Abs. 3 EG betreffenden Entscheidungen treffen würde. Damit würde die Kommission materiell gesehen immer noch die Entscheidungsgewalt haben und von den nationalen Behörden vor Ort unterstützt werden.[242] Die zweite Möglichkeit sei die Wahrnehmung von EG-Kompetenzen im Wege einer Auftragsverwaltung oder einer „Beleihung" auf die nationalen Wettbewerbsbehörden. Damit könnten der Kommission Kontroll- und Weisungsrechte eingeräumt werden und die Entsendung von Brüsseler Mitarbeitern wäre nicht notwendig. Diese Variante bedürfe einer Änderung der rechtlichen Grundlagen, sei aber immer noch geringer als der Aufwand, der durch die Vorschläge der Kommission entstünde.[243]
Auch würde die Aufgabe des Freistellungsmonopols und die damit verbundene Übertragung des weiten Beurteilungsspielraums der Kommission bei der Anwendung von Art. 81 Abs. 3 EG auf die nationalen Instanzen zu einem gesteigerten Arbeitsaufwand bei den Gerichten führen. Demnach fände nur eine Umverteilung nicht aber eine echte Arbeitsentlastung insgesamt statt.[244]

II. BUNDESKARTELLAMT

Von der Seite des Bundeskartellamt werden die im Weißbuch genannten Ziele uneingeschränkt unterstützt. Das Bundeskartellamt vertritt wie die Monopolkommission die Auffassung, dass diese durch ein modifiziertes Anmelde- und Genehmigungssystem erreicht werden können. Die Einführung der Legalausnahme sei indessen unnötig und unverhältnismäßig. Mit einer Dezentralisie-

[239] Monopolkommission, 28. Sondergutachten, Rn. 67.
[240] In Betracht kommen quantitative Kriterien (Umsatzzahlen, Marktanteile, Investitionssummen) und qualitative Kriterien (wirtschaftlicher und wettbewerblicher Schwerpunkt, Berührung mehrerer Rechtsordnungen) - Monopolkommission, 28. Sondergutachten, Rn. 68.
[241] Monopolkommission, 28. Sondergutachten, Rn. 68.
[242] Monopolkommission, 28. Sondergutachten, Rn. 69, 81.
[243] Monopolkommission, 28. Sondergutachten, Rn. 70, 81.
[244] Monopolkommission, 28. Sondergutachten, Rn. 45.

rung von Entscheidungen auf nationale Kartellbehörden und Spezialgerichte müsse die Kohärenz erreichbar sein. In der Argumentation lehnt sich das Bundeskartellamt an das Sondergutachten der Monopolkommission an. Besonders hervorgehoben wird die Gefahr, dass das deutsche Anmelde- und Genehmigungssystem dem Harmonisierungsdruck nicht standhalten könne. Dass die neue Durchführungsverordnung es der Kommission ermöglichen soll wettbewerbspolitische Vorgaben an die nationalen Behörden zu richten und ihr Kontroll- und Eingriffsmöglichkeiten einräumt wird, vom Bundeskartellamt nicht gerade mit Wohlwollen aufgenommen. Hier sei kein Miteinander der Wettbewerbshüter, sondern eine Zentralisierung auf die Kommission die Folge.[245]

III. BUNDESREGIERUNG

Die Auffassung der Bundesregierung stimmt mit der Auffassung der Monopolkommission und des Bundeskartellamt überein: Sie befürwortet die Reformbestrebungen, ist aber überzeugt, dass sich die Probleme durch systemimmanente Änderungen bewältigen lassen. Einer Einführung der Legalausnahme bedürfe es hierfür nicht. Es genüge, die Dezentralisierung der Entscheidungskompetenzen in Kombination mit Maßnahmen zur Vereinfachung der Entscheidungsabläufe, Einführung von Fristen und Verstärkung der Zusammenarbeit von Kommission und nationalen Behörden voranzutreiben.[246] Die Vorzüge des Anmelde- und Genehmigungssystems werden von der Bundesregierung ebenfalls in Erinnerung gerufen.[247] Gerade die verstärkte Bekämpfung von *hardcore*-Kartellen sei von der Einführung einer Legalausnahme unabhängig.[248]

Bedenken bringt die Bundesregierung, wie die Monopolkommission, im Bereich der Rechtsgrundlage vor. Die Einführung des Systems der Legalausnahme sei ohne Vertragsänderung nicht möglich.[249] Die Bundesregierung stützt ihre Bedenken außerdem auf den Gedanken der Rechtssicherheit und der damit verbundenen Investitionsunsicherheit für Unternehmen, die durch die *business review letter* oder die Positiventscheidungen nicht beseitigt werden können.[250] Die Bundesregierung teilt auch die Auffassung bezüglich der Risiken, wie z. B. des *forum shoppings,* die durch die künftige Rolle der nationalen Gerichte entstehen[251] und die durch die Osterweiterung der EU insgesamt verstärkt werden könnten.[252] Dass die Einführung der Legalausnahme

[245] Böge/Schaub, WuW 2001, S. 926.
[246] Stellungnahme BR, Vorab, 1.6., 2.
[247] Stellungnahme BR, 1.5.
[248] Stellungnahme BR, 1.7.
[249] Stellungnahme BR, 1.1f.
[250] Stellungnahme BR, 1.3., 1.3.1., 1.3.2.
[251] Stellungnahme BR, 1.4.
[252] Stellungnahme BR, 1.8.

zur Arbeitsentlastung der Kommission führen soll, wird wegen der vorgesehenen Maßnahmen zur Sicherung der Kohärenz in Frage gestellt.[253]
Trotz dieser Bedenken, hat die Bundesregierung von der Möglichkeit abgesehen, eine Normenkontrollklage nach Art. 230 EG anzustrengen.[254]

D. RATS-VERORDNUNG NR. 1/2003

Nach langer Diskussionszeit und Auswertung der Stellungnahmen hat die Kommission am 27. September 2000 einen

> *„Vorschlag für eine Verordnung des Rates zur Durchführung der in den Artikeln 81 und 82 EG-Vertrag niedergelegten Regeln und zur Änderung der Verordnungen (EWG) Nr. 1017/68, (EWG) Nr. 2988/74, (EWG) Nr. 4056/86 und (EWG) Nr. 3975/87(„Durchführungsverordnung zu den Artikeln 81 und 82 EG-Vertrag")"*

vorgelegt.
Der Vorschlag ist weitgehend auf das Weißbuch gestützt und hält an der Einführung des Systems der Legalausnahme fest und konnte daher die zum Weißbuch gemachte Kritik nicht beseitigen.[255] Eine besondere Bedeutung enthält die Regelung des Verhältnisses von EG-Kartellrecht und nationalem Recht. Ist der Anwendungsbereich des Kartellrechts eröffnet, so soll nur noch das Gemeinschaftsrecht anwendbar sein.[256]

Daraufhin hat der Rat am 16. Dezember 2002 die

> *„Verordnung Nr. 1/2003 zur Durchführung der in den Artikeln 81 und 82 des Vertrags niedergelegten Wettbewerbsregeln („Rats-VO Nr. 1/2003")"*

erlassen.[257] Auch sie stimmt weitesgehend mit dem Weißbuch und dem darauf gestützten Vorschlag der Kommission überein. Eine wesentliche Abweichung ist jedoch, dass der Rat nicht der Kommission gefolgt ist und kein Exklusivitätsverhältnis im Sinne des Art. 3 des VO-Vorschlags normiert hat. Damit trug der Rat dem Widerstand Deutschlands in dieser Frage Rechnung.[258] Der Rat

---

[253] Stellungnahme BR, 1.9.
[254] F.A.Z. v. 31.10.2001, S. 15 und schließlich sogar der Ratsverordnung Nr. 1/2003 vom 16.12.2002 zur Durchführung der in den Artikeln 81 und 82 des Vertrags niedergelegten Wettbewerbsregeln, ABl. L 1 vom 4.1.2003, S.1 zugestimmt.
[255] Bien, DB 2000, S. 2311f.; Möschel, WuW 2000, S. 951 erwägten sogar eine Nichtigkeitsklage gemäß Art. 230 EG.
[256] Kommission *„Durchführungsverordnung zu den Artikeln 81 und 82 EG-Vertrag Vorschlag"*, Kapitel I – Grundsätze, Art. 3, KOM (2000) 582, 2000/0243 (CNS); kritisch Bien, DB 2000, S. 2312.
[257] ABl. L1/1 vom 4.1.2003; siehe hierzu Hossenfelder/Lutz, WuW 2003, S. 119ff.
[258] Klocker, WuW 2002, S. 1151.

hält in Art. 3 Rats-VO Nr. 1/2003 fest, dass grundsätzlich beide Rechtsordnungen nebeneinander anwendbar sind. Für Vereinbarungen, die Art. 81 EG unterliegen legt der Rat die bisherige Rechtsprechung des EuGH zum Vorrang des Gemeinschaftsrechts zugrunde[259] und erweitert diesen Grundsatz sogar. Damit tritt strengeres nationales Recht nicht nur zurück, wenn eine wettbewerbsrelevante Maßnahme nach Art. 81 Abs. 3 EG freizustellen ist, sondern auch dann wenn die Zwischenstaatlichkeitsklausel erfüllt ist und die übrigen Tatbestandsvoraussetzungen des Art. 81 Abs. 1 EG nicht erfüllt.[260] Anders im Rahmen der Missbrauchskontrolle – hier ist der Erlass und die Anwendung von strengerer nationaler Regelungen zulässig.[261] Ein weiterer Unterschied ist die Feststellung der Feststellung der Nichtanwendbarkeit des EG-Kartellrechts nach Art. 10 Rats-VO Nr. 1/2003. Diese Feststellungen werden, anders als zuvor im Weißbuch, rechtliche Bindungswirkung entfalten.[262]

ERGEBNIS KAPITEL 2

Die Vorschläge, die zur effektiven Anwendung des EG-Kartellrechts beitragen können, sind zahlreich. Ihre Beachtung durch die EG-Organe scheiterte in der Regel an dem Integrationsbedürfnis der frühen Jahre der EG und später an dem Bedürfnis, die einmal gewonnene Macht nicht ohne weiteres wieder hergeben zu wollen. Im Gegenteil, das vorgelegte Weißbuch und der darauf beruhende VO-Vorschlag nähren die Vermutung, die bisher im internationalen Vergleich starke Machtkonzentration bei der Kommission würde nur noch beträchtlich verstärkt. Denn Parlament und europäische Gerichte stellen die faktisch einzige Regulative dar. Während das Parlament aber über keine Mitentscheidungsgewalt verfügt oder sonst am Zusammenarbeitsverfahren gemäß Art. 251, 252 EG beteiligt ist, bleibt es bei dem Erlass von Verordnungen und Richtlinien auf das Mittel der Anhörung beschränkt. Gleichzeitig ist der Gerichtshof nur befugt, Einzelentscheidungen der Kommission zu kontrollieren. Darüber hinaus ist der Gerichtshof ebenfalls überlastet und unterliegt der Generaldirektion Wettbewerb in Sachkenntnis und Erfahrung.[263]
Auch die übrigen bisher angedachten Lösungsmöglichkeiten, sei es die Gründung eines Europäischen Kartellamts, die Schaffung einer *Cartel Task Force* oder die Verkürzung des Verfahrens vor der Kommission, werfen Bedenken auf. Entweder sind die Vorschläge nicht realisierbar oder können den von ihnen verfolgten Zweck nicht erreichen.[264]
Dies gilt auch für den umfassenden Ansatz der Kommission mit ihrem VO-Vorschlag zu der Reform der Durchführungsvorschriften und der hierauf beru-

---

[259] Art. 3 Abs. 2 S. 1 Rats-VO Nr. 1/2003 und unten zum Prinzip vom Vorrang des Gemeinschaftsrechts Kapitel 3., 1. Teil, E.
[260] Art. 3 Abs. 2 S. 1 Rats-VO Nr. 1/2003; kritisch Klocker, WuW 2002, S. 1151.
[261] Art. 3 Abs. 2 S. 2 Rats-VO Nr. 1/2003.
[262] Hossenfelder/Lutz, WuW 2003, S. 122f.
[263] Rittner, EuZW 2000, S. 129; Sack, EuR 1999, S. 573f.
[264] Siehe Kapitel 1, 2. Teil, 3. Teil.

henden Rats-Verordnung Nr. 1/2003. Hier bleiben insbesondere Bedenken hinsichtlich der Kohärenz des Gemeinschaftsrechts und der Steigerung des Wettbewerbsschutzes weiterhin bestehen.[265]

Als Alternative bietet sich neben einer möglichst weiten dezentralen Bearbeitung der Verfahren anhand des EG-Kartellrechts auch die Dezentralisierung im Sinne der verstärkten Anwendung der nationalen Kartellrechte unter Zurückdrängung des Geltungsbereichs der Art. 81, 82 EG. Hierfür wäre die Neuausrichtung der Zwischenstaatlichkeitsklausel der Art. 81, 82 EG notwendig.[266]

[265] Kritisch bis ablehnend steht die Mehrheit der deutschen Wissenschaft der Reform gegenüber: Weyer, ZHR 164 (2000), S. 635f.; Fikentscher, WuW 2001, S. 446ff.; Möschel, WuW 2000, S. 951; Möschel, ORDO 49 (2000), S. 63ff.; Rittner, DB 1999, S. 1485f.; Eilmannsberger, JZ 2001, S. 365ff.; I. Schmidt, WuW 2002, S. 3; und schon zuvor Bunte, DB 1994, S. 922f. für die Aufgabe des Freistellungsmonopols.

[266] Lässig, S. 33.

KAPITEL 3: DIE NEUAUSRICHTUNG DER ZWISCHENSTAATLICHKEITS-KLAUSEL

Die Analyse der anstehenden Reformen hat gezeigt, dass diese bestehende Probleme im europäischen Kartellrecht allenfalls zu mildern vermögen. Eine Patentlösung ist von der angestrebten Dezentralisierung jedenfalls nicht zu erwarten. Insoweit ist die Frage angebracht, wie der Erfolg der anstehenden Reformen noch unterstützt werden kann. Während sich die Kommission nur auf den Vollzug des Gemeinschaftsrechts konzentriert hat und bezüglich des materiellrechtlichen Bereiches ihr Heil in der Flucht in die Gruppenfreistellungsverordnungen sucht, ist eine ergänzende Fehleranalyse erforderlich. Um eine langfristige Gesundung des „Patienten Wettbewerbsschutz" herbeizuführen, ist nicht bei den Symptomen, sondern bei den Ursachen anzusetzen. Die zuweilen geäußerte Diagnose eines zu weiten Anwendungsbereichs der Art. 81, 82 EG als Ursache für den derzeitigen Zustand,[267] verdient Beachtung. Eine umfassende Reform des EG-Kartellrechts – wie von der Kommission behauptet – muss auch eine Antwort auf die Frage der Weite des Anwendungsbereichs des Gemeinschaftskartellrechts geben. Bisher wurde diese Frage sowohl von der Kommission in ihrem Weißbuch zur Reform der Durchführungsvorschriften und dem entsprechenden VO-Vorschlag sowie vom Rat ignoriert.[268]

1. TEIL: STATUS QUO DER ZWISCHENSTAATLICHKEITSKLAUSEL

Dabei stellt sich die Frage, ob der weite Anwendungsbereich des Gemeinschaftsrechts aus den gesetzlichen Vorgaben selbst folgt oder ob sie eine extensive Auslegung des Gemeinschaftsrechts ist. Im ersten Fall wäre die – politisch kaum durchsetzbare – Änderung der Art. 81, 82 EG notwendig, um den Anwendungsbereich enger zu fassen. Im letzten Fall würden sich Möglichkeiten für eine Neuausrichtung des Anwendungsbereichs bieten.

A. AUSGANGSPUNKT DER ANALYSE: WORTLAUT UND HISTORISCHER ZEITPUNKT DES ERLASSES DER REGELUNGEN

Die Art. 81, 82 EG wurden mit dem In-Kraft-treten der Römischen Verträge am 1. Januar 1958 wirksam. Art. 81 EG formuliert die Abgrenzung des Anwendungsbereichs von Gemeinschaftskartellrecht und nationalem Kartellrecht in der so genannten Zwischenstaatlichkeitsklausel oder auch Merkmal der Handelsbeeinträchtigung folgendermaßen:

> *„...welche den Handel zwischen Mitgliedstaaten zu beeinträchtigen geeignet sind..."*

---

[267] Möschel, DB 2000, S. 1485; Lässig, S. 99.
[268] Möschel, DB 2000, S. 1485.

Weitere Regelungen zur Abgrenzung der Anwendungsbereiche von nationalem Recht und Art. 81 EG wurden nicht getroffen. Allein Art. 83 Abs. 2 lit e) EG enthält eine Ermächtigung an den Rat in dem dafür vorgesehenen Verfahren

> *„das Verhältnis zwischen den innerstaatlichen Rechtsvorschriften einerseits und den in diesem Abschnitt enthaltenen oder aufgrund dieses Artikels getroffenen Bestimmungen andererseits festzulegen."*

Damit wird dem Rat zugestanden, auch den jeweiligen Anwendungsbereich festzulegen; Gebrauch hat er davon indessen nicht gemacht.[269]
Auch die auf der Grundlage dieses Artikels erlassene VO 17/62 zur Durchsetzung des gemeinschaftlichen Kartellrechts sieht keine Regulierung des Verhältnisses von nationalem Kartellrecht und Gemeinschaftskartellrecht vor. Vor diesem Hintergrund ist von der parallelen Anwendbarkeit der Rechtsordnungen auszugehen. Solange der Rat insoweit keine Regelung trifft, kann derselbe Sachverhalt Gegenstand eines nationalen als auch gemeinschaftlichen Verfahrens sein.[270] Dies war auch der Ausgangspunkt des EuGH, dem mangels gesetzlicher Vorgaben die Aufgabe zufiel, den Anwendungsbereich des europäischen von dem der mitgliedstaatlichen Kartellrechte abzugrenzen.[271] Das Fehlen einer gesetzlichen Vorgabe zur Abgrenzung der Anwendungsbereiche überlies darüber hinaus der Kommission einen großen Spielraum, um den Anwendungsbereich der gemeinschaftlichen Wettbewerbsregeln den Erfordernissen ihrer täglichen Praxis anzupassen.[272]

B. DIE ROLLE DES EUGH UND DER KOMMISSION

Die Funktion einer Rechtsnorm lässt sich nicht isoliert in ihrem rechtlichen Kontext betrachten, sondern erfordert auch die Untersuchung der Motive der sie anwendenden Organe. Dabei lebt das europäische Wettbewerbsrecht nicht nur von legislativen Tätigkeiten des Rates, die sehr eingeschränkt sind und de facto der Kommission übertragen wurden.[273] Das europäische Kartellrecht lebt insbesondere von der Praxis der EG-Organe, da nur so die generalklauselartigen Formulierungen der Art. 81, 82 EG ausgefüllt werden können. Der Zusammenhang zwischen Funktion dieser Organe und der entsprechenden Auslegung der Zwischenstaatlichkeitsklausel ist daher von Interesse.

---

[269] Siehe im Einzelnen unten Kapitel 3, 3. Teil A. II.
[270] GTE-Schröter/Delsaux, Band 2/I, Vorb Art. 85 bis 89, Rn. 57.
[271] EuGH *Walt Wilhelm*, Slg. 1969, S. 13f. Rn. 2ff.
[272] Wesseling, European Law Review 1997, S. 40.
[273] Rittner, EuZW 2000, S. 129.

I. DER GERICHTSHOF: AUFGABEN UND MITTEL

Art. 220 EG[274] bestimmt:

> *„Der Gerichtshof sichert die Wahrung des Rechts bei der Auslegung und Anwendung dieses Vertrags."*

Dieser Satz lässt die aktive Rolle, die der EuGH[275] bei der Integration der Gemeinschaft gespielt hat und die über eine streitentscheidende Funktion hinausgeht, nicht auf Anhieb erkennen.[276] Dem EuGH wird als zentrales Rechtsprechungsorgan der EU die Wahrung der gemeinschaftlichen Rechtseinheit und die schöpferische Fortbildung des Europarechts zugeordnet.[277] In einer Staatengemeinschaft ist die einheitliche Interpretation durch ein unabhängiges Gericht für die europäische Integration von so eminenter Bedeutung ist, dass sich alles an diesem Ziel messen lassen muss.[278] Daneben nimmt der EuGH seine Funktion als Kontrollinstanz der Gemeinschaftsorgane und nationalen Stellen bei der Anwendung von EU-Recht wahr und schützt als Individualschutzinstanz die Grundfreiheiten der Gemeinschaftsbürger.[279] Politische Krisen, die eine Fortentwicklung der EU fraglich werden ließen, konnten durch das Festhalten an der Vision der Gemeinschaft durch den EuGH überwunden werden.[280]

Seine als „Motor der Integration",[281] der den Integrationsstand immer wieder in Gang hält, bezeichnete Funktion konnte er aber nur mit Hilfe seiner rechtsfortbildenden und –ergänzenden Tätigkeit erfüllen. Hierzu bedient sich der EuGH einer „dynamischen" Interpretationsmethode.[282] Hierbei handelt es sich um eine spezifisch gemeinschaftsrechtliche teleologische Interpretation, deren Ent-

---

[274] Dabei bezieht sich Art. 220 EG auch auf das sekundäre Recht, wie es sich aus Art. 230 und 234 Abs. 1 lit b) EG ergibt – Schweitzer/Hummer, Europarecht, Rn. 260; GTE-Krück, Band 4, Art. 164, Rn. 40f.

[275] 1988 wurde die Errichtung des Gerichts erster Instanz zur Beiordnung an den Gerichtshof beschlossen. Im November 1989 begann es mit seiner Rechtsprechungstätigkeit. Für das Gericht erster Instanz gelten die gleichen Grundsätze. Der Unterschied besteht in der beschränkten Kompetenzzuweisung, im Übrigen handelt es sich um ein institutionell integrierten Bestandteil des Organs „Gerichtshof" wodurch die Einheitlichkeit des Rechtsprechungsorgans der Gemeinschaft hervorgehoben wird – vgl. ausführlicher hierzu GTE-Jung, Band 4, Art. 168a, Rn. 6ff., 34ff.

[276] Maasch, S. 418; Schweitzer/Hummer, Europarecht, Rn. 444f.

[277] Maasch, S. 418; Dauses, Integration 1994, S. 221.

[278] A. Müller, S. 73; Dauses, Integration 1994, S. 215.

[279] Der EuGH als multifunktionales Gericht – Anweiler, S. 15ff.; Dauses, Integration 1994, S. 215.

[280] Schweitzer/Hummer, Europarecht, Rn. 445; A. Müller, S. 74.

[281] Rittner, EuR 1998, S. 13.

[282] EuGH *C.I.L.F.I.T.*, Slg. 1982-IV, S. 3430 Rn. 20; Schweitzer/Hummer, Europarecht, Rn. 445; Rittner, EuR 1998, S. 13

wicklung mangels methodischer Anweisungen des Gemeinschaftsrechts notwendig geworden war und eigenen Grundsätzen folgt.[283]
Die hergebrachten Auslegungsmethoden umfassen die Wortlautinterpretation, die historische Interpretation, die systematische und die teleologische Interpretation. Die Wortlautinterpretation erweist sich regelmäßig als schwierig, da der Wortlaut jeder Amtssprache verbindlich ist[284] und diese oftmals begrifflich im Widerspruch zueinander stehen.[285] Die historische Auslegung ist oftmals wenig hilfreich, da – wie bei den Verträgen – die Vorarbeiten und Motive nicht veröffentlicht wurden.[286] Widersprüche und Lücken können regelmäßig nur durch die Auslegung nach Sinn und Zweck der Vorschrift gelöst werden.[287] Damit wird deutlich, dass die vorgenannten Auslegungsmethoden in der Regel nicht geeignet sind, die nur rudimentär geregelte Materie des EG-Vertrages auszufüllen.[288] Um der Entwicklung der Gemeinschaft auch in rechtlicher Hinsicht Rechnung tragen zu können, ist sie auf eine dynamische Rechtsfortbildung angewiesen.[289]
Der EuGH erweiterte daher schon früh die teleologische Auslegungsmethode um einen dynamischen Aspekt.[290] Mit der teleologisch-dynamischen Auslegung ist gemeint, dass sich der EuGH am objektiven Zweck einer Bestimmung im Rahmen von Gemeinschaftszielen orientiert und sich nicht an die subjektive Meinung der Mitgliedstaaten bindet.[291] Auch der Gesetzeswortlaut bildet nicht mehr die äußerste Grenze der Auslegung, da er sich wegen der Sprachenvielfalt erst aus dem Zusammenhang mit den Vertragszielen ergibt.[292] Letztere stellen auch den dynamischen Faktor bei der Auslegung dar, da die Auslegung der Verträge dem jeweils aktuellen Stand der Verträge anzupassen ist. Entwicklungsstand der Gemeinschaft und Auslegungsergebnis müssen sich daher entsprechen.[293] Eine tragende Rolle spielt bei der Auslegung der *effet utile*, wonach eine Norm so auszulegen ist, dass die vom Gesetzgeber gewoll-

---

[283] Maasch, S. 419 m.w.N.
[284] EuGH *C.I.L.F.I.T.*, Slg. 1982-IV, S. 3430 Rn. 18; Epinay in Beutler/Bieber/Pipkorn/Streil, S. 291 Rn. 530; Anweiler, S. 146f.
[285] EuGH *C.I.L.F.I.T.*, Slg. 1982-IV, S. 3430 Rn. 18f.; Anweiler, S. 163f.
[286] Zuleeg, EuR 1969, 101ff.; Anweiler, S. 246ff.; GTE-Krück, Band 4, Art. 164, Rn. 56; anders bei der Auslegung des sekundären Gemeinschaftsrechts, weil hier Materialien vorliegen und Art. 253 EG eine Begründungspflicht vorsieht – Epinay in Beutler/Bieber/Pipkorn/Streil, S. 292 Rn. 533.
[287] A. Müller, S. 87; Epinay in Beutler/Bieber/Pipkorn/Streil, S. 293 Rn. 534ff.
[288] Differenzierend Anweiler, S. 376ff.; A. Müller, S. 88; zum Teil kritisch Maasch, S. 420ff.
[289] Everling, RabelsZ 50 (1986), S. 207; Schweitzer/Hummer, Europarecht, Rn. 451; Dauses, Integration 1994, S. 221.
[290] A. Müller, S. 107 m.w.N.
[291] EuGH *Continental Can*, Slg. 1973, S. 244 Rn. 22: „Geist, Aufbau und Wortlaut"; Epinay in Beutler/Bieber/Pipkorn/Streil, S. 294 Rn. 536f.
[292] Der EuGH entspricht mit dieser Vorgehensweise der französischen Doktrin, dass auch Rechtsfortbildung Interpretation darstellt, während die deutsche Doktrin zwischen Auslegung und Rechtsfortbildung unterscheidet - Schweitzer/Hummer, Europarecht, Rn. 451.
[293] A. Müller, S. 91.

te Wirksamkeit im Hinblick auf die Verwirklichung der Vertragsziele am besten erreicht wird.[294] Auch die Berücksichtigung politischer Aspekte ist mit der teleologisch-dynamischen Auslegungsmethode möglich, da sich in diesem Zusammenhang Recht und Politik nicht eindeutig abgrenzen lassen.[295] Der EuGH befindet sich daher mit seiner Rechtsprechung zu Art. 220 EG in einem Spannungsverhältnis zur Prärogative der Mitgliedstaaten als Träger und Vermittler der demokratischen Legitimation.[296]

II. KOMMISSION: AUFGABEN UND MITTEL

Die Aufgaben der Kommission werden allgemein in Art. 211 EG beschrieben und in den einzelnen Bestimmungen des Vertrags ausgeführt. Ihr fällt die Gewährleistung des ordnungsgemäßen Funktionierens und der Entwicklung des Gemeinsamen Marktes zu. Der Kommission steht insoweit die Kontrolle der Einhaltung des primären und sekundären Gemeinschaftsrechts sowie der Urteile des Gerichtshofs durch die Mitgliedstaaten zu. Sie darf hierfür auch Sanktionen verhängen. Gleiches gilt für das Verhängen von Sanktionen gegen natürliche und juristische Personen bei Verstoß gegen die Art. 81, 82 EG.[297]
Darüber hinaus verfügt die Kommission nach dem EG-Vertrag über eigene und abgeleitete Rechtsetzungskompetenzen. Letztere, bei der die Kommission durch den Rat ermächtigt wird, eigene Regelungen zu treffen,[298] spielt in Zusammenhang mit Art. 83 EG eine besondere Rolle. Diese besondere Bedeutung der Kommission bei der Entwicklung des Gemeinsamen Marktes erschließt sich insbesondere aus dem Initiativmonopol, das den Rat erst nach einem Kommissionsvorschlag ermächtigt, einen Beschluss zu fassen. Die Kommission ist damit das Organ, das die Entwicklung des Gemeinschaftsrechts betreibt. In die gleiche Richtung geht auch die Befugnis, Empfehlungen, Stellungnahmen und Mitteilungen abzugeben.[299]
Parallel zum EuGH stellt sich die Kommission daher ebenfalls als Hüterin der Verträge und Motor der Integration dar.[300]

III. EINBEZIEHUNG DER VERTRAGSZIELE UND VERHÄLTNIS ZUR WETTBEWERBSPOLITIK UND DEN ART. 81, 82 EG

Die fehlende gesetzliche Abgrenzung des Anwendungsbereichs der Art. 81, 82 EG machte seine Festlegung durch den EuGH notwendig.

---

[294] Anweiler, S. 219f.; Maasch, S. 425.
[295] A. Müller, S. 91.
[296] Folz, S. 367ff., 373
[297] GTE-Schmitt von Sydow, Band 4, Art. 155, Rn. 9ff.; Schweitzer/Hummer, Europarecht, Rn. 204.
[298] So genannte Regeldelegation - Schweitzer/Hummer, Europarecht, Rn. 204 jeweils m.w.N.
[299] GTE-Schmitt von Sydow, Band 4, Art. 155 Rn. 31ff.; Schweitzer/Hummer, Europarecht, Rn. 202f.
[300] GTE-Schmitt von Sydow, Band 4, Art. 155 Rn. 9, 31.

1. DIE VERTRAGSZIELE

Art. 2 EG formuliert die Vertragsziele: die Errichtung des Gemeinsamen Marktes und einer Wirtschafts- und Währungsunion, die nachhaltige Entwicklung des Wirtschaftslebens, ein hohes Beschäftigungsniveau, die Gleichstellung von Mann und Frau und andere. Zur Erreichung dieser Ziele stehen der Gemeinschaft die in Art. 3 EG genannten Politiken zur Verfügung. Dabei weist der EG-Vertrag der Errichtung des Gemeinsamen Marktes eine bedeutende Rolle zu, wenn nicht sogar die Hauptrolle.[301] Der Gemeinsame Markt ist nicht als Markt im herkömmlichen Sinne eines ökonomischen Konzepts zu verstehen. Er geht vielmehr darüber hinaus, indem er auch als Rechtsgrundsatz des Gemeinschaftsvertragsrechts[302] anzusehen ist. Der Gemeinsame Markt ist *„ein dauernd wirksamer, im Sinne der Integration optimaler Maßstab der Gestaltung, Auslegung und Anwendung des Gemeinschaftsrechtes aller Erscheinungsformen“*.[303]

Mit Artikel 13 der Einheitlichen Europäischen Akte vom 28. Februar 1986 ist als weiteres Ziel die Verwirklichung des Binnenmarktes eingeführt worden, das in Art. 14 EG definiert ist als

> *„... Raum ohne Binnengrenzen, in dem der freie Verkehr von Waren, Personen, Dienstleistungen und Kapital gemäß den Bestimmungen dieses Vertrags gewährleistet ist.“*

Das Verhältnis von Gemeinsamem Markt und Binnenmarkt wird durch den EG-Vertrag nicht geklärt und ist damit Gegenstand einer Diskussion,[304] die hier nicht vertieft werden soll. Unabhängig davon, ob es sich um Synonyme oder um unterschiedliche Rechtsbegriffe handelt,[305] sind die mit dem Binnenmarktkonzept verbundenen Maßstäbe[306] und Ziele in die Auslegung und Anwendung der Art. 81, 82 EG einzubinden.[307]

---

[301] EuGH *Italien ./. Rat und Kommission*, Slg. 1966, S. 483; Beutler in Beutler/Bieber/Pipkorn/Streil, S 76 Rn. 77; Bruhin, S. 4f.

[302] Grabitz in Grabitz/Hilf, EGV/EWGV II (Maastricht Vertrag), Art. 2 Rn. 14; Bruhin, S. 5.

[303] Ipsen, S. 551.

[304] Siehe Reich, EuZW 1991, S. 203; Dauses, EuZW 1990, S. 9ff.; Grabitz, GS Steindorff, S. 1229, Hayder, RabelsZ 1989, S. 638f.

[305] So soll der Begriff des Gemeinsamen Marktes über ein „Mehr“ gegenüber dem Binnenmarkt enthalten. Der Binnenmarkt soll ein Unterfall des Gemeinsamen Marktes sein. Dies lasse sich schon daran nachweisen, dass die EU in ihrer Finalität und den in den Verträgen niedergelegten Zielen und Instrumenten über einen Binnenmarkt hinausgeht. – Caspari, S. 110. Nach anderer Auffassung soll der Binnenmarkt der umfassendere Begriff sein - Schweitzer/Hummer, Europarecht, Rn. 1071 mit Verweis auf die herrschende Lehre.

[306] Reich, EuZW 1991, S. 203; Bruhin, S. 7.

[307] Bruhin, S. 7, 18; Grabitz, GS Steindorff, S. 1240, 1245; Ehlermann, WuW 1992, S. 5ff.

2. BEDEUTUNG DER ART. 81 F. EG FÜR DIE VERWIRKLICHUNG DER VERTRAGSZIELE

Für die Verwirklichung der primären Aufgabe der Verschmelzung der nationalen Märkte zu einem einzigen Wirtschaftsgebiet[308] bedient sich die Gemeinschaft der Wettbewerbspolitik,[309] die auf dem vom EG-Vertrag zugrundegelegten marktwirtschaftlichen Ordnungsprinzip gründet.[310] Diesem Ziel dient der Wettbewerb und die ihn schützenden Wettbewerbsregeln des Vertrages.[311] Der sachliche Bezug zu den Wettbewerbsregeln, insbesondere zu Art. 81 und 82 EG, ergibt sich dabei bereits aus ihrem Wortlaut, da die dort verbotenen Praktiken "*mit dem Gemeinsamen Markt unvereinbar*" sind.[312] Damit wird aber nur der Gedanke ausgesprochen, dass nationale Marktabschottung durch staatliche Maßnahmen oder unternehmerische Wettbewerbsbeschränkungen durch ein System der offenen Märkte zu ersetzen ist.[313] Dem Wettbewerb wird zugetraut, dass er die nationalen Märkte zusammenführt, weil er auf das natürliche Bestreben der Unternehmen auf Expansion ihrer Absatzgebiete vertraut, die zu der angestrebten gegenseitigen Durchdringung der Volkswirtschaften führt.[314] Der Wettbewerb spielt demnach als ein konstituierendes Element des Gemeinsamen Marktes bei der Integration der nationalen Volkswirtschaften eine entscheidende Rolle.[315] Die Art. 81, 82 EG schützen den Wettbewerb vor Beeinträchtigung seitens der Unternehmen und stellen die erforderliche Ergänzung dar, die notwendige Folge des Systems der offenen Märkte und des daraus resultierenden gesteigerten Wettbewerbs sind.[316]
Aber nicht nur die marktöffnende Wirkung des Wettbewerbs ist das Anliegen dieser Wettbewerbsregeln. Der Wettbewerb verfügt über die größte Allokationswirkung für Angebot und Nachfrage, befriedigt die privaten und kollektiven Bedürfnisse der Gesellschaft und hebt den Lebensstandard der Bevölkerung.[317] Schließlich obliegt den Wettbewerbsregeln, die Gleichbehandlung der Marktbürger mit durchzusetzen. Diese Aufgabe beruht auf der Einsicht, dass sie als unmittelbar geltendes Gemeinschaftsrecht nach einheitlichen Maßstä-

---

[308] EuGH *Italien ./. Rat und Kommission*, Slg. 1966, S. 483; GTE-Schröter, Band 2/I, Vorbem. Art. 85 bis 94 Rn. 10.
[309] GTE-Schröter, Band 2/I, Vorbem. Art. 85 bis 94 Rn. 10 m.w.N.
[310] Rittner, JZ 1990, S. 841f.; Mussler, S. 79f.; Ipsen, S. 565f.
[311] v. Bogdandy in Grabitz/Hilf, EUV/EGV I (Amsterdamer Vertrag), Art. 2 Rn. 41f.; GTE-Schröter, Band 2/I, Vorbem. Art. 85 bis 94 Rn. 10.
[312] GTE-Schröter, Band 2/I, Vorbem. Art. 85 bis 94 Rn. 10.
[313] Mestmäcker, FS Böhm, S. 345ff., 352f.; Bruhin, S. 5.
[314] Ipsen, S. 550ff.; Mestmäcker, FS Böhm, S. 368f.; GTE-Schröter, Band 2/I, Vorbem. Art. 85 bis 94 Rn.13.
[315] Ipsen, S. 551f., 606; v. Bogdandy in Grabitz/Hilf, EUV/EGV I (Amsterdamer Vertrag), Art. 2 Rn. 41f.; GTE-Schröter, Band 2/I, Vorbem. Art. 85 bis 94 Rn.12.
[316] Mestmäcker, FS Böhm, S. 368f.; Ipsen, S. 566.
[317] Mestmäcker, Europäisches Wettbewerbsrecht, S. 15 spricht von der Maximierung des Sozialprodukts der Gemeinschaft; Ipsen, S. 607; GTE-Schröter, Band 2/I, Vorbem. Art. 85 bis 94 Rn.14.

ben anzuwenden sind. Diese Aufgabe lässt sich aus dem Diskriminierungsverbots, das Bestandteil des unverfälschten Wettbewerbs ist und damit auch Eingang in die Wettbewerbsregeln gefunden hat, herleiten.[318] Ohne die Garantie der Gleichheit der Wettbewerbsregeln für alle Marktteilnehmer sowie deren einheitliche Anwendung auf alle am Wettbewerb beteiligten Personen und Unternehmen wäre die Öffnung der nationalen Märkte für die Mitgliedstaaten weder wirtschaftlich noch politisch zumutbar.[319] Dies ist auch der Grund, dass der Gemeinschaft der Vollzug der Wettbewerbsregeln zugeordnet wurde. Damit wird deren Wichtigkeit für das Erreichen des Gemeinsamen Marktes nochmals hervorgehoben,[320] denn diese Zuordnung steht im Gegensatz zu dem Grundsatz, dass die Rechtsetzungskompetenz bei der Gemeinschaft liegt und der Vollzug bei den Mitgliedstaaten verbleibt.[321] Bestandteile des Gemeinsamen Marktes sind somit die Elemente der Marktfreiheit, Marktgleichheit und Wettbewerbsfreiheit. Der sich hieraus ergebende Maßstab wird an die Zwischenstaatlichkeitsklausel angelegt.[322]
Aus all dem wird deutlich, dass die Art. 81, 82 EG nicht isoliert zu betrachten sind, sondern mit den wettbewerbsrelevanten Zielen und Grundsätzen des Vertrages eine systematische Einheit bilden.[323] Die Ziele bleiben aber oberste Richtschnur für die Auslegung der Art. 81, 82 EG.[324]
Die verschieden formulierten und sich teilweise widersprechenden Ziele sind bei der Auslegung als systematische Einheit zu behandeln, wobei Zielkonflikte dahingehend zu lösen sind, dass keines der Vertragsziele vollständig aufgegeben wird. Um das Prinzip des unverfälschten Wettbewerbs nicht auszuhöhlen, finden z. B. die Ausnahmen vom Wettbewerbsverbot des Art. 81 Abs. 3 EG ihre Grenze im Fortbestand der Entwicklung des wirksamen Wettbewerbs nach Art. 81 Abs. 3 lit b) EG.[325] Dem entspricht die Formulierung des EuGH-Grundsatzes, wonach jeweils so viel Wettbewerb vorhanden sein muss, wie erforderlich ist, um die essentiellen Forderungen des Vertrages zu erfüllen und seine Ziele, insbesondere die Bildung eines einzigen Marktes mit binnenmarktähnlichen Verhältnissen, zu erreichen, und bei dem in keinem Fall der

---

[318] Grabitz in Grabitz/Hilf, EUV/EGV II (Maastricht Vertrag), Art. 2 Rn. 15; Mestmäcker, FS Böhm, S. 354ff.; GTE-Schröter, Band 2/I, Vorbem. Art. 85 bis 94 Rn.15.
[319] Bruhin, S. 10; GTE-Schröter, Band 2/I, Vorbem. Art. 85 bis 94 Rn.15.
[320] Bruhin, S. 9f.; Günther, WuW 1961, S. 762.
[321] Schweitzer/Hummer, Europarecht, Rn. 1260.
[322] Bruhin, S. 5 m.w.N.
[323] EuGH *Italien ./. Rat und Kommission*, Slg. 1966, S. 483, Bunte in Langen/Bunte, KartR, Einführung zum EG-Kartellrecht, Rn. 1ff, 39; GTE-Schröter, Band 2/I, Vorbem. Art. 85 bis 94 Rn.16 m.w.N.
[324] EuGH *Continental Can*, Slg. 1973, S. 245f. Rn. 25; Mestmäcker in I/M, EG-WbR, Bd. I, Einleitung A. Rn. 22; GTE-Schröter, Band 2/I, Vorbem. Art. 85 bis 94 Rn.16.
[325] EuGH *Groupement des Hauts Fourneaux et Aciéries Belges ./. Hohe Behörde*, Slg. 1958-I, S. 254; GTE-Schröter, Band 2/I, Vorbem. Art. 85 bis 94 Rn.18.

Wettbewerb ausgeschaltet werden darf. Ansonsten wären bei seinem Fehlen zahlreiche Vertragsvorschriften gegenstandslos.[326]
Hieraus ergibt sich, dass das Gemeinschaftskartellrecht anhand der im Vertrag niedergelegten rechtlichen, wirtschaftlichen, politischen und sozialen Zusammenhänge und Ziele ausgelegt werden muss. In der EWG hing die Bedeutung der Art. 81, 82 EG auch immer von ihrer Bedeutung für die Integration ab. Die Handhabung der Wettbewerbsregeln durch die Kommission macht deutlich, dass oftmals integrationspolitische Hintergründe vor wettbewerbspolitischen Überlegungen Vorrang genossen. Dies zeigt die relative Bedeutung der Wettbewerbsprinzipien für die Gemeinschaft und wird durch die Praxis zu den Vertikalvereinbarungen bestätigt. Vereinbarungen, die zu einem effektiveren Vertrieb hätten führen können, wurden im Hinblick auf die Aufteilung des Binnenmarktes untersagt.[327] Überhaupt muss konstatiert werden, dass sich die Wettbewerbsprinzipien der Art. 81, 82 EG oft den übrigen Zielen des Vertrags beugen mussten. Die Agrarpolitik, der Schutz kleinerer und mittlerer Unternehmen[328] und die Förderung der ökonomischen sowie sozialen Kohäsion[329] sind nur einige Beispiele.

Kritisch bewertet wird die durch den Vertrag von Maastricht eingeführte Kompetenz, in die Beurteilung eines Falles auch industriepolitische Erwägungen einfließen lassen zu können.[330] Die Industriepolitik findet sich in der Aufzählung der anderen Politiken des Art. 3 EG bei lit. m) und ist diesen formal gleichgestellt. Auch das Einbeziehen der anderen Politiken (Umwelt, Außenhandel, Kultur) könnten die Effizienz der Wettbewerbspolitik zugunsten nicht wettbewerbsorientierter Fallbewertungen verschieben.[331] Die Kompetenz zur Vermengung verschiedenster Politiken bei der Beurteilung von wettbewerbsrechtlich relevanten Sachverhalten verstärkt das grundsätzliche Defizit, das die Kommission bei der Trennung von politischen Kompetenzen und rechtlichen Zuständigkeiten aufweist.[332]

---

[326] EuGH *Continental Can*, Slg. 1973, S. 244f. Rn. 24; EuGH *Metro I*, Slg. 1977, S. 1905 Rn. 20.
[327] Wesseling, European Law Review 1997, S. 38f. m.w.N.
[328] Wesseling, European Law Review 1997, S. 39 m.w.N.
[329] Üblicherweise fallen solche Sachverhalte in den Anwendungsbereich der Beihilfenregeln (Art. 87f. EG). Als Beispiel für eine diesbezügliche Abwägung von Kohäsionsziel und Wettbewerb können KommE *VW / Ford*, ABl. 1993 Nr. L 20, S. 14 Rn. 23, 36 und EuG *Matra Hachette*, Slg. 1994-II, S. 595ff. Rn. 104ff. genannt werden - Wesseling, European Law Review 1997, S. 39, Fußnote 20.
[330] I. Schmidt, WuW 1995, S. 983; Dreher, AG 1993, S. 448; Groger/Janicki, WuW 1992, S 998; Möschel, ORDO 43 (1992), 415ff.
[331] I. Schmidt, WuW 1995, 981f.; Möschel, NJW 1995, S. 283.
[332] Dreher, AG 1993, S. 437, 448; Lässig, S. 20.

Hierbei handelt es sich um grundsätzliche Befürchtungen, die durch die Praxis der Kommission bislang nicht bestätigt wurden.[333] Gerade im Bereich der Art. 81 und 82 EG hat die Kommission das Kartellverbot nicht aufgeweicht und sich den Vorschlägen der Generaldirektion Wettbewerb angeschlossen. Auch in Zukunft sind hier kaum Änderungen zu erwarten, da auch die wirtschaftliche Bedeutung der Fälle nach Art. 81 und 82 EG im Vergleich zur Zusammenschlusskontrolle nach VO 4064/89[334] gering ist.[335] Zu beachten ist auch, dass Art. 81 Abs. 3 lit b) und 82 EG der Kommission insoweit deutliche Grenzen aufzeigen. Danach darf das Berücksichtigen anderer Politiken nicht dazu führen, dass der Wettbewerb ausgeschaltet oder eine beherrschende Stellung erlangt wird.[336]

3. FAZIT

Damit wird deutlich, wie die Wettbewerbsregeln im Zusammenhang mit den Vertragszielen zu lesen sind: Es handelt sich nicht um unterschiedliche Regelungsinhalte, die sich gegenseitig ergänzen, sondern um Normen, die in ihrer Gesamtheit identisch sind mit dem vom Vertrag geforderten System, das den Wettbewerb innerhalb des Binnenmarkts vor Verfälschungen schützt.[337] Darüber darf aber nicht vergessen werden, dass der Wettbewerb im Gemeinsamen Markt nach den EG-Organen nicht um seiner selbst bestehen soll,[338] sondern lediglich als Mittel zur Erreichung der allgemeinen Vertragsziele nach der in Art. 2 EG vorgesehenen Stufenfolge dient: Wettbewerbspolitik darf nicht als Selbstzweck verstanden werden. Sie geht vielmehr von dem gleichen Ansatz aus wie die aus ihr folgenden Wettbewerbsregeln: Sie ist Mittel zum Zweck der Verwirklichung des Gemeinsamen Marktes.[339] Dieser integrationspolitische Ansatz bestimmt daher die Praxis zu den Art. 81, 82 EG und relativiert die wettbewerbliche Bewertung von Sachverhalten.[340]

---

[333] Zumindest nicht so, dass sich die Besorgnis einer strukturlenkenden Industriepolitik verwirklicht hätte, wie sie von Groger/Janicki, WuW 1992, S. 998 geäußert wird. Natürlich lassen sich Einzelfälle nachweisen, die gegen die rein wettbewerbsrechtliche Beurteilung eines Falles verstoßen: Der Bereich der Kooperationen in Formen von Gemeinschaftsunternehmen bietet hier genügend Anhaltspunkte. Siehe dazu Hossenfelder/Müller/Parlasca, ZHR 160 (1996), S. 23f., 27.

[334] Verordnung (EWG) Nr. 4064 des Rates vom 21.12.1989 über die Kontrolle von Unternehmenszusammenschlüssen, ABl. L 395 vom 30.12.1989 – berichtigte Fassung ABl. L 257 vom 21.09.1990, S. 13; zuletzt geändert durch VO 1310/97 des Rates vom 30.06.1997, ABl. L 180 vom 9.07.1997, S. 1

[335] Lässig, S. 21 m.w.N.

[336] Siehe zum Verhältnis der Vertragsziele Kapitel 3, 1. Teil B. III.

[337] EuGH *Italien ./. Rat und Kommission*, Slg. 1966, S. 483, GTE-Schröter, Band 2/I, Vorbem. Art. 85 bis 94 Rn. 9 m.w.N.

[338] Kritisch Möschel, AG 1998, S. 566.

[339] van Miert, WuW 1995, S. 553f.; GTE-Schröter, Band 2/I, Vorbem. Art. 85 bis 94 Rn. 9.

[340] Möschel, AG 1998, S. 566.

C. PRAXIS DES EUGH UND DER KOMMISSION HINSICHTLICH DER AUSLEGUNG UND ANWENDUNG DER EINZELNEN MERKMALE DER ZWISCHENSTAATLICHKEITSKLAUSEL

Diese Auslegung des Verhältnisses von Vertragszielen und Wettbewerbspolitik, vor allem der Art. 81, 82 EG, ist der Hintergrund vor dem die Auslegung und Anwendung der Art. 81, 82 EG und insbesondere des Merkmals der Handelsbeeinträchtigung stattfindet.

I. HANDEL

Unter „Handel" versteht die Praxis nicht einfach nur eine merkantile Tätigkeit, sondern den gesamten Wirtschaftsverkehr zwischen den Mitgliedstaaten. Somit wird neben dem Warenverkehr auch der Personen-, Dienstleistungs- und Kapitalverkehr erfasst.[341]

II. BEEINTRÄCHTIGUNG

Auch der Begriff der Beeinträchtigung wird weit ausgelegt. Der Gerichtshof entwickelte zu dessen Feststellung zwei Argumentationsstränge: die so genannte Handelsstromtheorie und die Veränderung der Wettbewerbsstrukturen. Dabei wird der Begriff der Beeinträchtigung neutral verstanden: Nicht der negative Einfluss sei gemeint, sondern der Einfluss auf den zwischenstaatlichen Handel schlechthin.[342]

1. BEEINFLUSSUNG DER WARENSTRÖME

In seiner Grundsatzentscheidung *Maschinenbau Ulm*[343] hat der EuGH eine Handelsbeeinträchtigung bejaht,

> *"wenn...die Vereinbarung...der Möglichkeit nach den Warenverkehr zwischen den Mitgliedstaaten beeinflussen kann".*[344]

Entscheidend ist der Gedanke, dass Warenströme in künstliche Bahnen gelenkt und dadurch die Wettbewerbsbedingungen auf den betroffenen Märkten verfälscht werden.[345] Dies entspricht dem in Art. 3 lit g) EG niedergelegten Ziel des innergemeinschaftlichen Wirtschaftsverkehrs unter den Bedingungen eines freien, unverfälschten Wettbewerbs. Damit werden auch wettbewerbsbeschränkende Maßnahmen erfasst werden, die den Zugang zu nationalen Märkten nicht behindern. Reichen deren aktuelle oder potentielle Wirkungen aber über das Hoheitsgebiet des Mitgliedstaates hinaus, so ist gleichwohl der

---

[341] Ganz allgemeine Meinung – siehe Bellamy/Child, S. 109 Rn. 2-128.
[342] GTE-Schröter, Band 2/I, Art. 85 I Rn. 165.
[343] EuGH *Maschinenbau Ulm*, Slg. 1966, S. 281ff.
[344] EuGH *Maschinenbau Ulm*, Slg. 1966, S. 303.
[345] EuGH *Frubo*, Slg. 1975-I, S. 584 Rn. 37/38; EuG *John Deere*, Slg. 1994-II, S. 957ff. Rn. 101; GTE-Schröter, Band 2/I, Art. 85 I Rn. 166;.

zwischenstaatliche Handel beeinträchtigt.[346] Im Kern handelt es sich um eine hypothetische Betrachtungsweise, die davon ausgeht, dass die Handelsströme anders verlaufen wären, wenn die wettbewerbsbeschränkenden Maßnahmen nicht gegeben gewesen wären.[347]
Darüber hinaus hat der Gerichtshof in seine Interpretation eine Wertung anhand der allgemeinen Vertragsziele aufgenommen. Besonderes Augenmerk legt der EuGH darauf, ob die wettbewerbsbeschränkende Maßnahme

> *"geeignet ist, die Freiheit des Handels zwischen Mitgliedstaaten in einer Weise zu gefährden, die der Verwirklichung der Ziele eines einheitlichen zwischenstaatlichen Marktes nachteilig sein kann...",*[348]

insbesondere ob durch sie die nationalen Schranken wieder errichtet werden.[349] Mit dieser Formel zieht der EuGH die Konsequenz aus der integrationspolitischen Zielsetzung der Wettbewerbsregeln.[350]
Wegen des Maßstabs der Unverfälschtheit des innergemeinschaftlichen Handels kommt es auch nicht darauf an, ob wettbewerbsbeschränkende Maßnahmen den Zugang zu den verschiedenen nationalen Märkten behindern oder nicht[351]. Entscheidend für die Verwirklichung des Binnenmarktes ist daher nicht das Volumen des innergemeinschaftlichen Handels, sondern die Qualität des Wettbewerbs.[352] Auch Kartelle, die zu einer erheblichen Steigerung der Ausfuhren in andere Mitgliedstaaten oder der Einfuhren aus diesen Staaten beitragen, werden von Art. 81 Abs. 1 EG erfasst.[353]

2. VERÄNDERUNG DER WETTBEWERBSSTRUKTUREN

Die Beeinträchtigung des zwischenstaatlichen Handels ist aber nicht nur dann gegeben, wenn die Handelsströme aus ihrem natürlichen Verlauf abgelenkt werden. In der Entscheidung *Hugin* hat der Gerichtshof erkannt, dass der Binnenmarkt auch dadurch beeinträchtigt werden kann,

---

[346] GTE-Schröter, Band 2/I, Art. 85 I Rn. 166.
[347] EuGH *L'Oréal*, Slg. 1980-IV, S. 3792 Rn. 19.; EuG *Ferriere Nord*, T-143/89, Slg. 1995-II, S. 917ff. Rn. 34; Rehbinder in I/M, EG-WbR Bd. I, Einleitung E. Rn. 15; GTE-Schröter, Band 2/I, Art. 85 I Rn. 165.
[348] EuGH *Grundig ./. Consten*, Slg. 1966, S. 389f.
[349] EuGH *Hugin*, Slg. 1979-II, S. 1899 Rn.17; EuGH *BBC*, Slg. 1991-II/1, S. 566f. Rn. 64f.; EuGH *RTE und ITP*, Slg. 1995-I, S. 743ff. Rn. 69f.
[350] Rehbinder in I/M, EG-Wettbewerbsrecht Bd. I, Einleitung E. Rn. 11; Mestmäcker, Europäisches Wettbewerbsrecht, S. 123.
[351] EuG *John Deere*, T-35/92, Slg. 1994-II, S. 957ff. Rn. 101; EuG *Ferriere Nord*, T-143/89, Slg. 1995-II, S. 917ff. Rn. 34; GTE-Schröter, Band 2/I, Art. 85 I Rn. 167.
[352] GTE-Schröter, Band 2/I, Art. 85 I Rn. 166; Rehbinder in I/M, EG-WbR Bd. I, Einleitung E. Rn. 13.
[353] EuGH *Grundig ./. Consten*, Slg. 1966, S. 389f.

> *„indem insbesondere die nationalen Märkte abgeschottet werden oder die Wettbewerbsstruktur im Gemeinsamen Markt verändert wird.“*[354]

Der Schutz der Wettbewerbsstrukturen wurde zwar zunächst nur Art. 82 EG zugeschrieben, aber die Übertragung auf des Schutzes der Wettbewerbsstrukturen als Prüfungsmaßstab für wettbewerbsbeschränkende Maßnahmen im Rahmen von Art. 81 EG erfreut sich immer größerer Beliebtheit.[355] Damit kann dem Phänomen Rechnung getragen werden, dass in einem immer stärker integrierten Markt einheitliche Vereinbarungen für den gesamten Gemeinsamen Markt getroffen werden, die keine Beschränkung beim Zugang zu den einzelnen nationalen Märkten nach sich ziehen. Die Anknüpfung an den Handelsverkehr zwischen den Mitgliedstaaten ist zwar möglich, würde sich aber als gekünstelt darstellen.[356] Dabei beschränkt sich die Anwendung nicht auf kooperative Gemeinschaftsunternehmen[357] – auch für den Bereich der herkömmlichen Kartelle[358] wird der Maßstab der Veränderung der Wettbewerbsstrukturen herangezogen.[359] Mit der Veränderung der Wettbewerbsstruktur führt der EuGH ein neues die Handelsstromtheorie ergänzendes Kriterium ein. Ziel ist auch hier das Schaffen eines lückenlosen Systems, das umfassend zur Erreichung der Vertragsziele beitragen soll.[360]

III. GEEIGNETHEIT DER HANDELSBEEINTRÄCHTIGUNG

Schon begrifflich weit angelegt ist das Merkmal „geeignet“. Daraus folgt nämlich, dass der Handel zwischen den Mitgliedstaaten nicht tatsächlich beeinträchtigt sein muss, sondern lediglich die Gefahr hierzu aufweist.[361] Der Ge-

---

[354] EuGH *Hugin*, Slg. 1979-II, S. 1899 Rn. 17.

[355] KommE *FETTCSA*, ABl. 2000 Nr. L 268, S. 1 Rn. 140ff.; KommE *Polypropylen*, ABl. 1986 Nr. L 230, S. 1 Rn. 93f.; KommE *Unisource*, ABl. 1997 Nr. L 318, S. 1 Rn. 75ff.; KommE *Uniworld*, ABl. 1997 Nr. L 318, S. 24 Rn. 67; KommE *Zera / Montedison und Hinkens/Stähler*, ABl. 1993 L 272, S. 44 Rn. 128; KommE *Aluminiumeinfuhren aus Osteuropa*, ABl. 1985 Nr. L 92, S. 1 Rn. 13; Rehbinder in I/M, EG-WbR Bd. I, Einleitung E. Rn. 14; GTE-Schröter, Band 2/I, Art. 85 I Rn. 168.

[356] GTE-Schröter, Band 2/I, Art. 85 I Rn. 168; Rehbinder in I/M, EG-WbR Bd. I, Einleitung E. Rn. 14; kritisch Bruhin, S. 129

[357] *Unisource*, ABl. 1997 Nr. L 318 S. 1 Rn. 75ff.; KommE *Uniworld*, ABl. 1997 Nr. L 318, S. 24ff. Rn. 67.

[358] Komme *FETTCSA*, ABl. 2000 Nr. L 268, S. 1 Rn. 140ff.; KommE *Polypropylen*, ABl. 1986 Nr. L 230, S. 1 Rn. 93f.; KommE *Aluminiumeinfuhren aus Osteuropa*, ABl. 1985 Nr. L 92, S. 1 Rn. 13.

[359] Im Einzelnen sind einige materiell-rechtliche Fragen noch offen, die die qualitativen und quantitativen Anforderungen an die "Veränderung der Wettbewerbsstrukturen" betreffen – GTE-Schröter, Band 2/I, Art. 85 I Rn. 168; Rehbinder in I/M, EG-WbR Bd. I, Einleitung E. Rn. 14.

[360] Bruhin, S. 128.

[361] Bunte in Langen/Bunte, KartR, Art. 81 Generelle Prinzipien, Rn. 123; GTE-Schröter, Band 2/I, Art. 85 I Rn. 169.

richtshof schließt solche Handelsbeeinträchtigungen aus, die einer gewissen Wahrscheinlichkeit entbehren.[362] Die Eignung ist gegeben,

> *"wenn sich anhand einer Gesamtheit objektiver rechtlicher oder tatsächlicher Umstände mit hinreichender Wahrscheinlichkeit voraussehen lässt, dass die Vereinbarung unmittelbar oder mittelbar, tatsächlich oder der Möglichkeit nach den Warenverkehr zwischen den Mitgliedstaaten beeinflussen kann".*[363]

Das bedeutet nicht, dass die Eignung abstrakter Natur, also im rein spekulativen Bereich anzusiedeln ist, sondern marktbezogen und nicht nur theoretisch gegeben sein muss.[364] Die insoweit vorzunehmende Prognose verlangt als Maßstab eine „hinreichende Wahrscheinlichkeit", deren Grad aber vom Gerichtshof nicht weiter bestimmt wird. In diesem Zusammenhang ist auch der Passus über die Gesamtheit objektiver Umstände zu sehen – er gibt die Voraussetzungen der Wahrscheinlichkeitsprognose vor.[365] Auch mittelbare Auswirkungen werden als geeignet angesehen, den Binnenhandel zu beschränken.[366]

IV. DARSTELLUNG DER ENTWICKLUNG DER AUSLEGUNG ANHAND VON FALLGRUPPEN

Im Laufe der Zeit haben sich Fallgruppen in der Rechtsprechung des EuGH herausgebildet. Man kann hierbei Sachverhalte, die die ursprüngliche Definition inhaltlich ausfüllen, von solchen unterscheiden, die der Erweiterung der Zwischenstaatlichkeitsklausel und damit des Anwendungsbereichs des Gemeinschaftsrechts dienen.[367]

1. KONKRETISIERENDE FALLGRUPPEN

Entsprechend dem primären Ziel der Art. 81, 82 EG des Schutzes des innergemeinschaftlichen privaten Wettbewerbs zur Ermöglichung der Integration sind gebietsbeschränkende Maßnahmen zwischen Unternehmen aus verschiedenen Mitgliedstaaten naturgemäß geeignet, den zwischenstaatlichen Handel zu beeinträchtigen. Diese standen zunächst im Vordergrund.[368] Es

---

[362] EuGH *Hugin*, Slg. 1979-II, S. 1900 Rn. 21ff.; Bunte in Langen/Bunte, KartR, Art. 81 Generelle Prinzipien, Rn. 123; GTE-Schröter, Band 2/I, Art. 85 I Rn. 169.

[363] Ständige Rechtsprechung seit EuGH *Maschinenbau Ulm*, Slg. 1966, S. 303; EuGH *Ferriere Nord*, Slg. 1997-I, S. 4411ff. Rn. 20.

[364] EuGH *Miller*, Slg. 1978-I, S. 150f. Rn. 15; Bunte in Langen/Bunte, KartR, Art. 81 Generelle Prinzipien, Rn. 123; GTE-Schröter, Band 2/I, Art. 85 I Rn. 169.

[365] EuGH *L'Oréal*, Slg. 1980-IV, S. 3791 Rn. 18ff.; EuGH *Lancome*, Slg. 1980-II, S. 2536 Rn. 23; Bunte in Langen/Bunte, KartR, Art. 81 Generelle Prinzipien, Rn. 123.

[366] EuGH *BNIC ./. Clair*, Slg. 1985-I, S. 425 Rn. 29.; EuGH *BNIC ./. Aubert*, Slg. 1987-VI, S. 4814 Rn. 18.

[367] Siehe hierzu eingehend Bruhin, S. 69 ff.

[368] GA Trabucci in EuGH *Papier Peints*, Slg. 1975-III, S. 1524; Bruhin, S. 134.

verwundert daher nicht, dass der EuGH seine Basisformel anhand von Sachverhalten aus dem Bereich der Alleinvertriebsvereinbarungen entwickelt hat.[369] Mit dieser Begriffsbestimmung beurteilte die gemeinschaftliche Rechtsprechung entsprechende Vereinbarungen, die unmittelbar bestehende Marktaufteilungen zementieren oder neue vornehmen sollten, wie sie in Gebiets- und Quotenkartellen[370] oder auch in vertikalen Ausschließlichkeitsvereinbarungen sowie dem Verbot von Paralleleinfuhren oder -ausfuhren vorkommen und so den natürlichen Verlauf der Handelsströme beeinflussen.[371] Gleiches gilt für wettbewerbsbeschränkende Maßnahmen, die mittelbar die Aufteilung der nationalen Märkte bezwecken oder bewirken, wie sie im Wege der mittelbaren Behinderung von Exporten und Reimporten durch marktbeherrschende Unternehmen, selektiven Vertriebssystemen, Vereinbarungen über gewerbliche Schutzrechte oder solche, die den Marktzugang für Anbieter oder Nachfrager aus anderen Mitgliedstaaten spürbar erschweren, auftreten können.[372] Der Zusammenhang mit dem Ansatz der Beeinflussung der Handelsströme ist zu deutlich,[373] als dass der Gerichtshof seine abstrakten Ausführungen zur Zwischenstaatlichkeitsklausel konkretisieren musste. Insgesamt liegt der Verdienst dieser Fälle weniger in der deutlicheren Auslotung der abstrakten Definition der Zwischenstaatlichkeitsklausel an sich, als auf ihrer Übertragung auf andere Bereiche. Dabei wiederholt der Gerichtshof allenfalls seine ursprünglich gegebene Definition und beschränkt sich auf die Feststellung, dass deren Voraussetzungen erfüllt ist. Dies ist eine Folge der abstrakten Formulierung der Anforderungen der Handelsbeeinträchtigung[374] und verdeutlicht bereits den weiten Ansatz der Definition des Gerichtshofs.[375] Eine Ausnahme von der schlichten Wiederholung und Subsumtion der ursprünglichen Definition stellt die Vorgehensweise des Gerichtshofs in der Entscheidung *Windsurfing* dar. Demnach setzt Art. 81 EG nicht voraus,

> *„dass jede Klausel einer Vereinbarung für sich gesehen den innergemeinschaftlichen Handel beeinträchtigen kann.“*[376]

---

[369] Grundlegend EuGH *Maschinenbau Ulm*, Slg. 1966, S. 281ff., 303, EuGH *Consten ./. Grundig*, Slg. 1966, S. 321ff., 389f.; Bruhin, S. 69 m.w.N.

[370] z.B. EuGH *Suiker Unie*, Slg. 1975-III, S. 1663ff.

[371] Zu den Alleinvertriebsverträgen: EuGH *Maschinenbau Ulm*, Slg. 1966, S. 281ff.; EuGH *Grundig ./. Consten*, Slg. 1966, S. 386; zu den gewerblichen Schutzrechten: EuGH *Nungesser*, Slg. 1982-II, S. 2015ff.; zu den Franchise-Verträgen mit Gebietsschutz: EuGH *Pronuptia*, Slg. 1986-I, S. 353ff.; für weitere Nachweise siehe - Königs, S. 573f. und Bruhin, S. 74ff.

[372] Königs, S. 574 und Bruhin, S. 74ff., 82ff., 90ff. mit jeweils umfangreichen Nachweisen.

[373] GTE-Schröter, Bd. 2/I, Art. 85 I, Rn. 172.

[374] Siehe die Darstellung der einzelnen Fallgruppen mit Analyse der Rechtsprechung zur Zwischenstaatlichkeitsklausel bei Bruhin, S. 74ff.

[375] Kritisch Königs, S. 572.

[376] EuGH *Windsurfing International Inc*, Slg. 1986-I, S. 664 Rn. 96.

Damit werden aber die Voraussetzungen der Zwischenstaatlichkeitsklausel herabgesetzt, da die Anforderungen an ihren Nachweis erleichtert werden, indem er nicht mehr für jede wettbewerbsbeschränkende Klausel gesondert zu erbringen ist.[377] Mit dieser Entscheidung vergrößert der Gerichtshof zugleich den an sich in seiner Grundformel weit ausgelegten Begriff „geeignet“, da es vielmehr auf die Gesamtwirkung der Maßnahme als auf die einzelne Vereinbarung ankommt.[378] Ansonsten wird auch durch diese Entscheidung nicht dazu beigetragen, den abstrakten Formulierungen der Grunddefinition mehr Leben einzuhauchen.

2. ERWEITERNDE FALLGRUPPEN

Schon bald folgten aber Entscheidungen, die das Potenzial zur weiten Auslegung der Zwischenstaatlichkeitsklausel anhand der Teile *„...Gesamtheit objektiver Umstände...“* und des Einbeziehens auch mittelbarer Beeinflussungen des Handelsstroms der Grundformel des Gerichtshofs verdeutlichten.

a) MITTELBARE HANDELSSTROMBEEINFLUSSUNG DURCH AUSSCHLIEßLICH NATIONALE KARTELLE

Mit der Entscheidung *De Haecht I*[379] machte der EuGH deutlich, wie weit der bereits extensive Ansatz des Urteils *Maschinenbau Ulm*,[380] dass in die Betrachtung eine *„Gesamtheit objektiver rechtlicher oder tatsächlicher Umstände“*[381] einzubeziehen seien, von der Rechtsprechung verstanden wird. Die Besonderheit in diesem Fall war, dass es sich um einen innerstaatlichen ausschließlichen Bezugsvertrag handelte, der sich in ein Bündel von gleichartigen Abreden einfügte und nicht durch das Kartellrecht des Mitgliedstaates untersagt wurde. Letzteres wird auch mitentscheidend dafür gewesen sein, dass das EG-Kartellrecht eine Lückenfüllungsfunktion erhalten hat, um durch nationale Defizite im Kartellrecht entstandene Marktverschließungen zu bekämpfen.[382] Der rein innerstaatliche Bezug der Vertriebsvereinbarung führte dazu, dass als Begleitumstände das Bestehen gleichartiger Verträge von Dritten zu werten ist. Damit erfuhr die Zwischenstaatlichkeitsklausel eine *„extensive Interpretation“*,[383] die mit der Notwendigkeit des Schließens einer durch das defizitäre nationale Recht entstandenen Lücke gerechtfertigt wurde.[384] Dieser Ansatz ist mittlerweile fester Bestandteil[385] der Rechtsprechung geworden und wurde in der Entscheidung *Delimitis* zuletzt für Bierlieferungsverträge konkreti-

---

377 Bruhin, S. 81 m.w.N.
378 EuGH *Windsurfing International Inc*, Slg. 1986-I, S. 664 Rn. 96.
379 EuGH *De Haecht I*, Slg. 1967, S. 543ff.
380 EuGH *Maschinenbau Ulm*, Slg. 1966, S. 281ff.
381 EuGH *Maschinenbau Ulm*, Slg. 1966, S. 303.
382 GA Roemer in EuGH *De Haecht I*, Slg. 1967, S. 563.
383 So ausdrücklich GA Roemer in EuGH *De Haecht I*, Slg. 1967, S. 562f.
384 GA Roemer in EuGH *De Haecht I*, Slg. 1967, S. 563.
385 GTE-Schröter, Band 2/I, Art. 85 I Rn. 170 m.w.N.

siert.[386] Danach führt die Betrachtung der Bündel von Verträgen nicht zwingend zu einer Handelsbeeinträchtigung, so dass auch hier sämtliche Marktfaktoren einschließlich eventueller Marktzutrittsschranken zu würdigen sind.[387]

Von der Einbeziehung der kumulativen Wirkungen bestehender Vereinbarungen in die Gesamtumstände zur Erfassung rein innerstaatlicher Abreden war es dann nur ein kleiner Schritt sonstige Abreden innerhalb eines Mitgliedstaates einzubeziehen, die die Einfuhr oder Ausfuhr beeinflussen, auch wenn sich die Absprachen nur mittelbar auf die Erzeugnisse aus den anderen Mitgliedstaaten beziehen oder den beteiligten Unternehmen die Niederlassung in einem anderen Mitgliedstaat erschweren.[388]
Ein solches Kartell führt aber nur zur Handelsbeeinträchtigung, wenn sich an ihm zumindest die wichtigsten Unternehmen des betreffenden Wirtschaftszweigs beteiligen. Jedenfalls folgt aus einem landesweiten Kartell

> *„...schon seinem Wesen nach die Wirkung, die Abschottung der Märkte auf nationaler Ebene zu verfestigen; es verhindert somit die vom Vertrag gewollte gegenseitige wirtschaftliche Durchdringung und schützt die inländische Produktion.“*[389]

Damit wird die Nachweispflicht der Wettbewerbsbehörden hinsichtlich der Beeinflussung der Handelsströme im konkreten Fall zwar nicht aufgehoben, aber verkürzt. Die schematische Wiederholung der Grundformel des EuGH genügt allerdings nicht.[390]
Im Rahmen der extensiven Auslegung der Zwischenstaatlichkeitsklausel geht der EuGH so weit, dass auch Maßnahmen von nur lokaler Natur den zwischenstaatlichen Handel beeinträchtigen können.[391]

b) Isolierung des Gemeinsamen Marktes als Ganzes

Ebenfalls von der Zwischenstaatlichkeitsklausel erfasst werden wettbewerbsbeschränkende Maßnahmen von Unternehmen, die den Gemeinsamen Markt von den Märkten Dritter Staaten isolieren. Diese Maßnahmen können sowohl von Unternehmen aus den Mitgliedstaaten als auch aus Drittstaaten erfolgen. Hierbei stützt sich die Praxis auf den Ansatz der Eignung zur Beeinflussung der Handelsströme, wenn sie die Zwischenstaatlichkeitsklausel als erfüllt ansieht.[392]

---

386 EuGH *Delimitis ./. Henninger Bräu*, Slg. 1991-I/1, S. 983ff.
387 EuGH *Delimitis ./. Henninger Bräu*, Slg. 1991-I/1, S. 983ff. Rn. 20-33; siehe hierzu zuletzt KommE *Bass*, ABL. 1999 L 186, S. 1 Rn. 145ff, 161.
388 Siehe Nachweise bei GTE-Schröter, Bd. 2/I, Art. 85 I, Rn. 172.
389 EuGH *Papiers Peints*, Slg. 1975-III, S. 1515 und Bruhin, S. 104ff. m.w.N.
390 EuGH *Papiers Peints*, Slg. 1975-III, S. 1515f.
391 Kerse, S. 14; Steindorff, ZHR 162 (1998), S. 298
392 Siehe nur EuGH *Javico*, Slg. 1998-I, S. 983ff. Rn. 11.

c) BEEINTRÄCHTIGUNG DER WETTBEWERBSSTRUKTUR

Der Ausgangspunkt der Beeinträchtigung der Wettbewerbstruktur im Gemeinsamen Markt war ebenfalls nicht von Beginn an Grundlage der Entscheidungen des Gerichtshofs zur Merkmalbestimmung der Handelsbeeinträchtigung.[393] Erstmals verwendete die Rechtsprechung dieses Kriterium mit Verweis auf das Vertragsziel des unverfälschten Wettbewerbs in Art. 3 lit g) EG in Entscheidungen zu Art. 82 EG aufgrund des Entstehens beherrschender Stellungen durch Unternehmenskonzentration[394] und später durch Missbrauch marktbeherrschender Stellungen.[395]
Die Kommission hat dann diese Grundsätze auch auf Art. 81 EG übertragen und verwendet sie in zunehmenden Maße.[396] Das wird als logische Konsequenz aus dem Übergang von einem gemeinsamen Markt der Mitgliedstaaten zu einem einheitlichen europäischen Binnenmarkt gewertet wird.[397]
Das in Art. 3 lit g) EG niedergelegte System des unverfälschten Wettbewerbs beschränkt sich aber nicht nur auf Art. 81 und 82 EG, sondern soll auch eine Fusionskontrolle[398] und die Rechtsangleichung der mitgliedstaatlichen Kartellrechte umfassen.[399] Daraus folgt für die den Anwendungsbereich des EG-Kartellrechts einschränkende Zwischenstaatlichkeitsklausel, dass ihre einschränkende Wirkung durch den Aspekt des Wettbewerbsschutzes wieder aufgeweicht wird.[400] Für die Art. 81 und 82 EG ergibt sich ebenfalls, dass sie im Hinblick auf den Schutz der Wettbewerbsstruktur zu beleuchten sind.[401] Der Schutz der Wettbewerbsstruktur geht „über den spezifischen Schutz der Zwischenstaatlichkeitsklausel hinaus" und erweitert den Anwendungsbereich der Wettbewerbsregeln.[402]

---

393 Die ersten Entscheidungen datieren Anfang der 70er Jahre. Siehe Nachweise in den folgenden Fußnoten.
394 EuGH *Continental Can*, Slg.1973, S. 243ff. Rn. 18ff.
395 EuGH *Commercial Solvents*, Slg. 1974, S. 223ff.; EuGH *United Brands*, Slg. 1978-I, S. 207ff.; EuGH *Hoffmann-La Roche*, Slg. 1979-I, S. 461ff.; EuGH *Hugin*, Slg. 1979-II, 1869ff.; EuGEI *BBC*, Slg. 1991-II/1, S. 566ff. Rn. 64ff.; EuGEI *Radio Telefis Eireann*, Slg. 1991-II/1,S. 522f. Rn. 76f.
396 KommE *FETTCSA*, ABl. 2000 Nr. L 268, S. 1 Rn. 140ff.; KommE *Polypropylen*, ABl. 1986 Nr. L 230, S. 1 Rn. 93f.; KommE *Unisource*, ABl. 1997 Nr. L 318 S. 1 Rn. 75ff.; KommE *Uniworld*, ABl. 1997 Nr. L 318, S. 24 Rn. 67; KommE *Aluminiumeinfuhren aus Osteuropa*, ABl. 1985 Nr. L 92, S. 1 Rn. 13; Rehbinder in I/M, EG-WbR Bd. I, Einleitung E. Rn. 14; GTE-Schröter, Band 2/I, Art. 85 I Rn. 168.
397 GTE-Schröter, Bd. 2/I, Art. 85 I, Rn. 168; Rehbinder in I/M, EG-WbR I Bd. I, Einleitung E Rn. 14.
398 Schmidhuber, FIW 134 (1989), S. 95; Schmidt, FIW 134 (1989), S. 69f.; Bruhin, S. 8.
399 Meier, WuW 1988, S. 730ff.; Bruhin, S. 8 m.w.N.; a. A.: Schmidhuber, FIW 134 (1989), S. 95.
400 Bruhin, S. 8.
401 Königs, S. 571; Bruhin, S. 8f.
402 Niederleithinger, FIW 134 (1989), S. 83.

3. BESCHRÄNKUNG DER EXTENSIVEN AUSLEGUNG

Der damit verbundene angestiegene Arbeitsaufwand führte den EuGH dazu, die extensiv angelegte Definition zu relativieren. Der Gerichtshof suchte dem so entgegenzuwirken, dass auch im Falle der Verwirklichung des Merkmals der Handelsbeeinträchtigung der Anwendungsbereich der Art. 81, 82 EG nicht eröffnet ist,

> *„wenn sie den Markt mit Rücksicht auf die schwache Stellung der Beteiligten auf dem Markt der fraglichen Erzeugnisse nur geringfügig beeinträchtigt."*[403]

Damit übertrug der Gerichtshof die zunächst von der Kommission erdachte materiell-rechtliche Beschränkung des Merkmals der Wettbewerbsbeeinträchtigung mit dem ungeschriebenen Merkmal der Spürbarkeit auch auf die Zwischenstaatlichkeitsklausel.[404] Erst als der EuGH die Notwendigkeit deutlich machte, dass auch die zu erwartenden oder eingetretenen Auswirkungen auf den innergemeinschaftlichen Handel zu prüfen seien, wurde die Spürbarkeitsschwelle von der Kommission auch dahingehend beachtet.[405]
Dem Gerichtshof zufolge kann als Anknüpfungspunkt für die zu prüfende spürbare Beeinträchtigung die Wettbewerbsstrukturen oder der innergemeinschaftliche Handel herangezogen werden. Um festzustellen, ob der innergemeinschaftliche Handel oder die Wettbewerbsstrukturen im Gemeinsamen Markt spürbar in Mitleidenschaft gezogen werden, ist die aufgrund der Absprache bestehende Lage mit derjenigen zu vergleichen, welche bestünde, wenn es die Absprache nicht gäbe. Dabei sind die Wirkungen auf den Wettbewerb, die Marktstellung des Betroffenen, die Art und Menge der betroffenen Güter oder Dienstleistungen sowie das rechtliche oder behördliche Umfeld zu berücksichtigen.[406] Der EuGH stellt damit lediglich eine *de minimis-Regel* auf.[407]
Anhaltspunkte für die Beurteilung der Spürbarkeit gibt nach der Rechtsprechung meist die Bewertung der tatsächlichen oder möglichen Auswirkungen der in Frage stehenden Maßnahme. Die Auswirkungen wiederum lassen sich in erster Linie anhand der Stellung und Bedeutung der beteiligten Unternehmen auf dem relevanten Markt messen.[408] Da sich die Stellung und Bedeutung der Unternehmen objektiv nur durch deren Marktanteile und die bestehende Marktstruktur erfassen lassen, bilden diese quantitativen Merkmale die wich-

---

403 EuGH *Völk ./.Vervaecke*, Slg. 1969, S. 302.
404 GTE-Schröter, Band 2/I, Art. 85 I Rn. 178f.; Gleiss/Hirsch, Kommentar Bd. I, Art. 85 I, Teil E, Rn. 257ff.; Ritter/Braun/Rawlinson, EEC Competition Law, S. 82.
405 GTE-Schröter, Band 2/I, Art. 85 I Rn. 179 m.w.N.
406 EuGH *Béguelin*, Slg. 1971, S. 960 Rn. 10/12ff.
407 *De minimis non curat praetor* – Schweitzer/Hummer, EuropaR, R. 1272; Bruhin, S. 66.
408 EuGH *Völk /. Vervaecke*, Slg. 1969, S. 302 Rn. 7; EuGH *Béguelin*, Slg. 1971, S. 960 Rn. 16/18; EuGH *NSO*, Slg. 1985, S. 3826f. Rn. 52ff.

tigsten Indikatoren. Daneben greift die Rechtsprechung für das Ermitteln der Spürbarkeit auf weitere quantitativ ausgerichtete Kriterien wie die Größe der Unternehmen und ihren Umsatz zurück.[409]
Ergeben die addierten Marktanteile einen Wert unter 1 %, so ist eine spürbare Beeinträchtigung der Marktverhältnisse grundsätzlich zu verneinen.[410] Dagegen reichen addierte Marktanteile von mehr als 5 % aus, um die Spürbarkeit zu bejahen.[411] Liegen die Werte weit darunter, so ist die Spürbarkeitsschwelle dennoch überschritten, wenn eines der an den Maßnahmen beteiligten Unternehmen ein Großunternehmen mit starker Position in einem Marktsegment ist. Eine spürbare Handelsbeeinträchtigung liegt vor, wenn die aufgrund eines Kartellvertrages abgewickelten grenzüberschreitenden Lieferungen einen erheblichen Anteil an dem gesamten betroffenen Exporthandel darstellen; mag dessen Volumen auch bescheiden sein. Manchmal ist auch die schiere Quantität der Produkte maßgeblich.[412]
Schließlich wird die Spürbarkeitsprüfung zusätzlich anhand der Gesamtbetrachtung der wirtschaftlichen und rechtlichen Begleitumstände vorgenommen. Dies gilt vor allem im Bereich der Vertikalbindungen bei der Frage nach kumulativen Auswirkungen nebeneinander bestehender Netze gleichartiger Vereinbarungen. Dann muss die konkrete, also die zu prüfende Maßnahme, ihrerseits in erheblichem Maße zu der kumulativen Marktwirkung beitragen.[413]
An der Spürbarkeit kann es durch die Gesamtbetrachtung auch aus anderen Gründen als der schwachen Marktstellung der Parteien fehlen.[414] Führen hoheitliche Regelungen zum Ausschluss jedes nennenswerten Wettbewerbs, so dass zusätzliche private Absprachen keine spürbaren Auswirkungen auf die Wettbewerbsverhältnisse mehr haben, ist die Anwendung des Art. 81 EG ausgeschlossen.[415]
Insgesamt kann aus den verschiedenen Faktoren, die für die Bemessung der Spürbarkeit entscheidend sind, geschlossen werden, dass die Spürbarkeit im Einzelfall anhand der Umstände festzulegen ist. Dies folgt aus der integrationsorientierten Funktion, die dazu beitragen soll, nur die für die Gemeinschaft relevanten Sachverhalte von den unbedeutenden zu trennen.[416]

---

[409] EuGH *Distillers*, Slg. 1980-II, S. 2265 Rn. 27f.; EuGH *Musique Diffusion Francaise*, Slg. 1983-II, S. 1899ff. Rn. 81ff.
[410] EuGH *Völk ./. Vervaecke*, Slg. 1969, S. 299, 302 Rn. 7; Kommission in EuGH *Béguelin*, Slg. 1971, S. 957.
[411] EuGH *Miller*, Slg. 1978-I, S. 148ff. Rn. 9ff.; EuGH *Telefunken*, Slg. 1983-III, S. 3201 Rn. 58.
[412] GTE-Schröter, Band 2/I, Art. 85 I Rn. 181.
[413] EuGH *Delimitis ./. Henninger Bräu*, Slg. 1991-I, S. 983ff. Rn. 20-33; Schweitzer/Hummer, EuropaR, Rn. 1272; GTE-Schröter, Band 2/I, Art. 85 I Rn. 182.
[414] Bellamy/Child, S. 124f. Rn. 2-146; GTE-Schröter, Band 2/I, Art. 85 I Rn. 183.
[415] So das Vorbringen der Kläger vor dem EuGH, der diese Frage jedoch offen lies, da noch genügend Spielraum für Wettbewerb ließen - EuGH *Suiker Unie*, Slg. 1975-III, S. 1916ff.; S. 1940ff. Rn. 19/23f.; Bellamy/Child, S. 124f. Rn. 2-146.
[416] Bruhin, S. 101.

Der Gerichtshof beschränkt seine Bewertung der Spürbarkeit weder auf schlichte quantitative Merkmal noch auf qualitative Merkmale,[417] obwohl die quantitative Beurteilung im Vordergrund der Beurteilung steht.[418] Quantitative Kriterien scheiden aber z. B. aus, wenn für diese Festlegung allein danach gefragt wird, ob eine Vereinbarung Drittwirkungen auf die Marktgegenseite hat.[419]

a) DIE BAGATELLBEKANNTMACHUNGEN DER KOMMISSION

Aus den Vorgaben des EuGH zur Auslegung der Spürbarkeit entwickelte die Kommission eine Verwaltungspraxis, die sie in der *Bekanntmachung betreffend Vereinbarung von geringer Bedeutung* (so genannten Bagatellbekanntmachungen) niederschrieb. Bei der Bagatellbekanntmachung handelt es sich um verwaltungsinterne Richtlinien, die unter Geltung des Prinzips des Vertrauensschutzes nur die Kommission zu binden vermag.[420] Der Rechtsprechung des Gerichtshofs kann damit nicht vorgegriffen werden. Auch die nationalen Gerichte sind nicht verpflichtet, diese Bekanntmachungen ihren Entscheidungen zugrunde zu legen.[421] Die Bagatellbekanntmachung konkretisiert den Begriff der Spürbarkeit und gibt Hinweise auf die Art und Weise, in der die Kommission hinsichtlich bestimmter Fallgruppen von ihrem Aufgreifermessen Gebrauch machen will. Damit wird den betroffenen Unternehmen nur ermöglicht, das Risiko einer Intervention seitens der Kommission im Voraus abzuschätzen. Eine weiter reichende Funktion wird der Bagatellbekanntmachung nicht beigemessen.[422] Die Kommission beschreibt drei Ziele, die sie mit ihrer Bagatellbekanntmachung zu erreichen versucht:

- Eine klarere, rechtlich eindeutige Fassung des Textes, um dessen Anwendung zu erleichtern und die Rechtssicherheit für die Unternehmen zu verbessern,
- Eine Anpassung des Textes an den gegenwärtigen Entwicklungsstand des Gemeinschaftsrechts im Bereich der Wettbewerbsbeschränkungen und eine größere Wirklichkeitsnähe in Bezug auf die wirtschaftlichen Gegebenheiten.
- Vermeidung unnötiger Verwaltungsarbeit für Unternehmen und Kommissionsdienststellen durch den Verzicht auf Anträge und Anmeldungen im Fall von Vereinbarungen, die of-

---

417 Ritter/Braun/Rawlinson, EC Competition Law, S. 82; Stockenhuber in Grabitz/Hilf, EUV/EGV I (Amsterdamer Vertrag), Art. 81 Rn. 221

418 GTE-Schröter, Art. 85 I, Rn. 181 mit Verweis auf die entsprechende Rechtsprechung.

419 Haymann, S. 147f.

420 Stockenhuber in Grabitz/Hilf, EUV/EGV I (Amsterdamer Vertrag), Art. 81 Rn. 217.

421 Kommission, Bagatellbekanntmachung 2001, Rn. 6; Stockenhuber in Grabitz/Hilf, EUV/EGV I (Amsterdamer Vertrag), Art. 81 Rn. 217.

422 Schollmeier/Krimphove in Bleckmann, EuropaR, Rn. 1866; Stockenhuber in Grabitz/Hilf, EUV/EGV I (Amsterdamer Vertrag), Art. 81 Rn. 217; GTE-Schröter, Band 2/I, Art. 85 I Rn. 196.

> fensichtlich nicht geeignet sind, den innergemeinschaftlichen Wirtschaftsverkehr oder den Wettbewerb spürbar zu beeinträchtigen.[423]

In ihrer ersten Bagatellbekanntmachung von 1970 erklärte die Kommission, dass nach ihrer Auffassung das Kartellverbot nur greifen sollte, wenn die Marktstellung dritter Unternehmen und der Verbraucher, also deren Absatz- und Versorgungsmöglichkeiten, spürbar verändert würden. Davon könne aber nur ausgegangen werden, wenn die Marktanteile mehr als 5 % betragen und zudem die addierten jährlichen Gesamtumsätze 15 Millionen Rechnungseinheiten oder, soweit es um Absprachen zwischen Handelsunternehmen gehe, 20 Millionen Rechnungseinheiten überschritten.[424]
Die Bekanntmachung wurde im Lauf der Jahre verändert:[425] Zum einen wurde die unterschiedliche Behandlung von Produktions- und Handelsunternehmen in Bezug auf die Gesamtumsatzschwellen aufgehoben und vereinheitlicht. Zum anderen wurde die Gesamtumsatzschwelle auf 50, 200 und schließlich 300 Millionen ECU angehoben. Demgegenüber veränderte sich die Marktanteilsgrenze von 5 % nicht. Primäres Ziel war die beabsichtigte Öffnung für mittelgroße Unternehmen, um "unnötige" Anmeldungen zu vermeiden, die zu einer administrativen Belastung der Kommission und der Wirtschaft führten, und um Kooperationen zu erleichtern, die als kartellrechtlich unbedenklich eingestuft werden können.[426]
Die Bagatellbekanntmachung hatte 1997 ihre vorerst letzte wesentliche Überarbeitung erlebt.[427] Sie wurde – trotz wesentlicher inhaltlicher Änderungen - als den gleichen Grundprinzipien unterworfene Regelung verstanden. Sie spiegelte lediglich Tendenzen wider, welche die gegenwärtige Wettbewerbspolitik der Kommission kennzeichnen. Zu diesen zählten insbesondere eine in zunehmendem Maße eher wirtschaftliche als juristische Betrachtungsweise bei der Anwendung des Gemeinschaftskartellrechts, eine vergleichsweise großzügige Haltung gegenüber der Zusammenarbeit zwischen Großunternehmen, die Lockerung der Kontrolle über vertikale Absprachen sowie die Verlagerung von Entscheidungen auf die Behörden und Gerichte der Mitgliedstaaten zwecks dezentraler Anwendung der Wettbewerbsregeln für Unternehmen.[428] Die Bekanntmachung von 1997 wiederholte die Marktanteilsschwelle von 5 % für ho-

---

[423] Siehe Kommission, Bagatellbekanntmachung 1997, Rn. 1f.;GTE-Schröter, Band 2/I, Art. 85 I Rn. 187.
[424] GTE-Schröter, Band 2/I, Art. 85 I Rn. 184.
[425] ABl. Nr. 1970 C 64, S. 1; ABl. 1977 Nr. C 313, S. 3; ABl. 1986 Nr. C 231, S.2; ABl. 1994 Nr. C 368 S. 26; ABl. 1997 Nr. C 372, S. 13 und zuletzt ABl. 2001 Nr. C 368, S. 13.
[426] GTE-Schröter, Band 2/I, Art. 85 I Rn. 185.
[427] ABl. 1997 Nr. C 372 S. 13.
[428] Kommission, XXVII. Wettbewerbsbericht (1997), Rn. 45; Kommission, Bekanntmachung über die Zusammenarbeit mit den nationalen Gerichten; Bekanntmachung über die Zusammenarbeit mit den nationalen Behörden; GTE-Schröter, Band 2/I, Art. 85 I Rn. 187.

rizontale Vereinbarungen zwischen Unternehmen, deren Geschäftsbetrieb auf die Erzeugung oder den Absatz von Waren oder auf das Erbringen von Dienstleistungen gerichtet ist. Für vertikale Vereinbarungen betrug die Marktanteilsschwelle 10 %. Bei Vereinbarungen, die sowohl horizontale als auch vertikale Elemente enthalten oder bei Schwierigkeiten die Vereinbarung als horizontal oder vertikal einzustufen, ist die Schwelle von 5 % maßgebend. Beide Marktanteilsschwellen durften während zweier aufeinander folgender Geschäftsjahre um bis zu einem Zehntel überschritten werden, ohne dass dieses den Bagatellcharakter der Absprache in Frage stellen würde.[429] Einen gravierenden Unterschied stellte die Abschaffung der Gesamtumsatzschwelle dar.[430] Abgesehen von diesen quantitativen Kriterien, stützte sich die in der Bagatellbekanntmachung niedergelegte *de minimis-Regel* auch auf qualitative Kriterien.[431]

Die Bagatellbekanntmachung von 1997 ist nunmehr geändert worden, nachdem die Kommission eine Mitteilung über die Neufassung der Bagatellbekanntmachung am 19. Mai 2001 veröffentlicht und die Stellungnahmen der interessierten Kreise abgewartet hatte.[432] Sie verfolgt ebenfalls grundsätzlich den quantitativen Ansatz mit der Verwendung von Marktanteilsschwellen, lässt aber auch bei Überschreiten oder Unterschreiten der Marktanteilsschwellen eine anderweitige Bewertung zu.[433] Allerdings hat die Kommission die Bekanntmachung nunmehr auf die Definition der Spürbarkeit der Wettbewerbsbeschränkung begrenzt.[434]

Ob sich hieraus besondere Konsequenzen ergeben ist aber fraglich. Der Gerichtshof hat die Bagatellbekanntmachungen seinen Urteilen ohnehin nie zugrundegelegt, sondern seine eigene und allein maßgebende Rechtsprechung wiederholt.[435] Dabei hat er sich nicht auf bestimmte Zahlen beschränkt, sondern betont, dass der jeweilige Einzelfall entscheidend ist.[436]

---

[429] Kommission, Bagatellbekanntmachung 1997, Rn. 9f., GTE-Schröter, Band 2/I, Art. 85 I Rn. 189.

[430] Siehe Kapitel 3, 3. Teil B. III.

[431] GTE-Schröter, Art. 85 I, Rn. 188.

[432] Kommission, Bagatellbekanntmachung 2001 und zuvor die Mitteilung der Kommission über die Neufassung ihrer Bekanntmachung von 1997 betreffend Vereinbarungen von geringer Bedeutung, die nicht unter Artikel 81 Absatz 1 des Vertrags fallen, ABl. C 149 vom 19.05.2001, S. 18ff.

[433] Kommission, Bagatellbekanntmachung 2001, Rn. 8ff.

[434] Kommission, Bagatellbekanntmachung 2001, Rn. 3.

[435] Bunte in Langen/Bunte, KartR, Art. 81 Generelle Prinzipien, Rn. 123; Königs, S. 571f., 577f.; Bruhin, S. 67.

[436] So geht der EuGH *Béguelin*, Slg. 1971, S. 957, 960 nicht auf das Vorbringen der Kommission ein, die Bagatellbekanntmachung die Spürbarkeit betreffend heranzuziehen; Bunte in Langen/Bunte, KartR, Art. 81 Generelle Prinzipien, Rn. 123; Königs, S. 571f., 577f.

b) EINSCHRÄNKENDE WIRKUNG DES SPÜRBARKEITSKRITERIUMS FÜR DIE ZWISCHENSTAATLICHKEITSKLAUSEL?

Die Bekanntmachung verringerte den Arbeitsaufwand der Kommission zunächst deutlich. In Bezug auf die Abgrenzung des Anwendungsbereichs des europäischen Kartellrechts war sie hingegen von nur beschränkter Bedeutung, da weder Gerichtshof noch Kommission den quantitativen Ansatz konsequent anwendeten und auch qualitative Kriterien einbezogen.[437] Insgesamt kann nicht davon gesprochen werden, dass der EuGH oder die Kommission die Spürbarkeit definieren, sondern allenfalls Anhaltspunkte für die Auslegung und Anwendung anbieten.[438] Dass eine solche Handhabe im Hinblick auf das Gebot der Rechtssicherheit nicht unproblematisch ist, versteht sich von selbst. Festzuhalten ist, dass die Weite des Merkmals der Handelsbeeinflussung und damit der weite Anwendungsbereich des EG-Kartellrechts nicht wesentlich durch das ungeschriebene Tatbestandsmerkmal der Spürbarkeit eingeschränkt wird.[439]

V. DIE ZWISCHENSTAATLICHKEITSKLAUSEL IN ART. 82 EG

Auch Art. 82 EG enthält die Beschränkung der Kompetenzen der Kommission und der europäischen Gerichte auf die Beeinträchtigung des Handels zwischen Mitgliedstaaten.

1. EINHEITLICHE AUSLEGUNG DER ZWISCHENSTAATLICHKEITSKLAUSEL DURCH DIE EG-PRAXIS

Der Wortlaut des Art. 82 EG spricht das Verbot des Missbrauchs der marktbeherrschenden Stellung aus,

> *"soweit dies dazu führen kann, den Handel zwischen den Mitgliedstaaten zu beeinträchtigen".*

Demgegenüber ist nach Art. 81 EG die Zwischenstaatlichkeitsklausel folgendermaßen definiert:

> *"welche den Handel zwischen Mitgliedstaaten zu beeinträchtigen geeignet sind".*

Der wesentliche Unterschied zwischen beiden Normen liegt nach Auffassung des Gerichtshofs darin, dass sie das von Ihnen verfolgte Ziel "auf verschiedenen Ebenen" zu erreichen versuchen. Während Art. 81 EG das Zusammenwirken von Unternehmen erfasst und der weite Tatbestand durch die Möglich-

---

[437] Wesseling, European Law Review 1997, S. 41.

[438] Rehbinder in I/M, EG-WbR Bd. I, Einleitung Teil E. Rn. 21; Königs, S. 570ff.; GTE-Schröter, Band 2/I, Art. 85 I Rn. 180.

[439] Bruhin, S. 66; GTE-Schröter, Band 2/I, Art. 85 I, Rn. 169; a. A.: Reich, FS Steindorff, S. 1072.

keit, Ausnahmen vom Verbot zu gewähren, etwas abgemildert wird,[440] richtet sich Art. 82 EG gegen einseitige, faktische Missbrauchshandlungen. Das ergibt sich zwar nicht aus dem Wortlaut des Art. 82 EG, der autonomes und koordiniertes Verhalten gleichstellt, die Praxis zeigt jedoch auf, dass der Schwerpunkt auf den einseitigen Maßnahmen der Marktbeherrscher liegt.[441] Der Wortlaut der Zwischenstaatlichkeitsklausel und die jeweils erfassten wettbewerblich relevanten Maßnahmen stimmen demnach nicht überein. Dennoch wird die Zwischenstaatlichkeitsklausel wegen desselben Sinngehalts einheitlich ausgelegt und angewendet,[442] da die Zwischenstaatlichkeitsklausel des Art. 82 EG dieselbe Funktion hat wie die des Art. 81 EG: Der Geltungsbereich des Gemeinschaftsrechts soll auf dem Gebiet des Wettbewerbsrechts von dem Geltungsbereich des nationalen Rechts abgegrenzt werden. Unter das Gemeinschaftsrecht fallen alle Maßnahmen, die geeignet sind, die Freiheit des Handels zwischen Mitgliedstaaten in einer Weise zu gefährden, die der Verwirklichung der Ziele eines einheitlichen Marktes zwischen den Mitgliedstaaten nachteilig sein kann, indem insbesondere die nationalen Märkte abgeschottet oder die Wettbewerbsstrukturen im Gemeinsamen Markt verändert werden. Dagegen fallen Verhaltensweisen, deren Auswirkungen sich auf das Gebiet eines einzigen Mitgliedstaats beschränken, in den Geltungsbereich der nationalen Rechtsordnung.[443] Aber nicht nur die Funktion der Zwischenstaatlichkeitsklausel ist in beiden Verbotstatbeständen gleich. Auch der Inhalt und die Tragweite entsprechen sich, wie oben dargestellt. Daraus folgt eine einheitliche Auslegung, die den übergeordneten Charakter der Zwischenstaatlichkeitsklausel widerspiegelt.[444]

2. EXTENSIVE AUSLEGUNG UND ANWENDUNG DER ZWISCHENSTAATLICHKEITSKLAUSEL IN ART. 82 EG

In der Auslegung der Zwischenstaatlichkeitsklausel durch den EuGH wird das Bestreben des Vertrags erkannt, die Freiheit des innergemeinschaftlichen Handels zu gewährleisten und dadurch die Verwirklichung der Ziele eines einheitlichen Marktes zu fördern.[445] Mit dem Begriff des Handels sind alle geschäftlichen und wirtschaftlichen Tätigkeiten einschließlich der Erbringung von Dienstleistungen gemeint.[446] Die tatsächliche Beeinträchtigung des Handels wird von Art. 82 EG entsprechend Art. 81 EG nicht gefordert.[447] Ausreichend

---

[440] EuGH *Italien ./. Rat und Kommission*, Slg. 1966, S. 483.
[441] GTE-Schröter, Band 2/I, Art. 86 Rn. 35.
[442] EuGH *Hugin*, Slg. 1979-II, S. 1899 Rn. 17; EuGH *L'Oréal*, Slg. 1980-IV, S. 3794 Rn. 28.
[443] EuGH *Hugin*, Slg. 1979-I, S. 1899 Rn. 17; Bruhin, S. 83; Königs, S. 571.
[444] EuGH *Hugin*, Slg. 1979-II, S. 1899 Rn. 17; EuGH *L'Oréal*, Slg. 1980-IV, S. 3792 Rn. 28; GTE-Schröter, Band 2/I, Art. 86 Rn. 233.
[445] GTE-Schröter, Band 2/I, Art. 86 Rn. 234.
[446] EuGH *Züchner*, Slg. 1981-II, S. 2032 Rn. 18; Rehbinder in I/M, EG-WbR Bd. I, Einleitung E. Rn. 10.
[447] EuGH *Miller*, Slg. 1978-I, S. 150f. Rn. 15.

ist auch hier, dass die Ausnutzung der marktbeherrschenden Stellung lediglich dazu führen kann, dass dieser sanktionierte Erfolg eintritt. Dabei ist die objektive Eignung ausreichend.[448] Dieser weite Anwendungsbereich entspricht der Absicht der Verträge, die Handelsfreiheit möglichst umfassend und somit bereits gegen Gefährdungen zu schützen.[449] Ebenso wie in Art. 81 EG werden auch mittelbare Handelsbeeinträchtigungen erfasst, wie z. B. die Maßnahmen eines marktbeherrschenden Unternehmens, das seine Kunden durch Bezugsbindungen oder Treuerabatte davon abhält, bei Lieferanten aus anderen Mitgliedstaaten zu kaufen.[450] Die Handelsströme im Gemeinsamen Markt werden beispielsweise verfälscht, wenn das beherrschende Unternehmen unangemessen hohe oder niedrige Preise anwendet oder seinen Abnehmern in verschiedenen Mitgliedstaaten für gleichartige Leistungen unterschiedliche Preise berechnet. In der Regel bilden Maßnahmen zur Abschottung nationaler Märkte die Voraussetzung für den Preismissbrauch, so dass allein deswegen die Handelsbeeinträchtigung verwirklicht ist.[451]
Überdies hat der EuGH auch die Verschlechterung der Wettbewerbsstruktur als geeignet angesehen, den zwischenstaatlichen Handel zu beeinträchtigen, weil sie die Positionen von Handelspartnern oder Konkurrenten schwächt und gleichzeitig die beherrschende Stellung verfestigt oder erweitert.[452] Das gilt nicht nur für die Fälle der Lieferverweigerung[453] oder den missbräuchlichen Verdrängungswettbewerb,[454] sondern erfasst auch missbräuchliche Unternehmenszusammenschlüsse. Diese können den Handel zwischen Mitgliedstaaten beeinträchtigen, wenn die beteiligten Unternehmen vorher in einem Gebiet, das sich über die Grenzen eines Mitgliedstaats hinweg erstreckt, tatsächliche oder potentielle Wettbewerber waren.[455] Die Rechtsprechung zur Beachtlichkeit der Wettbewerbsstruktur im Rahmen von Art. 82 EG findet ihren Ursprung in der Entscheidung des EuGH *Continental Can* von 1973.[456] Für die Begründung zieht der EuGH in dieser und in folgenden Entscheidungen das Vertragsziel des unverfälschten Wettbewerbs des Art. 3 lit g) EG heran und verweist darauf, dass auch Strukturveränderungen im Wettbewerb den

---

[448] EuGH *L'Oréal*, Slg. 1980-IV, S. 3791 Rn. 18, S. 3794 Rn. 28.
[449] GTE-Schröter, Band 2/I, Art. 86 Rn. 234.
[450] EuGH *Suiker Unie*, Slg. 1975-III, S. 2020 Rn. 4/516; GTE-Schröter, Band 2/I, Art. 86 Rn. 237.
[451] KommE *Chiquita*, ABl. 1976 Nr. L 95 S. 1 Rn. A. 4.; bestätigt durch EuGH *United Brands*, Slg. 1978-I, S. 299 Rn. 197f.
[452] EuGH *Hoffmann-La Roche*, Slg. 1979-I, S. 552f. Rn. 122ff.
[453]
[454] durch Gewährung von Treuerabatten innerhalb eines Ausschließlichkeitsbezugsvertrags - EuGH *Hoffmann-La Roche*, Slg. 1979-I, S. 535ff., 552.
[455] KommE *Continental Can*, ABl. 1971 Nr. L 7 S. 25 Rn. 32; KommE *Tetra Pak I*, ABl. 1988 Nr. L 272 S. 27 Rn. 48.
[456] EuGH *Continental Can*, Slg. 1973, 215ff., die KommE *Continental Can*, ABl. 1971 Nr. L 7 S. 25 bestätigend.

Verbrauchern mittelbar Schaden zufügen können.[457] Ebenso wie in Art. 81 EG gilt auch im Rahmen des Art. 82 EG, dass Maßnahmen, deren tatsächlichen oder voraussichtlichen Wirkungen sich auf das Gebiet eines einzigen Mitgliedstaats beschränken, nicht die Zwischenstaatlichkeitsklausel erfüllen.[458] Betreffen die angesprochenen Praktiken nur den Handel mit Drittsaaten, so kann Art. 82 EG gleichwohl anwendbar sein, wenn sie sich gleichzeitig auf den Warenverkehr innerhalb der Gemeinschaft oder auf die Wettbewerbsstruktur des Gemeinsamen Marktes auswirken.[459] Überhaupt sind die Auswirkungen auf die Struktur des Wettbewerbs im Rahmen der Behinderungstatbestände des Art. 82 EG von besonderer Bedeutung. Regelmäßig werden Missbräuche marktbeherrschender Unternehmen als den zwischenstaatlichen Handel beeinträchtigend angesehen,[460] auch wenn damit noch nicht die gemeinschaftsweite Auswirkung einer missbräuchlichen Maßnahme indiziert ist.[461] Die Grenzen der Strukturbetrachtung verlaufen aber dort, wo die Handelsströme zwischen den Mitgliedstaaten nicht verändert werden. Damit muss auch eine Strukturveränderung den Gemeinsamen Markt berühren, in dem das betroffene Unternehmen von seiner Größe und seinem Tätigkeitsbereich her in der Lage ist, grenzüberschreitend tätig zu werden.[462] Den sich aus der nicht auf Vereinbarungen beruhenden Natur des Missbrauchs ergebenden Abweichungen zu Art. 81 Abs. 1 EG wird somit Rechnung getragen.[463] Diese Anpassung ermöglicht auch, dass nicht vom EG-Kartellrecht erfasste exportbezogene Missbräuche, doch die Zwischenstaatlichkeitsklausel erfüllen können. Dies ist der Fall, wenn z. B. die Wettbewerbsfähigkeit eines EG-angehörigen Unternehmen auch für den Gemeinsamen Markt beeinträchtigt wird.[464]

Nicht geklärt war bisher, ob der Gerichtshof das Spürbarkeitskriterium im Rahmen von Art. 82 EG als beschränkendes Merkmal der Zwischenstaatlichkeitsklausel heranzieht. Es wird die Frage gestellt, ob das Spürbarkeitserfordernis hinsichtlich der Veränderung der Wettbewerbsstruktur gar nicht[465] oder nur in abgewandelter Form bei der Auslegung zur Beeinflussung des Handelsstroms anzuwenden sei.[466]

---

[457] EuGH *Continental Can*, Slg. 1973, 244ff. Rn. 20ff.; EuGH *Comercial Solvents*, Slg. 1974, S. 253f. Rn. 30ff.
[458] EuGH *Hugin*, Slg. 1979-II, S. 1899 Rn. 17.
[459] EuGH *Commercial Solvents*, Slg. 1974, S. 253f. Rn. 33.
[460] EuGH *Michelin*, Slg. 1983-IV, S. 3522 Rn. 102 - 104; EuGH *Bodson ./. Pompes Funèbres*, Slg. 1988-III, S. 2514 Rn. 24; Rehbinder in I/M, EG-WbR Bd. I.; Einleitung E. R. 46.
[461] Rehbinder in I/M, EG-WbR Bd. I.; Einleitung E. R. 46.
[462] Rehbinder in I/M, EG-WbR Bd. I.; Einleitung E. Rn. 46.
[463] Rehbinder in I/M, EG-WbR Bd. I, Einleitung E. Rn. 45.
[464] Für weitere Beispiele siehe Nachweise bei Rehbinder in I/M, EG-WbR Bd. I, Einleitung E. Rn. 49; Roth/Ackermann, Frankfurter Kommentar V, Grundfragen Art. 81 Abs. 1 Rn. 322ff.
[465] GA Reischl in EuGH *Hoffmann-La Roche*, Slg. 1979-I, S. 593; Schweitzer/Hummer, Rn. 1292.
[466] Bruhin, S. 85.

Grundlage für die Ablehnung des Spürbarkeitserfordernisses ist das Argument dass die Ausdehnung der beherrschenden Stellung auf den Gemeinsamen Markt oder einen wesentlichen Teil davon durchwegs den erforderlichen Gemeinschaftsbezug herstelle.[467] Gegen letzteres spricht, dass auch in Art. 81 EG das Vorliegen eines nationalen Kartells nicht ausreichend ist, wenn es keinen Bezug zu eingeführten oder ausgeführten Waren hat und so nicht geeignet ist, den Handel zwischen den Mitgliedstaaten zu beeinflussen.[468] Nach anderer Auffassung geht die Ablehnung der Spürbarkeit zu weit, da der EuGH die Beeinträchtigung des Handels zwischen Mitgliedstaaten als einen den Art. 81 und 82 EG gemeinsamen Begriff bewerte.[469] Dies impliziere auch die Anwendung des Spürbarkeitserfordernisses in an Art. 82 EG angepasster Form. Denn im Rahmen von Art. 82 EG ist der Wettbewerbs faktisch ausgeschaltet, während bei Art. 81 EG wirksamer Wettbewerb eingeschränkt wird.[470] Im Hinblick auf die aktuelle Entscheidungspraxis des EuGH, in der er ausdrücklich das Spürbarkeitserfordernis im Rahmen der Zwischenstaatlichkeitsklausel prüft, dürfte sich der Streit dem Grunde nach erledigt haben.[471] Wesentlich für den Arbeitsaufwand der EG-Institutionen ist der Streit um die Anwendung der Spürbarkeit in Art. 82 EG durch die EG-Praxis ohnehin nicht, da die Verfahren nach Art. 81 EG den weitaus größeren Anteil stellen.

D. VORGABE DER EXTENSIVEN AUSLEGUNG UND ANWENDUNG DURCH DAS GEMEINSCHAFTSRECHT?

Von allen Merkmalen der Zwischenstaatlichkeitsklausel verfügt der Begriff „geeignet" über das größte Potenzial zur extensiven Auslegung. Der Begriff senkt damit die Beweisanforderungen ab, was den Gerichtshof nicht daran gehindert hat, diese nochmals *„abzuschleifen"*.[472] Die Anbindung der Auslegung des Merkmals der Handelsbeeinträchtigung an die Vertragsziele hat es auch ermöglicht, die übrigen Merkmale über den eigentlichen Wortlaut hinaus auszudehnen. Interessant zu erfahren ist in diesem Zusammenhang, ob die Wettbewerbsregeln nicht nur geeignet sind, den ihnen ursprünglichen zugedachten Anwendungsbereich zu erweitern, sondern eine extensive Auslegung vorgeben.[473] Die Folge wäre, dass ein festgeschriebener Status Quo vorläge und sich entsprechende Überlegungen zu einer Neuausrichtung allenfalls durch eine primärvertragliche Änderung herbeiführen ließen.

[467] Grabitz in Grabitz/Hilf, EGV/EWGV II (Maastricht Vertrag), Art. 86 Rn. 85.
[468] Generalanwalt Verloren van Themaat in EuGH *VBVB und VBBB*, Slg. 1984-I, S. 76f.; Bruhin, S. 107.
[469] Bruhin, S. 85; Rehbinder in I/M, EG-WbR Bd. I, Einleitung E. Rn. 45; GTE-Schröter, Band 2/I, Art. 86 Rn. 32.
[470] Bruhin, S. 85; Königs, 578ff., nach dem bei der Veränderung der Wettbewerbsstruktur an die Spürbarkeit erhöhte Anforderungen zu stellen.
[471] EuGH *Bagnasco / BPN / Carige,* Slg. 1999, S. 135ff. Rn. 60 und unten Kapitel 4, 1. Teil A. II.2.
[472] Reich, FS Steindorff, S. 1069.
[473] Bruhin, S. 4.

Aber das Hinzuziehen der Vertragsziele, insbesondere der Verwirklichung des Gemeinsamen Marktes und Wahrung des unverfälschten Wettbewerbs, haben in Verbindung mit dem tatsächlichen Integrationsstand erst zur extensiven Auslegung geführt.

Gestützt hat der Gerichtshof seine extensive Rechtsprechung auf die dynamische Auslegungsmethode und Überlegungen zum *effet utile*.

Die Orientierung der Auslegung an dem Integrationsziel hat der EuGH mittels einer dynamischen Auslegung der Art. 81, 82 EG verwirklicht.[474] Auf dem Weg zu diesem Ziel des Gemeinsamen Marktes waren verschiedene Stufen zu nehmen, die verdeutlichen, dass dessen Errichtung einen zeitlichen Prozess darstellt.[475] Die dynamische Auslegung des Gemeinschaftsrechts durch den Gerichtshof, die die Errichtung des Gemeinsamen Marktes als zeitlichen Prozess widerspiegelt, erkennt dies an. Danach steht die Auslegung des Gemeinschaftsrechts nach der Rechtsprechung des Gerichtshofs unter dem Vorbehalt des Entwicklungsstands zur Zeit der Anwendung der betreffenden Vorschrift.[476] Die zeitliche Komponente kann aufgrund der Bedeutung der EG-Kartellregeln für die Ziele des Vertrags, die sich auch in der Auslegung der Zwischenstaatlichkeitsklausel niederschlagen nicht ohne Belang sein. Damit würden sich parallel zur wirtschaftlichen Integration für das Rechtssystem im Allgemeinen und für die Zwischenstaatlichkeitsklausel im Besonderen Entwicklungsmöglichkeiten bieten.[477] Eine solche an der Entwicklung der wirtschaftlichen Integration ausgerichtete Auslegung betrieb die Kommission auch zu Beginn ihrer Praxis mit den so genannten Testentscheidungen; bei denen Sie auch durch den EuGH unterstützt wurde. Diese Form der Auslegung, die dem in der Zeit ablaufenden Integrationsprozess der Auslegung des Gemeinschaftsrechts entspricht, führt zur Anpassung der Zwischenstaatlichkeitsklausel an die tatsächlichen Verhältnisse.[478] Durch den zu Beginn erhöhten Bedarf an Integration führte die Anpassung der Zwischenstaatlichkeitsklausel zu einer weiten Auslegung durch den EuGH.[479]

Aus dem dynamischen Ansatz darf aber nicht geschlossen werden, dass der Gerichtshof mit fortschreitender Integration die Bestimmungen des Gemeinschaftsrechts unter Rückgriff auf deren Ziele stets weiter auslegen und damit die Souveränität der Mitgliedstaaten zunehmend einschränken muss.[480] Die dynamische Auslegung verbietet daher nicht eine Umkehrung des bisherigen

---

[474] Braxator; S. 116ff:; Bruhin, 12; Hildebrandt, S. 40ff., 126ff.

[475] Ipsen, S. 552f.

[476] EuGH *C.I.L.F.I.T*, Slg. 1982-IV, S. 3430 Rn. 20; Anweiler, S. 239; Bogdandy/Nettesheim in Grabitz/Hilf, EUV/EGV I (Amsterdamer Vertrag), Art. 3b EGV Rn. 7.

[477] Bruhin, S. 11; van der Esch, WuW 1988, S. 564.

[478] Bruhin, 12.

[479] Wie von Günther, FS Böhm, S. 289 und Steckhan, S. 141 mit Verweis auf die mit der Interstate Commerce Clause der amerikanischen Kartellregeln gemachten Erfahrungen, prognostiziert.

[480] Anweiler, S. 245.

Verlaufs – von einer Expansion des Anwendungsbereichs des europäischen Wettbewerbsrechts zu dessen Einengung.
Ergänzend kann dieser Gedankengang auf den vom Gerichtshof entwickelten Grundsatz des *effet utile* gestützt werden.[481] Die Weite der Zwischenstaatlichkeitsklausel führt dazu, dass die hiervon erfassten Sachverhalte nicht mehr von der Kommission bearbeitet werden können und auch der dezentralen Anwendung des Gemeinschaftsrechts Grenzen gesetzt sind.[482] Damit kann die vom Gesetzgeber gewollte Wirksamkeit der Art. 81, 82 EG im Hinblick auf die Verwirklichung der Vertragsziele nicht mehr erreicht werden. Es böte sich daher die Möglichkeit, die Theorie des *effet utile* einer gemeinschaftlichen Rechtsnorm nicht auf die Ausdehnung der gemeinschaftlichen Zuständigkeit, sondern auf deren Beschränkung anzuwenden.[483]

Die Zwischenstaatlichkeitsklausel ist bedingt durch die Vertragsziele und den ursprünglichen Integrationsstand nicht nur geeignet, sondern geradezu bestimmt gewesen, extensiv ausgelegt und angewendet zu werden.[484] Einer Veränderung der tatsächlichen Verhältnisse und eine dementsprechende Anpassung der Auslegung und Anwendung der Zwischenstaatlichkeitsklausel stehen die Vertragsziele indessen nicht im Weg. Die Einführung von umsatzbezogenen Abgrenzungskriterien der FKVO bestätigen, dass die Abgrenzung des nationalen von dem des Gemeinschaftsrechts einem Wandel unterworfen werden kann. Einen auf unbestimmte Zeit festgelegten Status Quo gibt es nicht.[485]
Daher sind der Ausweitung des Anwendungsbereichs nicht nur Grenzen gesetzt, wie z. B., dass den nationalen Kartellrechten ein Anwendungsbereich verbleiben muss.[486] Auch eine Umkehrung ist möglich. Mit der Einführung des Spürbarkeitskriteriums hat die Praxis einen – wenn auch nur zögerlichen Schritt – in diese Richtung gemacht. Ob der erreichte Integrationsstand die Möglichkeit der Rückführung des Anwendungsbereichs rechtfertigt ist Gegenstand des nächsten Teils.

E. VERHÄLTNIS VON NATIONALEM UND EG-KARTELLRECHT UND FOLGEN FÜR DEN ANWENDUNGSBEREICH DES MITGLIEDSTAATLICHEN KARTELLRECHTS

Die Folgen der extensiven Auslegung der Zwischenstaatlichkeitsklausel und damit des Anwendungsbereiches des gemeinschaftlichen Kartellrechts sind weiter als sich dies aus dem EG-Vertrag selbst entnehmen ließe. Die Tragweite der Praxis der EG-Organe für den Anwendungsraum der nationalen Kartell-

481 Maasch, S. 425.
482 Siehe hierzu Kapitel 1, Zwischenbilanz Kapitel 1; Kapitel 2, Zwischenbilanz Kapitel 2.
483 Pipkorn, EuZW 1994, S. 700.
484 Anweiler, S.238f.; Steckhan, S. 141.
485 Wesseling, European Law Review 1997, S. 50.
486 Günther, FS Böhm, S. 289; v. Bogdandy in Grabitz/Hilf, EUV/EGV I (Amsterdamer Vertrag), Art. 2 Rn. 38.

ordnungen erschließt sich erst, wenn auch die sekundärrechtliche Regelungen der VO 17/62 und die Rechtsprechung des Gerichtshofs zum Vorrang des Gemeinschaftsrechts in die Betrachtung eingeschlossen wird. Derzeit[487] sind sowohl EG-Kartellrecht als auch das nationale Kartellrecht grundsätzlich nebeneinander anwendbar. Eine gemeinschaftliche Regelung des Verhältnisses existiert nicht. Eine Normierung könnte zwar aufgrund von Art. 83 Abs. 2 lit e) EG erfolgen; diese Ermächtigungsgrundlage hatte der Rat bisher nicht zur Regelung der Frage nach dem Verhältnis zwischen innerstaatlichen Recht und dem des EG-Vertrags genutzt. Mittlerweile enthält die Rats-Verordnung Nr. 1/2003 in Art. 3 eine Regelung des Verhältnisses, wobei der Rat der Regelung die bisherige Rechtsprechung des EuGH hierzu herangezogen hat und noch erweitert hat.[488]

Grundsätzlich sind beide Regelungen wegen ihres unterschiedlichen Regelungsgehalts parallel anwendbar und führen zu der Möglichkeit der Eröffnung von parallelen Verfahren.[489] Die hierbei auftretenden Kollisionsprobleme sind nach den Maßgaben des Gerichtshofs zu lösen, der mit seiner grundlegenden Entscheidung *Walt Wilhelm* die so genannte modifizierte Zweischrankentheorie festschrieb.[490] Der EuGH leitet aus den Art. 10 Abs. 2, Art. 249 EG in Verbindung mit dem Grundsatz der einheitlichen Auslegung des Gemeinschaftsrechts den Anwendungsvorrang ab. Ansonsten würden die Supranationalität der Gemeinschaft, die Integrationsfunktion des Gemeinschaftsrechts sowie die darauf beruhenden Entscheidungen ohne Substanz bleiben.[491]
Der Vorrang des Gemeinschaftsrechts gilt bei Einzelfreistellungsentscheidungen.[492] Unerheblich ist, ob diese positiv oder negativ ausfallen, da gerade sie die vom EuGH angesprochenen *„positiven, obgleich mittelbare(n) Eingriffe"* darstellen.[493] Demgegenüber ist streitig, ob GVOen die gleiche Vorrangwirkung zukommen soll wie den Einzelfreistellungsentscheidungen. Zumindest dem Kernbereich der Freistellung durch die GVO muss dies zugesprochen werden.[494] Auch die Beurteilung der Negativatteste als positive Eingriffe im

---

[487] Siehe zur Änderung dieses Zustandes Art. 3 der Rats-VO 1/2003.

[488] Der Rat stützt sich hierzu auf Art. 83 Abs. 2 lit e) EG; siehe Erwägungsgrund Nr. 8 zu der Ratsverordnung Nr. 1/2003, ABl. L 1 vom 4.1.2003, S. 2.

[489] Anders bei der FKVO, die in Art. 21 Abs. 1 das Exklusivitätsverhältnis festlegt.

[490] EuGH *Walt Wilhelm*, Slg. 1969, S. 1, 13f.; Koch in Grabitz/Hilf, EGV/EWGV II (Maastricht Vertrag), vor Art. 85 Rn. 30ff.

[491] Oppermann, EuropaR, § 6 Rn. 615ff.; Geiger, EGV, Art. 5 EGV, Rn. 20; Lässig, S. 30.

[492] Streitig ist aber der Umfang des Vorrangs – vgl. Rehbinder in I/M, EG-WbR Bd. I, Einleitung F. Rn. 17ff.

[493] Jedenfalls soweit die wettbewerbsbeschränkende Maßnahme in den Anwendungsbereich des Art. 81 EG fällt. – Gleiss/Hirsch/Burkert, Einleitung C, Rn. 64ff.; Bunte in Langen/Bunte, KartR, Einführung zum EG-Kartellrecht, Rn. 78f.

[494] sog. *„Kernbereichslehre"* - Möschel, Recht der Wettbewerbsbeschränkungen, Rn. 138; Rehbinder, FS Mestmäcker, S. 715f.; Rehbinder in I/M, EG-WbR Bd. I, Einleitung F. Rn.

Sinne der EuGH-Rechtsprechung ist umstritten.[495] Sie mögen zwar eine Entscheidung im Sinne von Art. 249 Abs. 4 EG darstellen, es wird aber bestritten, dass sich hieraus eine Drittbindungswirkung ableiten lässt. Die Negativatteste regeln vornehmlich die Frage der Anwendbarkeit des europäischen Kartellrechts. Insoweit können sind sie für die Frage der parallelen Anwendbarkeit von nationalem und europäischem Recht nicht von Bedeutung sein.[496] Etwas anderes soll aber dann gelten, wenn die angemeldete Maßnahme den zwischenstaatlichen Handel beeinträchtigt, sie aber der Verwirklichung der Vertragsziele dient. Wäre in diesem Fall das parallele Einleiten eines nationalen Verfahrens zulässig, so könnte trotz positiver Stellungnahme der Kommission die gemeinschaftsweite Wirkung unterlaufen werden. Gerade diese Konstellation liegt vielen Negativattesten zugrunde.[497]
Klar ist das Verhältnis wiederum bei den *comfort letters* der Kommission und den von ihr erlassenen Bekanntmachungen und Leitlinien. Diese stellen nach der Rechtsprechung des EuGH keine positiven Eingriffe dar und können daher die nationalen Behörden und Gerichte nicht binden. Demnach sind Verfahren nach nationalem Recht möglich. Von dieser Möglichkeit machen die nationalen Behörden aber faktisch keinen Gebrauch, wenn ein *comfort letter* erteilt worden ist. Das betroffene Unternehmen würde in einem solchen Fall sofort eine formelle Entscheidung bei der Kommission beantragen und sie auch erhalten, wenn sich die Verhältnisse nicht grundlegend verändert haben.[498]

Das Verhältnis von nationalem und EG-Kartellrecht wirkt sich demnach nicht entlastend aus oder steigert die Effektivität der Wettbewerbs-Überwachung. Die Möglichkeit der parallelen Verfahrenseinleitung schließt von vornherein Effektivitätsgesichtspunkte aus, da sich nationale und EG-Ressourcen auf den gleichen Sachverhalt konzentrieren[499] und letztlich die Kommission zuständig ist. Dies führt dazu, dass nationale Behörden gar keine Prüfung durchführen, wenn eine Anmeldung bei der Kommission erfolgt ist. Dort wird die Anmeldung meist zu einem *comfort letter* führen oder gar nicht behandelt werden.[500] Es

---

24ff.; weitergehend für einen Vorrang in vollem Umfang unabhängig vom Inhalt der GVO: Mestmäcker, Europäisches Wettbewerbsrecht, S. 143f.

[495] Emmerich, KartellR, S. 404; Sauter in Langen/Bunte, KartR, Art. 9 VO Nr. 17/62, Rn. 8; differenzierend Gleiss/Hirsch/Burkert, Einleitung C, Rn. 74.

[496] Überwiegende Auffassung vgl. nur Gleiss/Hirsch/Burkert, Einleitung C, Rn. 73; Lässig, S. 31; a. A.: Emmerich, Kartellrecht, S. 404.

[497] Lässig, S. 32f.

[498] Problem der „verzögernden Anmeldung" – siehe das Ersuchen um Vorabentscheidung, vorgelegt aufgrund des Beschlusses des Kammergerichts, Berlin, vom 23. Dezember 1996 in der Kartellverwaltungssache 1. RWE Energie Aktiengesellschaft, 2. Stadt Nordhorn gegen Bundeskartellamt, ABl. 1997 Nr. C 094, S. 7f.; Zinsmeister, WuW 1997, S. 9ff.; Wolf, EuZW 1994, S. 234; Groger/Janicki, WuW 1992, S. 996.

[499] Lässig, S. 32.

[500] Vaubel in Ordnungspolitische Aspekte, S. 174f.

entsteht ein Teufelskreis, bei dem schließlich die effektive Überwachung des Wettbewerbs das Nachsehen hat.[501]

Wie sich die Regelung des Art. 3 der Rats-VO 1/2003 auf das Verhältnis auswirken ist noch nicht geklärt, es sieht aber so aus als ob hiermit die Regelung des Art. 81 Abs. 1 EG zum Maximalstandard definiert wird. Künftig können Vereinbarungen, die die Zwischenstaatlichkeitsklausel aber nicht die übrigen Tatbestandsvoraussetzungen erfüllen, nicht mehr nach strengeren nationalen Kartellrecht geahndet werden.[502]

ZWISCHENBILANZ 1. TEIL

Die fehlende gesetzliche Regelung zur Abgrenzung des Anwendungsbereichs des nationalen von dem des Gemeinschaftskartellrechts machte die Auslegung der Zwischenstaatlichkeitsklausel durch den Gerichtshof notwendig. Daher war die Entscheidung *Völk ./. Vervaecke* prägend für die spätere Entwicklung des Gemeinschaftskartellrechts.[503] Die Möglichkeiten einer extensiven Auslegung des Begriffs der Handelsbeeinträchtigung und des damit verbundenen Anwendungsbereichs wurden schon hier deutlich.[504] Zunächst geleitet von den Motiven der Integration haben die gemeinschaftlichen Organe relativ geringe Anforderungen an die Zwischenstaatlichkeitsklausel gestellt. Später kamen weitere Vertragsziele hinzu, wie etwa das System des unverfälschten Wettbewerbs des Art. 3 lit g) EG. Die Folge war die Ausweitung des Anwendungsbereichs der Art. 81 EG,[505] so dass kaum Sachverhalte zu finden sein werden, die keinen Bezug zu den Vertragszielen aufweisen.[506]
Die Einbeziehung dieser Vertragsziele betraf aber nicht nur die Zwischenstaatlichkeitsklausel der Art. 81, 82 EG. Auch die übrigen Tatbestandsmerkmale sahen sich einer entsprechenden ausdehnenden Auslegung ausgesetzt[507] und das europäische Kartellrecht erfuhr damit insgesamt eine zunehmend ausgedehntere Anwendung.[508] Sie wurde weitestgehend über die extensive Ausle-

---

[501] Anders in der FKVO wo nach Art. 21 ein Exklusivitätsverhältnis besteht und wo aufgrund der Umsatzschwellen nach Art. 1 genau ermittelbar ist, wer für die Bewertung des angemeldeten Zusammenschlusses zuständig ist.
[502] Kritisch mit Blick auf den Subsidiaritätsgrundsatz Klocker, WuW 2002, S. 1151.
[503] EuGH *Völk ./. Vervaecke*, Slg. 1969, S. 295ff.
[504] Wesseling, European Law Review 1997, S. 41 m.w.N.
[505] Wesseling, European Law Review 1997, S. 42.
[506] Jestaedt/Tostmann, WuW 1991, S. 275 bescheinigen dem Gerichtshof „erheblichen Erfindungsreichtum" bezüglich der extensiven Auslegung der Zwischenstaatlichkeitsklausel; Wesseling, European Law Review 1997, S. 41 m.w.N.
[507] So sieht Rittner, EuZW 2000, S. 129 die Einbeziehung der vertikalen Vereinbarungen in das Kartellverbot als weitere Ursache neben der extensiven Auslegung der Zwischenstaatlichkeitsklausel für die Überlastung der Kommission und Wesseling, European Law Review 1997, S. 42.
[508] Reich, FS Steindorff, S. 1067f.; Everling; WuW 1990, S. 1004f. Bruhin, S. 22; Klaue, FS Lukes, S. 407ff. am Beispiel des Strommarktes.

gung der Zwischenstaatlichkeitsklausel realisiert.[509] Dabei ist die Hauptursache für den weiten Anwendungsbereich der EG Wettbewerbsregeln das Merkmal "geeignet" beziehungsweise „kann" der Zwischenstaatlichkeitsklausel der Art. 81, 82 EG. Daraus folgt, dass der Handel zwischen den Mitgliedstaaten nicht tatsächlich beeinträchtigt sein muss.[510]
Es verwundert nicht, dass bei einer solchen Entwicklung der Zwischenstaatlichkeitsklausel eine verschwindend geringe Bedeutung zugesprochen wird.[511] Tatsächlich dürfte es wegen der extensiven Auslegung der Zwischenstaatlichkeitsklausel keinen hinsichtlich der Schutzzwecke abgegrenzten Anwendungsbereich des gemeinschaftlichen vom nationalen Kartellrecht mehr geben.[512]
Die extensive Auslegung und Anwendung der Zwischenstaatlichkeitsklausel führt dazu, dass fast alle Verfahren der Kommission zufallen. Entscheidungen auf der Grundlage allein nationalen Rechts sind daher spärlich gesät. Diese Konstellation in Verbindung mit der Doktrin vom absoluten Vorrang des Gemeinschaftsrechts führt schließlich dazu, dass die von der Kommission aufgegriffenen Fälle dem nationalen Kartellrecht entzogen werden.[513] Der damit einhergehende Bedeutungsverlust der nationalen Behörden wurde dann 1990 mit der Einführung der Fusionskontrolle noch verstärkt. Die mit Art. 9 Abs. 2 und 3 FKVO eingeführte Möglichkeit der Verweisung vermag diesen Kompetenzverlust auch bei Fällen mit nationalem Schwerpunkt nicht auszugleichen, da die Kommission sich mit der Verweisung von Fällen an nationale Behörden zurückhält.[514]
Dabei gibt das Gemeinschaftsrecht die extensive Auslegung und Anwendung nicht vor, sondern beschränkt sich darauf, diese Option offen zu halten, um die Erreichung der Vertragsziele zu ermöglichen. Dies führt zu einer Dynamik, die der EuGH in seinem Konzept der dynamischen Auslegung umgesetzt und der extensiven Auslegung und Anwendung des Gemeinschaftsrechts den Boden bereitet hat. Die weite Auslegung und Anwendung ist aber wegen des dynamischen Ansatzes auch umkehrbar.[515]
Die Fehlerquelle für die im ersten Kapitel genannten Defizite, die die Kommission zu der Reform der Durchführungsvorschriften zu Art. 81, 82 EG bewogen haben, rühren daher nicht allein aus einem zunehmend sich faktisch vollendeten Binnenmarkt, sondern aus dem extensiven Anwendungsbereich des Gemeinschaftskartellrechts.[516]

---

[509] Bruhin, S. 22.
[510] GTE-Schröter, Band 2/I, Art. 85 I Rn. 169.
[511] Klaue, FS Steindorff, S. 980 m.w.N.; GTE-Schröter, Band 2/I, Art. 85 Einführung Rn. 29.
[512] Klaue, FS Steindorff, S. 980.
[513] Jung, S. 29; Wesseling, European Law Review 1997, S. 43.
[514] Janicki, Schwerpunkte des Kartellrechts 1992/1993, S. 67; Jung, S. 29f.
[515] Siehe Kapitel 3, 1. Teil D.
[516] Rittner, DB 1999, S. 1485; Lässig, S. 99.

Aus dem Dargestellten wird deutlich, dass es nicht an Alternativen zur Vereinheitlichung des Wettbewerbsrechts in Europa fehlt. Lediglich die Praxis hat sich nur auf eine Variante – die extensive Auslegung des Anwendungsbereichs – beschränkt.[517]

2. TEIL: NEUESTE ENTWICKLUNGEN UND KONZEPTE BETREFFEND DAS VERHÄLTNIS VON GEMEINSCHAFTSRECHT UND NATIONALEM RECHT

Die bisherige Untersuchung zeigt, dass die Basis für die Überlastung der Kommission nicht einfach in der Vielzahl der Fälle zu sehen ist, die sie gezwungenermaßen zu bewältigen hat. Mit der extensiven Auslegung des Merkmals der Handelsbeeinträchtigung hat die Kommission und der EuGH selbst einen wesentlichen Beitrag zur Überfrachtung geleistet. Man kann daher zu Recht eine absurde Diskrepanz zwischen der theoretischen Zuständigkeit der Kommission und ihren Kapazitäten zur Fallbearbeitung durch die extensive Auslegung der Zwischenstaatlichkeitsklausel bescheinigen.[518] Um der Situation Herr zu werden, konzentrieren sich die Bemühungen der Kommission auf die dezentralisierte Durchsetzung der Wettbewerbsregeln im Wege der Zusammenarbeit mit den nationalen Behörden und Gerichten. Diese Bemühungen werden grundsätzlich begrüßt,[519] obwohl einzelne Punkte noch umstritten sind.[520] Auch wenn mit der Durchsetzung der beabsichtigten Reform das Gemeinschaftsrecht von den nationalen Behörden und Gerichten verstärkt angewendet werden dürfte, so bleiben dennoch Zweifel, ob die Lücke in der Durchsetzung der Wettbewerbsregeln tatsächlich geschlossen werden kann. Die von der Kommission angestrengte Dezentralisierungsdebatte lässt die Möglichkeit der Anpassung des Anwendungsbereichs des Gemeinschaftskartellrechts an die Entwicklung der Europäischen Gemeinschaft jedenfalls aus.[521]

Dabei könnten sich im Hinblick auf den Entwicklungsstand der Gemeinschaft, insbesondere des erreichten Integrationsstands der Märkte, das Subsidiaritätsprinzip und das Konzept des Wettbewerbs der Systeme, Anhaltspunkte für das Überdenken der extensiven Auslegung des Merkmals der Handelsbeeinträchtigung ergeben. Zu unterscheiden ist jedoch bei den hierzu vorgebrachten Argumenten, dass man zwischen der rechtspolitischen Wünschbarkeit und

---

[517] Bruhin, S. 19.

[518] Forrester and Norall, Competition Law (1990) 10, Y.E.L. 407, 409 zitiert nach Wesseling, European Law Review 1997, S. 35; in diese Richtung auch Rehbinder, FS Mestmäcker, S. 720.

[519] Wesseling, European Law Review 1997, S. 36.

[520] Siehe dazu Kapitel 2., 5. Teil B., C. und Zwischenbilanz Kapitel 2.

[521] Rittner, DB 1999, S. 1485; Wesseling, European Law Review 1997, S. 37.

der rechtlichen Verbindlichkeit dieser Anknüpfungspunkte unterscheiden muss.[522]

A. Entwicklung der Gemeinschaft

Ausgangspunkt ist, dass die in den Römischen Verträgen von 1958 niedergelegten Ziele der Gemeinschaft von den heutigen Zielen der Gemeinschaft verschieden sind. Das Gemeinschaftskartellrecht muss auch im Lichte dieser Entwicklung betrachtet werden.[523]
Insofern ist die allgemeine Entwicklung der Gemeinschaft von besonderem Interesse und kurz nachzuzeichnen.

I. Allgemeine Entwicklung des Gemeinschaftsrechts

Hauptziel war und bleibt die Integration Europas durch die Errichtung eines Gemeinsamen Marktes. Wegen ihres wesentlichen Einflusses auf die Entwicklung der Zwischenstaatlichkeitsklausel ist bei der Betrachtung der allgemeinen Entwicklung des Gemeinschaftsrechts hierauf das Augenmerk zu legen.[524]
Den Gemeinschaften beziehungsweise der mit dem Maastricht-Vetrag geschaffenen EU[525] fehlte und fehlt bislang die Staatsqualität. Andererseits geht sie über die bloße intergouvernementale Zusammenarbeit hinaus, da an sie von den Mitgliedstaaten erhebliche Kompetenzen abgetreten wurden.[526]
Grundlage für diese eigene und ohne geschichtliche Parallelen verwirklichte Integration[527] war der auf so umfassender Ebene verfolgte Wunsch der Friedenssicherung in Europa gewesen. Hinzu kamen die Realisierung des Binnenmarktes, des freien Wettbewerbs und die Etablierung Europas als gleichwertige Macht neben den USA und der damaligen UDSSR.[528] Bestes Beispiel ist die Gründung der Kohle- und Stahlunion, bei der technische Motive vorgeschoben wurden, um das politische Ziel der Friedenssicherung zu verwirklichen.[529]
Damit entzieht sich die europäische Integration einer Beurteilung nach den klassischen Integrationstheorien,[530] da sie entweder auf der Ebene einer rein

---

[522] Zutreffend Roth/Ackermann, Frankfurter Kommentar V, EG-Vertrag Art. 81 Abs. 1 Grundfragen Tz. 305.
[523] Wesseling, European Law Review 1997, S. 38.
[524] Zäch, S. 58 und oben zu den Vertragszielen Kapitel 3, 1. Teil B. III.
[525] Die als „Dach" fungiert – Ress, EuR II/1995, S. 34; Beutler in Beutler/Bieber/Pipkorn/Streil, S. 58 Rn. 32.
[526] Siehe zur Rechtsnatur der EU Dörr, EuR 1995, S. 334ff.; Beutler in Beutler/Bieber/Pipkorn/Streil, S. 59 Rn. 35f..
[527] A. Müller, S. 165.
[528] Bleckmann/Pieper in Bleckmann, EuropaR, Rn. 26ff.; A. Müller, S. 164f.
[529] A. Müller, S. 166f.
[530] Wechsler, S. 13; Hauser/Müller, Außenwirtschaft 50 (1995), S. 22f.

technischen[531] oder wirtschaftlichen Kooperation[532] verbleiben und sich damit nicht ausreichend mit dem Übergang von der intergouvernementalen zur supranationalen Ebene befassen[533] oder gleich von einem supranationalen Staat ausgehen.[534]

Bis heute steht der Erhalt des Friedens im Vordergrund, zumal kriegerische Auseinandersetzungen immer noch in Europa stattfinden.[535] Um die Friedenssicherung dauerhaft zu gewährleisten, soll langfristig eine politische Union herbeigeführt werden. Bestrebungen in diese Richtung waren aber von Anfang an starken Widerständen der teilnehmenden Staaten aus Angst vor Souveränitätsverlust ausgesetzt. Erst die Einigung auf eine zunächst wirtschaftliche Integration konnte die Staaten überhaupt zu der Unterzeichnung der Römischen Verträge bewegen.[536] Begleitet wurde die wirtschaftliche Integration von einem Mindestmaß an politischer Institutionalisierung. Die fortschreitende wirtschaftliche Integration sollte eine Wirtschaftsgemeinschaft herbeiführen, die in einer allgemeinen politischen Föderation münden sollte.[537]

Nach Jahren des Stillstandes wurde eine eindeutige Entscheidung zugunsten der europäischen Einigung erst 1969 in der Haager Gipfelkonferenz der Regierungschefs der EG-Staaten getroffen, bei der als Fernziel eine „Europäische Union" in den 80er Jahren festgelegt wurde. Andere in den siebziger Jahren zu verwirklichende Ziele waren die Schaffung einer Finanzverfassung, um der EG eine gewisse finanzielle Unabhängigkeit zu sichern, die Errichtung einer Wirtschafts- und Währungsunion und einer politischen Zusammenarbeit. Die damit initiierte weitere wirtschaftliche und politische Integration führte zur Einrichtung des Europäischen Rats und der Einführung der Direktwahl zum Parlament und trug damit zur Demokratisierung der Gemeinschaft bei. Der nächste Integrationsschub kam durch die Umsetzung des in der einheitlichen Europäischen Akte 1986 niedergelegten Binnenmarktprogramms. Mit diesem Programm wurden neben der Zuweisung neuer Tätigkeitsfelder an die Gemeinschaft auch institutionelle Fragen behandelt, die durch die geringe demokratische Ausgestaltung und der bevorstehenden Erweiterung der Gemeinschaft dringender denn je beantwortet werden mussten. Damit sollten die Beziehungen der Mitgliedstaaten in eine Europäische Union umgewandelt wer-

[531] Gemeint ist nach der funktionalistischen Integrationstheorie, dass pflichtbewusste und nur auf das Gemeinwohl orientierte Technokraten unabhängiger Institutionen die Geschicke der Gemeinschaft lenken – Wechsler, S. 25ff.
[532] So die hergebrachten wirtschaftlichen Integrationstheorien – A. Müller, S. 162.
[533] Hauser/Müller, Außenwirtschaft 50 (1995), S. 23; A. Müller, S. 162;
[534] So beim Konföderalismus oder Föderalismus, der von der Souveränität des supranationalen Staates ausgeht – A. Müller, S. 163 m.w.N.
[535] Wiegel, F.A.Z. v. 5.11.2001, S. 12; Bleckmann/Pieper in Bleckmann, EuropaR, Rn. 28.
[536] Zur ideengeschichtlichen Entwicklung Europas und dem Zustandekommen der Römischen Verträge siehe Oppermann, EuropaR, § 1 Rn. 1ff.
[537] Oppermann, EuropaR, § 1 Rn. 24.

den. Der hierfür in Gang gesetzte europäische Rechtsetzungsprozess mit anschließender Umsetzung in nationales Recht war am 1. Januar 1993 auf europäischer Ebene zum größten Teil verwirklicht.[538] Ein weiterer wichtiger Schritt: die Währungsunion,[539] die sowohl die Ausweitung der Funktionsgrundlagen des Gemeinsamen Marktes und die hieraus folgende Vertiefung der Politischen Union verdeutlicht.[540]

Die bisher wichtigste Vertragsergänzung und –Erweiterung seit den Römischen Verträgen stellt der am 1. Januar 1993 in Kraft getretene Vertrag über die Europäische Union dar, der in Maastricht am 11. Dezember 1991 verabschiedet worden war. Auch dessen Ausrichtung diente primär der Wirtschaftsunion, die durch die Zeitvorgaben der Art. 98ff. EG für die Währungsunion bedeutend vorangeschritten war. Die politische Union hingegen konnte keine so wesentlichen Erfolge ausweisen.[541] Da nach Ansicht einiger Mitgliedstaaten eine Wirtschaftsunion ohne eine Vertiefung der politischen Union auf Dauer nicht lebensfähig wäre, kam es zu einer weiteren Regierungskonferenz, die in dem Vertrag von Amsterdam, am 1.5.1999 in Kraft getreten, mündete. Auch dieser Vertrag hat die politische Union weiterentwickelt.[542]

Diese Integration der Mitgliedstaaten zur Verwirklichung des Gemeinsamen Marktes hat eine qualitativ und quantitativ intensivere Regelungsdichte erfordert, als dies ursprünglich vorgesehen war. Der schrittweise Aufbau des Gemeinsamen Marktes führte dazu, dass die Gemeinschaft immer mehr Politiken an sich zog. In rechtlicher Hinsicht wurde die „Transformation Europas" von einer Konstitutionalisierung des EWG-Vertrages begleitet.[543]

Der Schwerpunkt des EG-Vertrags hat sich, von dem was mit dem Begriff der „negativen" Integration verbunden war, verschoben: weg von dem Niederreißen der Handelshemmnisse zwischen Mitgliedstaaten hin zur Errichtung des Gemeinsamen Marktes sowie zur Regelung dessen Funktionsfähigkeit. Diese Entwicklung lässt sich an zwei Vorgängen nachvollziehen – der theoretischen Verwirklichung des Binnenmarktes und der Ratifizierung des Maastricht-Vertrages. Ersteres verdeutlicht, dass die Durchdringung der Märkte auch in tatsächlicher Hinsicht ein ausreichendes Maß erreicht hat. Mit dem Maastricht-Vertrag wurde ein neues Konstrukt geschaffen, in dem die Europäische Gemeinschaft nun weiter arbeiten sollte. Der EG-Vertrag verdeutlicht in diesem Zusammenhang die Entwicklung von der Errichtung eines Marktes zu dessen Verwaltung. Hierfür wurden der Gemeinschaft neue und weitreichende Kom-

---

538 Siehe hierzu Oppermann, EuropaR, § 1 Rn. Rn. 26 - 42 m.w.N.
539 Als „epochaler Schritt der Integration" – Hofman, EuR 1999, S. 713.
540 Beutler in Beutler/Bieber/Pipkorn/Streil, S. 77 Rn. 78.
541 Badura, EuR Beiheft I/2000, S., 54f; Oppermann, EuropaR, § 1 Rn. 44ff.
542 Everling, EuR II/1998, S. 185f.; Oppermann, EuropaR, § 1 Rn. 47, 50.
543 Wesseling, European Law Review 1997, S. 43 m.w.N.

petenzen übertragen, wie die Bildungs-, Umwelt- und Industriepolitik. Auch die neu eingeführten Bürgerrechte und die Vorschriften zur Währungsunion bezeugen dies.[544] Um den mit der Ausweitung der Kompetenzen der Gemeinschaft, durch Übertragung neuer oder Ausweitung bestehender Kompetenzen, einhergehenden Machtverlust der Mitgliedstaaten zu beschränken wurde das Subsidiaritätsprinzip eingeführt. Positiv formuliert sollte das Subsidiaritätsprinzip Regelungen auf EG-Ebene auf ein Maß beschränken, das die Vorzüge einer supranationalen Regelung hervortreten lässt. Damit erinnert das Subsidiaritätsprinzip gleichzeitig an das Prinzip der Einzelermächtigung der Gemeinschaft.[545]

Die Erweiterung der EG ist aber nicht nur auf ihre Kompetenzen beschränkt. Auch in territorialer Hinsicht hat sich die EG gegenüber ihren sechs Gründungsmitgliedern stark erweitert. Diese Erweiterung der Mitgliederzahl kann nicht ohne Auswirkungen auf die Struktur der EU bleiben. Die beständige territoriale Erweiterung deutet vielmehr an, dass die legislativen Kompetenzen der Kommission in den Gemeinschaftspolitiken, wie Landwirtschaft, Freizügigkeit und Wettbewerb, beschränkt werden muss. Die veränderten Rahmenbedingungen müssen daher Auswirkungen auf die Struktur der Gemeinschaft und die Verwaltung der Funktionsfähigkeit des Gemeinsamen Marktes haben.[546]

II. ENTWICKLUNG DES GEMEINSCHAFTSKARTELLRECHTS

Eine parallele Entwicklung des Kartellrechts der Gemeinschaft zu der Entwicklung, der sich territorial und regelungstechnisch erweiternden EG, kann ebenfalls nachvollzogen werden.

Als am 1. Januar 1958 die Römischen Verträge in Kraft traten und damit die EWG das Licht der Welt erblickte, bestand das europäische Kartellrecht nur aus den materiellen Bestimmungen der Art. 85f. EWG. Sekundäres Gemeinschaftsrecht war noch nicht geschaffen und die Mitgliedstaaten waren bis zum Inkrafttreten der VO 17 vom 6. Februar 1962 für den Vollzug des Gemeinschaftsrechts zuständig. Da die Mitgliedstaaten nur geringfügig von dieser Möglichkeit Gebrauch machten, hatte diese Übergangszeit gemäß Art. 84 EG keine nennenswerte wettbewerbspolitische Bedeutung.[547]
Die Förderung des Binnenmarktes bestimmte damit nicht nur die Ziele, sondern auch den Anwendungsbereich des Gemeinschaftskartellrechts. Die Gründungsväter hatten die Übertragung von Kompetenzen der Mitgliedstaaten an die Gemeinschaften jenseits des für die Verwirklichung des Binnenmarktes Notwendigen nicht vorgesehen. Daher war der ursprüngliche Anwendungsbe-

[544] Art. 3 lit k), lit l), lit m), lit n), lit p, Art. 4, Art. 17 EG - Wesseling, European Law Review 1997, S. 43.
[545] Wesseling, European Law Review 1997, S. 44.
[546] Wesseling, European Law Review 1997, S. 44.
[547] Groger/Janicki, WuW 1992, S. 991.

reich der EWG-Wettbewerbsregeln ebenfalls auf das für die Integration Notwendige beschränkt. Darüber hinaus blieb es den Mitgliedstaaten unbenommen, eigene Wettbewerbspolitik zu betreiben.[548]
Auch die Regelungen zum gemeinschaftlichen Kartellverfahrensrecht in den jetzigen Art. 83 bis 85 EG entsprachen der Vorstellung der Integration der Märkte als primäre Zielsetzung der EG. So blieb immer noch Raum für nationale Regelungen, soweit sie die Effektivität und einheitliche Anwendung des Gemeinschaftsrechts nicht beeinträchtigten. Art. 83 Abs. 2 lit e) EG ermächtigt den Rat zum Erlass einer Verordnung, die das Verhältnis von nationalem Recht und Gemeinschaftsrecht regelt. Dies zeigt, dass die Urheber der Verträge dem nationalen Wettbewerbsrecht auch in Zukunft einen Platz zugestanden haben.[549] Auch die auf der Grundlage dieses Artikels erlassene VO 17/62 zur Durchsetzung des gemeinschaftlichen Kartellrechts sah keine Regulierung des Verhältnisses von nationalem und Gemeinschaftskartellrecht vor.[550]
Das aus dem Fehlen dieser Regelung erwachsende Bedürfnis der Abgrenzung der Anwendungsbereiche übernahm der EuGH. Seine Auslegung der Zwischenstaatlichkeitsklausel erweiterte den Anwendungsbereich des EG-Kartellrechts beständig und trug vor allem dem Integrationsziel Rechnung.[551]
Darüber hinaus wandelte sich die Kommissionspolitik im Bereich der Wettbewerbsregeln von einer Beseitigung der Handelshemmnisse zu einer positiv gestaltenden Wettbewerbspolitik. Neben dem Ziel, den Binnenmarkt mittels der Wettbewerbsregeln zu verwirklichen, trat die Absicht, auch den Wettbewerb innerhalb dieses Marktes zu regulieren.[552] Damit wendete sich die Kommission dem zweiten Ziel des Gemeinschaftskartellrechts zu, wie es der EuGH in seiner Entscheidung „*Walt Wilhelm*“ formuliert hatte:

> *„Auf diese Weise will der Vertrag in erster Linie Hindernisse für den freien Warenverkehr auf dem Gemeinsamen Markt beseitigen und die Einheit dieses Marktes bekräftigen und gewährleisten; daneben gestattet er jedoch den Gemeinschaftsbehörden auch gewisse positive, obgleich mittelbare Eingriffe zur Förderung einer harmonischen Entwicklung des Wirtschaftslebens innerhalb der Gemeinschaft im Sinne von Art. 2 EWGV.“*[553]

Mit der Veränderung des Schwerpunkts des Kartellrechts änderte sich auch die Begründungserwägungen der Entscheidungen. Wurde zunächst noch auf Gebietsklauseln abgestellt, so wendete sich die Kommission einer Auseinan-

---

548 Wesseling, European Law Review 1997, S. 39 m.w.N.
549 Wesseling, European Law Review 1997, S. 39f.
550 EuGH *Walt Wilhelm*, Slg. 1969, S. 13 Rn. 3.
551 Siehe Kapitel 2, 1. Teil B. I., III., Zwischenbilanz 1. Teil.
552 Wesseling, European Law Review 1997, S. 45.
553 EuGH *Walt Wilhelm*, Slg. 1969, S. 13 ff. Rn. 5.

dersetzung zu, die mehr Raum für ökonomische Erwägungen bot. Wettbewerbsbeschränkungen oder –verzerrungen waren nicht mehr ausreichend, um den zwischenstaatlichen Handel zu beeinträchtigen. Vereinbarungen, die die Struktur des Marktes veränderten, wurden nun ebenfalls als Verstoß gegen das europäische Wettbewerbsrecht beurteilt.[554]
Obgleich viel jünger als die Art. 81, 82 EG weist die VO 4064/89 eine ähnliche Entwicklung auf. Sie geht auf das Bedürfnis der Kommission zurück, in den Wettbewerbsprozess *ex ante* gestaltend einzugreifen. Ein weiterer Nachweis für die Richtung, in die die Evolution des europäischen Wettbewerbsrechts geht. Zwar hatten die Urheber der Römischen Verträge das Bedürfnis für eine solche Regelung nicht gesehen - die Verwirklichung des Binnenmarktes machte sie aber notwendig, so dass die entsprechende Auslegung der Art. 81, 82 EG keine dauerhafte Lösung sein konnte. Ein besonderer Faktor für die Verdeutlichung der Veränderung des Interesses der Gemeinschaft am Wirtschaftsleben in Europa ist, dass die Beurteilung der Zusammenschlüsse hinsichtlich ihrer Vereinbarkeit mit dem Gemeinsamen Markt allein anhand wettbewerblicher Argumente vollzogen wird.[555] Der Anwendungsbereich der FKVO entspricht ebenfalls der zwischen den Römischen Verträgen und dem Vertrag von Maastricht stattgefundenen Wandlung der Gemeinschaft. Nur diejenigen Zusammenschlüsse von gemeinschaftsweiter Bedeutung werden von der FKVO erfasst und unterliegen so dem Gemeinschaftsrecht. Damit wurde das Prinzip der begrenzten Einzelermächtigung der Gemeinschaft noch vor der Einführung des Subsidiaritätsprinzips durch die FKVO hervorgehoben.[556]
Eine vergleichbare Entwicklung fehlt jedoch bei den Art. 81, 82 EG. Die Verschiebung des Schwerpunkts bei den zu verfolgenden Zielen hat für die Bestimmung der Abgrenzung des Gemeinschaftsrechts von dem des nationalen Rechts nur zu Lasten der Anwendung nationalem Kartellrechts geführt.[557]

Die Verabschiedung der einheitlichen Europäischen Akte stellt einen Wendepunkt im Wachstum des Gemeinschaftssystems dar. Sie verdeutlicht den Willen zur Verwirklichung der europäischen Idee.[558] Die EEA hat zwar eine Anzahl von Vorschriften des damaligen EWG-Vertrages geändert, neue Politikbereiche geschaffen und neue Verfahren zur Durchsetzung des Binnenmarktzieles vorgesehen, die Wettbewerbsregeln hat die EEA indessen nicht unmittelbar berührt.[559] Ob und welche Auswirkungen die EEA mittelbar auf die Auslegung und Anwendung der Art. 81, 82 EG hat, ist umstritten.[560] Sicher ist, dass

[554] Wesseling, European Law Review 1997, S. 45 m.w.N.
[555] Wesseling, European Law Review 1997, S. 45.
[556] Wesseling, European Law Review 1997, S. 46.
[557] Wesseling, European Law Review 1997, S. 46.
[558] Palacio González, European Law Review 1995, S. 356.
[559] Reich, FS Steindorff, S. 1065f.
[560] für solche Auswirkungen Reich, FS Steindorff, S. 1066; a. A.: Bunte, WuW 1989, S. 11, 13f.

die Festlegung des Binnenmarktziels die Entwicklung der Praxis hin zu einer weiten Auslegung und Anwendung sowie deren Konsequenzen letztlich nur verdeutlicht.[561]

Besonders bedeutsam ist in diesem Zusammenhang der Abschluss des Maastricht-Vertrages und die zumindest theoretische Verwirklichung des Binnenmarktes, dem eine weitgehend faktische Durchdringung der Märkte entspricht.[562]

Seitdem war das Wettbewerbsrecht nicht mehr Gegenstand wesentlicher Diskussionen bei den Verhandlungen zu Vertragsänderungen. Auch der Vertrag von Amsterdam hat keinen direkten Bezug zu den Wettbewerbsregeln. Der Amsterdamer Vertrag schließt sich der Entwicklung der Gründungsverträge durch die EEA von 1986 und dem Vertrag von Maastricht von 1992 an.[563] In Art. 2 EG wurde die Förderung eines hohen Grades an Wettbewerbsfähigkeit aufgenommen. Die Bedeutung der marktwirtschaftlichen Prinzipien als wesentliche Voraussetzung für die Erreichung der Ziele der Union wird damit nochmals betont.[564]

Die Einbeziehung der Entwicklung des Binnenmarktprogramms in die Auslegung der Zwischenstaatlichkeitsklausel als erweiterndes Element stellt sich daher nicht nur als Erweiterung des Anwendungsbereichs dar, sondern verdeutlicht auch den Integrationsgrad und zeigt den Wandel in der Praxis. Hauptziel war nicht mehr die Errichtung des Gemeinsamen Marktes, sondern die Sicherung des bestehenden Wettbewerbs in der Gemeinschaft. Die erweiterte Auslegung der Zwischenstaatlichkeitsklausel zollte dieser Entwicklung Tribut. Damit wuchs gleichzeitig der Tätigkeitsbereich der Gemeinschaftsorgane, da sie nunmehr auch die Verwaltung des Gemeinsamen Marktes umfasste.[565] Die Parallele zur allgemeinen Entwicklung der Gemeinschaft wird deutlich - sie entspricht ihr aber nicht vollständig. Während der Gemeinschaft mit dem Vertrag von Maastricht neue Kompetenzen übertragen wurden, sollte gleichzeitig das Prinzip der limitierten Einzelermächtigung wieder gestärkt werden. Im Gegensatz dazu fand seitens der Praxis und Politik im Kartellbereich kein Überdenken des materiell-rechtlichen Verhältnisses von nationaler und gemeinschaftlicher Zuständigkeit statt.[566]

---

[561] Reich, FS Steindorff, S. 1068ff.; Bruhin, 19.
[562] Kommission, Arbeitsprogramm 2001 zitiert nach Friedrich, F.A.Z. v. 8.02.2002, S. 21; Wesseling, European Law Review 1997, S. 37.
[563] Nanz/Silberberg, S. 317.
[564] Nanz/Silberberg, S. 340.
[565] Wesseling, European Law Review 1997, S. 46.
[566] Wesseling, European Law Review 1997, S. 46f.

III. KONSEQUENZEN DER ENTWICKLUNG FÜR DIE ZWISCHENSTAATLICHKEITSKLAUSEL

Es stellt sich die Frage, ob aus dem erreichten Integrationsstand spätestens jetzt Konsequenzen zu ziehen sind.

1. UNERHEBLICHKEIT DER ZWISCHENSTAATLICHKEITSKLAUSEL AUFGRUND DER ENTWICKLUNG DER GEMEINSCHAFT

Zum einen wird die Bedeutungslosigkeit der Zwischenstaatlichkeitsklausel als „logische Folge" der fortschreitenden Integration bezeichnet und auch befürwortet.[567]

Gerade die Einführung des Binnenmarktprogramms hat den Integrationsprozess erneut intensiviert, womit eine beschleunigte Verschmelzung der nationalen Märkte zu einem Binnenmarkt verbunden war. Daraus wurde der Schluss gezogen, dass das Aufgreifkriterium der grenzüberschreitenden Tatbestände für die Anwendung des Gemeinschaftsrechts an Bedeutung verliere. Begründet wird dies damit, dass der Binnenmarkt als Rechtsbegriff die Beseitigung unterschiedlicher Rechtsanwendung anstrebe und es mit fortschreitender Entwicklung nicht mehr zulasse, dass sich die Mitgliedstaaten mittels des Kriteriums der Grenzüberschreitung dem Gemeinschaftsrecht entziehen können.[568] Führt man diesen Gedanken konsequent zu Ende, so kann den nationalen Wettbewerbsrechten nur der Charakter eines Partikularrechts mit eingeschränkter Bedeutung zukommen.[569]

2. EINSCHRÄNKUNG DER ZWISCHENSTAATLICHKEITSKLAUSEL AUFGRUND DER ENTWICKLUNG DER GEMEINSCHAFT

Auf der anderen Seite soll der erreichte Integrationsstand eine gegenteilige Wirkung auf die Zwischenstaatlichkeitsklausel haben – der Anwendungsbereich des EG-Kartellrechts sei zu beschränken.[570]

Es wird daher vorgeschlagen, die Kriterien für die Abgrenzung des Anwendungsbereichs der Art. 81, 82 EG an die Auslegung der übrigen materiellen Merkmale und damit an die Entwicklung des Gemeinschaftsrechts insgesamt anzupassen, da die derzeitige Auslegung der Art. 81, 82 EG den Anforderungen an das Kartellrecht in der gewandelten Europäischen Gemeinschaft nicht genüge. Die Auslegung missachte die seit der Verwirklichung des Binnenmarktes veränderte Kompetenz-Aufteilung zwischen Gemeinschaft und Mitgliedstaaten. Diese „Transformation" der Europäischen Gemeinschaft, wie sie

---

[567] Bruhin, S. 12, 18; wohl auch Klaue, FS Steindorff, S. 981ff; Braxator, S. 122.

[568] Reich, EuZW 1991, S. 204f.; Klaue, FS Steindorff, S. 981ff; Zuleeg, EuR 1990, S. 133f.; a. A.: Bunte, WuW 1989, S. 13.

[569] Schlecht, FS Benisch, S. 57; Reich, FS Steindorff, S. 1071; Zäch, S. 69 befürwortet dies wohl, da er im Zuge der Verwirklichung des Binnenmarkts davon ausgeht, dass regionale Marktabschottungen gegenüber der Abschottung nationaler Märkte in den Vordergrund rücken dürften.

[570] Wolf, EuZW 1994, S. 233 FN12.

in dem EU-Vertrag niedergelegt ist, wirke sich auch auf die Abgrenzung des Anwendungsbereichs der Art. 81, 82 EG aus.[571]
Dieser Zusammenhang von Entwicklung der Gemeinschaft und Abgrenzung des Anwendungsbereichs des europäischen von dem des nationalen Kartellrechts ist auch schon früh von Generalanwalt Trabucchi erkannt worden. So sollte die Zwischenstaatlichkeitsklausel in einem einheitlichen internationalen Markt, in dem volle Güterfreiheit besteht,

> *„eine der so entstandenen neuen Realität angepasste Bedeutung annehmen... Der Begriff der Auswirkung auf die grenzüberschreitenden Handelsströme würde also durch den der nicht nur lokalen, sondern gemeinschaftlichen Relevanz der Wettbewerbsbeschränkung ersetzt... Es wäre also ein ergänzendes Kriterium aufzustellen... dies bedeutet, dass das Verbot diejenigen Vereinbarungen erfasst, die eine Wettbewerbsbeschränkung mit Gemeinschaftsrelevanz hervorrufen können, wobei mit dem Begriff Gemeinschaftsrelevanz nicht auf Staatsgrenzen und Staatsgebiete abgestellt wird... sondern in einer weiteren Perspektive unter Berücksichtigung dessen, dass die Wirtschaft der Gemeinschaft eine Einheit bildet, gesehen wird."*[572]

Die Stellungnahme des Generalanwalts verdeutliche den Zusammenhang von Zuständigkeit und Entwicklung der europäischen Integration sowie der Europäischen Gemeinschaft insgesamt. Die Aussage, dass die Verwirklichung des Binnenmarktes nicht nur die EG als solche verändert hat, sondern auch das Verhältnis der Gemeinschaft zu den Mitgliedstaaten in den verschiedenen Politiken berührt, findet hier für die Wettbewerbspolitik ihre Bestätigung.[573]

3. STELLUNGNAHME

Beizupflichten ist der Forderung, den Anwendungsbereich der Zwischenstaatlichkeitsklausel einzuschränken.
Die Begründung mit dem Phänomen der zunehmenden wirtschaftlichen Verflechtungen im Gemeinsamen Markt verkennt aber die Wechselbeziehungen zwischen extensiver Auslegung und Anwendung der Art. 81, 82 EG und der gestiegenen Integration der Märkte. Nicht die fortgeschrittene Integration der Märkte allein führt zur schnelleren Bejahung der Zwischenstaatlichkeitsklausel. Erst in Kombination mit der extensiven Praxis der europäischen Organe wird dieses Ergebnis erzielt. Tatsächlich ist davon auszugehen, dass die extensive Praxis von Kommission und EuGH den Ausgangspunkt für die geringe Bedeutung der Zwischenstaatlichkeitsklausel darstellt. Zu Beginn war die Integration

---

571 Wesseling, European Law Review 1997, S. 47; so ausdrücklich auch Klaue, FS Steindorff, S. 981ff., der sich aber mit kollisionsrechtlichen Fragestellungen beschäftigt.
572 Generalanwalt Trabucchi in EuGH *Papier Peints*, Slg. 1975-III, S. 1524f.
573 Wesseling, European Law Review 1997, S. 47f.

der Märkte nicht existent, so dass hohe Voraussetzungen an das Erfüllen des Merkmals der Handelsbeeinträchtigung dem Ziel der Marktintegration durch Wettbewerb und dessen Schutz im Wege gestanden hätten. Die gestiegene wirtschaftliche Verflechtung und die fehlende Anpassung der Zwischenstaatlichkeitsklausel führte dazu, dass auch Sachverhalte vom EG-Kartellrecht erfasst werden, die auf regionale Märkte beschränkt sind.[574]

Die Analyse, dass der Bedeutungsverlust auf die fortgeschrittene Integration zurückzuführen ist, ist daher verkürzt, da sie von der Definition der Zwischenstaatlichkeitsklausel als festgeschriebenem Grundsatz ausgeht, die keiner Veränderung unterliegt. Einen derart festgeschriebenen Status Quo gibt es aber nicht.[575] Auch der Gerichtshof sieht ein Bedürfnis für die Anpassungsfähigkeit der Art. 81, 82 EG, wenn er bei dessen Auslegung einen dynamischen Ansatz verfolgt.[576]

Als weiterer Beleg für die Bedeutung des Integrationsstands für die Auslegung und Anwendung des EG-Rechts dient die Entwicklung der Rechtsprechung des Gerichtshofs zu den Art. 28 und 30 EG.[577] Aus dem hohen Integrationsstand zog der EuGH die Konsequenz, dass nicht jede Tätigkeit, die das Gemeinschaftsrecht nur theoretisch oder nur entfernt berührt, in den Anwendungsbereich des Gemeinschaftsrechts fallen muss. Der Wandel in der Rechtsprechung des EuGH zu Art. 28 EG, aus dessen Anwendungsbereich „bestimmte Verkaufsmodalitäten" ausgeschlossen wurden, erfolgte nicht zufällig nur einen Monat nach Inkrafttreten des Maastricht-Vertrages. Während die weite *Dassonville*-Formel[578] für die Integration des Gemeinsamen Marktes notwendig war, hatte die Entwicklung eine genauere Abgrenzung der Verantwortungsbereiche von Mitgliedstaaten und Gemeinschaft notwendig gemacht.[579]

Es stellt sich daher die Frage, ob nicht umgekehrt formuliert werden müsste. Denn eine fortschreitende Integration führt zum Zusammenwachsen der Märkte und damit zum schnellen Erfüllen der Zwischenstaatlichkeitsklausel. Da aber nicht jeder grenzüberschreitende Fall erfasst werden soll, müssen im Gegenzug dazu die Anforderungen an die Eignung zur Handelsbeeinträchtigung wachsen, sonst verbliebe den nationalen Behörden kein Tätigkeitsraum. Jedenfalls kann ein noch so starker Wunsch nach Erfüllung der Rechtseinheit nicht über den Weg einer Verdrängung des nationalen Rechts erfolgen.[580]

Daran ändert auch nichts, dass die Wettbewerbspolitik in der Europäischen Gemeinschaft von Beginn als Instrument der Integration von Märkten genutzt

---

574 Kerse, S. 14; Steindorff, ZHR 162 (1998), S. 298
575 Wesseling, European Law Review 1997, S. 50.
576 Siehe Kapitel 3, 1. Teil B. III., D.
577 Siehe hierzu Fezer, JZ 1994, S. 317ff.
578 EuGH *Dassonville*, Slg. 1974, S. 837ff., insbesondere S. 852ff.
579 Palacio González, European Law Review 1995, S. 361f.; für den Einfluss des Subsidiaritätsprinzips auf die Rechtsprechung des EuGH auch Merkt, RabelsZ 61 (1997), S. 680ff.
580 Steindorff, FIW 127 (1986/1987), S. 54; Bruhin, S. 18.

worden ist. Die Verwirklichung des Binnenmarktziels mag ökonomisch noch nicht auf allen Märkten erreicht sein. Dennoch ist eine so hohe Marktdurchdringung erzielt worden, dass in Zukunft das Integrationsargument die Wettbewerbspolitik immer weniger zu tragen vermag. Der Schwerpunkt wird in Zukunft im Schutz des Wettbewerbs vor Verfälschungen innerhalb des Binnenmarkts liegen, wie es Art. 3 lit g) EG beschreibt,[581] und auch immer mehr im Vordergrund der Praxis zu den Art. 81, 82 EG steht.[582]

Ergänzend kann dieser Gedankengang auf den vom Gerichtshof entwickelten Grundsatz des *effet utile* gestützt werden.[583] Die Weite der Zwischenstaatlichkeitsklausel führt dazu, dass die von den Art. 81, 82 EG erfassten Sachverhalte nicht mehr von der Kommission bearbeitet werden können und auch der dezentralen Anwendung des Gemeinschaftsrechts Grenzen gesetzt sind, um nicht andere wesentliche Vertragsziele zu gefährden.[584] Dabei werden die nationalen Kartellbehörden aufgrund der Lehre vom Vorrang des Gemeinschaftsrechts regelmäßig davon abgehalten, Sachverhalte aufzugreifen, die in den Anwendungsbereich der Art. 81, 82 EG fallen, und so einen Ausgleich zu schaffen. Die Folge ist, dass ein Vakuum entsteht, in dem kein effizienter Wettbewerbsschutz gewährleistet werden kann. Gleichzeitig wird damit das Ziel des unverfälschten Wettbewerbs als Grundlage für die wirtschaftliche Integration ausgehöhlt.[585] Die vom Gesetzgeber gewollte Wirksamkeit der Art. 81, 82 EG kann im Hinblick auf die Verwirklichung der Vertragsziele also nicht mehr erreicht werden, weil das EG-Kartellrecht einen zu weiten Anwendungsbereich hat und gleichzeitig die Mitgliedstaaten an der Durchsetzung ihrer Regelungen hindert. Der Gerichtshof hat daher die Möglichkeit, die Theorie des *effet utile* einer gemeinschaftlichen Rechtsnorm nicht auf die Ausdehnung der gemeinschaftlichen Zuständigkeit, sondern auf deren Beschränkung anzuwenden.[586]

Zöge der Gerichtshof seine eigene Rechtsprechung zum *effet utile* der EG-Normen und die Methode der dynamischen Auslegung heran, so müsste er angesichts des erreichten Integrationsstands die Zwischenstaatlichkeitsklausel restriktiv auslegen.

B. SUBSIDIARITÄTSPRINZIP

In der Diskussion um die Neuausrichtung der Zwischenstaatlichkeitsklausel wird immer wieder auf das Subsidiaritätsprinzip zurückgegriffen.[587] Ausgangspunkt war die Erweiterung der EG-Vertragsziele durch die EEA und den Ver-

---

581 Immenga in Europa zwischen Ordnungswettbewerb und Harmonisierung, S. 229.
582 Siehe Nachweise in Kapitel 3, 1. Teil C. II. 2.
583 Maasch, S. 425.
584 Siehe Kapitel 2, 5. Teil B. C., Zwischenbilanz Kapitel 2.
585 Siehe Kapitel 3, 1. Teil D.
586 Pipkorn, EuZW 1994, S. 700.
587 Siehe die Nachweise in den folgenden Fußnoten.

trag von Maastricht, die dazu führten, dass die Aufmerksamkeit auf die praeföderalen Aspekte gerichtet wurden.[588]
Es stellt sich aber die Frage, ob sich dies noch mit der Rolle des Integrationsmotors der EG rechtfertigen lässt oder ob der EuGH wegen des Subsidiaritätsprinzips die Aufteilung der Kompetenzen zwischen der Union und den Mitgliedstaaten neu gewichten muss.[589] Die bisherige rechtsschöpfende Aktivität des EuGH wurde durch den geringen Integrationsstand und die Inaktivität der anderen EU-Organe gerechtfertigt.[590]

I. Abgrenzung des sozialphilosophischen vom gemeinschaftsrechtlichen Prinzip

Trotz begrifflicher Übereinstimmung ist das Subsidiaritätsprinzip als normatives Prinzip inhaltlich von anderen Begriffen zu trennen. Für das Gemeinschaftsrecht stellt sich das Subsidiaritätsprinzip als Kompetenzausübungsregel im Verhältnis von Gemeinschaft und Mitgliedstaaten dar.[591]

Vor der Vereinnahmung als gemeinschaftliches Prinzip taucht das Subsidiaritätsprinzip als Begriff bereits in der sozialphilosophischen[592] Diskussion auf. Der sozialphilosophische Ansatz beschäftigt sich mit der Legitimation öffentlicher Daseinsvorsorge und der Zuständigkeitsabgrenzung ihrer Träger. So soll die Selbstverantwortung des Einzelnen Vorrang vor der jeweils personennächsten sozialen und öffentlichen Einheit vor den übergeordneten Einheiten haben, soweit er zur Aufgabenerfüllung in der Lage ist.[593] Als Urheber des Subsidiaritätsprinzips und seiner machtbegrenzenden Funktion ist die katholische Soziallehre zu nennen. Im 19. Jahrhundert gewann das Subsidiaritätsprinzip auch im allgemeinen Verhältnis von zunächst Individuum, später ganzen Lebenskreisen, und Staat an Bedeutung.[594]

Unabhängig von seiner Einordnung als normativer, sozialphilosophischer oder ökonomischer Begriff wird dem Subsidiaritätsprinzip der abstrakte Vorteil zugesprochen, dass Subsidiarität eine Forderung ist, der sich Großgebilde ständig im eigenen Interesse stellen müssen. Nur so werden sie in die Lage versetzt, sich anzupassen, zu regenerieren oder für Innovationen offen zu sein.[595]

---

[588] Palacio González, European Law Review 1995, S. 357.
[589] Everling, DRiZ 71 (1993), S. 15.
[590] Arnull, European Law Review 1994, S. 6; Schweitzer/Hummer, Europarecht, Rn. 446.
[591] Lässig, S. 23.
[592] Zum Subsidiaritätsprinzip als ökonomisches Prinzip für eine effizientere Kompetenzverteilung siehe Homann/Kirchner, S. 54ff., die im Wesentlichen die Theorie des fiskalischen Föderalismus für die ökonomische Analyse verwenden; kritisch Möschel in Europa zwischen Ordnungswettbewerb und Harmonisierung, S. 71ff.; Kantzenbach, S. 215.
[593] Lässig, S. 23, Fußnote 148; A. Müller, S. 15.
[594] Im Einzelnen hierzu Homann/Kirchner, S. 45ff. und A. Müller, S. 12ff.
[595] Giersch in Europa zwischen Ordnungswettbewerb und Harmonisierung, S. 35.

II. EINFÜHRUNG DES SUBSIDIARITÄTSPRINZIPS IN DEN EG-VERTRAG

Ausgangspunkt für die Einführung des Subsidiaritätsprinzips in den Maastricht-Vertrag ist ein gewandeltes Verständnis gegenüber der EU. Die EU wird als ein sich auf Macht konzentrierender Vertragspartner angesehen,[596] mit dem soweit um die Kompetenzverteilung zwischen EU und den Mitgliedstaaten gestritten werden muss. Das entspricht einem deutlichen Wandel im Verhältnis von EU und den Mitgliedstaaten, wenn man bedenkt, dass ursprünglich die Integration und die Vereinheitlichung die wesentlichen Maßstäbe für den Binnenmarkt (oder den Gemeinsamen Markt) waren.[597] Die Integration ist so fortgeschritten, dass ein Spannungsfeld in der jetzigen Politik entstanden ist, das auf der Angst der Mitgliedstaaten vor weiteren Souveränitätsverlusten beruht. Hier soll das Subsidiaritätsprinzip eingreifen und bei der Weiterentwicklung der EU eine größere Bedeutung entfalten.[598] Dabei verfügte der Begriff des Subsidiaritätsprinzips im Rahmen der EU zuerst über einen primär zentralistischen Zug, da hiermit ein Kompetenztransfer zugunsten der europäischen Gemeinschaft begründet wurde. In diesem Sinne wird auch das in Paragraf 9 der Präambel des EU-Vertrages vom 14. Februar 1984 erstmals in europäischen Vertragstexten aufgeführte Subsidiaritätsprinzip verstanden.[599] Im Laufe der Jahre wendete sich das Verständnis jedoch hin zu einem die europäische Macht begrenzenden Werkzeug.[600] Noch vor der Ratifizierung des Maastricht-Vertrages übernahm und verabschiedete das Europäische Parlament das Subsidiaritätsprinzip.[601] Besonders deutlich wird hier die Forderung des Parlaments für eine klare Kompetenzzuweisung zwischen EU und den Mitgliedstaaten zu sorgen - Hilfestellung soll das Subsidiaritätsprinzip geben.[602]

Wegen der Angst der Mitgliedstaaten vor immer stärkerem Kompetenzverlust an die Gemeinschaft war die Einführung des Subsidiaritätsprinzips eine wesentliche Voraussetzung für die Unterzeichnung des Maastrichter Vertrages, um einen Hebel für eine weitergehende zentralistische europäische Integration zur Verfügung zu haben.[603] Die Aufnahme des Subsidiaritätsprinzips in den EG-Vertrag entspricht demnach dem Wunsch der Mitgliedstaaten nach Machtbegrenzung der EU und einer eindeutigeren Kompetenzzuweisung durch Stärkung der vertikalen Gewaltenteilung innerhalb der EU.[604] Die Schärfe der Formulierung des Subsidiaritätsprinzips war zunächst zwischen den Mitgliedstaaten umstritten, da keineswegs die Integration gehemmt werden

[596] A. Müller, S. 37.
[597] Stein in Subsidiarität Europas, S. 26f.; A. Müller, S. 37.
[598] A. Müller, S. 37 m.w.N.
[599] A. Müller, S. 39.
[600] A. Müller, S. 39f.
[601] Am 12. Juli 1990 – A. Müller, S. 42; Pieper, Subsidiaritätsprinzip, S. 217ff. zum historischen Verlauf der Diskussion um das Subsidiaritätsprinzip.
[602] Pieper, Subsidiaritätsprinzip, S. 224f.
[603] A. Müller, S. 17.
[604] Höffe in Subsidiarität, S. 41; A. Müller, S. 49.

sollte.[605] Das unterschiedliche Verständnis vom Begriff der Subsidiarität trug ihr übriges bei.[606] Einig war man sich hingegen über den dem Subsidiaritätsprinzip zugedachten Zweck, dass mit seiner Hilfe die Staaten eine institutionelle Veränderung herbeiführen wollten, die durch Kooperation sowie eindeutige Kompetenzaufteilung geprägt und wie sie in föderalen Systemen vorzufinden ist.[607]
Die besondere Bedeutung, die dem Subsidiaritätsprinzip von den Mitgliedstaaten zugedacht ist, wird auch an dessen Aufwertung durch die Positionierung im ersten Teil des EG-Vertrags deutlich. Damit gilt es für die gesamte Tätigkeit der EU und bindet alle in Art. 7 EG genannten Organe.[608]

III. SUBSIDIARITÄTSPRINZIP UND VERTIKALE GEWALTENTEILUNG

Das Subsidiaritätsprinzip wird seit der Einführung in den Maastricht-Vertrag in Zusammenhang mit dem Demokratieprinzip, dem Föderalismus und dem Regionalismus gebracht.

1. ZUSAMMENHANG VON SUBSIDIARITÄTS- UND DEMOKRATIEPRINZIP

Das Subsidiaritätsprinzip stellt sich aber nicht nur als Abwehrmechanismus vor einer zu weitgehenden Entmachtung der Mitgliedstaaten dar. Über diese schlichte machtpolitische Frage hinaus hat das Subsidiaritätsprinzip auch Bedeutung für das unbestrittene Demokratiedefizit in der EU. Die Legitimation des supranationalen Charakters der Organisation der EU, die über keine eigene Souveränität verfügt, fußt nur auf der Legitimation der Mitgliedstaaten über die nationalen Parlamente.[609] Dies deutet schon auf das Grundproblem hin, das sich durch die gesamte Struktur der EU zieht: Die mangelnden Partizipationsrechte auf EU-Ebene. Dabei verfügt die EU über Kompetenzen, die grundsätzlich einer Legitimation, also der Rückführung der Staatsgewalt auf die Entscheidung des Bürgers, bedürfen.[610] Insbesondere die Kommission und der Rat verdeutlichen das Demokratiedefizit, da sie auch legislative Aufgaben wahrnehmen, aber nur aus Vertretern der nationalen Exekutive zusammengesetzt sind. Damit ist gleichzeitig das Prinzip der Gewaltenteilung aufgehoben.[611] Mittels des Subsidiaritätsprinzips ist eine Aufteilung der Kompetenzen

---

605 Lecheler, S. 18f.

606 Subsidiarität als Mittel zur Zentralisierung und zur Föderalisierung von Staaten, siehe das Beispiel von Frankreich und Deutschland – A. Müller, S. 42ff.

607 Palacio González, European Law Review 1995, S. 357f.

608 Schmidhuber/Hitzler, NVwZ 1992, S. 721, weswegen auch der Standort des Subsidiaritätsprinzips im EG-Vertrag umstritten war - Lecheler, S. 18.

609 Das Bundesverfassungsgericht beschreibt diese mittelbare Legitimation der EU durch die Mitgliedstaaten über die nationalen Parlamente als „Rückkoppelung" – BverfGE *Maastricht*, 89, 157ff., 185f.; A. Müller, S. 32f.

610 Stein in Subsidiarität Europas, S. 26; Hauser/Müller, Außenwirtschaft 50 (1995), S. 29f.

611 Die Verantwortung der Kommission vor dem Europäischen Parlament gemäß Art. 214 EG mindert dieses Problem etwas. Der Rat selbst kann aber weiterhin nicht vom Europäischen Parlament zur Verantwortung gezogen werden. – A. Müller, S. 33.

möglich, die in Verbindung mit der gleichzeitigen Zuordnung von Verantwortung zur Transparenz von Entscheidungsprozessen führt. Der Bürger weiß somit, wer die Entscheidungen trifft und die Verantwortung zu tragen hat, da der Entscheidungsträger auf einer dem Bürger näheren Ebene angesiedelt ist als das ferne Brüssel.[612] Hierbei handelt es sich um Fragen der vertikalen Gewaltenteilung zwischen Gemeinschaft und Mitgliedstaaten.[613]
Ein anderes Problem im Zusammenhang mit dem Demokratiedefizit kann das Subsidiaritätsprinzip des Art. 5 Abs. 2 EG allerdings nicht lösen: Die Frage, ob eine Materie überhaupt in den Regelungsbereich der Gemeinschaft fällt. Dabei ist die Abgrenzung im Bereich der Wirtschaftsintegration schwerer als in anderen Bereichen, wie der Kultur, Verteidigung und Außenpolitik. Noch schwieriger ist insoweit die Beantwortung der Frage, wem bei der Entscheidung über die Reichweite der Integration die Kompetenz-Kompetenz zusteht. Während der Europäischen Gerichtshof die Auffassung vertritt, dass ihm nach der Verfassungsordnung der Gemeinschaft diese Kompetenz zusteht, beansprucht das BVerfG diese Rolle für sich.[614] Mit der Entscheidung über die Grenzen der eigenen Kompetenz wird zum Teil gleichzeitig die Entscheidung über die Anwendbarkeit des Gemeinschaftsrechts entschieden. Dies gilt insbesondere für unmittelbar anwendbaren Normen wie das Gemeinschaftskartellrecht. Gerade die Eigenständigkeit der Gemeinschaftsrechtsordnung, das Gebot der gleichmäßigen Geltung in den Mitgliedstaaten und der Vorrang des Gemeinschaftsrechts vor widersprechendem staatlichem Recht verschiebt das Verhältnis der Kompetenz-Kompetenz zumindest in tatsächlicher Hinsicht zugunsten des EuGH.[615]

2. ZUSAMMENHANG VON SUBSIDIARITÄT, FÖDERALISMUS UND REGIONALISMUS

Die Angst der Mitgliedstaaten vor einer weitergehenden Zentralisierung zeigt, dass sie das Föderalismusprinzip als nicht ausreichend ansehen, um den Abzug nationaler Kompetenzen zugunsten der EU verhindern zu können. Mit dem Föderalismusprinzip werden die sozialen und kulturellen Unterschiede unmittelbar gewahrt. Ziel ist der Erhalt der Gliedstaaten im Bundesstaat und der Betonung deren Besonderheiten.[616] Das Subsidiaritätsprinzip wahrt die Freiheiten der Gliedstaaten und Regionen im Bundesstaat, wobei die abweichenden Kulturen, Gesellschaften und politischen Einstellungen in den Vor-

---

[612] A. Müller, S. 34; Bruha in Subsidiarität, S. 377.
[613] Mestmäcker in Europa zwischen Ordnungswettbewerb und Harmonisierung, S. 193; Wechsler, S. 112f.
[614] Mestmäcker in Europa zwischen Ordnungswettbewerb und Harmonisierung, S. 194; zu den Möglichkeiten der Lösung des Konflikts - Folz, S. 375ff., 393.
[615] Mestmäcker in Europa zwischen Ordnungswettbewerb und Harmonisierung, S. 193; die Kompetenz-Kompetenz des EuGH befürwortend wegen der föderativen Grundsätze der EU - Zuleeg, NJW 2000, S. 2848.
[616] Lecheler, S. 37; Stein in Subsidiarität Europas, S. 36; A. Müller, S. 20.

dergrund gestellt werden sollen.[617] Damit ist beiden Prinzipien gemeinsam, dass sie die Zuständigkeiten auf der untersten möglichen Stufe ansiedeln wollen, um eine Machtverteilung im Staat[618] zugunsten der kleineren Einheit herbeizuführen.[619]
Darüber hinaus soll das Föderalismusprinzip das Ausleben der sozialen, sprachlichen und kulturellen Unterschiede in den Mitgliedstaaten ermöglichen. Daraus folgt, dass anders als bisher bei der zukünftigen Integrationspolitik ein Ausgleich zwischen Integration und dem Beibehalten der nationalen Besonderheiten gefunden werden muss.[620]
Der Zusammenhang von Föderalismus und Subsidiaritätsprinzip ergibt sich außerdem aus der föderalen Organisationsstruktur der EU.[621] Die Organisationsebene der EU fußt auf der Ebene der Mitgliedstaaten, die ihrerseits untergliedert sind. Aus der Frage, welche Kompetenzen die Union übernehmen und welche den Mitgliedstaaten verbleiben sollen und der Tatsache, dass innerhalb dieser gestuften Staatlichkeit ein Großteil der Kompetenzen bei den Mitgliedstaaten verbleiben soll, wird der Zusammenhang ersichtlich.[622] Das Subsidiaritätsprinzip verstärkt die durch das Föderalismusprinzip eingebrachte vertikale Gewaltenteilung, also der Teilung der Gewalten im Staat, und wird somit zu einem wesentlichen Bestandteil der föderalen Ordnungsstruktur.[623] Damit soll den im Rahmen der EU abzusehenden Zentralisierungstendenzen entgegengewirkt und mittels des Subsidiaritätsprinzips eine angemessene Integrationspolitik betrieben werden können.[624] Föderalismus- und Subsidiaritätsprinzip fördern zudem die Bürgernähe der jeweils anstehenden Maßnahmen, da Sachverhalte, die auf unterster Ebene geregelt, auch auf dieser Stufe behandelt werden können. Das Ansiedeln von Entscheidungen auf der möglichst untersten Ebene staatlicher Gewalt führt außerdem zu einem Gewinn an Legitimation europabezogener Maßnahmen - also solcher, die letztlich europäisch motiviert oder initiiert sind – da sie gemäß dem Demokratieprinzip der Entscheidungsgewalt des Bürgers am nächsten ist.[625]

---

[617] A. Müller, S. 20.
[618] Bei der EU kann zwar nicht von Staat gesprochen werden, da sie nicht über eine entsprechende Qualität verfügt – Zuleeg, NJW 2000, S. 2851 m.w.N. Dennoch gilt das Prinzip für jede Form von Über- und Unterordnung, da die EU als Föderation verstanden werden kann, wenn man davon ausgeht, dass föderale Strukturen nichtstaatliche Formen föderaler Formen erfassen können – Martenczuk, EuR 2000, S. 355f. m.w.N.
[619] Lecheler, S. 38f.
[620] A. Müller, S. 19.
[621] Föderative Grundsätze sind im EU-Vertrag nicht vorgesehen, aber vom Gerichtshof entwickelt worden, so dass von einer Föderation ohne Staatsqualität gesprochen werden kann - Zuleeg, NJW 2000, S. 2846, 2851; Wechsler, S. 114.
[622] Höffe in Subsidiarität, S. 41; A. Müller, S. 20; differenzierend Lambers, EuR 1993, S. 232f.
[623] Schmidhuber/Hitzler, NVwZ 1992, S. 721; A. Müller, S. 21; andernorts spricht man von vertikaler Kompetenzteilung: Homann/Kirchner S. 54; Gerken in Europa zwischen Ordnungswettbewerb und Harmonisierung, S. 3 ff.
[624] A. Müller, S. 23.
[625] A. Müller, S. 26; Lecheler, S. 65.

Das Subsidiaritätsprinzip und die impliziten Vorteile für die Bürgernähe sowie der Ausgleich des bestehenden Demokratiedefizits, lassen sich auch auf das Verhältnis der Gemeinschaft zu ihren Regionen übertragen. Mit dem Begriff des Regionalismus wird eine in den letzten Jahren wachsende Bedeutung der Länder und Regionen in den europäischen Mitgliedstaaten bezeichnet. Der Unterschied zum Föderalismus besteht darin, dass eine Region auch in Staaten bestehen kann, die zentralistischer Natur sind. In föderal strukturierten Staaten können die Teilstaaten zudem in Regionen unterteilt werden. Eine Gleichsetzung von Föderalismus und Regionalismus verbietet sich daher.[626] Das oben angebrachte Argument der Stärkung der Bürgernähe und Minderung des Demokratiedefizits gilt insbesondere bei der Ausdehnung der Anwendung des Subsidiaritätsprinzips auf die Regionen.[627] Sind bestimmte Fragen auf regionaler Ebene sachgerechter und bürgernäher zu lösen, so sollen sie dort verbleiben. Das entspricht dem Subsidiaritätsprinzip mit dem demokratischen Verständnis über den Staatsaufbau von unten nach oben. Der Bürger kann eine regionale Entscheidung einfacher nachvollziehen als eine Entscheidung aus Brüssel, vor allem wenn regional bezogene Sachverhalte betroffen sind.[628] Die wachsende Bedeutung und damit einhergehend das wachsende Selbstbewusstsein[629] der Regionen führte schließlich zu der Einführung des Ausschusses der Regionen mit 189 Vertretern in den Maastrichter Vertrag.[630] Dieser Ausschuss verfügt über ein Recht auf Stellungnahme gemäß Art. 263ff. EG. Weitergehende Rechte der Regionen, z. B. als dezentralisierte Verwaltungsstellen, scheitern an den mit dem regionalen Aufbau verbundenen Problemen: Die Regionen Europas verfügen gegenüber ihren übergeordneten Staatsebenen über jeweils verschiedene Kompetenzen. Zudem beruht die regionale Gliederung auf Faktoren (z. B. territorial-ethnische, administrative, geografische Kriterien), die dazu führen, dass auf regionaler Ebene nicht von einem einheitlichen System auszugehen ist, auf dem eine föderale Struktur aufgebaut werden kann. Um den Regionen ihren Anteil an der Integration Europas zuzubilligen, wäre eine gewisse Angleichung der Regionen erforderlich.[631] Daher berücksichtigt die EU für die Ebenen der Kompetenzverteilung nur die nationale Ebene. Eine weitergehende Kompetenzabgabe an die Regionen wird den einzelnen Mitgliedstaaten überlassen.[632]

---

[626] A. Müller, S. 24; Häberle, S. 288f.

[627] Weyer, ZHR 163 (2000), S. 399; kritisch Hilz, S. 76 mit Verweis auf die Bundesrepublik in der das Subsidiaritätsprinzip dergestalt ausgelegt wurde, dass der Bund zu Lasten der Länder immer mehr Kompetenzen an sich zog.

[628] A. Müller, S. 25f., 28; Lecheler, S. 65.

[629] Blumenwitz, GS Grabitz, S. 3ff., Hrbek, FS Börner, S. 134ff.

[630] Stewing, S. 156; A. Müller, S. 27.

[631] Pieper, Subsidiaritätsprinzip, S. 58, A. Müller, S. 25; wegen der strukturellen Unterschiede in den Regionen ebenfalls kritisch – Hrbek, Außenwirtschaft 50 (1995), S. 62.

[632] Calliess, AöR 121 (1996), S. 530ff., 542; Lambers, EuR 1993, S. 235.

Hieraus lässt sich ersehen, dass an das Subsidiaritätsprinzip hohe Erwartungen angeknüpft wurden - Das Subsidiaritätsprinzip wird neben dem Föderalismus als „Architekturprinzip" Europas bezeichnet.[633] Ob das in Art. 5 Abs. 2 EG niedergelegte Subsidiaritätsprinzip diese Erwartungen zu erfüllen vermag und wie es für die Art. 81 EG fruchtbar gemacht werden kann, ist zweifelhaft. Die rechtspolitischen Vorstellungen müssen sich hierin jedenfalls niederschlagen, um für die Zwischenstaatlichkeitsklausel der EG-Kartellregeln beachtlich zu sein.

IV. ART. 5 EG IM EINZELNEN – DAS SUBSIDIARITÄTSPRINZIP IM ENGEREN SINN

1. DIE TATBESTANDSMERKMALE DES SUBSIDIARITÄTSPRINZIPS IN ART. 5 EG

Art. 5 EG besteht aus 3 Absätzen, wovon sich aber nur die letzten beiden Absätze unmittelbar auf die Anwendbarkeit des Subsidiaritätsprinzips beziehen.

In Abs. 1 wird das Prinzip der begrenzten Einzelzuständigkeit ausdrücklich bestätigt, das schon vor Inkrafttreten des Maastrichter Unionvertrags ein struktureller Grundsatz der EG war.[634] Danach muss sich jeder Rechtsakt auf eine Rechtsgrundlage zurückführen lassen.[635] Hintergrund ist der Gedanke, dass die Zuweisung neuer Kompetenzen allein in der Hand der Mitgliedstaaten liegen soll, da sie die Herren der Verträge sind.[636] Der Grundsatz wird aber nicht allzu eng verstanden, da wegen des Bedürfnisses flexibler Gestaltung von Gemeinschaftsakten der EG-Vertrag selbst Abhilfen zur Verfügung stellt.[637] Eine positive Ausnahme stellt Art. 308 EG dar. Darüber hinaus verfügt die Gemeinschaft mit der Theorie der *implied power*"[638] oder der *effet utile*[639] über weitere Mittel, um die EG vor legislativer Verkapselung zu bewahren.[640]

Die in Absatz 2 und 3 des Art. 5 EG enthaltenen *implied powers* bedeuten eine Verschärfung des Prinzips der Einzelzuständigkeit. Obwohl die Materie auch in den Regelungsbereich der Gemeinschaft fällt, kann die EG nur tätig werden, wenn die in Betracht gezogenen Maßnahmen besser auf Gemeinschaftsebene zu realisieren sind.[641]
Art. 5 Abs. 2 EG beschränkt demnach den Anwendungsbereich des Subsidiaritätsprinzips auf die Fälle, in denen die Zuständigkeit nicht ausschließlich der Gemeinschaft zugeordnet ist. Lediglich im Rahmen konkurrierender oder pa-

[633] Knemeyer, ZRP 1990, S. 174.
[634] Oppermann, EuropaR, § 6 Rn. 516.
[635] Nicolaysen, EuR 1966, S. 129; Oppermann, EuropaR, § 6 Rn. 513; A. Müller, S. 50f.
[636] A. Müller, S. 51.
[637] Oppermann, EuropaR, § 6 Rn. 513.
[638] Nicolaysen, EuR 1966, S. 129ff.; Köck, FS Seidl-Hohenvelden, S. 293ff.
[639] Oppermann, EuropaR, § 6 Rn. 528.
[640] Oppermann, EuropaR, § 6 Rn. 513.
[641] Oppermann, EuropaR, § 6 Rn. 518

ralleler beziehungsweise gemischter Kompetenzen eröffnet sich der Anwendungsbereich.[642] Dabei ist der Anwendungsbereich des Subsidiaritätsprinzips grundlegend weit zu verstehen, da echte „ausschließliche" EG-Kompetenzen nur selten gegeben sind. Erst wenn die Gemeinschaft einen Bereich durch sekundäres Gemeinschaftsrecht soweit geregelt hat, dass die nationale Zuständigkeit vollständig und abschließend verdrängt worden ist, kann davon ausgegangen werden.[643]

Ist die Kompetenz nicht ausschließlich, so kann die Gemeinschaft unter der Doppelbedingung tätig werden, dass die Verwirklichung der Ziele der Maßnahmen auf nationaler Ebene nicht gesichert erscheint und besser auf Gemeinschaftsebene erreicht werden kann. Fällt die Antwort auf den ersten Prüfungsschritt negativ aus, so ist der zweite Prüfungsschritt vorzunehmen. Hierbei ist darauf abzustellen, ob die Regelung auf Gemeinschaftsebene besser getroffen werden könnte. Eine andere Reihenfolge würde in der Regel materiell-rechtlich zu zentralistischen Lösungen führen. Die zweite Frage – anders als die erste Frage – führt wegen der Wechselbeziehungen vieler Probleme eher zu zentralistischen Lösungen.[644] Mit dieser Prüfung stellt das Subsidiaritätsprinzip nach Ansicht der Kommission auf einen „Effizienztest" und einen „Mehrwerttest" ab.[645] Entscheidend bleibt letztendlich eine Gesamtabwägung der EG-Organe, bei der die Ziele der Gemeinschaft, die Interessen der Mitgliedstaaten und die der Unionsbürger zu berücksichtigen sind.[646]

Liegen die Voraussetzungen des Art. 5 Abs. 2 EG vor, so sind allein die Mitgliedstaaten berechtigt,[647] eine Regelung zu treffen. Ein Handeln der Gemeinschaft wäre unzulässig und würde zur Nichtigkeit des Rechtsaktes führen.[648]

Abs. 3 des Art. 5 EG legt schließlich den vom Gerichtshof als Rechtsgrundsatz anerkannten Verhältnismäßigkeitsgrundsatz positiv im EG fest.[649] Damit darf der Handlungsspielraum der Mitgliedstaaten nicht weiter eingeschränkt wer-

---

642 von Borries, EuR 1994, S. 273f.; Lecheler, S. 15.

643 Geiger, FS Gitter 1995, 274ff., Calliess, EuZW 1995, S. 699f.; Everling, FS Stern, S. 1234f.

644 Everling, in Weidenfeld, S. 173; Lässig, S. 23f.

645 Kommission, Mitteilung Subsidiaritätsprinzip, S. 130, III.; Blanke in Subsidiaritätsprinzip der EU, S. 102, Homann/Kirchner, S. 55.

646 Kommission, Mitteilung Subsidiaritätsprinzip, S. 130f., III.; Oppermann, EuropaR, § 6 Rn. 519; von Bogdandy/Nettesheim in Grabitz/Hilf, EUV/EGV I (Maastricht Vertrag), Art. 3b Rn. 34.

647 Umstritten ist, ob hieraus eine Handlungspflicht erwächst – siehe dazu von Bogdandy/Nettesheim in Grabitz/Hilf, EUV/EGV I (Maastricht Vertrag), Art. 3b Rn. 39.

648 Oppermann, EuropaR, § 6 Rn. 519; von Bogdandy/Nettesheim in Grabitz/Hilf, EUV/EGV I (Maastricht Vertrag), Art. 3b Rn. 39.

649 von Bogdandy/Nettesheim in Grabitz/Hilf, EUV/EGV I (Maastricht Vertrag), Art. 3b Rn. 42ff.

den als wirklich erforderlich.[650] Der Verhältnismäßigkeitsgrundsatz steht neben dem Subsidiaritätsgrundsatz als zusätzliche Anforderung an gemeinschaftliches Handeln, wenn die Gemeinschaft in ihrer begrenzten und subsidiären Zuständigkeit gemäß Art. 5 Abs. 2 EG tätig wird.[651]

2. VERHÄLTNIS VON ART. 5 EG ZU DEN VERTRAGSPRINZIPIEN UND VERTRAGSZIELEN

Zur Feststellung der Bedeutung des Subsidiaritätsprinzips für das Gemeinschaftsrecht ist das Verhältnis zu den übrigen Vertragsprinzipien und Vertragszielen maßgeblich.
Art. 5 EG stellt allerdings nur eines von vielen Vertragsprinzipien dar. Seine Bedeutung erschließt sich erst aus der Auslegung anhand der anderen kompetenzaufteilenden Vertragsprinzipien und -ziele.[652] Ausgangspunkt ist das sich schon aus Art. 7 EG ergebende Prinzip der begrenzten Ermächtigung der EU-Organe. Bestätigt wird dies nochmals durch Art. 249 EG und nunmehr ausdrücklich Art. 5 Abs. 1 EG. Insoweit verstärkt das Subsidiaritätsprinzip den Grundsatz, dass die Gemeinschaft über keine Allzuständigkeit verfügt (sog. Kompetenzen-Kompetenz).[653]
Die mit dem Subsidiaritätsprinzip nochmals betonten Grenzen zulässiger Gemeinschaftsaktionen werden aber wiederum durch die Vertragziele und –prinzipien aufgeweicht. Damit soll die Kohärenz und Kontinuität der Union gewahrt werden,[654] die bei zu starker Betonung der nationalen Identitäten durch das Subsidiaritätsprinzip zu einer „Balkanisierung der EG" führen könnten.[655]

a) VERTRAGSPRINZIPIEN ALS REGULATIVE DES ART. 5 EG

Besondere Beachtung verdient in diesem Zusammenhang Art. 308 EG, der den Rat im Falle einer Regelungslücke, für die keine Kompetenz besteht, ermächtigt, geeignete Vorschriften zu erlassen. Art. 308 EG stellt eine Ausnahme zum Grundsatz der begrenzten Einzelermächtigung dar.[656] Trotz des Ausnahmecharakters der Vorschrift hat die EuGH-Auslegung von Art. 308 EG, zu einer als „*wohl radikalste Form der Zuständigkeitsausdehnung*" zugunsten der Gemeinschaft geführt.[657] Die Gemeinschaft konnte mittels Art. 308 EG in vielen Bereichen tätig werden, die ihr ursprünglich nicht zugewiesen waren.[658] Dass der Integrationsprozess durch die extensive Auslegung und intensive

---

[650] Jarass, EuGRZ 1994, S. 213.
[651] von Bogdandy/Nettesheim in Grabitz/Hilf, EUV/EGV I (Maastricht Vertrag), Art. 3b Rn. 46; Oppermann, EuropaR, § 6 Rn. 521.
[652] A. Müller, S. 55.
[653] Zuleeg, NJW 2000, S. 2847, Pieper, Subsidiarität, S. 178.
[654] Oppermann, EuropaR, § 6 Rn. 522.
[655] Eindringlich vor dem Subsidiaritätsprinzip warnend Pescatore, FS Everling II, S. 1071ff.
[656] Schima, S. 41.
[657] Schima, S. 41; Mussler, S. 91; A. Müller, S. 57.
[658] Schima, S. 42; Mussler, S. 91.

Anwendung von Art. 308 EG stark beeinflusst worden ist, war auch der vom EuGH erklärte Zweck. Der Vorwurf an den EuGH, dass die Auslegung weit über die Lehre der „*implied powers*“ hinausgeht, mag daher nicht verwundern.[659] Die extensive Auslegung durch den EuGH wird von den Mitgliedstaaten akzeptiert, weil Art. 308 EG das Einstimmigkeitsprinzip zugrunde legt und den Mitgliedstaaten somit ein Vetorecht zusteht.[660] Anders das Bundesverfassungsgericht: Es hat die extensive Praxis der EG-Organe kritisch beurteilt und Zurückhaltung bei der Anwendung des Art. 308 EG angemahnt, um eine Aushöhlung des Vertragsänderungsverfahrens nach Art. 48 EUV zu vermeiden.[661] Nun soll auch das Subsidiaritätsprinzip als regulierender Faktor der Auslegung von Art. 308 EG dienen.[662] Zwar ist die Inanspruchnahme des Art. 308 EG seit dem Vertrag von Maastricht und Amsterdam zurückgegangen;[663] ob sich dies aber auf Art. 5 Abs. 2 EG unmittelbar zurückführen lässt, ist fraglich.[664] Wahrscheinlicher ist ein allgemein gewandeltes Verständnis der Gemeinschaftsorgane, das durch die Verträge von Maastricht und Amsterdam beeinflusst wurde und zu dem auch die kritischen Stimmen der nationalen Verfassungsgerichte beigetragen haben mögen.[665]

Zu Hilfe kommt außerdem die Verpflichtung der Mitgliedstaaten gemäß Art. 10 EG, alle geeigneten Maßnahmen zur Vertragserfüllung zu treffen. Dieses so genannte Prinzip der Gemeinschaftstreue bestimmt, dass Handlungen von Mitgliedstaaten, die sich gegen die Ziele der Gemeinschaft richten, zu unterlassen sind.[666] Mit dieser weiten Formulierung ist die deutliche Einschränkung des Handlungsspielraums der Mitgliedstaaten verbunden.[667] Das Loyalitätsprinzip wird bei der dezentralen Anwendung des Gemeinschaftsrechts als Ausgleich des Subsidiaritätsprinzips verstanden.[668]

Die kompetenzbeschränkende Wirkung des Art. 5 Abs. 2 EG wird darüber hinaus durch das Prinzip der *implied powers* und des *effet utile* zugunsten der Kompetenzen der Gemeinschaft abgemildert. Es handelt sich um zusätzliche

---

[659] A. Müller, S. 57; siehe zu der Problematik der mittelbaren Eingriffe in die Beteiligungsrechte des Bundesrats, der Landesverwaltungen und der Finanzautonomie Remmers, S. 63ff, 96f.
[660] A. Müller, S. 58.
[661] BverfGE *Maastricht*, 89, 155ff., 210; Häde/Puttler, EuZW 1997, S. 17.
[662] Schima, S. 44; A. Müller, S. 58.
[663] Häde/Puttler, EuZW 1997, S. 13ff.; Oppermann, EuropaR, § 6 Rn. 526.
[664] A. Müller, S. 58.
[665] Oppermann, EuropaR, § 6 Rn. 526; Häde/Puttler, EuZW 1997, S. 13ff.; A. Müller, S. 131ff.
[666] A. Müller, S. 59; GTE-Zuleeg, Band 1, Art. 5 Rn. 1ff.
[667] Siehe nur EuGH *Masterfoods / HB Ice Creams*, WuW/E EU-R, 389; A. Müller, S. 58 m.w.N.
[668] Palacio González, European Law Review 1995, S. 360.

Ausdehnungen bei Erlass von sekundärem Gemeinschaftsrecht in Ausnahme vom Prinzip der begrenzten Einzelzuständigkeiten der Gemeinschaften.[669]
Das Prinzip der *implied powers* ist dem bundesstaatlichen Prinzip ungeschriebener Zuständigkeit kraft Sachzusammenhang verwandt. Im Gemeinschaftsrecht führt es dazu, dass die Bestimmungen der Verträge in Zusammenhang mit den ausdrücklich gegebenen Gemeinschaftskompetenzen *„zugleich diejenigen Vorschriften beinhalten, bei deren Fehlen sie sinnlos wären oder nicht in vernünftiger und zweckmäßiger Weise zur Anwendung gelangen könnten."*[670] Maßstab für die Kompetenzerweiterung der Gemeinschaft ist nicht wie bei Art. 308 EG die Vertragsziele, sondern ein enger Zusammenhang mit einer bereits bestehenden EG-Zuständigkeit.[671] Durch die verstärkte Anwendung des Art. 308 EG ist die Bedeutung dieses Prinzips gering. Beim Prinzip des *effet utile* handelt es sich um eine theologische Auslegungsmaxime. Danach sollen die Vertragskompetenzen so angelegt werden, dass alle denkbaren Gemeinschaftsbefugnisse voll ausgeschöpft werden. Das Prinzip des *effet utile* steht daher nicht neben dem Prinzip der *implied powers* oder des Art. 308 EG zur Kompetenzbegründung ungeschriebener EG-Zuständigkeiten, sondern ergänzt diese.[672]

b) VERHÄLTNIS VON SUBSIDIARITÄTSPRINZIP UND INTEGRATION

Art. 5 Abs. 2 EG steht zum Vertragsziel der Integration in engem Verhältnis: Die Einführung des Art. 5 Abs. 2 EG geschah auf Initiative der Mitgliedstaaten und macht ihren Willen deutlich, dass die Integration des gemeinsamen Marktes einem Wandel unterliegt und überdacht werden muss. Die Mitgliedstaaten sind nicht bereit, die bisher verfolgte Integrationspolitik in dieser Weise fortzusetzen.[673] Dabei verfolgen die Mitgliedstaaten nicht nur Partikularinteressen, sondern haben auch das Wohl der Gemeinschaft im Blick.[674]
Darüber hinaus werden die Bedenken des Bundesverfassungsgerichts bezüglich der Legitimation der Übertragung von Kompetenzen auf die EU verstärkt unter dem Eindruck des Subsidiaritätsprinzips.[675] Diese Bedenken werden nicht nur vom Bundesverfassungsgericht selbst geäußert, sondern auch von anderen nationalen Verfassungsgerichten.[676] Die Rolle des EuGH ist durch die Kritik der nationalen Verfassungsgerichte und Mitgliedstaaten in diesem Zu-

---

[669] Oppermann, EuropaR, § 6 Rn. 527 m.w.N.
[670] Oppermann, EuropaR, § 6 Rn. 527.
[671] Nicolaysen, EuR 1966, S. 129ff.; Oppermann, EuropaR, § 6 Rn. 527.
[672] Oppermann, EuropaR, § 6 Rn. 528.
[673] A. Müller, S. 37, 159; Müller-Graff, ZHR 159 (1995), S. 49ff.; Lecheler, S. 17ff.
[674] Müller-Graff, ZHR 159 (1995), S. 50ff.
[675] BverfGE *Maastricht*, 89, 157ff., 210f.; A. Müller, S. 114ff.
[676] A. Müller, S. 131ff. mit Bezug auf die Maastrichter Urteile des Conseil Constitutionnel vom 9. April 1992 und des Tribunal Constitucional vom 1. Juli 1992.

sammenhang zumindest hinterfragt worden.[677] Berücksichtigt man, dass die grundsätzliche Vereinheitlichung durch die Rechtsprechung des Gerichtshofs der Logik der Integration der 60er und 70er Jahre folgte, die ein zentrales Organ wie den Gerichtshof notwendig machte; so folgt heute aus dem Subsidiaritätsprinzip, dass alle Aufgaben soweit möglich auf der untersten Ebene geregelt werden sollen.[678] Damit zeigt das Subsidiaritätsprinzip sowohl den erreichten Integrationsstand der Gemeinschaft auf als auch den Weg, der bei der weiteren Integration eingeschlagen werden soll.[679]

Abgesehen von der rein technischen Fassung des Subsidiaritätsprinzips in Art. 5 Abs. 2 EG geht dessen Bedeutung weiter. Es ist vielmehr vor dem Hintergrund der Notwendigkeiten der Gemeinschaft als politisches und wirtschaftliches System zu sehen: Es drückt aus, dass die Mitgliedstaaten eine größere Rolle spielen und sich die europäischen Organe auf wesentliche Tätigkeiten beschränken müssen. Eine unveränderte Expansionspolitik der Gemeinschaft hindert am Ende deutlich die eigene Entwicklung. Derzeit erfasst das Gemeinschaftsrecht nach 40 Jahren Integration auf legislativen Wege und durch die EuGH-Rechtsprechung jeden Bereich nationaler Tätigkeit.[680] Als Reaktion auf die gewachsene Komplexität der Gemeinschaft wegen des organischen Wachstums in territorialer und legislativer Hinsicht wurden die bestehenden institutionellen Strukturen der Gemeinschaft mit Hilfe des Subsidiaritätsprinzips geöffnet. Nur so konnte der Tatsache entsprochen werden, dass die Entwicklung der Gemeinschaft die Verschiebung von Tätigkeiten auf die Ebene der Mitgliedstaaten erforderlich macht.[681] Für den EuGH soll dies bedeuten, dass er sich in Zukunft nicht schlicht auf seine Rolle als Integrationsmotor berufen kann. Das Subsidiaritätsprinzip verpflichtet ihn, die Aufteilung der Kompetenzen zwischen der Union und den Mitgliedstaaten neu zu gewichten.[682]

Gestritten wird aber darum, ob die rechtspolitische Argumentation, dass das Subsidiaritätsprinzip solche Auswirkungen auf die Auslegung des Binnenmarktziels und damit die Integrationspolitik haben soll, auch über einen EG-rechtlichen Unterbau verfügt.[683] Diese grundsätzliche Problematik findet sich wieder, wenn man die Auswirkungen des Art. 5 Abs. 2 EG auf die materiellrechtlichen Ausfaltungen des Binnenmarktprinzips, zu denen auch die Art. 81, 82 EG gehören,[684] untersucht.

---

677 A. Müller, S. 113, S. 198 spricht gar davon, dass die nationalen Verfassungsgerichte die Integrationsrolle des EuGH in diesem Ausmaße nicht mehr tolerieren werden und daher eine neue Kooperationsbasis gefunden werden muss.
678 A. Müller, S. 113.
679 Palacio González, European Law Review 1995, S. 369f.
680 Palacio González, European Law Review 1995, S. 357.
681 Palacio González, European Law Review 1995, S. 358.
682 A. Müller, S. 198.
683 Hierzu Müller-Graff, ZHR 159 (1995), S. 34ff, insbesondere S. 65ff.
684 Müller-Graff, ZHR 159 (1995), S. 43f.

V. ANWENDBARKEIT DES SUBSIDIARITÄTSPRINZIPS AUF DIE ART. 81, 82 EG

Diese allgemeinpolitische Diskussion wurde mit der Einführung des Subsidiaritätsprinzips als positive Norm, um die Frage nach dessen Auswirkungen auch auf das Wettbewerbsrecht erweitert.[685]

Zu klären ist das Verhältnis des Subsidiaritätsprinzips zu den Art. 81, 82 EG, d. h. ob es auf die Wettbewerbsregeln anwendbar und wie es gegebenenfalls zu berücksichtigen ist. Hintergrund ist, dass sich das Gemeinschaftskartellrecht und das entsprechende mitgliedstaatliche Recht immer mehr entsprechen. Damit ist gleichzeitig die Frage verbunden, ob die Ziele des Gemeinschaftskartellrechts auch durch nationales Recht verwirklicht werden können.[686] Eine entsprechende Vorgabe könnte sich für den Anwendungsbereich des Gemeinschaftskartellrechts aus dem Subsidiaritätsprinzip ergeben.

1. JUSTIZIABILITÄT DES SUBSIDIARITÄTSPRINZIPS

Über die Anwendbarkeit des Subsidiaritätsprinzips des Art. 5 Abs. 2 EG muss man sich aber keine Gedanken machen, wenn es sich nicht um ein Rechtsprinzip, sondern um eine an die Organe der Gemeinschaft gerichtete politische Leitlinie handelt. Art. 5 Abs. 2 wäre dadurch jeder unmittelbaren Wirkung oder gar Beurteilung durch den EuGH entzogen[687].

Zweifel an dieser Eigenschaft gründen vor allem auf der ungenügenden Bestimmtheit der zugrundeliegenden maßgebenden Kriterien des Subsidiaritätsprinzips, wie z. B. „Umfang", „besser erreicht". Auch die Unterscheidung zwischen ausschließlichen und konkurrierenden Kompetenzen trägt hierzu bei.[688] Dieser Auffassung steht jedoch schon die systematische Stellung des Art. 5 Abs. 2 EG bei den allgemeinen Rechtsprinzipien des Vertrages entgegen. Deshalb ist das Subsidiaritätsprinzip als zwingende Kompetenzschranke einzustufen, deren Einhaltung durch den EuGH kontrolliert werden muss.[689] Dies folgt auch aus Art. 220 und 230 EG, nach denen der EuGH verpflichtet ist die Einhaltung des Vertrags zu wahren und ihn korrekt zu interpretieren.[690] Damit stellt sich das Subsidiaritätsprinzip als zwingende Rechtsnorm dar. Streitigkeiten über die Gemeinschaftszuständigkeit bei konkurrierenden Kompetenzen der Gemeinschaft und der Mitgliedstaaten sind somit der Kontrolle

---

[685] Wolf/Fink, WuW, 1994, S. 291; Rehbinder, FS Mestmäcker, S. 721f.; Möschel, NJW 1995, S. 281ff.; Groger/Janicki, WuW 1992, 991ff.; Schütz, WuW 1994, S. 521f.; Kamburoglou, WuW 1994, S. 273ff.; Mestmäcker in Europa zwischen Ordnungswettbewerb und Harmonisierung, S. 191; Dreher, AG 1993, S. 437ff.

[686] Möschel in Europa zwischen Ordnungswettbewerb und Harmonisierung, S. 71.

[687] Hrbek, FS Bodo Börner, S. 138; Blanke, DVBl. 1993, S. 828; Hochbaum, DÖV 1992, S. 292.

[688] Siehe hierzu Stein in Subsidiarität Europas, S. 36ff.; von Borries, FS Deringer, S. 24ff.

[689] Jarass, EuGRZ 1994, S. 211, A. Müller, S. 61f.

[690] Die Pflicht folgt aus dem Grundsatz des *effet utile* - Lambers, EuR1993, S. 240; Pipkorn, EuZW 1992, S 700; A. Müller, S. 62.

des EuGH unterworfen.[691] Angeknüpft werden kann hierbei neben dem allgemeinen Grundsatz des Art. 220 EG an Art. 230 EG, der die Zuständigkeit des Gerichtshofs für Klagen wegen „Unzuständigkeit" vorsieht.[692] Eine solche Kontrolle ist insofern auch angezeigt, da die Begründungspflicht von Art. 253 EG für Rechtsakte auch im Hinblick auf das Subsidiaritätsprinzip zu wahren ist.[693] Zieht die Gemeinschaft eine konkurrierende Zuständigkeit an sich, so muss dies ausführlich begründet werden. Dies entspricht zudem einer Art Beweislastumkehr, da die Gemeinschaft anders als früher beweisen muss, dass sie zu Recht die Kompetenzen an sich gezogen hat.[694] Der Justiziabilität des Subsidiaritätsprinzips steht auch nicht dessen eindeutiger politischer Gehalt entgegen.[695] Politische Fragestellungen sind grundsätzlich nur von der Legislative oder der Exekutive zu lösen und das Tätigwerden der Judikative würde den Grundsatz der Gewaltenteilung zumindest aufweichen. Insoweit sei an die *judicial self-restraint* Doktrin verwiesen, die Zurückhaltung richterlicher Tätigkeit bei Auftreten politischer Fragen fordert.[696] Die Folgerung dem EuGH jede Entscheidungsbefugnis hinsichtlich des Subsidiaritätsprinzips abzusprechen, geht aber zu weit, auch wenn dem Subsidiaritätsprinzip eine zentrale Rolle in der Weiterentwicklung der EU zukommen sollte.[697] Die Frage, wem eine entsprechende Kompetenz zusteht beziehungsweise wie eine kompetenzzuweisende Vorschrift auszulegen ist, gehört zu seinen primären Aufgaben.[698] Vergessen werden darf auch nicht, dass einige Prinzipien, wie die Verhältnismäßigkeit, weitgehend bestimmt sind und die Vertragsziele für die Auslegung von Art. 5 Abs. 2 EG herangezogen werden können. Die politischen Aspekte des Subsidiaritätsprinzips sind zwar nicht zu leugnen, rechtfertigen aber nicht die Aushebelung der Kontrolle seiner Anwendung und Auslegung durch den Gerichtshof.[699] Dies gilt auch, wenn die Bewertung des Gerichtshofs nur selten dahin gehen wird, dass die Gemeinschaft wegen des Subsidiaritätsprinzips ihre Ausübungsgrenzen überschritten hat. Auch ein noch so weiter Spielraum der Gemeinschaft kann nicht als grundsätzlicher Einwand gegen die Justiziabilität eines Rechtsprinzips, hier des Subsidiaritätsprinzips, eingewendet werden.[700]

---

691 Schmidhuber/Hitzler, NVwZ 1992, S. 725.
692 Müller-Graff, ZHR 159 (1995), S. 57f.
693 A. Müller, S. 64; GTE-Schmidt, Band I, Art. 190 Rn. 6ff.
694 Pieper, Subsidiaritätsprinzip, S. 273.
695 Blanke in Subsidiaritätsprinzip in der EU, S. 112ff.
696 A. Müller, S. 151ff.; Constantinesco, EuZW 1991, S. 563 zur Gefahr des *gouvernment des juges.*
697 Lecheler, S. 20; differenzierend Lambers, EuR 1993, S. 229, 242.
698 Kapitel 3, 1. Teil B. I.
699 v. Borries, EuR 1994, S. 282ff.; Pieper, DVBl. 1993, S. 711, A. Müller, S. 66, 70; Im Ergebnis auch Müller-Graff, ZHR 159 (1995), S. 56f.; Lambers, EuR 1993, S. 240; Pipkorn, EuZW 1992, S 700.
700 Müller-Graff, ZHR 159 (1995), S. 56f.

Noch weitergehende Bedenken werden geäußert, wenn es um die unmittelbare Wirkung des Subsidiaritätsprinzips geht:[701] In diesem Zusammenhang stellt sich die Frage, ob die mitgliedstaatlichen Gerichte oder Verwaltungsbehörden Art. 5 Abs. 2 EG in der Weise zu berücksichtigen haben, dass eine Maßnahme der Gemeinschaft als unwirksam zu behandeln ist, wenn sie der Auffassung sind, dass bei deren Erlass die Zuständigkeitsausübungsvoraussetzungen nicht erfüllt waren. Den Behörden der Mitgliedstaaten wird eine entsprechende Kompetenz im Hinblick auf das Prinzip der Gewaltenteilung jedenfalls abgesprochen.[702] Hinsichtlich der mitgliedstaatlichen Gerichte ist die Antwort nicht so schnell zu finden. Hier wird das Interesse der Gemeinschaft an der einheitlichen Anwendung und Auslegung des Gemeinschaftsrechts gefährdet, wenn das mitgliedstaatliche Gericht aus eigener Einschätzung die Unwirksamkeit einer Gemeinschaftsmaßnahme annimmt, da sie gegen das Subsidiaritätsprinzip verstößt. Andererseits wäre es widersprüchlich, dem Subsidiaritätsprinzip die unmittelbare Wirkung abzusprechen, aber gleichzeitig dem Gerichtshof die Kontrolle seiner Auslegung und Aufwendung durch die Gemeinschaftsorgane aufzuerlegen. Ein Ausweg wird darin gesehen, die Möglichkeiten der mitgliedstaatlichen Gerichte[703] auf das Vorlageverfahren zu beschränken.[704] Der Hinweis auf diese Problematik soll genügen, um die grundsätzlichen Probleme des Subsidiaritätsprinzips zu verdeutlichen. Für die hier interessierende Frage, ob und wie das Subsidiaritätsprinzip im Rahmen der Art. 81, 82 EG von den Gemeinschaftsorganen zu beachten ist, kann hieraus nichts hergeleitet werden. Erst wenn die Anwendbarkeit auf die Art. 81, 82 EG bejaht wird, kann die Frage nach der unmittelbaren Wirkung des Subsidiaritätsprinzips von Bedeutung sein.

2. UNMITTELBARE ANWENDBARKEIT DES SUBSIDIARITÄTSPRINZIPS DES ART. 5 ABS. 2 EG: ART. 81, 82 EG - AUSSCHLIEßLICHE ODER KONKURRIERENDE KOMPETENZ?

Ein Schwerpunkt der Diskussion bei der Anwendbarkeit des Art. 5 Abs. 2 EG auf die EG-Kartellrechtsregeln dreht sich um die Einschätzung der Art. 81, 82 EG als ausschließliche oder konkurrierende Kompetenz, da Art. 5 Abs. 2 EG nach Wortlaut, Kontext und Logik nur im Bereich der nicht ausschließlichen Zuständigkeiten der EG anwendbar ist.[705]

---

[701] Lässig, S. 24 m.w.N.

[702] Müller-Graff, ZHR 159 (1995), S. 57.

[703] Diese beschränkte unmittelbare Wirkung wird auch dem Bundesverfassungsgericht zugestanden. Eine Eigenständige Verwerfungskompetenz wie es im Maastricht-Urteil vorbehalten wird, wird abgelehnt – Müller-Graff, ZHR 159 (1995), S. 58 Fußnote 120, Müller-Graff in Der Staatenverbund, S. 69f.

[704] Müller-Graff, ZHR 159 (1995), S. 58f.

[705] Rat, Subsidiaritätsprinzip, S. 140; Lambers, EuR 1993, S. 234; Müller-Graff, ZHR 159 (1995), S. 59.

Problematisch ist dabei, dass der EG-Vertrag keinen abschließenden Kompetenzkatalog kennt – wie etwa Art. 73 GG. Dies ist aber in Bezug auf die Rechtsnatur einleuchtend: Der EG kommt keine Allzuständigkeit zur Übernahme von Aufgaben zu.[706] Ihre Zuständigkeit kann sie nur von den Mitgliedstaaten ableiten. Die Gemeinschaft ist aber angesichts der immer weiter fortschreitenden Integration auf ein flexibles Zuordnungsgeflecht angewiesen, das sich nur durch eine dynamische Interpretation der Kompetenztatbestände durch den EuGH verwirklichen ließ und lässt.[707] Dementsprechend muss die Unterteilung einzelner Zuständigkeiten in ausschließliche und nicht ausschließliche durch Auslegung des Wortlauts, Zwecks und des Zusammenhangs der jeweiligen Ermächtigungsnorm gefolgert werden.[708] Ausschließlichkeit ist nach der Praxis des Gerichtshofs gegeben, wenn die Gemeinschaft allein zuständig sein soll und die Mitgliedstaaten nicht zum Handeln befugt sind.[709] Daneben kann aber nicht nur der gesamte Sachbereich zu den ausschließlichen Zuständigkeiten der Gemeinschaft gezählt werden. Die ausschließliche Zuständigkeit kann sich auch nach dem jeweiligen Sachgegenstand punktuell im Umfang einzelner Durchführungsmaßnahmen der Gemeinschaftsorgane zum EG-Vertrag ergeben.[710]
Für Art. 5 Abs. 2 EG ist dieser Grundsatz aber unbeachtlich. Zwar könnte fast von der tatsächlichen ausschließlichen Zuständigkeit der Gemeinschaft für Fälle gesprochen werden, die die Voraussetzungen der Zwischenstaatlichkeitsklausel erfüllen. Immerhin führt der vom Gerichtshof vertretene Grundsatz des Vorrangs des Gemeinschaftsrechts dazu, dass sich im Konfliktfalle die gemeinschaftliche gegenüber der nationalen Maßnahme durchsetzt und daher oftmals die Mitgliedstaaten selbst von Beginn an von einem Tätigwerden absehen.[711] Außerdem kann die Kommission einen Fall an sich ziehen, wenn die Zwischenstaatlichkeitsklausel erfüllt ist, und die Anwendung nationalen Rechts ausschließen. Der Schluss, dass sobald der innergemeinschaftliche Handel betroffen ist, die Gemeinschaft ausschließlich zuständig sei,[712] geht trotzdem fehl. Die Ausschließlichkeit für grenzüberschreitende Fälle folgt nicht aus der Zwischenstaatlichkeitsklausel selbst, sondern aus dem Grundsatz des Vorrangs des Gemeinschaftsrechts. Die Folgen des Vorrangs erstrecken sich grundsätzlich nicht auf die gesamte durch den Mitgliedstaat vorgenommene Maßnahme. Sie bleiben auf den widersprechenden Teil beschränkt. Außer-

[706] Zuleeg, NJW 2000, S. 2847, Pieper, Subsidiarität, S. 178.
[707] Pieper, Subsidiarität, S. 178; ebenfalls gegen einen Kompetenzkatalog Everling in Weidenfeld, S. 172f.
[708] Lambers, EuR 1993, S. 235; Pieper, DVBl. 1993, S. 708f., Müller-Graff, ZHR 159 (1995), S. 59.
[709] Müller-Graff, ZHR 159 (1995), S. 59; Pieper, Subsidiarität, S. 252.
[710] Müller-Graff, ZHR 159 (1995), S. 60.
[711] Mestmäcker in Europa zwischen Ordnungswettbewerb und Harmonisierung, S. 192f.
[712] Groger/Janicki, WuW 1992, S. 994 mit Hinweis auf die Regelungskompetenz des Rates gemäß Art. 83 EG für eine ausschließliche Kompetenz der Gemeinschaft auch für den Vollzug.

dem ändert sich nichts an der Tatsache, dass die Art. 81, 82 EG von einer konkurrierenden Kompetenz ausgehen, da die nationalen Behörden europäisches Kartellrecht anwenden können, solange die Kommission kein Verwaltungsverfahren eröffnet hat. Eine ausschließliche Zuständigkeit der Kommission entsteht demnach erst, wenn sie durch förmlichen Beschluss das Verwaltungsverfahren eröffnet. Insoweit kann nicht von ausschließlicher Kompetenz der Kommission gesprochen werden, wenn das Erfordernis der Zwischenstaatlichkeitsklausel erfüllt ist.[713]
Gegen die Anwendbarkeit des Art. 5 Abs. 2 EG auf die Art. 81, 82 EG spricht vor allem dessen Rechtsnatur. Das Subsidiaritätsprinzip betrifft als Rechtsnorm die Durchführung von Gemeinschaftsrecht. Danach sind die Mitgliedstaaten zuständig, es sei denn, eine Durchsetzung ist nicht möglich im Sinne von Art. 5 EG. Das Subsidiaritätsprinzip des Art. 5 EG begründet keine Zuordnung von Kompetenzen, sondern nur die Ausübung der der EG übertragenen Zuständigkeiten.[714] Auch die Systematik in Form des Rangverhältnisses von Art. 5 EG und Art. 81, 82 EG spricht gegen die Erfassung der Art. 81, 82 EG durch das Subsidiaritätsprinzip, da alle Regelungen primäres Gemeinschaftsrecht darstellen. Deshalb sind nur indirekte Auswirkungen mittels Auslegung der Zwischenstaatlichkeitsklausel in Art. 81 EG oder des Merkmals „wesentlicher Teil" des Gemeinsamen Marktes in Art. 82 EG möglich.[715] Aus Art. 5 Abs. 2 EG lassen sich daher keine rechtlichen Konsequenzen für die Abgrenzung des Anwendungsbereichs des EG-Kartellrechts von dem der Mitgliedstaaten ziehen.[716]
Von Bedeutung wäre das Subsidiaritätsprinzip somit nur für die – hier nicht zu untersuchende – Zulässigkeit des Vollzugs der EG-kartellrechtlichen Durchführungsvorschriften durch die Mitgliedstaaten. Konsequenterweise setzt sich der Streit über die ausschließliche beziehungsweise nicht ausschließliche Kompetenz der Gemeinschaft beim Vollzug der Art. 81, 82 EG fort. Gegner des Reformvorhabens der Kommission berufen sich darauf, dass das Subsidiaritätsprinzip nicht dazu berechtige, den Behörden der Mitgliedstaaten im Wege der Dezentralisierung den Vollzug des Gemeinschaftskartellrechts zu überlassen. Beim Vollzug des einmal anwendbaren Gemeinschaftskartellrechts, handele es sich um eine ausschließliche Zuständigkeit der Gemeinschaft.[717]

---

[713] Kamburoglou, WuW 1993, S. 280; Pernice in Grabitz/Hilf, EGV/EWGV II (Maastricht Vertrag), nach Art. 87, zu Art. 9 VO 17/62 Rn. 7; Groger/Janicki, WuW 1992, S. 991ff.; Mestmäcker in Europa zwischen Ordnungswettbewerb und Harmonisierung, S. 191; Wolf in Europa zwischen Ordnungswettbewerb und Harmonisierung, S. 237.
[714] Everling, FS Stern, S. 1231; Wolf in Europa zwischen Ordnungswettbewerb und Harmonisierung, S. 238f.; Pernice, S. 246; **a. A:** Schmidhuber, DVBl. 1993, S. 418f.
[715] Möschel, NJW 1995, S. 282.
[716] Roth/Ackermann, FK, EG-Vertrag Art. 81 Abs. 1 Grundfragen Tz. 305; im Ergebnis auch Möschel, NJW 1995, S. 282.
[717] Groger/Janicki, WuW 1992, S. 994 mit Hinweis auf die Regelungskompetenz des Rates gemäß Art. 83 Abs. 2 lit e) EG für eine ausschließliche Kompetenz der Gemeinschaft auch für den Vollzug.

3. MITTELBARE ANWENDBARKEIT DES SUBSIDIARITÄTSPRINZIPS

Wie bereits dargestellt, hat die extensive Auslegung der Zwischenstaatlichkeitsklausel an den Problemen bei der effektiven Durchsetzung des EG-Kartellrechts den wesentlichen Anteil.[718] Trotz der fehlenden unmittelbaren Anwendbarkeit des Subsidiaritätsprinzips, stellt sich die Frage, ob die Zwischenstaatlichkeitsklausel nicht im Wege der Auslegung eingeschränkt werden kann oder gar eingeschränkt werden muss.[719]

a) ART. 5 ABS. 2 EG

Da nach Aussage des EuGH die Zwischenstaatlichkeitsklausel auch anhand der Vertragsziele auszulegen ist,[720] kann Art. 5 Abs. 2 EG dafür herangezogen werden.

Die hiergegen gerichteten Äußerungen beruhen mehr auf der Befürchtung, die Auslegung könne eine Restriktion des Anwendungsbereichs des Gemeinschaftskartellrechts haben, denn auf rechtsdogmatischen Überlegungen. Es wird darauf hingewiesen, dass die Kommission nicht über die Kompetenz verfüge, den Anwendungsbereich durch Verwaltungspraxis zu korrigieren.[721] Eine derart gestaltete Auslegung würde der Zwischenstaatlichkeitsklausel zuwiderlaufen.[722] Tatsächlich hat die Kommission und der Gerichtshof diese Befürchtung bestätigt und den Anwendungsbereich durch ihre Verwaltungspraxis bestimmt. Die Kommission hat sogar Bekanntmachungen veröffentlicht, in der sie ihre Praxis darstellt, die sie der Bestimmung der Erfordernisse der Zwischenstaatlichkeitsklausel zugrundelegt. Der EuGH hat diese Bekanntmachungen in seiner Rechtsprechung zwar nicht übernommen, sie aber auch nicht verworfen.[723] Sicherlich sind auch hier der Tätigkeit der Kommission Grenzen gezogen. Der Vorwurf, die Kommission überschreite in solchen Fällen grundsätzlich ihre Kompetenzen, hält aber bei Berücksichtigung der maßgeblichen Beurteilungspraxis des Gerichtshofs nicht stand.

Das Argument, die durch Auslegung der Zwischenstaatlichkeitsklausel anhand von Art. 5 Abs. 2 EG entstehende Erweiterung nationaler Handlungsspielräume wäre „volitiv und willkürlich“,[724] ist eine pauschale Behauptung.[725] Bezeichnenderweise wurde diese Behauptung auch im Zusammenhang mit der Dezentralisierungsdebatte gebracht. Sie beruht auf dem Misstrauen den Mitglied-

---

[718] Kapitel 3, Zwischenbilanz 1. Teil.

[719] Wolf in Europa zwischen Ordnungswettbewerb und Harmonisierung, S. 238f.; Lässig, S. 28.

[720] Kapitel 3, 1. Teil B. III.

[721] Kamburoglou, WuW 1994, S. 281.

[722] Palacio González, European Law Review 1995, S. 364.

[723] Bunte in Langen/Bunte, KartR, Art. 81 Generelle Prinzipien, Rn. 123; Königs, S. 571f., 577f.

[724] Pernice, S. 247.

[725] Ebenfalls ablehnend Immenga in Europa zwischen Ordnungswettbewerb und Harmonisierung, S. 233, Müller-Graff 1995, ZHR, 72ff.

staaten gegenüber, über nationale Interessen hinaus im Einzelfall auch das Gemeinschaftsinteresse zu berücksichtigen.[726] Zwar ist das Argument beachtlich, Art. 5 Abs. 2 EG sei angesichts seines Sinn und Zwecks nicht für die Auslegung fruchtbar zu machen,[727] da es sich nicht um eine kompetenzbegründende Norm handelt, sondern sich auf die Durchführung von EG-Primärrecht bezieht.[728] Dies kann nicht gelten, wenn man Art. 5 Abs. 2 EG auf den Kerngedanken reduziert, dass bei ambivalenter Zuständigkeit die Auslegung der Wettbewerbsregeln im Zweifel zugunsten des Handlungsspielraums der Mitgliedstaaten zu erfolgen habe.[729] Gestützt wird dieser Gedanke schließlich auch von dem Prinzip der beschränkten Einzelermächtigung.[730]
In diesem Zusammenhang ginge zu weit, einen Zusammenhang[731] zwischen der Entscheidung *Keck und Mithouard* des Gerichtshofs[732] zugunsten der gemeinschaftsrechtlich unbeanstandbaren Regelungshoheit der Mitgliedstaaten und dem Subsidiaritätsprinzip zu sehen.[733] Nach Aussage eines an der Entscheidung beteiligten Richters ist die zum Teil als Kehrtwende bezeichnete Entscheidung nicht auf das Subsidiaritätsprinzip zurückzuführen, sondern auf den bereits damals erreichten hohen Integrationsstand.[734]
Die Einbringung des in Art. 5 Abs. 2 EG verankerten Subsidiaritätsprinzips in die Auslegung der Zwischenstaatlichkeitsklausel ist daher möglich.[735] Der Umfang der Folgen bleibt aber begrenzt.[736] Das in Art. 5 Abs. 2 EG angelegte Subsidiaritätsprinzip muss in Zusammenhang mit den übrigen Vertragszielen gebracht werden und bleibt in seiner Bedeutung relativ.[737] Ein Vertragsziel allein genügt jedenfalls nicht, um Aufgaben und Befugnisse zu begründen, zu erweitern oder zu begrenzen.[738] Insofern ist die Einbringung des Art. 5 Abs. 2 EG in die Auslegung der Zwischenstaatlichkeitsklausel nicht geeignet, diese mit einem *„pauschalen und diskretionären „Subsidiaritäts"-Faktor"* zu belasten und damit die *„erreichte Marktintegration als auch die rela-*

[726] Siehe zur Dezentralisierungsdebatte Kapitel 2, 5. Teil.
[727] Müller-Graff, ZHR 159 (1995), 74.
[728] Rat, Subsidiaritätsprinzip, S. 141.
[729] Am Beispiel der Art. 28, 30 EG - Müller-Graff 1995, ZHR 159 (1995), S. 74.
[730] Art. 5 Abs. 1 EG und siehe Kapitel 3, 2. Teil IV. 1.
[731] So Stein, EuZW 1994, S. 315.
[732] EuGH *Keck und Mithouard*, Slg. 1993-I/8, S. 6097ff.
[733] Müller-Graff, ZHR 159 (1995), 72ff ; Pernice, S. 247.
[734] Palacio González, European Law Review 1995, S. 361f. und oben Kapitel 3, 2. Teil A III 3.; a. A.: Blanke in Subsidiaritätsprinzip der EU, S. 115 für eine „stillschweigende Rezeption".
[735] Möschel, NJW 1995, S. 282, so auch Müller-Graff, ZHR 159 (1995), 73f., der die Auslegung anhand von Art. 5 Abs. 2 EG ablehnt aber das darin verankerte Prinzip als möglichen Auslegungsmaßstab zur Vermeidung von „Wertunstimmigkeiten" ansieht. Er warnt dennoch davor von dieser Möglichkeit im Rahmen des Art. 28 EG Gebrauch zu machen.
[736] Möschel, NJW 1995, S. 282.
[737] Kahl, AöR 1993, S. 441; Mayer, S. 120, 129.
[738] Es ist Konkordanz zwischen den gegenläufigen Prinzipien der Kohärenz und Solidarität zum Subsidiaritätsprinzip herzustellen - Möschel, NJW 1993, S. 3027; Lässig, S. 27; Mestmäcker in Europa zwischen Ordnungswettbewerb und Harmonisierung, S. 204.

tive Vorhersehbarkeit der Anwendung des Gemeinschaftsrechts tendenziell aufs Spiel zu setzen".[739]

b) SUBSIDIARITÄTSPRINZIP ALS VERFASSUNGSPRINZIP

Auch ein als verfassungsimmanenter Grundsatz verstandenes Subsidiaritätsprinzip[740] würde nicht zu einer größeren Gewichtung im Rahmen der Auslegung der Zwischenstaatlichkeitsklausel führen.
Die Existenz eines dergestalt ungeschriebenen Grundsatzes ist streitig. Art. 5 Abs. 2 EG soll nur einen Ausfluss dieses allgemeinen und ungeschriebenen Grundsatzes darstellen. So sei das Subsidiaritätsprinzip als Rechtsprinzip schon implizit in den Gründungsverträgen enthalten gewesen,[741] das von Anfang an die Grundlage der Römischen Verträge für die Regeln zur Aufrechterhaltung und Entwicklung eines lauteren, effektiven und unverfälschten Wettbewerbs auf nationaler wie auch auf Ebene der Gemeinschaft gewesen sei.[742] Verwiesen wird hierbei zum einen auf das seit Beginn geltende Prinzip der Einzelermächtigung, das sich in Art. 5 Abs. 2 EG fortsetze. Andererseits wird auf einzelne Bestimmungen des EG-Vertrages abgestellt, wie z. B. die Art. 94 Abs. 1, Art. 308 EG oder die Art. 81, 82 EG selbst. Dies ergebe sich bei Art. 308 EG daraus, dass ein Tätigwerden der Gemeinschaft erforderlich erscheinen muss, um geeignete Vorschriften für unvorhergesehene Fälle erlassen zu können.[743] Bei der Zwischenstaatlichkeitsklausel der Art. 81, 82 EG folge dies aus der Aufteilung des Anwendungsbereichs im Gemeinschafts- und mitgliedstaatlichen Recht.[744] Die Kompetenzverteilung der Zwischenstaatlichkeitsklausel entspreche daher dem Subsidiaritätsprinzip.[745]
Der Behauptung, dass das Subsidiaritätsprinzip schon in den Gründungsverträgen angelegt sei, wird von anderer Seite widersprochen.[746] Art. 5 EG sei zwar nicht die erste Ausprägung des Subsidiaritätsprinzips im EG-Vertrag; so wird nicht bestritten, dass mit Ratifizierung der Einheitlichen Europäischen Akte (EEA) das Subsidiaritätsprinzip erstmals in Art. 130r EEA Eingang gefunden hat. Mit Art. 130r EEA wurden die bisher der EU zustehenden Kompetenzen gemäß Art. 94 EG und 308 EG im Bereich der Umweltpolitik geändert. Die Gemeinschaft musste nunmehr unter anderem die Auswirkungen auf die Regionen der Gemeinschaft beachten und die Vorteile und die Belastungen auf-

---

739 Müller-Graff, ZHR 159 (1995), S. 75; nach Rehbinder, FS Mestmäcker, S. 722 steht der Subsidiaritätsgedanke nicht mit den grundlegenden Zielen der Wettbewerbspolitik in Konflikt.
740 Wolf, EuZW 1994, S. 235; Lässig, S. 25f.
741 Groger/Janicki, WuW 1992, S. 993; Pieper, DVBl. 1993, S. 710f.; wohl auch Schmidhuber, DVBL 1993, S. 418f.
742 Mestmäcker in Europa zwischen Ordnungswettbewerb und Harmonisierung, S. 191; Wolf in in Europa zwischen Ordnungswettbewerb und Harmonisierung, S. 237.
743 Nicolaysen in Weidenfeld, S. 159f.; Lässig, S. 24f.
744 Ehlermann, GS Grabitz, S. 46.
745 Kantzenbach, S. 214.
746 Bruha in Subsidiarität, S. 395; Müller-Graff, ZHR 159 (1995), S. 50 ff.; A. Müller, S. 59; ablehnend auch Heintzen, JZ 1991, S. 322.

grund des Tätigwerdens beziehungsweise Nichttätigwerdens abwägen.[747] Im Zeitraum vor der EEA war das Subsidiaritätsprinzip dem Primärrecht der EG dennoch fremd. Die von der Gegenauffassung genannten Regeln beinhalten keine Zuständigkeitsausübungsregeln, sondern Zuständigkeitszuordnungsregeln und/oder Zuständigkeitsvoraussetzungen. In der Argumentation vermenge man dadurch grundlegend kompetenzgedecktes Handeln mit dem nicht kompetenzgedeckten.[748] Auch die Entstehungsgeschichte spreche gegen ein entsprechend im EG-Vertrag angelegtes Verfassungsprinzip. Weder sollten Mitgliedstaaten die Ziele der Gemeinschaften alleine verfolgen, noch bestand die Auffassung, dass die Mitgliedstaaten die Ziele durch Maßnahmen auf Gemeinschaftsebene ausreichend oder besser verwirklichen könnten. Die Erfahrungen aus dem durch Nationalismus hervorgerufenen 2. Weltkrieg führten die späteren Mitgliedstaaten vielmehr zur gegenteiligen Zielrichtung. Es sollten die einzelstaatlichen Interessen durch supranationale Organisationen mit eigens dafür ausgestatteter gemeinschaftlicher Rechtsordnung überwunden werden. Damit könne sich die Frage der Subsidiarität im Sinne eines Vorrangs nationaler Kontrolle nicht gestellt haben.[749]

Auch wenn das Subsidiaritätsprotokoll von Amsterdam wohl letzterer Auffassung Recht gibt, wenn es über die in Art. 5 Abs. 2 EG niedergelegte Normierung hinausgehende Wirkungen nicht vorsieht,[750] bedarf es der Klärung dieser Diskussion nicht. Jedenfalls gilt auch hier, dass primärrechtlich normierte Kompetenzen nicht durch die Berücksichtigung eines solchen Verfassungsprinzips in der Auslegung dazu führen, dass Kompetenzen erweitert oder beschränkt werden. Es bedarf daher keines Rückgriffs auf einen ungeschriebenen Rechtsgrundsatz, um weitergehende Wirkungen als die aus Art. 5 Abs. 2 EG unmittelbar folgenden, herzuleiten.

VI. Fazit zum Subsidiaritätsprinzip als Anknüpfungspunkt

Das Subsidiaritätsprinzip kann zusammenfassend als bewährtes Handlungsprinzip einer gegliederten staatlichen Ordnung bezeichnet werden. Die Informationsprobleme und -kosten einer zentralistischen Politik sowie der Verwaltungsaufwand werden minimiert. Gleichzeitig bietet es ein höheres Maß an Wirtschaftlichkeit und Effizienz staatlicher Maßnahmen. Im Zusammenhang mit der Diskussion über das Demokratiedefizit der EG führt es zur bürgernahen Entscheidungsfindung, wodurch nationale Identität der Mitgliedstaaten und ihrer Regierungssysteme gewahrt werden. Ein wohl verstandenes Maß an Subsidiarität – die Zielrichtung darf nicht sein das institutionelle Gleichgewicht zwischen EG und Mitgliedstaaten zu stören – kann den noch verbleibenden In-

[747] A. Müller, S. 41; Constantinesco, EuZW 1991, S. 562.
[748] Müller-Graff, ZHR 159 (1995), S. 51.
[749] Müller-Graff, ZHR 159 (1995), S. 51; Bruha in Subsidiarität, S. 395; Heintzen, JZ 1991, S. 322.
[750] Subsidiaritätsprotokoll abgedruckt in Nanz/Silberberg, S. 248ff.; Steindorff, ZHR 163 (1999), S. 400f., 404ff.

tegrationsprozess durch die Stärkung der Akzeptanz der Gemeinschaft entscheidend unterstützen. Die Folge wäre also eine Stärkung und nicht Schwächung der Gemeinschaft.[751]
Ausgehend hiervon ist verständlich, dass die Einführung des Subsidiaritätsprinzips von einigen als Kehrtwende bezeichnet wurde. Andere waren skeptischer und werteten dessen Einführung als „verbales Linsengericht" mit der Hoffnung auf Besseres[752]. In der Zwischenzeit ist weitgehende Ernüchterung eingetreten. So ist der erwartete „Entrümpelungseffekt" für bestehende oder die Rücknahme geplanter Richtlinien nicht eingetreten, da sich die meisten Rechtssetzungsakte auf die Gewährleistung des Binnenmarktes bezogen und daher nicht aufgegeben werden konnten.[753]
Parallel zur allgemeinen Entwicklung des in Art. 5 Abs. 2 EG niedergelegten Subsidiaritätsprinzips können auch dessen Auswirkungen auf die Wettbewerbsregeln, insbesondere die Zwischenstaatlichkeitsklausel der Art. 81, 82 EG, bewertet werden. Zu Beginn hoffte man, dass der Gerichtshof mit Hilfe des in Art. 5 Abs. 2 EG verankerten Subsidiaritätsprinzips zu einer Kompetenzverteilung zwischen der Gemeinschaft und den Mitgliedstaaten beitragen und einen Ausgleich bei der Kompetenzverteilung schaffen würde.[754] Diese Hoffnung oder die Erwartung, dass dem Prinzip ein sonstiges „politisches Momentum" zuwachsen könne und aus ihm etwas Zukunftsweisendes machen zu können,[755] ist bisher enttäuscht worden. Dies liegt nicht nur daran, dass die unmittelbare Anwendbarkeit von Art. 5 Abs. 2 EG rechtsdogmatisch nicht möglich ist. In Betracht zu ziehen ist allenfalls die mittelbare Anwendbarkeit bei der Auslegung der Zwischenstaatlichkeitsklausel, die wegen der Abwägung mit den anderen Vertragszielen aber nur geringe Auswirkungen hat.[756] Eine wesentliche Einschränkung des Anwendungsbereichs des gemeinschaftlichen Kartellrechts zugunsten des Kartellrechts der Mitgliedstaaten lässt sich allein hierauf jedenfalls nicht gründen. Sofern z. B. der Tatbestand des Art. 81 Abs. 1 EG durch eine Art *rule of reason* teleologisch restriktiv ausgelegt wird, mit der Folge, dass der Anwendungsbereich des nationalen Rechts wächst, steht dies nicht im Zusammenhang mit dem Subsidiaritätsprinzip. Die einschränkende Auslegung hängt vielmehr mit der Veränderung der tatsächlichen wettbewerblichen Verhältnisse und deren Wertung zusammen. Beispielsweise die Erkenntnis, dass die Beschränkung des Intrabrand-

---

[751] Groger/Janicki, WuW 1992, S. 993f.
[752] Möschel in Europa zwischen Ordnungswettbewerb und Harmonisierung, S. 73 mit Verweis auf Europäischer Rat, Subsidiaritätsprinzip, S. 139ff.; Parlament / Rat / Kommission, Interinstitutionelle Vereinbarung, S. 149f.
[753] Möschel in Europa zwischen Ordnungswettbewerb und Harmonisierung, S. 73.
[754] Lässig, S. 25.
[755] Möschel, NJW 1995, S. 281.
[756] Müller-Graff, ZHR 159 (1995), S. 77; zur allgemein geringen Rechtswirkung des Subsidiaritätsprinzips – Steindorff, ZHR 163 (1999), S. 400f., 404ff.

Wettbewerbs weniger Gewicht gegenüber effizienzfördernden Wirkungen im Interbrand-Wettbewerb hat.[757]

Außerdem stellt sich die Frage, wie wirkungsvoll durchsetzbar das Subsidiaritätsprinzip tatsächlich ist. So kann zwar die Prüfung des Subsidiaritätsprinzips auch in die grundsätzliche Begründungspflicht gemäß Art. 253 EG aufgenommen werden.[758] Durch eine interinstitutionelle Vereinbarung zwischen Europäischen Parlament, Europäischen Rat und Europäischer Kommission wurde unter anderem der Kommission aufgetragen, dass in der Begründung jedes Vorschlags eine Rechtfertigung im Hinblick auf das Subsidiaritätsprinzip enthalten sein müsse.[759] Das stellt aber weder für die Gemeinschaftsorgane im Allgemeinen noch für die Kommission im Besonderen ein besonderes Hindernis dar. Ein Grund, weshalb eine Maßnahme auf Gemeinschaftsebene zu regeln sei, lässt sich schnell finden.[760] Überlässt man zudem die Subsidiaritätsprüfung den Gemeinschaftsorganen, wird sie dem gemeinschaftspolitischen Prozess ausgesetzt, der naturgemäß zu zentralistischen Lösungen neigt. Hierbei handelt es sich nicht um einen unbegründeten Verdacht. Die bisherige Anwendung von Art. 308 EG kann als Vergleich herangezogen werden. Nach Art. 308 EG muss ein Tätigwerden der Gemeinschaft erforderlich erscheinen, um geeignete Vorschriften für unvorhergesehene Fälle erlassen zu können. Die Gemeinschaftsorgane haben von dieser Möglichkeit extensiv Gebrauch gemacht und damit Aufgaben an sich gezogen, die ursprünglich nicht in ihren Kompetenzbereich fielen. Damit wird auch die Zweischneidigkeit des Subsidiaritätsprinzips deutlich: Art. 5 Abs. 2 EG begründet zum einen die Forderung nach primär nationalen Regelungen, wo dies möglich ist. Das Subsidiaritätsprinzip dient aber gleichzeitig als Legitimation für gemeinschaftsrechtliche Maßnahmen, soweit ein gemeinschaftsrechtliches Interesse vorgebracht werden kann.[761]

Der politische Druck, der zur Beachtlichkeit des Subsidiaritätsprinzips im Rahmen der Zwischenstaatlichkeitsklausel führen könnte, fehlt ebenfalls. So haben mittlerweile alle Mitgliedstaaten eine Kartellrechtsordnung. Dennoch ist die Wahrscheinlichkeit, dass unter dem Einfluss des Subsidiaritätsprinzips der materielle Anwendungsbereich der Art. 81, 82 EG eingeschränkt wird, gering. Zum einen ist die Anwendungspraxis zu gefestigt,[762] zum anderen existiert ei-

---

[757] Möschel, NJW 1995, S. 282; kritisch Emmerich, KartellR, S. 420f., 429ff.

[758] Lässig, S. 24; Parlament / Rat / Kommission, Interinstitutionelle Vereinbarung, S. 149, III.1 - Die Vereinbarung sieht eine Überwachung der Beachtung des Subsidiaritätsprinzips im Rahmen der normalen Gemeinschaftsprozesse vor.

[759] Parlament / Rat / Kommission, Interinstitutionelle Vereinbarung, S. 149, II.2.

[760] Everling in Weidenfeld, S. 176; deshalb fordert Borchmann, EuZW 1996, S. 641 ein zusätzliches „Subsidiaritätsprotokoll".

[761] Lässig, S. 24f.; Benda in Weidenfeld, S. 154.

[762] Möschel, NJW 1995, S. 282.; ähnlich Palacio González, European Law Review 1995, S. 369f.

ne parallele administrative Kompetenz beim Vollzug des Gemeinschaftsrechts zwischen der Kommission und den nationalen Behörden.[763] Bestätigt wird dies dadurch, dass eine Prüfung im Sinne des Subsidiaritätsprinzips bis jetzt nicht vollzogen wurde.[764]

Im Ergebnis besteht daher kein großer Unterschied zu denen, die sich gegen eine Einschränkung des Anwendungsbereichs der Art. 81, 82 EG zugunsten des Kartellrechts der Mitgliedstaaten wenden, weil sich dies rechtlich nicht aus der Positivierung des Subsidiaritätsprinzips herleiten lasse.[765] Eine entsprechende Neuausrichtung der Zwischenstaatlichkeitsklausel sei allenfalls als rechtspolitisches Anliegen zu verstehen und zu würdigen.[766] Die Bedeutung des Subsidiaritätsprinzips ist daher nicht in dessen Auswirkungen bei der Auslegung und Anwendung des primären Gemeinschaftsrechts zu suchen. Die Festigung der EG benötigt vielmehr eine genaue Abgrenzung des Anwendungsbereichs von nationalem und Gemeinschaftskartellrecht im Sinne eines pre-föderalen Systems. Erst in diesem Zusammenhang spielt das Subsidiaritätsprinzip seine wahre Bedeutung aus. Es zeigt den erreichten Integrationsstand der Gemeinschaft auf und den Weg, der bei der weiteren Integration zu gehen ist.[767] Der Grundsatz *in dubio pro communitate*, der der Rechtsprechung des EuGH zugrunde liegt und sich aus der Logik der europäischen Integration und der Rolle des EuGH ergab,[768] kann daher z. B. nicht mehr uneingeschränkt aufrecht erhalten werden. Denn damit wird das Gleichgewicht zwischen den Vertragspartnern insoweit beeinflusst, dass der EG-Vertrag durch diesen Grundsatz die Souveränität der Mitgliedstaaten den Vertragszielen grundsätzlich unterordnet.[709] Zu dieser Unterordnung trägt auch die Rechtsprechung des EuGH zum Vorrang des Gemeinschaftsrechts bei. Insgesamt zeigen diese Ansätze in die entgegengesetzte Richtung des Subsidiaritätsprinzips, da sie die Souveränität der Mitgliedstaaten reduzieren und die Supranationalität der EU fördern.[770]

C. ORDNUNGSWETTBEWERB

Ein weiterer Aspekt, der in die Diskussion um die Neuorientierung der Abgrenzung des Anwendungsbereichs von mitgliedstaatlichem und nationalem Recht

---

[763] Möschel, NJW 1995, S. 282.
[764] A. Müller, S. 59.
[765] Roth/Ackermann, Frankfurter Kommentar V, EG-Vertrag Art. 81 Abs. 1 Grundfragen Tz. 305.
[766] Roth/Ackermann, Frankfurter Kommentar V, EG-Vertrag Art. 81 Abs. 1 Grundfragen Tz. 305.
[767] Palacio González, European Law Review 1995, S. 369f.
[768] Rittner, EuR 1998, S. 13; Höffe in Subsidiarität, S. 41.
[769] A. Müller, S. 109f.; Höffe in Subsidiarität, S. 41; nach Mussler, S. 91f. ist der Grundsatz Ausdruck des Interesses an der damit verbundenen Möglichkeit zur Erweiterung von Macht, ansehen und Budget.
[770] A. Müller, S. 100ff., 110.

eingebracht wird, ist das Konzept des Systemwettbewerbs oder auch Ordnungswettbewerbs der Staaten.[771] Ihm wird der erfolgreiche Sonderweg Europas in diesem Jahrtausend zugeschrieben.[772]
Ausgangspunkt ist die Feststellung, dass der Rechtsschutz des Wettbewerbs auf nationalen Teilmärkten und auf dem Gemeinsamen Markt dadurch effektiver gestaltet werden kann, dass dem Kartellrecht der Mitgliedstaaten ein wesentlicher Gestaltungsraum bleibt, in dem es ergänzend angewendet werden kann.[773] Eine wesentliche Diskrepanz besteht aber darin, ob das nationale Recht hierfür harmonisiert werden muss. In diesem Zusammenhang wird das Konzept des Ordnungswettbewerbs bemüht, um eine solche Harmonisierung zu vermeiden oder zumindest zu begrenzen.[774] Gleichzeitig wird auch die Nähe und die Bedeutung dieses Konzepts für die Diskussion über die vertikale Kompetenzverteilung zwischen EU und den Mitgliedstaaten deutlich,[775] wie sie sich auch beim Subsidiaritätsprinzip gezeigt hat.[776] Der horizontale Systemwettbewerb zwischen den Mitgliedstaaten steht damit gleichzeitig neben dem vertikalen Systemwettbewerb zwischen dem einer über- (EG) und untergeordneten Jurisdiktion (Mitgliedstaat).[777]

I. GRUNDGEDANKE DES ORDNUNGSWETTBEWERBS

Unter dem Konzept des Ordnungswettbewerbs versteht man den Wettbewerb der Staaten mit ihren Wirtschafts- und Rechtsordnungen.[778] Ausgangspunkt ist, dass Wettbewerb (anders als Monopole) Wissen schafft, Effizienz steigert und Macht begrenzt. Aus der Anwendung der Kriterien für unternehmerische Monopole auf Staaten ergibt sich, dass Staaten eine monopolähnliche Organisation darstellen, die auf ihrem Hoheitsgebiet keinem Wettbewerb ausgesetzt sind.[779] Aufgrund der Kritik der überhand nehmenden Staatstätigkeit, insbesondere der Reglementierung, und der aus der europäischen Integration fol-

---

[771] Die Entdeckung des Phänomens wird regelmäßig Tiebout (1956) zugeordnet. Der Gedanke des Systemwettbewerbs wird aber bereits im 17. Jahrhundert von merkantilistischen Autoren in Holland erörtert. In der ökonomischen Theorie erlangte das Konzept seit Ende der 80er Jahre wieder Bedeutung – Gerken, Systemwettbewerb der Staaten, S. 2f. m.w.N.; zur Diskussion in der Tagespresse siehe nur Jahn, F.A.Z. v. 17.11.2001, S. 17; Grundmann, F.A.Z. v. 13.12.2001, S. 10.
[772] Die politische Zersplitterung Europas und bestehende Rivalität sowie die durch geringe Entfernung mögliche Abwanderung innovatorischer Eliten soll es den Machtinhabern unmöglich gemacht haben, Innovationen zu unterbinden – Weede, S. 17ff.; nach Epochen differenzierend Volckart in Systemwettbewerb als Herausforderung, S. 181ff., 202f.
[773] Jung, S. 32f.
[774] Koenig, EuZW 1998, S. 513; Taupitz, JZ 1993, S. 537; M. Müller, S. 25.
[775] Gerken in Europa zwischen Ordnungswettbewerb und Harmonisierung, S. 3 ff., 9; Kantzenbach, S. 215f.; M. Müller, S. 26.
[776] Kapitel 3, 2. Teil B. III. 2.
[777] M. Müller, S. 99.
[778] Gerken in Europa zwischen Ordnungswettbewerb und Harmonisierung, S. 3.
[779] Streit/Kiwit, S. 38f.; Gerken, Wettbewerb der Staaten, S. 30f.; Gerken in Europa zwischen Ordnungswettbewerb und Harmonisierung, S. 9.

genden Zentralisierungstendenz ist das Konzept des Wettbewerbs der Systeme auch für die EG[780] aufgeworfen worden.[781] Damit würde neben den Wettbewerb der Unternehmen ein Wettbewerb der Staaten mit ihren Wirtschafts- und Rechtsordnungen treten.[782] Den Rechtsordnungen kommt diesbezüglich gegenüber den staatlichen Einzelmaßnahmen die eigentliche Bedeutung zu, so dass es sich bei dem Wettbewerb der (Mitglied-)Staaten prinzipiell um einen Wettbewerb der Rechtsordnungen handelt - kurz Ordnungswettbewerb.[783] Der Ordnungswettbewerb gestaltet sich prinzipiell über Politiken zur Verbesserung der Rahmen- oder Standortbedingungen und Politiken des Protektionismus. Während die Standortpolitik dazu dient, *„das ökonomisch relevante Rechtssystem und die Qualität der öffentlichen Infrastruktur"*[784] im Vergleich zu anderen Staaten[785] zu verbessern und damit die eigene Attraktivität für Unternehmen[786] zu steigern, können protektionistische Maßnahmen ergriffen werden, um diesem Wettbewerb aus dem Weg zu gehen.[787] Die begriffliche und inhaltliche Anlehnung an die im Kartellrecht verwendeten Konzepte des

---

[780] Tatsächlich handelt es sich dem Paradigma des methodologischen Individualismus folgend, nach dem ausschließlich die Handlungen von Individuen die einzige Quelle sozialer Interaktion sind, um das Konkurrieren von Individuen verschiedener Staaten als Gruppen miteinander. Die Gruppen werden regelmäßig von ihren politischen Akteuren vertreten, die die kollektiven Handlungen im Namen der Gruppe vornehmen und damit diese als Ganzes binden – Gerken, Wettbewerb der Staaten, S. 7; Kirchner, S. 34ff.; Gerken in Europa zwischen Ordnungswettbewerb und Harmonisierung, S. 11 ff. und Fußnote 22 jeweils m.w.N. Im Einzelnen ist nicht geklärt, ob nun Politiker als Vertreter von Staaten handeln oder die Gesamtheit der Inhaber der in den einzelnen Ländern vorhandenen immobilen Produktionsfaktoren – Giersch in Europa zwischen Ordnungswettbewerb und Harmonisierung, S. 41ff. m.w.N.

[781] M. Müller, S. 87, 143ff.; Streit, Diskussionsbeitrag 09/95, S. 3ff..

[782] Gerken in Europa zwischen Ordnungswettbewerb und Harmonisierung, S. 9.

[783] Auch Institutionenwettbewerb genannt - Gerken in Europa zwischen Ordnungswettbewerb und Harmonisierung, S. 15; Mussler, S. 72.

[784] Damit werden die Rahmenbedingungen umschrieben - Gerken in Europa zwischen Ordnungswettbewerb und Harmonisierung, S. 15.

[785] Beziehungsweise dessen politische Akteure nach dem methodologischen Individualismus –Gerken, Wettbewerb der Staaten, S. 30f. m.w.N.; Streit/Mussler, S. 78f.; wohl auch davon ausgehend Monopolkommission, Systemwettbewerb, S. 18f. Rn. 11.

[786] Auch hier ist noch nicht geklärt, um wen die Staaten konkret in Wettbewerb treten: um mobile Bürger als Einwohner und Steuerzahler; um die Präsenz auf Exportmärkten also um Unternehmen der Exportbranchen, um die Inhaber von Produktionsfaktoren, um die Inhaber von Finanzkapital oder um multinationale Unternehmen – siehe Übersicht bei Gerken, Wettbewerb der Staaten, S. 9ff. mit umfangreichen Nachweisen.

[787] Protektionistische Maßnahmen können ambivalente Wirkungen zeigen, so können große Staaten durch Handelsblockaden gerade zu dem Zweck errichten, Kapital in das Inland zu lenken. Dieses Phänomen lässt sich allerdings nur auf großen Märkten beobachten. Bei kleinen Märkten, kann sich eine protektionistische Politik entgegengesetzt auswirken. In letzterem Fall stellt Protektionismus keinen Aktionsparameter für den Ordnungswettbewerb dar – Gerken, Wettbewerb der Staaten, S. 29 am Beispiel der Drohung der USA gegenüber japanischen Unternehmen protektionistische Maßnahmen zu ergreifen, um sie dazu zu bewegen, Fertigungswerke in den USA zu errichten.

Leistungs- und des Behinderungswettbewerbs ist offensichtlich und gewollt.[788] Da das notwendige Wissen für die Verbesserung der eigenen Politiken lückenhaft ist, müssen die Staaten nach dem Prinzip von Versuch und Irrtum vorgehen. Staaten mit einer erfolgreichen Politik werden Kapitalzuflüsse erfahren, die anderen Kapitalabwanderungen. Folge ist, dass die Staaten mit Kapitalabwanderungen ihre Politiken an die der erfolgreicheren Staaten angleichen, um nicht weitere Kapitalabwanderungen zu erfahren. Gleichzeitig zwingt die Dynamik des Wettbewerbs die bereits attraktiven Staaten, ihr Leistungsangebot ständig auf seine Attraktivität hin zu überprüfen und zu verbessern. Damit tritt die dem Wettbewerb immanente Funktion als Anreiz- und Entdeckungsverfahren zur Schaffung und Umsetzung von Wissen zu Tage.[789] Regulierungswettbewerb beschränkt sich aber nicht nur auf die Konvergenz der „besten“ verfügbaren Regelung (sog. „ex ante-Harmonisierung“[790]). Statt einer Anpassung können sich die Staaten auch dafür entscheiden, in einen Innovationswettbewerb zu treten, der nicht zwingend eine Adaption der ausländischen Regelungen zur Folge hat. Außerdem können, bedingt durch abweichende Präferenzen des Realisierungsgrades der Bürger beziehungsweise Unternehmen weiterhin unterschiedliche Regelungen bestehen.[791] Daneben wird dem Wettbewerb der Staaten eine machtbegrenzende Funktion zugewiesen, da die Bürger und Interessengruppen auf die politische Willensbildung in Form von Wahlen, Abstimmungen, Umfragen (auch Widerspruch oder „*voice*“) aber auch Abwanderung („*exit*“) reagieren können (Wettbewerb als Kontrollverfahren).[792]

II. Rechtspolitischer Nutzen des Ordnungswettbewerbs für das Gemeinschaftsrecht

Ob dieses Konzept auch von den Gemeinschaftsorganen im Rahmen ihrer Tätigkeit beachtet werden kann, hängt davon ab, ob es als rechtspolitisches Prinzip im Gemeinschaftsrecht Sinn macht. Insofern könnte diesem gerade das Binnenmarktziel aufgrund des für die Integration genutzten Mittels der Harmonisierung[793] diametral entgegenstehen.

Darüber hinaus müsste es sich nicht nur um ein für die Gemeinschaft wettbewerbspolitisch wünschenswertes Konzept handeln, sondern auch einen

---

[788] Kerber in Europäische Integration, S. 60; Streit/Mussler, S. 78; ursprünglich auch Gerken in Europa zwischen Ordnungswettbewerb und Harmonisierung, S. 18f, jetzt aber für die Irrelevanz dieser Unterscheidung für den Wettbewerb der Staaten – Gerken, Wettbewerb der Staaten, S. 52, S. 64ff.

[789] Gerken, Wettbewerb der Staaten, S. 31; Streit/Kiwit, S. 31ff., 38f; grundsätzlich zustimmend Monopolkommission, Systemwettbewerb, S. 18ff.

[790] Streit, Diskussionsbeitrag 09/95, S.8

[791] Streit, Diskussionsbeitrag 09/95, S.8; Hannowsky/Renner, S. 27ff.

[792] Hannowsky/Renner, S. 29; Adamovich/Wohlgemuth in Systemwettbewerb als Herausforderung, S. 123; Monopolkommission, Systemwettbewerb, S. 16f.

[793] Ehlermann, Integration 1995, S. 11f.; Streit/Mussler, S. 75.

rechtsverbindlichen Grundsatz darstellen. Rechtspolitische Erwägungen allein können in die Auslegung der Zwischenstaatlichkeitsklausel durch die Gemeinschaftsorgane nicht eingestellt werden: Sofortige Beachtung kann durch die Gemeinschaftsorgane nur erfolgen, wenn es sich beim Ordnungswettbewerb um ein rechtlich bindendes Prinzip oder Ziel des EG-Vertrages handelt.[794]

1. SPANNUNGSVERHÄLTNIS VON HARMONISIERUNG, *RACE TO THE BOTTOM* UND ORDNUNGSWETTBEWERB

Ordnungswettbewerb und Harmonisierung als Mittel zur Integration werden oft als Gegensatz dargestellt.[795] Inzident wird dem Ordnungswettbewerb eine integrationshemmende Wirkung zugesprochen.[796]

Harmonisierung ist die Nivellierung von Ungleichheiten, die auf dem Verhandlungswege der jeweils Betroffenen stattfindet. Auf europäischer Ebene erfolgt die Harmonisierung im Wege der Harmonisierung von Rechts- und Verwaltungsvorschriften. Das entsprechende Verfahren ist in den Art. 95 EG, 251 EG festgehalten.[797] Dabei ist Harmonisierung ihrerseits an das Ziel der Integration geknüpft: Sie ist nur berechtigt, wenn die Verwirklichung des Binnenmarkts dies erfordert.[798] Damit kann man sie pointiert in Gegensatz zum Ordnungswettbewerb in dem Sinne setzen, als die Harmonisierung von Rechtsordnungen als Wettbewerbsbeschränkung analog zum Kartell zu beschreiben ist, wobei Drittländer (also Nicht-Mitgliedstaaten der Gemeinschaft) als Außenseiter anzusehen sind.[799]
Industrie und europäische Politik versuchen eine kontinuierliche Angleichung des nationalen an das europäische Kartellrecht voranzutreiben.[800] Ziel ist, dass in der EU nur noch eine einheitliche Kartellrechtsordnung zur Anwendung kommt. Dadurch müssten sich die Unternehmen nur noch auf eine materielle Rechtsordnung einstellen, während die Verfahren bei einer Verwaltungsstelle konzentriert wären. Die Verfahren würden einfacher und in allen Mitgliedstaaten wären die gleichen marktordnungsrechtlichen Ausgangsbedingungen gewährleistet.[801] Wesentliches Argument der Unternehmen für eine Harmonisierung ist die Senkung der Transaktionskosten durch *leveling the*

---

794 Roth/Ackermann, Frankfurter Kommentar V, EG-Vertrag Art. 81 Abs. 1 Grundfragen Tz. 305.
795 Schön, ZHR 160 (1996), S. 232f.; Everling, FS Steindorff, S. 1171; Schütz, WuW 1994, S. 520; Dreher, AG 1993, S. 438; Janicki, WuW 1989, S. 201f.
796 Schütz, WuW 1994, S. 520f.; Ebenroth, RIW 1994, S. 12
797 Kritisch zum Verfahren Streit/Mussler, S. 80f.
798 Streit/Mussler, S. 81; auch wenn es sich um Bereiche einzelstaatlicher Zuständigkeit handelt - Zuleeg, EuR 1990, S. 132.
799 Mussler, S. 74; Streit/Mussler, S. 80.
800 BDI für Ausweitung der EG-Fusionskontrolle auf kleinere Unternehmen, EuZW 1993, 304; Zschocke, WuW 1996, S. 86ff.
801 Jung, S. 33; Kamburoglou, WuW 1993, S. 277.

playing field.[802] Ausgangspunkt ist die Forderung, dass die Teilnehmer des Binnenmarktes keinen Kostenunterschieden durch unterschiedliche Regulierungsintensität ausgesetzt sein dürfen.[803] Dabei konzentriert sich die ökonomische Analyse auf lediglich unmittelbar feststellbare Kostenvorteile der zentralisierten Harmonisierung, da ökonomisches Wissen für eine Harmonisierung durch Ordnungswettbewerb bisher nicht gegeben ist. Zudem wird bei einer zentralisierten Harmonisierung davon ausgegangen, dass die europaweit geltende Regelung ein Optimum darstellt. Dieses Optimum beruht aber nur auf einer Vermutung, da die Regelung nicht Folge tatsächlicher Erfahrungen ist. Anders ist dies bei Regelungen, die sich im Ordnungswettbewerb als beste Regelung durchgesetzt haben und dann von allen übernommen würden (Ordnungswettbewerb als Entdeckungsverfahren).[804] Gleichzeitig soll mit dem *leveling the playing field*-Argument die sog. Inländerdiskriminierung beseitigt werden. Damit ist die Benachteiligung nationaler Anbieter gegenüber ausländischen Anbietern gemeint, die dadurch entsteht, dass die nationalen Anbieter der strengeren nationalen Regulierung unterliegen, nicht aber die ausländischen Anbieter.[805] Aber nicht in allen Fällen rechtlicher Inländerdiskriminierung führt dies zu Wettbewerbsnachteilen für die nationalen Anbieter und bedarf einer Harmonisierung. Bekanntes Beispiel ist das deutsche Reinheitsgebot für Bier. Die Folgen des EuGH-Urteils, das ausländischen Anbietern erlaubte nicht nach dem deutschen Reinheitsgebot zu brauen,[806] blieb für die deutschen Brauer ohne die befürchteten nennenswerten Folgen,[807] da die nationalen Präferenzen auf die Einhaltung des deutschen Reinheitsgebots zielten.[808]

Als weiteres Argument für die Harmonisierung wird das einheitlich hohe Schutzniveau vorgebracht. Diesem einheitlichen Schutzniveau wird ein Eigenwert beigemessen, der aber in dieser Pauschalität bestritten wird, da den Präferenzen der Bürger nicht Rechnung getragen wird.[809] Zudem verstärke die Harmonisierung die schon gegebene zentralistische Tendenz der Gemein-

---

[802] Böge/Schaub, WuW 2001, S. 929.

[803] Zschocke, WuW 1996, S. 86f. für die FKVO; M. Müller, S. 122f.; Kantzenbach, S. 214f.; Streit/Mussler, S. 95f.; das Argument wurde und wird auch bei der Diskussion um die Absenkung der Schwellenwerte der Fusionskontrolle vorgetragen - Möschel, NJW 1995, S. 284; kritisch zu dieser Argumentation Möschel, AG 1998, S. 564 und Monopolkommission, Systemwettbewerb, S. 21f., weil es die komparativen Kostenvorteile einzelner Länder einebnet und nicht die heimischen Präferenzen berücksichtigt, sondern den betroffenen Ländern einheitliche Präferenzen aufzwingt und so gerade einen Wettbewerb verhindert.

[804] Streit/Mussler, S. 95f.; Mussler/Wohlgemuth, S. 33.

[805] Becker in Schwarze, EG-Kommentar, Art. 28 Rn. 21.

[806] EuGH *Reinheitsgebot für Bier*, Slg. 1987-II; S.1227ff.

[807] Zu den „Abwehrmaßnahmen" Deutschlands nach dem Urteil: Winkler in Systemwettbewerb als Herausforderung, S. 108ff.

[808] Streit/Mussler, S. 96; zu den Präferenzen als Standortfaktor Möschel, AG 1998, S. 564.

[809] Am Beispiel des Umweltschutzes, dessen Nachfrage in den einzelnen Mitgliedsländern nach Bruttoinlandsprodukt pro Kopf als auch nach Bevölkerungsdichte stark variiert - Streit/Mussler, S.97 f.; M. Müller, S. 140.

schaftsorgane. Die Streitigkeiten um die nur oberflächlich ausformulierten Voraussetzungen für eine Harmonisierung der Vertragstexte würden von den Beteiligten als Zentralisierungsinstrument genutzt.[810]

Weiter wird dem Ordnungswettbewerb vorgeworfen, dass er die Wettbewerbsfähigkeit der deutschen Volkswirtschaft schädige[811] oder die wirtschaftliche Einheit Europas gefährde.[812] Ob dies ökonomisch sinnvoll ist, wird von den Befürwortern des Ordnungswettbewerbs bezweifelt. Dem Wettbewerbsrecht komme als Standortfaktor nicht nur im Wettbewerb Europas mit anderen Staaten eine wichtige Rolle zu, sondern die Mitgliedstaaten befänden sich ebenfalls in einem Wettbewerb, bei dem die Wettbewerbspolitik eine nicht minder wichtige Rolle spiele. Die Nutzung der Wettbewerbsregeln für diesen Standortwettbewerb zu beschneiden, wird daher als Fehler bewertet.[813] Wettbewerbsbeschränkende Maßnahmen führten in volkswirtschaftlicher Hinsicht zu überhöhten Preisen, mangelnder Innovationsfreudigkeit und damit einhergehend zu ineffektiver Ressourcenallokation. Eine strengere Kartellaufsicht[814] führe daher zu einer insgesamt höheren gesamtwirtschaftlichen Effizienz.[815] Unternehmen, die in diesem strengen nationalen Umfeld gedeihen, müssen den Auftritt in fremden Märkten daher nicht fürchten.[816] Tatsächlich dürfte der Grund der Befürwortung der Harmonisierung gerade durch die deutsche Wirtschaft darin liegen, dass die Kommissionspraxis weniger streng ist als dies des Bundeskartellamt.[817]

Der wesentliche Einwand gegen den Ordnungswettbewerb ist die *race to the bottom*-Hypothese. Sie geht davon aus, dass die Kombination aus Abbau der Handelshemmnisse bei zunehmendem Ordnungswettbewerb zu einer Aushöhlung nationaler Schutzinteressen bei gleichzeitiger Absenkung des gemeinschaftsweiten Schutzniveaus durch einen Deregulierungs- und Unterbie-

---

[810] Mussler, S. 74f.; Streit/Mussler, S. 81f.

[811] Schütz, WuW 1994, S. 520; Ebenroth, RIW 1994, S. 12; Weitbrecht, WuW 1996, S. 300. zur Darstellung beider Positionen Kantzenbach/Kinne, S. 67f.

[812] Schütz, WuW 1994, S. 520f.

[813] Groger/Janicki, WuW 1992, S. 1002; Jung, S. 33.

[814] In Deutschland resultierte die strenge des Kartellrechts nicht allein aus geringeren Spielräumen, sondern beruhe darauf, dass die deutsche Praxis allein den deutschen Markt als räumlich relevanten Markt definierte, was unter Umständen zu eng ist und zu höheren Konzentrationsgraden führt. Abmildern konnte die deutsche Praxis dies damit, dass ausländische Unternehmen als „potentielle Konkurrenten" in die wettbewerbliche Analyse einfließen – Kantzenbach/Kinne, S. 71ff., 77f.; Sauter, S. 112 Fußnote 4. Siehe jetzt § 19 Abs. 2 GWB und dazu Baron, FIW 178 (1999), S. 9.

[815] Kantzenbach/Kinne, S. 67f.; Groger/Janicki, WuW 1992, S. 1002; Jung, S. 33.

[816] Jung, S. 33f. mit Verweis auf den Erfolg japanischer Unternehmen, die sich zunächst einem starken nationalem Wettbewerb durchsetzen mussten und so die Voraussetzungen schufen, um auf dem Weltmarkt zu bestehen.

[817] Vaubel in Ordnungspolitische Aspekte, S. 174f.

tungswettlauf führe („Abwärtsspirale“).[818] Dem könne man nur durch gemeinschaftsweite Harmonisierung entgegentreten.[819] Ausgangspunkt dieser Hypothese ist, dass im Falle national unterschiedlicher Regulierungsniveaus Abwanderungen hin zu dem Staat mit dem niedrigsten Regulierungsniveau stattfinden. Damit würden die Staaten in einen Wettbewerb gezwungen, der nicht die Entdeckung des optimalen Regulierungsniveaus zur Folge hat. Die Staaten würden dazu veranlasst, ihre Regulierungen auf ein suboptimales Niveau abzusenken.[820]

Gestützt wird dies unter anderem auf die mit dem Gesellschaftsrecht[821] in den USA gemachten Erfahrungen. Die Möglichkeit der Bundesstaaten, ein eigenes Gesellschaftsrecht zu erlassen und die Geltung der Gründungstheorie[822] hat dazu geführt, dass sich 40 % der an der New Yorker Börse notierten *corporations* (entspricht der deutschen Gesellschaftsform der AG) und 80 % aller amerikanischen Gesellschaften, die ihren Sitz verlegt haben, sich in dem Bundesstaat Delaware niedergelassen haben.[823] Der wirtschaftlich sonst unbedeutende Bundesstaat Delaware konnte nur deshalb so viele Unternehmensgründungen und Sitzverlegungen aufweisen, weil er mit seinem Gesellschaftsrecht den Interessen der Unternehmen am weitesten entgegenkommt, da es eine schnelle Gründung erlaubt und keine Mindestkapitalanforderungen stellt sowie viele Möglichkeiten zur flexiblen Organisation des Unternehmens bietet.[824] Das Gesellschaftsrecht von Delaware war eine Folge des Wettbewerbs in der Deregulierung der einzelstaatlichen Rechte, in dessen Rahmen das Schutzniveau immer weiter abgesenkt wurde.[825] Motivation der Einzelstaaten für möglichst viele Gesellschaften Inkorporationsstaat zu sein, ist die Entrichtung einer entsprechenden Inkorporationsgebühr, die Zahlung periodischer Konzessionssteuern sowie die Schaffung qualifizierter Arbeitsplätze für Anwälte und andere. In Delaware beträgt der Anteil der erhobenen Steuern und Gebühren an den Staatseinnahmen 25 %.[826]

Den Vertretern der *race to the bottom*-Hypothese wird vorgehalten, sie gingen von einem beschränkten Modell aus. Dieses unterstelle, erstens, dass die Ei-

---

818 Schön, ZHR 160 (1996), S. 234; Müller-Graff, EuR 1989, S. 120.

819 Streit/Mussler, S. 97.

820 Streit/Mussler, S. 98f.

821 Merkt, RabelsZ 59 (1995), S. 549ff.; Schön, ZHR 160 (1996), S. 234f.; zur Besprechung der Abwärtsspirale für die Bereitstellung öffentlicher Leistungen (durch Erosionsdruck auf die Steuersätze), für die Sozialsysteme („Sozialdumping“) und Umweltpolitik („Ökodumping“) siehe Monopolkommission, S. 33ff. Rn. 36ff. sowie M. Müller, S. 171ff. für weitere Rechtsgebiete m.w.N.

822 Merkt, US-amerikanisches Gesellschaftsrecht, Rn. 147, 149; Merkt, RabelsZ 59 (1995), S. 549f.

823 Merkt, US-amerikanisches Gesellschaftsrecht, Rn. 167ff.; Merkt, RabelsZ 59 (1995), S. 549.

824 Merkt, RabelsZ 59 (1995), S. 549f.; M. Müller, S. 203 m.w.N.

825 Merkt, RabelsZ 59 (1995), S. 549ff. m.w.N.;

826 Merkt, RabelsZ 59 (1995), S. 553f., M. Müller, S. 202f.

gentümer mobiler Faktoren (also die Unternehmen im Falle des Kartellrechts) ohne weiteres bereit sind, sofort abzuwandern und, zweitens, dass die Staaten sofort auf die Abwanderungsbewegungen mit Absenkung des kartellrechtlichen Schutzniveaus reagieren würden. Aus der Betrachtung werde aber ausgeschlossen, dass den Abwanderungswilligen die durch die Abwanderung realisierbaren Kostenvorteile bekannt sein müssten. Ebenfalls nicht berücksichtigt werden andere Faktoren wie eine gut ausgebaute Infrastruktur und dass in Ländern mit hohem Pro-Kopf-Einkommen Vorteile für die Bürger und auch Unternehmen aus einem hohem Regulierungsniveau entstehen können. Ein *race to the bottom* ist daher nicht immer als automatische Folge eines verstärkten Ordnungswettbewerbs anzunehmen.[827]

Das Beispiel des US-Bundesstaates Delaware kann dies auch nicht entkräftigen, da sich die dort gemachten empirischen Beobachtungen nur auf das Gesellschaftsrecht, insbesondere für Kapitalgesellschaften, beziehen. Empirische Untersuchungen für das Kartellrecht liegen nicht vor. Dabei ist die Beurteilung des Regulierungswettbewerbs als *race to the bottom* in der US-amerikanischen Literatur umstritten.[828] Für das europäische Recht ist der Vergleich schon deshalb schwierig, da das US-amerikanische Gesellschaftsrecht auf die wirtschaftlichen Interessen der Gesellschafter ausgerichtet ist und die Interessen anderer Gruppen ausblendet.[829] Diese und andere Unterschiede in den rechtlichen Rahmenbedingungen[830] lassen nicht befürchten, dass die mit dem US-amerikanischen Gesellschaftsrecht gemachten Erfahrungen auch in der EG eintreten. Die Mitgliedstaaten werden daher nicht den Wunsch verspüren, in einen Deregulierungswettbewerb einzutreten, um zur Heimat von Briefkastenfirmen zu werden.[831] Dies zeigt, dass die in den USA gemachten Erfahrungen sich nicht ohne weiteres auf eine andere Rechtsordnung übertragen lassen. Dies gilt umso mehr, als es sich bei Gesellschaftsrecht und Kartellrecht um verschiedene Rechtsgebiete handelt, die jeweils einer eigenen Analyse bedürfen.[832]

Eine konsequente Wettbewerbspolitik könne sich demnach nicht als Standortnachteil im globalen Wettbewerb erweisen. Dem Kartellrecht komme für die Frage der Standortwahl regelmäßig gegenüber anderen Faktoren eine geringere Bedeutung zu. Außerdem komme der durch das strenge nationale Kartellrecht verschärfte Binnenleistungswettbewerb den Unternehmen selbst zugute, da sie sich regelmäßig auf Dritten Märkten behaupten können, wenn sie

[827] Monopolkommission, Systemwettbewerb, S. 22f. Rn. 19ff.; Gerken, Wettbewerb der Staaten, S. 32; Streit/Mussler, S. 98f.
[828] Romano, S. 14ff.; M. Müller, S. 204.
[829] So genannter eindimensionaler Ansatz – Merkt, RabelsZ 59 (1995), S. 554ff., M. Müller, S. 204.
[830] Hopt, ZHR 161 (1997), S. 383; M. Müller, S. 217.
[831] M. Müller, S. 210ff.; Merkt, RabelsZ 59 (1995), S. 566f.
[832] M. Müller, S. 168.

sich auch auf den heimischen Märkten durchgesetzt haben.[833] Der mit einem hohen Schutzniveau verbundene verschärfte Binnenwettbewerb biete auch volkswirtschaftliche Vorteile, da sich die Wettbewerbsfähigkeit der Unternehmen auch auf die Staaten übertrage.[834] Erst im Falle unangemessener kartellrechtlicher Regelungen würde der Ordnungswettbewerb deregulierend eingreifen und damit seine positiven Kontroll- und Entdeckungswirkungen entfalten.[835]

Die Befürworter des Ordnungswettbewerbs sehen gegenüber der Harmonisierung den Vorteil, dass Ordnungswettbewerb eine relativ risiko- und konfliktarme Fehlerkorrektur bei der Rechtsetzung erlaube.[836] So könne die einzelstaatliche Regelung, die sich im Vergleich mit den Regelungen der anderen Mitgliedstaaten als die beste Problemlösung erwiesen habe, von den anderen Staaten übernommen werden. Dies entspräche gleichsam einer „Harmonisierung von unten", da die in einer Art „Entdeckungsverfahren" aufgezeigten ineffizienten Regelungen beseitigt würden.[837] Eine Harmonisierung hingegen beschränke die Alternativen für eine Problemlösung, da ihr keine konkurrierenden Problemlösungen vorangegangen seien und daher keine beobachtbaren Alternativen vorlägen. Hierzu gesellt sich, dass sich im Nachhinein festgestellte notwendige Korrekturen wegen des bestehenden Einigungssystems nur schwer durchsetzen lassen.[838] Ordnungswettbewerb sei aber nicht nur als Alternative zur politischen „ex ante"-Harmonisierung zu sehen. Mit dem hierdurch ermöglichten parallelen Bestehen unterschiedlicher Regelungen könne außerdem den unterschiedlichen Präferenzen bezüglich des Realisierungsgrades von Regulierungszwecken der betroffenen Nutzer von Gütern und Diensten, z. B. die unterschiedliche Ausgestaltung des nationalen Kartellrechts, Rechnung getragen werden.[839] Teilweise wird wegen der mit der Rechtsangleichung verbundenen Nachteile die Forderung gestellt, deren Vor- und Nachteile mit denen des Wettbewerbs der Systeme abzuwägen. Das Ergebnis der Abwägung wäre, dass die europäische Wirtschaftspolitik bereits derart fortgeschritten integriert ist, dass nur noch der Verbraucherschutz eine

833 Monopolkommission, Systemwettbewerb, S. 28 Rn. 28; Jung, S. 33f. m.w.N.

834 Monopolkommission, Systemwettbewerb, S. 28 Rn. 28.

835 Monopolkommission, Systemwettbewerb, S. 28ff. Rn. 28f. – mit Hinweis auf die Möglichkeit einer Abwärtsspirale im Falle des Ergreifens von handelspolitischen, protektionistischen Maßnahmen und der Aufnahme von Gegenmaßnahmen durch das Ausland. Hintergrund sei aber nicht das Versagen des Konzepts des Ordnungswettbewerbs, sondern des Staates. Dies führt zur Notwendigkeit eines internationalen Konsens über den Verzicht auf protektionistische Wettbewerbspolitiken.

836 Monopolkommission, Systemwettbewerb, S. 25 Rn. 25; Streit/Mussler, S. 79.

837 Streit/Mussler, S. 79.

838 Monopolkommission, Systemwettbewerb, S. 25 Rn. 25; Streit/Mussler, S. 79; Jung, S. 34f.

839 Streit/Mussler, S. 79; dies sieht auch Dreher, AG 1993, S. 444f., der in solchen Fällen lediglich auf eine Detail-Harmonisierung verzichten will.

weitere Integration durch Rechtsangleichung zu rechtfertigen vermag, wie z. B. der Telekommunikationssektor.[840]

2. AUFLÖSUNG DES SPANNUNGSVERHÄLTNISSES ZWISCHEN HARMONISIERUNG UND ORDNUNGSWETTBEWERB

Tatsächlich lässt sich die bipolare Darstellung von Harmonisierung und Ordnungswettbewerb bei genauerer Betrachtung nicht aufrechterhalten.[841] Da beide Konzepte den Zielen des Vertrages unterworfen werden müssen, lassen sich differenzierende Lösungen erarbeiten.[842] Das wäre primär die Verwirklichung des Binnenmarktes beziehungsweise Gemeinsamen Marktes, die Schutzziele des Vertrages wie z. B. der Umweltschutz und die Verbraucherinteressen und schließlich die Regulierungssouveränität. Die einseitige Nutzung der Harmonisierung oder des Ordnungswettbewerbs als Mittel zur Erreichung dieser Ziele würde regelmäßig zu Zielkonflikten führen.[843]

Ein Kompromiss kann auch dergestalt aussehen, dass eine Sockel- oder Mindestharmonisierung angestrebt wird, um eine Annäherung der einzelstaatlichen Positionen zu erreichen. Die verbleibenden Abweichungen wären dem Wettbewerb überlassen.[844] Diesen Ansatz hat die Kommission auch in ihrem Weißbuch zur Vollendung des Binnenmarkts vorgestellt, da sich eine Detailharmonisierung als Missgriff erwiesen hatte.[845] Ziel ist nun eine „Minimal- oder Kernangleichung“.[846]

Ein offensichtlicher Nachteil des Ordnungswettbewerbs sorgt darüber hinaus dafür, dass er die im Gemeinschaftsrecht angewendeten Grundsätze zur Verwirklichung des Binnenmarktes nicht verdrängen wird: höhere Transaktionskosten, die mit grenzüberschreitenden Transaktionen bei unterschiedlichen nationalen Regelungen verbunden sind. Damit verfügt der Ordnungswettbewerb über eine immanente Grenze, die den Optimismus hinsichtlich seiner Entdeckungs- oder Kontrollfunktion dämpft.[847]

Für das Gemeinschaftsrecht in rechtspolitischer Hinsicht eine Vorrangstellung des Konzepts des Ordnungswettbewerbs[848] gegenüber dem der Harmonisierung anzunehmen, ist jedoch verfrüht. Das Konzept des Systemwettbewerbs ist bis auf die Kernaussagen in seiner Funktionsweise theoretisch und empi-

---

840 M. Müller, S. 171f.; für eine besondere Begründungspflicht bei Harmonisierung auch Mussler, S. 75.

841 Streit/Mussler, S. 83; differenzierend auch Immenga, EuZW 1997, S. 449.

842 Deckert, RabelsZ 64 (2000), S. 489; Streit/Mussler, S. 84; Isak, EuR I/1998, S. 91f.

843 Im Einzelnen Streit/Mussler, S. 84 m.w.N.

844 Merkt, RabelsZ 61 (1995), S. 683f.; Müller-Graff, EuR 1989, S. 151; Streit, Diskussionsbeitrag 09/95, S. 18f..

845 Brunner in Merten, Subsidiarität Europas, S. 10f.; Meier, NJW 1989, S. 538.

846 Hayder, RabelsZ 1989, S. 632ff.;Müller-Graff, EuR 1989, S. 111.

847 Streit/Mussler, S. 80; Kiwit/Voigt, Jahrbuch NPÖ 17 (1998), S. 329ff.; Monopolkommission, Systemwettbewerb, S. 19ff., Everling, FS Steindorff, S. 1172.

848 So Streit, Diskussionsbeitrag 09/95, S. 15f.

risch bisher nur rudimentär erforscht.[849] Die Auswirkungen auf das Verhältnis von internationalem beziehungsweise gemeinschaftlichem und nationalem Kartellrecht[850] werden regelmäßig am Rande gestreift.[851]

Als rechtspolitisches Konzept, das über den Standortwettbewerb und der Bedeutung der Wettbewerbsregeln hierfür auch in die unternehmensbezogene Wettbewerbspolitik umgesetzt werden kann, weist der Ordnungswettbewerb Vorteile auf. Die Vorteile kommen nicht nur den Mitgliedstaaten in dem Sinne zugute, dass sie eigene Präferenzen gegenüber den anderen Mitgliedstaaten pointieren und damit für den bestehenden Standortwettbewerb nutzen können. Sie kommen auch der Gemeinschaft zugute, da sich langfristig, die sich in diesem Prozess bewährten Normen auch als Muster für eine gemeinschaftsweite Regelung anbieten, wenn sie nicht schon von den Mitgliedstaaten übernommen wurden. Die Vorteile des Ordnungswettbewerbs sind für das Gemeinschaftsrecht auszunutzen. Das Ziel ist nicht durch die „Hintertür" zu einer Renationalisierung des hier diskutierten gemeinschaftlichen Wettbewerbsrechts zu gelangen. Neue Konzepte sollen genutzt werden, die die Ressourcen der gemeinschaftlichen und nationalen Kartellordnungen verwirklichen und so die effiziente Durchsetzung des ordnungspolitischen Leitbilds des Leistungswettbewerbs gewährleisten. Gerade die zunehmenden internationalen Wettbewerbsbeschränkungen schränken insoweit das Konzept des Ordnungswettbewerbs für die Wettbewerbspolitik der nationalen Staaten ein. Um die Effizienz des Wettbewerbsschutzes zu gewährleisten, sind internationale Wettbewerbsregeln notwendig. Dies gilt aber nur soweit die grenzüberschreitenden Wettbewerbsbeschränkungen nicht mit Hilfe des nationalen Kartellrechts wirksam bekämpft werden können.[852] Ordnungswettbewerb fördert daher die individuelle Freiheit und das Gemeinwohl der Bürger, solange sich die Mitgliedstaaten der Befolgung des EG-Rechts nicht entziehen.[853] Auch die Kommission hat die Vorteile des Ordnungswettbewerbs erkannt, sie jedoch bisher nicht in ihre Wettbewerbspolitik eingestellt.[854]

III. ORDNUNGSWETTBEWERB ALS PRINZIP DES GEMEINSCHAFTSRECHTS?

Der Ordnungswettbewerb muss sich aber über diese lediglich rechtspolitischen Grundsätze hinaus im Gemeinschaftsrecht verwirklicht haben. Eine Verpflichtung der Gemeinschaftsorgane, den Ordnungswettbewerb im Rah-

---

[849] Deckert, RabelsZ 64 (2000), S. 489; Kerber, ORDO 49 (1998), S. 263; Brandt, S. 44.

[850] Zum Wettbewerb der Staaten im Bereich der Arbeitsmärkte: Berthold in Europa zwischen Ordnungswettbewerb und Harmonisierung, S. 255ff.; für die Bildungs- und Forschungspolitik: Kerber in 50 Jahre Soziale Marktwirtschaft, S. 321ff.

[851] Möschel, AG 1998, S. 561; Kerber, Fusionskontrollpraxis, S. 166ff.; Dreher, AG 1993, S. 437 Fußnote 10.

[852] Monopolkommission, Systemwettbewerb, S. 26f. Rn. 27.

[853] Jung, S. 35.

[854] Kerber in Europäische Integration, S. 38; Streit, Diskussionsbeitrag 09/95, S. 20 m.w.N.

men ihrer Tätigkeit zu beachten, kann sich nur herleiten lassen, wenn ein entsprechendes Gebot im Gemeinschaftsrecht angelegt ist.

1. RECHTLICHE RAHMENBEDINGUNGEN: GRUNDFREIHEITEN UND URSPRUNGSLANDPRINZIP

Der Ordnungswettbewerb als möglicher Integrationsmechanismus ist für die Gemeinschaft erst spät entdeckt worden,[855] obwohl die für den Ordnungswettbewerb notwendigen konzeptionellen Voraussetzungen bereits mit dem EWG-Vertrag von 1958 geschaffen worden waren.[856] Gemeint sind die für die Bürger als subjektive Rechte ausgestalteten[857] vier Grundfreiheiten des EG-Vertrages: Warenverkehrsfreiheit, Dienstleistungsfreiheit, Niederlassungsfreiheit, Freizügigkeit. Sie genießen Vorrang gegenüber widersprechendem nationalen Recht und binden auch die EG selbst an deren Beachtung.[858] Systemwettbewerb setzt neben dieser durch die Grundfreiheiten garantierten freien Standortwahl für die Unternehmen voraus, dass der freie Handel unter Geltung des Ursprungslandprinzips (auch Herkunftslandprinzip) erfolgt.[859] Das ist der Fall, wenn das Recht Anwendung findet, aus dem z. B. die Waren des Exportunternehmens stammen. In diesem Fall kann das Unternehmen das anwendbare Recht durch die Wahl seines (Produktions-)Standorts wählen.[860] Dies ist bei Geltung des Bestimmungslandprinzips nicht der Fall: Unabhängig von seinem Standort findet immer das Recht des Exportstaates Anwendung und das Unternehmen kann keinen Vorteil aus der Differenz der Regelungen ziehen, indem es seinen Standort wechselt.[861] Für alle Grundfreiheiten gilt aber nach der Praxis des Gerichtshofs - mit mehr oder weniger Einschränkungen -[862] das Ursprungslandprinzip.[863]

---

[855] Mit dem „neuen Ansatz" der Kommission in dem Weißbuch zur Vollendung des Binnenmarktes von 1985, der einen Übergang von einer „Detailharmonisierung" zur „Minimalharmonisierung oder Kernangleichung" beinhaltete, wurde die Bedeutung des Ordnungswettbewerbs anerkannt und ihm ein Anwendungsbereich jenseits der Kernharmonisierung eröffnet. Dieser Freiraum wurde durch die mit der EEA eingeführten Art. 100 lit a und b sowie 130 lit s EWGV wieder stark eingeschränkt. – Streit/Mussler, S. 87f.; Mussler, S. 84f.; a. A.: – Caspari in Europa zwischen Ordnungswettbewerb und Harmonisierung, S. 111.

[856] Streit in Ordnungspolitische Aspekte, S. 15f.; Streit, Diskussionsbeitrag 09/95, S. 10; Streit/Mussler, S. 86; Jung, S. 35.

[857] EuGH *van Gend & Loos ./. Niederländische Finanzverwaltung*, Slg. 1963, S. 25; Mestmäcker, FS Willgerodt, S. 269f.; Geiger, EGV, Art. 30 Rn. 2, Art. 48 Rn. 4, Art. 52, Rn. 3.

[858] Mestmäcker, FS Willgerodt, S. 278ff.; Roth, ZBB 1997, S. 378f.; Streit in Ordnungspolitische Aspekte, S. 12f.; M. Müller, S. 143.

[859] Streit in Ordnungspolitische Aspekte, S 13.

[860] Mussler, S. 84.

[861] Mussler, S. 84; M. Müller, S. 114f.

[862] Siehe zum Nachweis der grundsätzlichen Geltung des Herkunftslandprinzips in den einzelnen Freiheiten Behrens, EuR 1992, S. 156f.; M. Müller, S. 143ff.

[863] Everling, FS Steindorff, S. 1157; Streit in Ordnungspolitische Aspekte, S. 13, 15f.; Grabitz, FS Steindorff, S. 1231f.; Behrens, EuR 1992, S. 156f.

Die innerhalb der Gemeinschaft im Wesentlichen bestehende Mobilität entscheidender Standortfaktoren wie Niederlassungsfreiheit, Kapital und Arbeitnehmer induziert somit einen Standortwettbewerb. Diese Vorteile können durch die Geltung des Ursprungslandprinzips für den Export auch verwirklicht werden.[864]

Die grundsätzlich vom EG-Vertrag eröffnete Möglichkeit des Systemwettbewerbs darf indessen nicht durch eine vom EG-Vertrag vorgegebene Harmonisierung konterkariert werden. Ordnungswettbewerb kann nämlich nur dort möglich sein, wo die Mitgliedstaaten über Regelungskompetenzen verfügen. Die immer stärkere Einschränkung des Prinzips der limitierten Einzelermächtigung und die relative Wirkungslosigkeit des Art. 5 Abs. 2 EG konnten die Verwendung der Harmonisierung als Integrationsmittel bisher nicht entscheidend einschränken.[865] Ebenso deuten die mit der EEA eingefügten Art. 95 und 175 EG die Einstellung der Gemeinschaft an, im Zweifel der Harmonisierung auf hohem Schutzniveau Vorrang vor einer „Mindestharmonisierung" einzuräumen.[866]

Dies bringt aber nur zum Ausdruck, dass das Konzept des Ordnungswettbewerbs in Wirtschaftsgemeinschaften nicht in seiner reinen Form verwirklicht werden kann. Bestimmte Instrumente des Ordnungswettbewerbs werden durch den EG-Vertrag ausgeschlossen: Ziel der Gemeinschaft ist, den freien Verkehr von Gütern, Kapital und Arbeit zu gewährleisten und protektionistische Maßnahmen abzuschaffen. Damit scheiden Maßnahmen der Mitgliedstaaten, die diese Politiken berühren, zumindest de iure als Instrumente im Ordnungswettbewerb aus. Der leistungsbezogene Wettbewerb der Staaten wird somit dort ausgeschaltet, wo bestimmte Kompetenzen notwendigerweise an die supranationale Ebene abgegeben und somit die Rechtssysteme der Mitgliedstaaten harmonisiert werden.[867] Gleichzeitig stellen diese Grundfreiheiten die Grundvoraussetzungen für den Ordnungswettbewerb dar, der durch ein Verbot staatlicher und privater Wettbewerbsbeschränkungen abgesichert wird.[868] Dennoch kann Ordnungswettbewerb nicht nur in den verbleibenden nicht harmonisierten Bereichen stattfinden, sondern wird zum Ausgleich sogar verstärkt. Die Mitgliedstaaten werden durch die geöffneten Märkte gezwungen, den Präferenzen der heimischen Wirtschaft und internationalen Investoren besonderes Gehör zu schenken, wenn sie die heimische Wirtschaft oder Investoren behalten beziehungsweise anziehen wollen.[869]

Durch das Verbot von protektionistischen Maßnahmen (Behinderungswettbewerb) und die Möglichkeit von Ordnungswettbewerb in nicht harmonisierten

[864] M. Müller, S. 155f.; Drasch, S 205 sieht dieses Prinzip in Art. 28 und 49 EG statuiert.
[865] M. Müller, S. 160ff.; Streit, Diskussionsbeitrag 09/95, S. 10, 19f.; Kahl, AöR 1993, S. 417.
[866] Streit, Diskussionsbeitrag 09/95, S. 10, 19f.; Streit/Mussler, S. 87f.; Mussler, S. 84f.
[867] Gerken in Europa zwischen Ordnungswettbewerb und Harmonisierung, S. 21.
[868] Streit/Mussler, S. 83.
[869] Gerken in Europa zwischen Ordnungswettbewerb und Harmonisierung, S. 21; Streit/Mussler, S. 77.

Bereichen (Leistungswettbewerb) sind die wesentlichen Prämissen für einen Staatenwettbewerb innerhalb der EU daher grundsätzlich gegeben.[870]

Hieraus zu folgern, dass der EG-Vertrag ein umfassendes Gebot des Ordnungswettbewerbs enthält, ist aber verfrüht. Einer solchen Annahme stehen trotz des Ansatzes der „Mindestharmonisierung" die weiterhin bestehenden Kompetenzmöglichkeiten für eine Harmonisierung durch die EG entgegen. Der Umfang der Harmonisierung weicht dabei je nach Rechtsgebiet ab. Ob Ordnungswettbewerb möglich ist, richtet sich daher auch nach den im Detail abweichenden Harmonisierungskompetenzen für die einzelnen Rechtsgebiete.[871] Es muss für jedes Rechtsgebiet gesondert festgestellt werden, ob sich die im EG-Vertrag gegebenen Voraussetzungen des Ordnungswettbewerbs dort wiederfinden und dieser nicht durch jeweils abweichende Harmonisierungskompetenzen für dieses Rechtsgebiet eingeschränkt wird.[872] Für die Art. 81, 82 EG wird jedenfalls die Möglichkeit eines Ordnungswettbewerbs nicht ausgeschlossen.[873]

2. ORDNUNGSWETTBEWERB ALS GEBOT ODER ALS FOLGE DER EG-RECHTLICHEN RAHMENBEDINGUNGEN

Obwohl der EG-Vertrag die rechtlichen Rahmenbedingungen enthält, bleibt trotzdem die Frage offen, ob hieraus auch ein entsprechendes Gebot zu entnehmen ist, den Ordnungswettbewerb im Rahmen der Auslegung der Zwischenstaatlichkeitsklausel einzubeziehen. Die Antwort muss ablehnend ausfallen.

Eine Auffassung will zwar die primärrechtliche Anerkennung des Ordnungswettbewerbs unter anderem in den Art. 94, 136, 174 Abs. 3 und 308, EG niedergelegt sehen.[874] Eine andere Auffassung sieht den Ordnungswettbewerb im Subsidiaritätsprinzip des Art. 5 Abs. 2 EG positiv-rechtlich verankert.[875]

Diesen Auffassungen liegt der Gedanke zugrunde, dass die den Mitgliedstaaten durch den EG-Vertrag eingeräumten Freiräume, gleichzeitig das EG-vertragliche Gebot enthalten, den Mitgliedstaaten Ordnungswettbewerb zu

[870] M. Müller, S. 155, 167f.; Gerken in Europa zwischen Ordnungswettbewerb und Harmonisierung, S. 22; Streit/Mussler, S. 83. Dabei stellt sich die Frage, wer die Einhaltung des Ordnungswettbewerbs überwachen soll. Da sich die politischen Akteure der Gemeinschaft nicht in einer neutralen Position befinden, sondern ihrerseits versuchen werden mehr Einfluss und Macht zu gewinnen – Gerken, Wettbewerb der Staaten, S. 75ff.; Gerken in Europa zwischen Ordnungswettbewerb und Harmonisierung, S. 26f.

[871] Für das Gesellschaftsrecht vgl. Freitag, EuZW 1999, S. 269.

[872] M. Müller, S. 168.

[873] M. Müller, S. 116.

[874] Jung, S. 35.

[875] Rohe, RabelsZ 61 (1997), S. 40; Janicki, Schwerpunkte des Kartellrechts 1992/1993, S. 72f.; wohl auch Giersch, Marktwirtschaftliche Perspektiven, S. 153.

ermöglichen. Ein solches Gebot ist aber bei Würdigung der den Normen zugrundeliegenden Wertungen nicht enthalten.

Aus historischer Sicht ist zunächst zu beachten, dass die Gründungsväter bei Errichtung der Gemeinschaften den Ordnungswettbewerb bei der Verfassung der Verträge nicht im Sinn hatten. Ähnlich dem Subsidiaritätsprinzip spricht die historische Situation, die der Überwindung nationalistischer Interessen dienen sollte, gegen ein solches Konzept.[876]

Dennoch sollen die Art. 94, 136, 174 Abs. 3 und 308 EG ein solches Verfassungsprinzip enthalten, weil danach die EG nur Mindeststandards festlegen kann, während die Mitgliedstaaten zu einer Verbesserung der Regeln aufgerufen bleiben.[877]
Die Kommission verfolgt tatsächlich einen entsprechenden Ansatz mit der Beschränkung der Angleichung von Rechtsvorschriften auf Mindeststandards, der auch vom EuGH respektiert wird.[878] Der hieraus folgende Freiraum für die nationalen Mitgliedstaaten kann aber nicht dahingehend ausgelegt werden, dass er ein Verfassungsprinzip in dem Sinne darstellt, das er für einen Systemwettbewerb der Mitgliedstaaten geschaffen worden wäre.
Grundlage der Harmonisierung von Rechtsvorschriften ist das Binnenmarktziel,[879] das als Ermächtigungsgrundlage dem Prinzip der begrenzten Einzelermächtigung folgt und das Ausdruck eines Spannungsverhältnisses von Souveränitätsgewinn auf Seiten der Gemeinschaft und Souveränitätsverlust auf Seiten der Mitgliedstaaten ist.[880] Dieses Spannungsverhältnis hat der EG-Vertrag vor Augen, wenn er den Mitgliedstaaten einen Freiraum dort einräumt, wo das Binnenmarktziel nicht gefährdet werden kann.
Nicht vergessen werden darf auch, dass eine Konzentration der Harmonisierungskräfte auf unerlässliche Maßnahmen erforderlich war, weil sich die Rechtsangleichung mittels Detailharmonisierung als hinderlich für die Integration gezeigt hatte.[881] Eine Rückführung erfolgte daher nicht vor dem Hintergrund, den Mitgliedstaaten mehr Freiraum zu gewähren, sondern der Gemeinschaft einen neuen Impuls zu geben, der die Integration durch Konsolidierung der EG-Regelungen fördern sollte.[882]

---

[876] Wechsler, S. 191f. und 3. Kapitel, 2. Teil B.. V. 3 b) zur gleichen Argumentation bezüglich des Subsidiaritätsprinzips als Verfassungsprinzip des EG-Vertrags.
[877] Jung, S. 35.
[878] Rohe, RabelsZ 61 (1997), S. 11; Mestmäcker, FS Willgerodt, S. 288.
[879] Hatje in Schwarze, EG-Kommentar, Art. 14 Rn. 13; Hernfeld in Schwarze, EG-Kommentar, Art. 94 Rn. 1.
[880] Lienbacher in Schwarze, EG-Kommentar, Art. 5 Rn. 7f.
[881] Kahl in Callies/Ruffert, EG-Kommentar, Art. 14 Rn. 1.
[882] Kahl in Callies/Ruffert, EG-Kommentar, Art. 14 Rn. 1f.

Soweit der Ordnungswettbewerb aus dem Subsidiaritätsprinzip folgen soll, ist nicht zu leugnen, dass eine gewisse Nähe besteht. Vergleicht man die Aussagen zu beiden Konzepten, so verfolgen beide das gleiche Ziel: Das Subsidiaritätsprinzip soll einen Beitrag zum wirtschaftlichen und sozialen Fortschritt der Gemeinschaft sein. Denn die Kosten der zentralen Gestaltung von Politik und Verwaltung werden verringert. Gleichzeitig kann nationalen oder regionalen Bedürfnissen und Präferenzen besser berücksichtigt werden. Dies trägt wesentlich zur Wohlstandssteigerung bei.[883] Das Verhältnis beider Konzepte lässt sich mit der folgenden Aussage beschreiben: *„Soweit...der Ordnungswettbewerb...als erwünscht angesehen wird, sind die fraglichen Sachbereiche dezentral auf der Ebene der Mitgliedstaaten zu regeln."*[884] Auch die Vermutung, dass eine Kompetenzverlagerung auf die höhere Hierarchieebene zu Verlusten unter dem Aspekt einer Beschränkung des Ordnungswettbewerbs führen kann, verdeutlicht die parallel verlaufende Argumentation zu den Vorteilen des Subsidiaritätsprinzips.[885] Um dem Subsidiaritätsprinzip und den unterschiedlichen Rechtssystemen gerecht zu werden, ist das Konzept des Wettbewerbs der Systeme prädestiniert. Wie schon erwähnt, erhöht auch dieses Konzept die Möglichkeiten der Beteiligung der Bürger am politischen Geschehen.[886] Eine Harmonisierung rechtfertigt sich nur, wenn es sich um einen grenzüberschreitenden Bereich handelt, der besser auf EU-Ebene geregelt werden sollte. Die damit verfolgte differenzierte Rechtsprechung würde in letzter Konsequenz zur geforderten Förderung des Regulierungswettbewerbs führen.[887]
Art. 5 Abs. 2 EG ist aber kein allgemeiner Verfassungsgrundsatz, der unmittelbar das Primärrecht des EG-Vertrags beeinflusst, sondern kann allenfalls im Wege der Auslegung mittelbar berücksichtigt werden, wobei die Auswirkungen relativ gering einzuschätzen wären.[888] Gleiches müsste dann für ein aus Art. 5 Abs. 2 EG geschlossenes Gebot des Ordnungswettbewerbs folgen, so dass hier schon die Wirkung eines solchen Gebots fraglich wäre.
Darüber hinaus ist auch hier zu beachten, dass aus dem Vorliegen der rechtlichen Rahmenbedingungen auf ein EG-verfassungsrechtliches Gebot für einen Systemwettbewerb geschlossen werden kann. Dieser stellt sich vielmehr als Folge, denn als Grundlage, der verbleibenden Freiräume dar. Im Vordergrund des Vertrages stehen bei der Abgrenzung der Kompetenzen Souveränitätsgesichtspunkte. Der Verbleib von Freiräumen für die Mitgliedstaaten folgt vielmehr dem Gedanken des Prinzips der begrenzten Einzelermächtigung, wie es

---

[883] Kerber in Europäische Integration, S. 39ff.; M. Müller, S. 175.
[884] Gerken in Europa zwischen Ordnungswettbewerb und Harmonisierung, S. 3.
[885] Homann/Kirchner, S. 57; Möschel in Europa zwischen Ordnungswettbewerb und Harmonisierung S. 72 f. stimmt der Aussage in dieser Pauschalität nicht zu soweit ein Regulierungswettbewerb einen ruinösen Unternehmenswettbewerb ausgleichen soll.
[886] Koenig, EuZW 1998, S. 513; Kerber, ORDO 49 (1998), S. 264; M. Müller, S. 196.
[887] A. Müller, S. 196f.
[888] M. Müller, S. 164f.; Schwartz, FS Everling, S. 1348.

in Art. 5 Abs. 1 EG niedergelegt ist.[889] Das Verhältnis des Subsidiaritätsprinzips und des Ordnungswettbewerbs kann nach Primärrecht daher nur ein rechtspolitisches sein. Systemwettbewerb und Subsidiaritätsprinzip schließen sich nicht aus, sondern stehen in einem Alternativverhältnis und ergänzen sich somit gegenseitig.[890]

Der durch den EG-Vertrag eingeräumte Freiraum ist Ausdruck der vertikalen Kompetenzordnung der Gemeinschaft, die lediglich als Reflex auf der horizontalen Ebene der Mitgliedstaaten den Systemwettbewerb eröffnet. Mit anderen Worten: Der EG-Vertrag enthält zwar die Möglichkeiten für einen Ordnungswettbewerb, dies ist aber nur die Folge der Verfassungskonzeption - eine prinzipielle Wettbewerbsorientierung ist den Verträgen nicht zu entnehmen.[891]

3. ZWISCHENERGEBNIS

Die Voraussetzungen für einen Ordnungswettbewerb zwischen den Mitgliedstaaten sind im EG-Vertrag angelegt und auch die Art. 81, 82 EG schließen den Ordnungswettbewerb für ihren Regelungsbereich nicht aus.
Der Ordnungswettbewerb ist aber weder ausdrückliches Vertragsziel oder –prinzip und ist auch nicht als ungeschriebener Grundsatz dem EG-Vertrag zu entnehmen, sondern ist lediglich die Folge der Konzeption des EG-Vertrages.
Damit tritt das Konzept des Ordnungswettbewerbs als weiterer rechtspolitischer Aspekt[892] neben die Analyse der optimalen Regelungsebene[893] und be-

---

[889] Hatje in Schwarze, EG-Kommentar, Art. 14 Rn. 13; Hernfeld in Schwarze, EG-Kommentar, Art. 94 Rn. 1; Lienbacher in Schwarze, EG-Kommentar, Art. 5 Rn. 7f.

[890] Ehlermann, Integration 1995, S. 11; A. Müller, S. 175.

[891] Rohe, RabelsZ 61 (1997), S. 30ff., 41f.

[892] Ein dritter Aspekt, dem hier nicht weiter nachgegangen wird, ist das von der *public choice-Theorie* untersuchte Phänomen des Kampfes um Macht um Einfluss zwischen den politischen Akteuren auf der übergeordneten und der mitgliedstaatlichen Ebene – Gerken in Europa zwischen Ordnungswettbewerb und Harmonisierung, S. 3f., 23. Ein weiteres nicht zu unterschätzendes Phänomen bei der Feststellung der Bestimmungsgründe der vertikalen Kompetenzverteilung sind systemimmanente Ursachen für die Kompetenzzentralisierung. Unternehmen und Verbände fordern regelmäßig eine gemeinschaftsweite Regelung eines Bereiches. International tätige Unternehmen haben ein Interesse daran, dass nur die für sie im internationalen Vergleich zum günstigen nationalen Regelungen erhalten bleiben und die für sie ungünstigen beseitigt werden (z. B. Umweltschutz, Subventionen). Darüber hinaus senken gemeinschaftsweite Regelungen die unmittelbaren Transaktionskosten des innergemeinschaftlichen Handels. Zwar könnten die Transaktionskosten durch eine im Ordnungswettbewerb gefundene effizientere Regelung ebenfalls gesenkt werden. Das für diese langfristig angelegten Kalkulationen erforderliche Wissen ist aber derzeit noch nicht geschaffen. Die Unternehmen beziehen daher bei der Abwägung, ob eine Harmonisierung für sie vorteilhaft ist, nur die unmittelbaren Kosteneffekte ein. Die Folge ist Bereich der Unternehmen und Verbände, dass eine systematische Verzerrung zugunsten des Eintretens für Harmonisierung stattfindet. Schließlich verwundert bei der Diskussion um Subsidiarität, dass die Initiative zu einer Harmonisierung oft von den Mitgliedstaaten ausgeht. Gründe gibt es hierfür viele: Die von den politischen Akteuren eines Mitgliedstaats gewollte Regelung lässt sich auf nati-

schränkt sich darauf einen weiteren Anhaltspunkt, für die Gestaltung der vertikalen Kompetenzverteilung innerhalb der EU zu bieten.[894]

IV. ANWENDUNGSBEISPIEL FÜR DEN ORDNUNGSWETTBEWERB: DIE BEHANDLUNG VON ABSPRACHEN ZWISCHEN WETTBEWERBERN

Als Anwendungsbeispiel bieten sich die angestrebten Gruppenfreistellungsverordnungen für Absprachen zwischen aktuellen und potenziellen Wettbewerbern (so genannte horizontale Absprachen) an. Die wirtschaftliche Bedeutung horizontaler Absprachen wird immer größer, wie Studien beweisen. Danach arbeiteten mindestens 60 % der befragten Unternehmen mit Wettbewerbern zusammen. Dieses Phänomen ist in den USA bereits unter dem Stichwort *coopetition* begrifflich erfasst worden.[895] Die bisherige Bewertung der Vereinbarungen zwischen tatsächlichen und potenziellen Wettbewerbern („Horizontalvereinbarungen") wird aufgrund der wirtschaftlichen Entwicklungen und den daraus resultierenden Herausforderungen in Frage gestellt.[896] Diese Herausforderungen, die eine veränderte Bewertung von Horizontalvereinbarungen notwendig machen könnten, werden unter den Stichworten der Globalisierung, neue Innovations- und Wachstumsmärkte, Internet, insbesondere Internet-Plattformen und Marktplätze,[897] behandelt.[898] Die Zusammenarbeit kann einen Weg darstellen, um Risiken zu teilen, Kosten einzusparen, Know-how zusam-

---

onaler Ebene politisch nicht durchsetzen, Interesse an finanziellen Zuwendungen als Ausgleich für Kompetenzabtretung und Ausschalten des Ordnungswettbewerbs eines erfolgreicheren Mitgliedstaates durch Harmonisierung des fraglichen Bereichs auf Gemeinschaftsebene - Mussler, S. 95; Schäuble, F.A.Z. v. 27.02.2002, S. 10; Gerken in Europa zwischen Ordnungswettbewerb und Harmonisierung, S. 23ff.

[893] Diese wird auf der Grundlage der Theorie des fiskalischen Föderalismus behandelt und leistet nach Gerken in Europa zwischen Ordnungswettbewerb und Harmonisierung, S. 8 nur einen geringen Beitrag zur Lösung von Fragen hinsichtlich der vertikalen Kompetenzverteilung. Die Theorie geht zum einen von einer zentralen Staatsebene aus. Die EU als lediglich supranationale Organisation verfügt aber nicht über eine solche Qualität. Sie vermag auch nicht Widersprüche zwischen einzelnen Zielen zu lösen wie z. B. der zentralen Verteilungspolitik als Folge der Freizügigkeit, wobei die zentrale Verteilungspolitik dem Postulat der Präferenzen der Bevölkerung eines Staates widerspricht. Darüber hinaus befasst sich die Theorie des fiskalischen Föderalismus auch nicht mit der Zuständigkeit im Hinblick auf Rechtsnormen, sondern mit der in Wirtschaftsgemeinschaften relativ unbedeutenden Frage der Bereitstellung öffentlicher Güter. Ohnehin führt die Anwendung der Theorie des fiskalischen Föderalismus in den für Wirtschaftsgemeinschaften wesentlichen Kompetenzen zu zentralisierten Lösungen - Gerken in Europa zwischen Ordnungswettbewerb und Harmonisierung, S. 5ff.

[894] Gerken in Europa zwischen Ordnungswettbewerb und Harmonisierung, S. 3; Streit/Mussler, S. 75f.

[895] Giersch, Marktwirtschaftliche Perspektiven, S. 176ff.; BKartA, Diskussionspapier, S. 1.

[896] Kommission, Leitlinien Horizontalvereinbarungen, Rn. 1ff.; BKartA, Diskussionspapier, Abschnitt II.; FTC/DOJ, Antitrust Guidelines, Preamble.

[897] Siehe zu der kartellrechtlichen Beurteilung dieses Phänomens F. Immenga, RIW 2000, S. 733ff.

[898] BKartA, Diskussionspapier, Abschnitt II. zu den veränderten Rahmenbedingungen.

menzulegen und die Innovation zu beschleunigen. Vor allem für kleine und mittlere Unternehmen sei die Zusammenarbeit ein wichtiges Mittel der Anpassung an die sich verändernden Marktbedingungen.[899]
Die USA haben sich zuerst mit den wirtschaftspolitischen Problemen befasst und ihre Wettbewerbspraxis angepasst. Die maßgeblichen US-Behörden[900] haben gemeinsame Leitlinien für ihre zukünftige Praxis veröffentlicht.[901]
Diesem Ansatz ist die Kommission gefolgt und veröffentlichte zunächst einen Leitlinien-Entwurf über die Anwendung des Art. 81 EG auf horizontale Kooperationen. Das Bundeskartellamt reagierte mit der Veröffentlichung eines Diskussionspapiers für die Sitzung des Arbeitskreises Kartellrecht am 9. und 10. Oktober 2000. Dabei stellt das Bundeskartellamt die Frage, wie sich die Veränderungen der wirtschaftlichen Rahmenbedingungen und die rechtlich andere Bewertung von Horizontalvereinbarungen durch die US-Behörden und die Kommission auf das deutsche Kartellrecht auswirken.[902] Schließlich veröffentlichte die Kommission eine Bekanntmachung, die Leitlinien für die Bewertung von Horizontalvereinbarungen enthält und die neu erlassenen Gruppenfreistellungsverordnungen für Forschung & Entwicklung sowie für Spezialisierungsvereinbarungen mit erläutert.[903]
Dabei tritt ein Spannungsverhältnis bei der Bewertung der Horizontalvereinbarungen durch die US-Behörden und die Kommission[904] einerseits und dem Bundeskartellamt andererseits zu Tage.

1. NEUBEWERTUNG DURCH US-BEHÖRDEN UND KOMMISSION

a) DIE *ANTITRUST GUIDELINES FOR COLLABORATIONS AMONG COMPETITORS*

Die im amerikanischen Recht bisher geltende Unterscheidung zwischen Maßnahmen, die dem *per se*-Verbot und der *rule of reason*-Analyse unterliegen, werden durch die im April 2000 erlassenen „*Antitrust Guidelines for Collaborations among Competitors*" ergänzt. Die US-Behörden halten die Veränderungen der ökonomischen Rahmenbedingungen für so gravierend, dass sie ein

[899] Kommission, Leitlinien für Horizontalvereinbarungen, Rn. 3; FTC/DOJ, Antitrust Guidelines, Preamble.
[900] Das *Department of Justice* (DOJ) und die *Federal Trade Commission* (FTC).
[901] Die „*Antitrust Guidelines for Collaborations Among Competitors*".
[902] BKartA, Diskussionspapier Kooperationen, Abschnitt I.
[903] Kommission, Leitlinien Horizontalvereinbarungen, Rn. 7f., 39ff. für Vereinbarungen über Forschung und Entwicklung, 78ff. für Produktionsvereinbarungen einschließlich Spezialisierungsvereinbarungen; Verordnung Nr. 2659/2000 vom 29.11.2000; ABl. 2000 L 304 S. 7 (F&E-GVO); Verordnung Nr. 2658/2000 vom 29.11.2000, ABl. 2000 L 304 S. 3 (Spezialisierungs-GVO).
[904] Zu dem immer stärkeren Einfluss des US-amerikanischen Antitrustrechts auf das Europäische Wettbewerbsrecht Fleischer/Körber, WuW 2001, S. 6ff.

deutliches, positives Signal an horizontale Kooperationen für notwendig erachten.[905]

Das positive Signal setzen die Leitlinien auf dreierlei Weise:

Horizontale Vereinbarungen, die früher unter das *per se*-Verbot gefallen wären, werden jetzt regelmäßig einer *rule of reason*-Analyse unterzogen. Ausgangspunkt dieses für Horizontalvereinbarungen günstigen Ansatzes ist deren bereits erwähnte grundsätzlich positive Bewertung. Dafür muss die horizontale *hardcore*-Wettbewerbsbeschränkung *„reasonably related to the integration and reasonably necessary to achieve its pro-competitive benefits“* sein. Dies ist die Eingrenzung des *per se*-Verbots über den Immanenzgedanken.[906]

Horizontale Wettbewerbsbeschränkungen, die bisher einer *rule of reason*-Analyse unterzogen worden wären, fallen nicht mehr unter das Kartellverbot, wenn sie in die so genannten *safe harbours* einzuordnen sind. Ein *safe harbour* gilt für Kooperationen, bei welchen die Beteiligten auf keinem der betroffenen Märkte zusammen einen Marktanteil von 20 % überschreiten. Forschung und Entwicklungs-Kooperationen („F&E“) fallen nicht unter das Kartellverbot, wenn mindestens drei weitere vergleichbare F&E-Projekte auf dem betroffenen Markt existieren. Die *safe harbours* gelten nicht für Regelungen, die unter das *per se*-Verbot fallen. Weiterhin sollen Kooperationen, die sich nur dem Unternehmen Wettbewerbsvorteile verschaffen, als wettbewerbsfördernd im Sinne der *Guidelines* eingestuft werden, wenn sie auch dem Verbraucher zugute kommen.[907]

Mit der so genannten *Middle-ground/Quick-look-Analyse* führen die US-amerikanischen Behörden eine Zwischenform von *per se* verbotenen und *rule of reason*-Wettbewerbsbeschränkungen ein. Unterliegt eine Maßnahme dem *per se*-Verbot, so kann das Fehlen von Marktmacht sowie das Wesen der Wettbewerbsbeeinträchtigungen zur Tolerierung der Vereinbarung führen. Ziel ist es, die formalistische Anwendung des *per se*-Verbots zu vermeiden.[908]

b) LEITLINIEN FÜR HORIZONTALE KOOPERATIONEN

Die Leitlinien der Kommission gehen ebenfalls von einem gewandelten Verständnis bei der Bewertung von Horizontalvereinbarungen aus.[909] Horizontal-

[905] FTC/DOJ, Antitrust Guidelines, Preamble; BKartA, Diskussionspapier Kooperationen, Abschnitt III.2.b).

[906] FTC/DOJ, Antitrust Guidelines, Section 1.2, 3.2; BKartA, Diskussionspapier Kooperationen, Abschnitt II.2.b) (1).

[907] FTC/DOJ, Antitrust Guidelines, Section 4, insbesondere 4.3; BKartA, Diskussionspapier Kooperationen, Abschnitt III.2.b) (2).

[908] FTC/DOJ, Antitrust Guidelines, Section 4; BKartA, Diskussionspapier Kooperationen, Abschnitt III.2.b) (3).

[909] Der von der Kommission veröffentliche Leitlinien-Entwurf muss in Zusammenhang mit der anstehenden Reform der Durchführungsvorschriften zu Art. 81 EG und der Gruppenfreistellungsverordnordnung von Vertikalvereinbarungen gesehen werden. Dieses „Paket“ an Neuerungen soll das europäische Kartellrecht für die bevorstehenden Herausforderungen rüsten – Schröter, S. 5; Baron in Langen/Bunte, KartR, Einführung zum EG-Kartellrecht Rn. 114ff.

vereinbarungen sollen grundsätzlich positiv bewertet werden. Die meisten horizontalen Kooperationsvereinbarungen bezwecken jedoch keine Wettbewerbsbeschränkung. Letztere muss auch den Wettbewerb im betroffenen Markt in einem Maße beeinträchtigen können, dass negative Auswirkungen hinsichtlich der Preise, Produktion, Innovation oder Vielzahl und Qualität der Waren und Dienstleistungen zu erwarten sind.[910] So sollen die meisten F&E-Vereinbarungen oder die Zusammenarbeit bei der Festsetzung von Normen oder der Verbesserung von Umweltbedingungen nur in seltenen Fällen Beschränkungen hinsichtlich der Preise und der Produktion bewirken.[911] Um diesem Verständnis gerecht zu werden, will die Kommission die Anwendung des Art. 81 EG an das neue Verständnis anpassen. Die Zusammenarbeit ist vielfältiger geworden und wird in größerem Maße betrieben. Daher sind vollständigere und aktuellere Leitlinien erforderlich,[912] um die Klarheit und Transparenz bei der Anwendbarkeit von Art. 81 EG in diesem Bereich zu erhöhen. Bei der Bewertung soll nun größerer Nachdruck auf wirtschaftliche Kriterien gelegt werden.[913]

Rechtsdogmatisch will die Kommission dieser Erkenntnis durch eine Anpassung der Prüfungsfolge in Art. 81 Abs. 1 EG Rechnung tragen. Die Prüfung im Rahmen von Art. 81 Abs. 1 EG wird aus zwei Prüfungsschritten bestehen. Auf Tatbestandsebene wird zwischen Horizontalvereinbarungen unterschieden,

---

[910] Kommission, Leitlinien Horizontalvereinbarungen, Rn. 19.

[911] Kommission, Leitlinien Horizontalvereinbarungen, Rn. 22f.

[912] Bisher haben zwei Bekanntmachungen und zwei Gruppenfreistellungsverordnungen Anleitungen für die Bewertung der horizontalen Zusammenarbeit gemäß Art. 81 EG enthalten: die Bekanntmachung über Gemeinschaftsunternehmen, die Mitteilung von 1968 über Kooperationsvereinbarungen, die Verordnungen 417/85 und 418/85 (Spezialisierungs- beziehungsweise Forschungs- und Entwicklungsvereinbarungen). Diese sollen nunmehr in eine gemeinsame Verordnung für Horizontalverordnungen eingebracht werden. Die Leitlinien befassen sich nur mit denjenigen Arten der Zusammenarbeit, die möglicherweise zu Effizienzgewinnen führen, wie Vereinbarungen über Forschung und Entwicklung, Produktion, Einkauf, Vermarktung, Normung und Umweltschutz. Die Leitlinien sind grundsätzlich nicht anwendbar: auf Vereinbarungen, die den Informationsaustausch oder Minderheitsbeteiligungen betreffen, auf vertikale Vereinbarungen mit Ausnahme von vertikalen Vereinbarungen zwischen Wettbewerbern, die in ihren Wirkungen auf den Markt und etwaige Wettbewerbsprobleme mit solchen von horizontalen Vereinbarungen vergleichbar sein können, z. B. Vertriebsvereinbarungen. Dann müssen die Grundsätze der Leitlinien für Horizontalvereinbarungen gewürdigt werden, ohne dass dies die ergänzende Anwendung der Leitlinien über vertikale Beschränkungen ausschließt (Doppelprüfung), auf Strategische Allianzen wegen der Komplexität der Sachverhalte, wenn sektorspezifische Regeln anwendbar sind, wie z. B. in den Bereichen Verkehr oder Versicherungen, wenn die Fusionskontrollverordnung anwendbar ist – Kommission, Leitlinien Horizontalvereinbarungen, Rn. 11ff.

[913] Dieses Kriterium soll im Rahmen von Art. 81 EG besonders betont werden. Die Kommission setzt konsequent ihren bereits in dem Vorschlag zur Reform der VO 17/62 vorgesehenen Ansatz fort. Wirtschaftliche Kriterien wie die Marktmacht der Vertragspartner und andere Merkmale der Marktstruktur seien ein wesentlicher Bestandteil bei der Ermittlung der von einer Zusammenarbeit zu erwartenden Auswirkungen und damit für die Bewertung gemäß Art. 81 EG.

die prinzipiell in den Anwendungsbereich von Art. 81 Abs. 1 EG fallen beziehungsweise solchen die nicht hierunter fallen.[914] Dabei geht die Kommission von Folgendem aus: Bestimmte Vereinbarungen werden ihrem Wesen nach nicht von Art. 81 Abs. 1 EG erfasst, wenn sie keine Koordinierung des Wettbewerbsverhaltens der Vertragspartner bedingen - wie die Zusammenarbeit zwischen Nichtwettbewerbern oder zwischen Wettbewerbern, die die von der Zusammenarbeit erfasste Tätigkeit oder das Projekt nicht eigenständig durchführen können sowie die Zusammenarbeit bei einer von der Vermarktung weit entfernten Tätigkeit. Diese Arten der Zusammenarbeit könnten nur dann in den Anwendungsbereich des Art. 81 Abs. 1 EG fallen, wenn Unternehmen mit einer erheblichen Marktmacht an ihnen beteiligt sind und wenn sie zu Abschottungsproblemen gegenüber Dritten führen können.[915] Bei Kooperationsvereinbarungen, die durch die Festsetzung von Preisen, die Beschränkung der Produktion oder die Aufteilung von Märkten oder Kunden eine Beschränkung des Wettbewerbs bezwecken und folglich zu höheren Preisen oder einer verminderten Produktion führen, kann davon ausgegangen werden, dass diese Beschränkungen negative Wirkungen auf den Markt haben und daher fast immer zu untersagen sind.[916]
Sachverhalte, die nicht in eine der beiden Kategorien fallen, müssen auf Tatbestandsebene in einem zweiten Schritt vertieft geprüft werden.[917] Wesentlich sind dann Marktstrukturkriterien,[918] wie sie aus der Fusionskontrolle und Art. 82 EG bekannt sind.[919] Daneben sind noch sektorspezifische Faktoren zu berücksichtigen.[920]

Die Kommission kann somit schon im Rahmen von Art. 81 Abs. 1 EG eine viel größere Anzahl an Wettbewerbsbeschränkungen aussondern. Die Anlehnung an die US-amerikanische Unterscheidung zwischen Sachverhalten, die dem

---

[914] Kommission, Leitlinien Horizontalvereinbarungen, Rn. 24ff.

[915] Kommission, Leitlinien Horizontalvereinbarungen, Rn. 24.

[916] Kommission, Leitlinien Horizontalvereinbarungen, Rn. 25 und vgl. zu der Bewertung von Nebenabreden in der europäischen Fusionskontrolle - Kommission, Mitteilung Nebenabreden.

[917] Kommission, Leitlinien Horizontalvereinbarungen, Rn. 26.

[918] Gemeinsamer Marktanteil, Marktkonzentration, Stabilität der Marktanteile über einen bestimmten Zeitraum, die Wahrscheinlichkeit eines Markteintritts, die Nachfragemacht der Käufer / Lieferanten oder die Beschaffenheit der Waren (z. B. Homogenität, Produktreife) – Kommission, Leitlinien Horizontalvereinbarungen, Rn. 27ff.

[919] Kommission, Leitlinien Horizontalvereinbarungen, Rn. 27 verweist auf die Bekanntmachung der Kommission über die Definition des relevanten Marktes im Sinne des Wettbewerbsrechts der Gemeinschaft, ABl. Nr. C 372 vom 9.12.1997, S. 5.

[920] Zu den Vereinbarungen über Forschung und Entwicklung vgl. Leitlinien Horizontalvereinbarungen, Rn. 7f., 39ff., zu Vereinbarungen über Produktionsvereinbarungen (einschließlich Spezialisierungsvereinbarungen) siehe Rn. 78ff.; zu den Einkaufsvereinbarungen vgl. Rn. 115ff.; zu den Vermarktungsvereinbarungen siehe Rn. 139ff., zu den Vereinbarungen über Normen Rn. 159ff.; zu den Umweltschutzvereinbarungen siehe Rn. 179ff.

per se-Verbot unterliegen und solchen die einer *rule of reason*-Prüfung unterzogen werden müssen, tritt hier deutlich zu Tage.[921]

Von Art. 81 Abs. 1 EG erfasste Vereinbarungen haben darüber hinaus weiterhin die Möglichkeit gemäß Art. 81 Abs. 3 EG freigestellt zu werden, sofern die Voraussetzungen von Art. 81 Absatz 3 erfüllt sind. Hier gelten die bekannten Maßstäbe und die bestehenden Gruppenfreistellungsverordnungen.

2. DISKUSSIONSPAPIER DES BUNDESKARTELLAMTES

Die wettbewerbliche Beurteilung von horizontalen Vereinbarungen wird durch die neuen Entwicklungen in Frage gestellt. Anders als die US-Behörden oder die Kommission, die zu einer positiven Bewertung gelangen, geht das Bundeskartellamt von einer ambivalenten Wirkung der neuen Entwicklungen für den Wettbewerb aus. Im Vergleich der Systeme stellt das Bundeskartellamt fest, dass das US-Kartellrecht und das Reformvorhaben der EU das flexiblere System darstellen. Der Preis sei aber die Absenkung des Schutzniveaus sowie die Vorhersehbarkeit und Rechtssicherheit.[922]
Das deutsche System komme zu vergleichbaren Ergebnissen, wobei ein klares Regel-Ausnahmeverhältnis zugrundeliege, das sich in der Praxis bewährt habe und den Betroffenen eine hohe Rechtssicherheit gewähre. Grenzfälle könnten aber nur außerhalb des gesetzlichen Instrumentariums durch die Praxis der vorübergehenden Duldung von zunächst ambivalent zu beurteilenden Kartellen durch das Bundeskartellamt gelöst werden.[923]
Das Bundeskartellamt zweifelt aber daran, ob das deutsche System beibehalten werden könne, da ein faktischer Nivellierungsdruck durch die Leitlinien über horizontale Vereinbarungen in Verbindung mit der erweiterten Möglichkeit des „An-sich-ziehens" von Fällen durch die Kommission bei zu starkem Abweichen von den Leitlinien zu erwarten ist.[924]
Dies führt das Bundeskartellamt zu der Frage, ob es sinnvoll und praktikabel ist, das GWB den anderen Systemen anzupassen. Darüber hinaus sieht das Bundeskartellamt auch die Möglichkeit, sich verstärkt der Anwendung des Gemeinschaftskartellrechts zuzuwenden, um so die eigenen Auffassungen einbringen zu können. Der Bedeutungsverlust der nationalen Rechtsordnungen gegenüber dem europäischen Kartellrecht könnte sich nämlich auch auf den Einfluss der nationalen Behörden bei der Anwendung und Gestaltung des EG-Rechts auswirken.[925]

---

[921] BKartA, Diskussionspapier Kooperationen, Abschnitt III.3.b).
[922] Aber ablehnend, da die Anlehnung an die US-Praxis zu einer *rule of reason* im Rahmen von Art. 81 Abs. 1 EG führt – BKartA, Diskussionspapier Kooperationen, Abschnitt III.2.c., III.3.c.
[923] BKartA, Diskussionspapier Kooperationen, Abschnitt II.1.b) und c), II.2.c., III.3.c., IV.(1).
[924] BKartA, Diskussionspapier Kooperationen, Abschnitt III.4.b).
[925] BKartA, Diskussionspapier Kooperationen, Abschnitt IV.

3. Folgerungen aus dem Anwendungsbeispiel

Wie sich unschwer aus dem Anwendungsbeispiel entnehmen lässt, zieht das Bundeskartellamt nicht die gleichen Schlüsse aus den wirtschaftlichen Veränderungen für die Wettbewerbspraxis. Dennoch sieht sich das Bundeskartellamt angesichts des durch den weiten Anwendungsbereich und des davon ausgehenden Harmonisierungsdrucks des Gemeinschaftsrechts gezwungen, unter Umständen das nationale Recht anzupassen. Dabei kann weder der Kommission noch dem Bundeskartellamt die Sachkunde bei der Abschätzung wirtschaftlicher Umstände abgesprochen werden. Die Beachtlichkeit des Konzepts des Ordnungswettbewerbs würde dazu führen, dass dem nationalen Kartellrecht ein so wesentlicher Anwendungsbereich verbliebe, dass es im Sinne der Auffassung des Mitgliedstaates angewendet werden könnte. Demgegenüber könnte die Gemeinschaft ihre Vorstellungen verwirklichen. Mit Zeitablauf würde sich dann herausstellen, welche der Regelungen grundsätzlich optimal ist. Es wäre der Gemeinschaft dann unbenommen ihre Regelungen beziehungsweise umgekehrt die nationalen Regelungen an das Gemeinschaftsrecht anzupassen. Möglich wäre auch, dass keine Anpassung stattfindet, da unter Umständen, auf diese Weise die Präferenzen der jeweiligen Nutzer besser berücksichtigt werden. Da der wesentliche Anwendungsbereich des nationalen Rechts dort seine Grenzen findet, wo er die Vertragsziele des Gemeinschaftsrechts gefährdet, wäre auch eine integrationshemmende Wirkung zu verneinen.

V. Fazit zum Konzept des Ordnungswettbewerbs

Die ordnungs- und wettbewerbspolitische Diskussion wird zunehmend durch das Konzept des System- beziehungsweise Ordnungswettbewerbs ergänzt. Es handelt sich um ein relativ neues Phänomen, das im Rahmen föderaler Strukturen anwendbar ist und dazu beitragen soll, den Gliedstaaten einen Handlungsbereich offen zu halten, über den sie mit den anderen Einzelstaaten in Wettbewerb um mobile Faktoren treten können. Dies führt zu einem Wettbewerb der Rechtsordnungen, der die Berücksichtigung der Präferenzen der Bürger steigert und gleichzeitig die Macht der politischen Akteure begrenzt. Gleichzeitig führt das dem Wettbewerb innewohnende Entdeckungsverfahren dazu, dass die optimale Regelung für ein Problem gefunden wird, welche dann von allen Gliedstaaten oder dem Zentralstaat übernommen werden kann. Das im Entdeckungsverfahren geschaffene Wissen ist auch der wesentliche Vorteil gegenüber der Harmonisierung, die sich ein solches Wissen anmaßt. Dennoch stehen sich Harmonisierung und Ordnungswettbewerb nicht entgegen, da die Beschränkung auf eines der beiden Konzepte im EG-Vertrag zu Zielkonflikten führen würde. Sie sind daher jeweils gegeneinander abzuwägen, um dem Gemeinschaftsrecht und den auch zu berücksichtigen Interessen der Mitgliedstaaten gerecht zu werden.

Dieser Gedanke ist auch auf die Gemeinschaft und ihre Mitgliedstaaten wegen ihrer quasi-föderalen Struktur anwendbar. Das Konzept des Ordnungswettbewerbs ist zwar nicht ausdrücklich im EG-Vertrag enthalten, der EG-Vertrag enthält aber die grundsätzlichen Voraussetzungen für einen Ordnungswettbewerb. Auch seitens der Gemeinschaftsorgane wird das Bedürfnis für einen Ordnungswettbewerb zwischen den Mitgliedstaaten mit dem Ansatz der Mindestharmonisierung akzeptiert.[926]
Einen vertragsimmanenten Grundsatz, dem im Rahmen der Auslegung der Zwischenstaatlichkeitsklausel der Art. 81, 82 EG Rechnung zu tragen wäre, kann man hieraus nicht entnehmen. Ordnungswettbewerb stellt sich lediglich als Folge der Verfassungskonzeption dar und wird von ihr nicht vorgegeben.
Dennoch kann Ordnungswettbewerb als rechtspolitisch ergänzendes Argument in die Fragestellung der Abgrenzung der Anwendungsbereiche von nationalem und europäischem Kartellrecht einbezogen werden. Danach wäre die Zwischenstaatlichkeitsklausel so auszulegen, dass den Mitgliedstaaten ein so wesentlicher Freiraum verbleiben müsste, dass sie untereinander in Wettbewerb um die beste ordnungspolitische Lösung treten könnten. Der Vorteil läge darin, dass sich die beste kartellrechtliche Lösung durchsetzen könnte, die dann von den anderen Staaten oder der Gemeinschaft übernommen werden könnte. Damit würde gleichzeitig ein Harmonisierungseffekt eintreten, der die Präferenzen der Bürger berücksichtigt. Integrationshemmende Auswirkungen sind von der Mitberücksichtigung des Ordnungswettbewerbs nicht zu erwarten. Die Berücksichtigung des Konzepts des Ordnungswettbewerbs im Rahmen der Auslegung der Zwischenstaatlichkeitsklausel soll und kann wegen der Abwägung mit den anderen Vertragszielen und –prinzipien nicht dazu führen, dass unter dem Denkmantel des Ordnungswettbewerbs grenzüberschreitende wettbewerbsbeschränkende Maßnahmen kaum noch vom Gemeinschaftsrecht erfasst werden. Genauso, wie man auf legislativer Ebene Harmonisierung nicht generell ablehnen kann,[927] gilt, dass ein wesentlicher Freiraum für nationale Rechtsordnungen nicht nur rechtlich, sondern auch tatsächlich beibehalten werden muss.

Das Anwendungsbeispiel zu der Frage der Neubewertung der Absprachen zwischen Wettbewerbern aufgrund veränderter Marktbedingungen zeigt, dass unterschiedliche wettbewerbspolitische Wertungen existieren. Wegen des Harmonisierungsdrucks des europäischen Kartellrechts wären die Mitgliedstaaten aber gezwungen, sich die europäischen Regelungen zu Eigen zu machen und könnten ihre unter Umständen abweichenden Vorstellungen nicht einmal auf die Fälle anwenden, die nicht vom gemeinschaftlichen Kartellrecht erfasst werden. Die Rückführung der Zwischenstaatlichkeitsklausel würde da-

---

[926] Rohe, RabelsZ 61 (1997), S. 11; Mestmäcker, FS Willgerodt, S. 288; Müller-Graff, EuR 1989, S. 111; Streit/Mussler, S. 87f.; Mussler, S. 84f.

[927] Mussler, S. 75; Giersch in Europa zwischen Ordnungswettbewerb und Harmonisierung, S. 36.

zu führen, dass den Mitgliedstaaten ein größerer Freiraum verbliebe. Dieser würde es erlauben, auf nationaler Ebene wettbewerbsrelevante Maßnahmen praktisch und rechtlich anders zu behandeln als auf europäischer Ebene. Die mit dem Konzept des Ordnungswettbewerbs aufgezeigten Vorteile könnten damit realisiert werden.

Ein weiteres Beispiel für Ordnungswettbewerb[928] ist die Diskussion um die Umstellung des Marktbeherrschungstests der europäischen Fusionskontrolle auf das Konzept des *Substantial Lessening of Competition* (SLC).[929] Die Kommission überlegt, ob sie das Kriterium der Marktbeherrschenden Stellung in Hinblick auf andere Länder, insbesondere die USA, ablösen soll. Für die Untersuchung kann sie sich auf Erfahrungswerte stützen, die durch das Nebeneinander verschiedener Rechtsordnungen mit beiden Konzepten gemacht wurden.[930] Die Kommission nutzt damit das Ergebnis eines Ordnungswettbewerbs.

Es gilt: Will man Wettbewerbsschutz und damit Wettbewerb an sich fördern, so gelingt dies in einem aktiven Nebeneinander verschiedener Wettbewerbsordnungen.[931]

D. Restriktive Neuausrichtung der Zwischenstaatlichkeitsklausel?

Legt man, der Praxis des Gerichtshofs folgend, den erreichten Grad der Integration der Zwischenstaatlichkeitsklausel als maßgeblichen Auslegungsgrundsatz im Rahmen der „dynamischen Auslegung“ zugrunde, so lässt sich hieraus ein gewichtiges Argument für eine restriktive Definition der Zwischenstaatlichkeitsklausel finden.[932] Parallel zur EG hat auch das Gemeinschaftskartellrecht eine grundlegende Wandlung zwischen den Römischen Verträgen und der Verwirklichung des Binnenmarkts erfahren. Dieser Wandel hat sich bisher nicht in den Versuchen niedergeschlagen, das Missverhältnis von weiter Zuständigkeit und Entscheidungen der Kommission zu verringern. Den Schwerpunkt auf die Dezentralisierung zu legen, erweckt den Eindruck, eine ad hoc-Politik zu verfolgen, die ihre Zuständigkeit in fast jedem Kartellrechtsfall gewährleisten soll. Der Vorwurf, dass es der Kommission an einer mittel- oder gar langfristigen Vision fehlt, ist daher nicht vollkommen unbegründet.[933] Die insgesamt stattgefundene Veränderung führt dazu, dass die Lückenfüllungs-

---

[928] Weiteres Beispiel für eine abweichende Praxis und damit für Ordnungswettbewerb, ist die Behandlung von Gemeinschaftsunternehmen - Bechtold, FIW 178 (1999), S. 83ff.;Hossenfelder/Müller/Parlasca, ZHR 160 (1996), S. 23f.

[929] Kommission, Grünbuch FKVO 2001, Rn. 159ff.; Bundeskartellamt Diskussionspapier Marktbeherrschende Stellung, S. 1ff.; Böge, WuW 2002, S. 825; I. Schmidt, WuW 2003, S. 115; Alfter, WuW 2003, S. 20ff.; FAZ v. 11.10.2001; F.A.Z. v. 12.12.2001, S. 15; F.A.Z. v. 27.12.2001, S. 15; F.A.Z. v. 29.01.2002, S. 20.

[930] Kommission, Grünbuch FKVO 2001, Rn. 11; zuvor Kerber, Fusionskontrollpraxis, S. 136, 161f., Fußnote 92.

[931] Jung, S. 34f.

[932] Kapitel 3,1. Teil D., Zwischenbilanz 1. Teil.

[933] Wesseling, European Law Review 1997, S. 52.

funktion der Art. 81, 82 EG zumindest zum Teil überflüssig geworden ist. Verfügten die sechs Mitgliedstaaten der Gemeinschaft ursprünglich über kein eigenes Wettbewerbsrecht, so ist dies nicht mehr der Fall. Das gilt zumindest für die so genannten *hardcore*-Kartelle oder auch *naked restraints* wie Preis-, Quoten- und Gebietskartelle, die nun auch in den Mitgliedstaaten bekämpft werden. Gar keine Rolle spielt diese Funktion, wenn das nationale Kartellrecht strengere Maßstäbe anlegt, da dann „Lücken" im Wettbewerbsschutz nicht vorhanden sein können.[934] Etwas anderes gilt freilich dort, wo der Staat selbst, wenn auch nur mittelbar, involviert ist und daher industriepolitische Faktoren eine gewichtige Rolle spielen. Insoweit gilt dasselbe für Wettbewerbsbeschränkungen, die mit Forschung und Entwicklung zusammenhängen.[935] Die anstehende Reform der Durchführungsvorschriften ändert hieran nichts. Zu einer solchen langfristig angelegten Reform gehört auch die Anpassung der Abgrenzung des Anwendungsbereichs der Art. 81, 82 EG von den nationalen Rechten.[936]

Die Neuausrichtung der Zwischenstaatlichkeitsklausel im Sinne einer restriktiven Auslegung und Anwendung zugunsten des Anwendungsbereichs der mitgliedstaatlichen Kartellrechte lässt sich auch auf das Subsidiaritätsprinzip und das Konzept des Ordnungswettbewerbs stützen.

Das in Art. 5 Abs. 2 EG niedergelegte Subsidiaritätsprinzip ist schon wegen des Wortlauts nicht unmittelbar anwendbar. Auch ist die mittelbare Anwendbarkeit – also durch Auslegung der Zwischenstaatlichkeitsklausel – zweifelhaft, da es sich bei Art. 5 Abs. 2 EG nicht um eine Kompetenzbegründungs-, sondern um eine Kompetenzzuweisungsnorm handelt. Jedenfalls relativiert sich dessen Bedeutung im Rahmen der Auslegung, da auch die übrigen Vertragsziele und Vertragsprinzipien zu beachten sind.[937] Dennoch lassen sich aus dem Subsidiaritätsprinzip deutliche Indizien für eine Neuausrichtung finden. Die Verwirklichung des Binnenmarktes in Verbindung mit dem Subsidiaritätsprinzip deutet auf eine Kompetenzverschiebung hin zu den nationalen Rechten.[938] Damit würde auch dem Gedanken Rechnung getragen, dass die Urheber der Verträge einen so weitgehenden Verzicht der Mitgliedstaaten auf eine nationale Wettbewerbspolitik und eine so umfassende Zuständigkeit der Kommission nicht beabsichtigt hatten.[939] Außerdem ist der Hintergrund zu beachten, dass sich einzelne Mitgliedstaaten ein neues Kartellrecht nach dem Vorbild des Gemeinschaftskartellrechts gegeben haben. Für sie bedeutet die

[934] Möschel, AG 1998, S. 565.
[935] Möschel, NJW 1995, S. 282.
[936] Wesseling, European Law Review 1997, S. 52.
[937] Rat, Subsidiaritätsprinzip, S. 141; Kahl, AöR 1993, S. 417 und siehe oben Kapitel 3, 2. Teil B. VI.
[938] Wesseling, European Law Review 1997, S. 52.
[939] Königs, FS Pfeiffer, S. 572.

geplante Dezentralisierung die Gefahr einer verstärkten Anwendung der gemeinschaftlichen Kartellvorschriften wodurch ihr gerade eingeführtes Recht obsolet würde.[940] Dezentralisierung, gerade im Hinblick auf das Subsidiaritätsprinzip, ist aber auch im Sinne der verstärkten Anwendung des nationalen Rechts zu verstehen.[941]

Für den Ordnungswettbewerb gilt Ähnliches, wenn nicht noch im größeren Maße: Die mit dem Ordnungswettbewerb gegebenen rechtspolitischen Vorteile könnten auch im Gemeinschaftskartellrecht verwirklicht werden. Das Gemeinschaftsrecht bietet die grundsätzlichen Voraussetzungen für einen Wettbewerb der Rechtsordnungen, dem auch das Gemeinschaftskartellrecht nicht entgegensteht. Allerdings drängen sich auch hier Zweifel auf, ob es sich nicht eher um einen rechtspolitischen Wunsch, denn eine rechtsverbindliche Aussage des EG-Vertrags handelt. Dessen Begründung aus dem Umkehrschluss, dass die Gemeinschaft grundsätzlich nur zu einer Mindestharmonisierung berechtigt sei und sich hieraus ein Rechtsprinzip für den Wettbewerb der Rechtsordnungen ergäbe, ist abzulehnen. Beachtlich wäre das Konzept des Ordnungswettbewerbs ohnehin nur im Rahmen der Auslegung der Zwischenstaatlichkeitsklausel mit den anderen Vertragszielen und -prinzipien. Damit ergäbe sich auch hier die relative Bedeutung dieses Prinzips für die restriktive Auslegung und Anwendung bei der Abgrenzung des Anwendungsbereichs des Gemeinschaftskartellrechts von dem des mitgliedstaatlichen Kartellrechts.[942]

Rechtlich verbindlich ist demnach nur der erreichte Integrationsstand für die Auslegung der Zwischenstaatlichkeitsklausel. Das in Art. 5 Abs. 2 EG angelegte Subsidiaritätsprinzip und das Konzept des Ordnungswettbewerbs lassen sich demgegenüber nur schwer aus dem rechtspolitischen auf den rechtsverbindlichen Bereich des Gemeinschaftskartellrechts übertragen. Subsidiaritätsprinzip und Ordnungswettbewerb zusammengenommen deuten dennoch darauf hin, dass die mangelnde Ausstattung der Kommission durch die verstärkte Anwendung des nationalen Kartellrechts ausgeglichen werden kann. Gleichzeitig wird dadurch die Funktionsfähigkeit der nationalen Kartellbehörden aufrecht erhalten. Qualifiziertes Personal kann nur dort angeheuert werden, wo die Arbeitsgebiete von Interesse sind. Fallen den Behörden jedoch nur die Bagatellfälle zur Bearbeitung zu, so verlieren die Behörden als Arbeitgeber an Attraktivität. Das hat auch Auswirkungen auf den Wettbewerbsschutz, der sich „unter Bedingungen eines müd-resignativen Verwaltungsmuffs“ kaum realisieren ließe. Dass zudem das Rechtsbewusstsein in diesem Bereich leiden würde, trägt nachteilig bei. Insofern handelt es sich nicht um schlichte „eifersüchtige Besitzstandswahrung“, wenn sich nationale Behörden der Aushöhlung ihrer

---

940 I. Schmidt, WuW 2002, S. 3.
941 Möschel, NJW 1995, S. 282.
942 Siehe oben Kapitel 3, 2. Teil C. III.

Zuständigkeiten entgegenstellen.[943] Eine Erweiterung der Kompetenzen der Behörden ist auch bei der Dezentralisierung des Vollzugs des Gemeinschaftsrechts gegeben. Allerdings bleibt die Kommission immer den nationalen Kartellbehörden übergeordnet, so dass diese eigene Vorstellungen nicht verwirklichen können.[944] Die „Musik" spielt bei der Kommission. Anders im Falle der Neuausrichtung – die Kartellbehörden können nationale wettbewerbspolitische Vorstellungen durchsetzen und den Mitarbeitern attraktivere, weil gestaltende, Stellen anbieten.

Subsidiaritätsprinzip und Ordnungswettbewerb entfalten insbesondere ihre Bedeutung als Nachweis des erreichten Integrationsstands und dafür dass die bisherige Form der Integration den gewandelten Bedürfnissen der Gemeinschaft und der Mitgliedstaaten nicht mehr gerecht wird, da sie für den Bereich des Kartellrechts nicht effizient genug ist. Auch seitens der Gemeinschaft besteht ein Interesse an nationalen Regelungen. Die Abkommen der Gemeinschaft mit den mitteleuropäischen Ländern, nach denen sich die Mitgliedstaaten verpflichtet hatten, ein eigenes Recht gegen unlauteren Wettbewerb und Wettbewerbsbeschränkungen einzurichten, deuten dies an.[945]

Demgegenüber ist der Beibehaltung des weiten Anwendungsbereichs des Gemeinschaftskartellrechts ist, im Hinblick auf den damit verbundenen faktischen Zwang zur Harmonisierung der nationalen Kartellrechte, nicht zuzustimmen. Die Unterstützung der Angleichungsforderungen durch Unternehmerverbände wird durch das offensichtliche Interesse an einer nachsichtigeren Behandlung von Wettbewerbsbeschränkungen getragen.[946]
Betrachtet man die Auslegung und Anwendung der Zwischenstaatlichkeitsklausel ausschließlich unter dem integrationspolitischen Aspekt und verweist hierbei auf die damit verbundene faktische Bedeutungslosigkeit der Zwischenstaatlichkeitsklausel,[947] so scheint der Schluss konsequent, dass die Zwischenstaatlichkeitsklausel als Abgrenzungsmerkmal von nationalem und EG-Kartellrecht ausgedient hat. Da das gemeinschaftliche Kartellrecht aber einen durch die Zwischenstaatlichkeitsklausel ausgedrückten begrenzten Anwendungsbereich hat - der zudem nicht ausschließlich ist, sondern die parallele Anwendung des mitgliedstaatlichen Kartellrechts zulässt - kann aus der gleichen Entwicklung aber auch gefolgert werden, dass es nun Zeit ist, den Anwendungsbereich im Wege der Neuausrichtung der Zwischenstaatlichkeitsklausel zu reduzieren. Es ist ein Zirkelschluss, die extensive Auslegung der Zwischenstaatlichkeitsklausel zu betreiben und ihr dann wegen des immer

[943] Möschel, NJW 1995, S. 283.
[944] Mestmäcker, EuZW 1999, S. 528.
[945] Mestmäcker in Europa zwischen Ordnungswettbewerb und Harmonisierung, S. 197f.
[946] Schlecht, FS Benisch, S. 51; Kantzenbach, S. 214; Möschel, NJW 1995, S. 284.
[947] Reich, FS Steindorff, S. 1082

weiter ausgedehnten Anwendungsbereichs die Bedeutungslosigkeit zu attestieren.
Eine Harmonisierung der verschiedenen Rechtssysteme und Rechtstraditionen von derzeit 15 Mitgliedstaaten ist nicht nur aussichtslos, sondern auch unerwünscht. Denn Wettbewerbsbeschränkungen sind ebenfalls Folge des Wettbewerbs als Entdeckungsverfahren. Daraus kann geschlossen werden, dass es in einem Wirtschaftsraum, der von Finnland bis Portugal reicht, unabdinglich ist, Raum für nationale wettbewerbspolitische und wettbewerbsrechtliche Lösungen zu lassen. So wird der Gemeinschaft und den Mitgliedstaaten ein gemeinsames öffentliches Interesse an dezentralen, nationalen Erfahrungen mit der Weiterentwicklung der Wettbewerbsordnungen konstatiert.[948] Insgesamt treten Konflikte seltener auf als angenommen und stellen noch immer die Ausnahme und nicht die Regel dar. Darüber hinaus können mitgliedstaatliche Regelungen Anstöße für die Entwicklung des Gemeinschaftsrechts geben. Als Musterbeispiel kann hier die deutsche Fusionskontrolle genannt werden.
Der Hinweis auf die weitgehende Angleichung der materiell-rechtlichen Regeln der nationalen Rechte, um die bestehende Kompetenzaufteilung, d. h. faktische Allzuständigkeit der Kommission bei grenzüberschreitenden Fällen, beizubehalten, geht fehl. Dem liegt der Harmonisierungsgedanke zu Grunde.[949] Dabei muss bedacht werden, dass dies in Ländern geschehen ist, die über keine oder nicht wirksame Wettbewerbsregeln verfügten.[950] Die Anpassung an das Gemeinschaftsrecht war daher der einfachste Schritt.[951] Unbeachtet bleibt außerdem, dass wichtige Unterschiede zwischen den Kartellrechten der Mitgliedstaaten bleiben, denn die Annäherung der eigenen Gesetzgebung an die des Gemeinschaftsrechts führt nicht automatisch zu einer Harmonisierung in der Rechtsanwendung. Diese ist im Zusammenhang der Wirtschaftsordnung zu sehen, in der die Wettbewerbsregeln nicht immer die maßgebliche Rolle spielen. Die Wirksamkeit des Wettbewerbs hängt mitunter von anderen Faktoren ab, bei denen die Praxis der Behörden und Gerichte eine wichtigere Rolle einnimmt als der mit Art. 81, 82 EG ganz oder teilweise übereinstimmende Wortlaut des nationalen Rechts.[952] Tatsächlich hat die Annäherung der nationalen Kartellrechte, dazu geführt, dass kartellrechtlich relevante Fälle sowohl nach europäischem als auch nationalem Recht zu ähnlichen Ergebnissen kommen. Dies macht eigenständige mitgliedstaatliche Regelungen aber auch nach Auffassung von Harmonisierungsbefürworten nicht überflüssig. Den mitgliedstaatlichen Regelungen wird insoweit Bedeutung beigemessen, als sie eine Impulswirkung auf das europäische Kartellrecht haben[953] oder dort die

---

[948] Mestmäcker in Europa zwischen Ordnungswettbewerb und Harmonisierung, S. 199.
[949] Bunte, WuW 1994, S. 7; Mestmäcker in Europa zwischen Ordnungswettbewerb und Harmonisierung, S. 199.
[950] Reich, FS Steindorff, S. 1068; Kantzenbach, S. 214.
[951] Mestmäcker in Europa zwischen Ordnungswettbewerb und Harmonisierung, S. 199.
[952] Mestmäcker in Europa zwischen Ordnungswettbewerb und Harmonisierung, S. 199.
[953] Bruhin, S. 13; Schlecht, FS Benisch, S. 57.

Funktion eines Lückenfüllers einnehmen können, wo regionale Teilmärkte bestehen oder das europäische Kartellrecht aus sonstigen Gründen nicht eingreift.[954] Tatsächlich handelt es sich hierbei um eine pauschale Behauptung, die auf dem Verständnis beruht, dass Harmonisierung für den Gemeinsamen Markt ausschließlich förderlich sein kann. Das Verständnis stammt aber noch aus der Zeit der Gründerjahre. Selbst die Kommission hat von einer Totalharmonisierung Abstand genommen und konzentriert sich nun auf Kernangleichungen.[955] Die Folgerung, den nationalen Rechten lediglich eine Impulswirkung auf das europäische Recht zuzugestehen und den Anwendungsbereich dabei auf regionale Teilmärkte oder eine Lückenfüllungsfunktion zu reduzieren, ist widersprüchlich. Sie beruht auf dem Wunsch nach einer einheitlichen Kartellrechtsordnung in Europa, die fast alle Sachverhalte erfassen soll. Das Zugeständnis der Existenzberechtigung der nationalen Kartellrechte folgt aus der tatsächlichen Notwendigkeit der nationalen Rechte und deren Verankerung im EG-Vertrag. Es lässt sich nicht nachvollziehen, wie die nationalen Rechte eine Impulswirkung auf das europäische Recht haben sollen, wenn deren Bedeutung auf Fälle beschränkt bleibt, die nur marginal von Interesse sind und daher kaum beachtet werden. Die Maßstäbe setzt vielmehr das europäische Recht und die Mitgliedstaaten müssen sich fragen, ob sie ihr Wettbewerbsrecht unter diesen Umständen aufrechterhalten können oder anpassen müssen.[956] Außerdem sind bei einem so angedachten engen Anwendungsbereich des nationalen Rechts Bedenken hinsichtlich nationaler Kompetenzregelungen zu äußern. Die Aufteilung der Zuständigkeit von Bundeskartellamt und Landeskartellamt würde durch eine entsprechende Definition mittelbar betroffen. Konsequent wäre bei einer weiteren Ausweitung des Anwendungsbereichs zu Lasten der Mitgliedstaaten das Bundeskartellamt abzuschaffen und nur noch den Landeskartellämtern die Wahrung des nationalen Kartellrechts zu überlassen.[957]

Daher kommt neben der Abgabe von Kompetenzen bei der Durchsetzung der gemeinschaftlichen Wettbewerbsregeln auch eine Restriktion der Zwischenstaatlichkeitsklausel in Betracht, um den Anwendungsbereich des gemeinschaftlichen Kartellrechts so anzupassen, dass sich die Zahl der bei der Kommission anhängigen Fälle reduziert.[958]

---

[954] Steindorff, FIW 124 (1986/1987), S. 40; Niederleithinger FIW 134 (1989); S. 81; Bruhin, S. 13f.

[955] Siehe oben Kapitel 3., 2. Teil C. II.

[956] Siehe oben Kapitel 3., 2. Teil C. IV. 2. zu den Überlegungen des BKartA hinsichtlich der Behandlung horizontaler Vereinbarungen.

[957] Dem Gedanken eines Europas der Regionen folgend, könnte man sogar die Abschaffung aller nationalen Kartellbehörden fordern und als Ersatz Kartellbehörden für die Regionen einführen. Dies würde aber zu mittelbaren Eingriffen in die Kompetenzverteilung von Bund und Ländern führen.

[958] Rittner, DB 1999, S. 1486, Wesseling, European Law Review 1997, S. 37.

E. „EU-OSTERWEITERUNG“ ALS HINDERNIS FÜR EINE NEUAUSRICHTUNG?

Die Union sieht sich derzeit den Beitrittswünschen von 10 Ländern aus Mittel- und Osteuropa („MOE-Staaten“)[959] gegenüber, die zu den bereits drei bestehenden Beitrittsanträgen aus dem Mittelmeerraum[960] zu addieren sind. Gegenwärtig verfügen alle MOE-Staaten noch über einen Assoziationsstatus durch die mit der Gemeinschaft und den Mitgliedstaaten abgeschlossenen „Europa-Abkommen“.[961] Diese dienen dazu, die sozialökonomische Lage der beitrittswilligen Staaten zu verbessern, um die Beitrittsvoraussetzungen zu erhöhen.[962] Langfristig ist die Aufnahme auch der übrigen Mitgliedstaaten angestrebt, die zu annähernd 30 Mitgliedstaaten der Union führt und damit fast eine Verdoppelung der bestehenden Mitgliederzahl darstellt. Die Zahl allein zeigt, welche politischen und strukturellen Anforderungen die Union erfüllen muss, will sie durch die gewonnene Integrationsbreite nicht an Integrationstiefe verlieren und ihre Handlungsfähigkeit gefährden.[963] Geplant ist zunächst eine Erweiterung um fünf Staaten. Mit Polen, Estland, Tschechien, Ungarn und Zypern werden bereits konkrete Beitrittsverhandlungen geführt, wobei die ersten Beitritte frühestens für das Jahr 2004 erwartet werden.[964] Schon die Erweiterung um diese fünf Staaten stellt die Gemeinschaft vor wirtschaftliche und institutionelle Probleme. In wirtschaftlicher Hinsicht werden finanzielle Lasten von ca. DM 150 Milliarden bis zum Jahre 2006 geschätzt. Einige Mitgliedstaaten, die zu den „Nettozahlern“ gehören, streben eine Entlastung beim EU-Haushalt an. Andere, insbesondere die „Empfängerländer“ aus dem Mittelmeerraum, sehen ihre Position gefährdet, da die MOE-Staaten wegen der Agrar- und Regionalpolitik in direkter Konkurrenz um Fördermittel aus dem EU-Haushalt stehen. Institutionelle Schwierigkeiten bereitet die Erweiterung im Hinblick auf Entscheidungsfindung im Ministerrat, Größe der künftigen Kommission und des Europäischen Parlaments.[965]

I. WETTBEWERBLICHE BEDENKEN UND ABGESTUFTE GEOMETRIE ALS LÖSUNGSANSATZ

Auch in kartellrechtlicher Hinsicht ist die Erweiterung der Gemeinschaft problematisch. Die nationalen Unternehmen in den jeweiligen Staaten der Beitrittskandidaten könnten die Integration behindern, weil sie versucht sein könnten,

---

[959] Polen, Tschechien, Slowakei, Ungarn, Bulgarien, Rumänien, Slowenien, Estland, Lettland, Litauen – Tichy, S. 11; Oppermann, EuropaR, § 28 Rn. 1872.

[960] Türkei, Malta, Zypern – Oppermann, EuropaR, § 28 Rn. 1868ff.; zu Zypern Droutsas, EuZW 1997, S. 641; zur Türkei Rumpf, RIW 1997, S. 46ff.

[961] Hierbei handelt es sich um eine besondere Verbindung eines Staates mit der Gemeinschaft, die jedoch keine feste Beitrittszusage enthalten – Becker, Integration 1996, S. 69ff.; Oppermann, EuropaR, § 28 Rn. 1873, 1893.

[962] Kiethe/Schwab, EuZW 1993, S. 180f.; Oppermann, EuropaR, § 28 Rn. 1873 m.w.N.

[963] Oppermann, EuropaR, § 28 Rn. 1868, 1872.

[964] Oppermann, EuropaR, § 28 Rn. 1874; F.A.Z. vom 31.08.2001, S. 7.

[965] Oppermann, EuropaR, § 28 Rn. 1874.

den nationalen Markt gegenüber den ausländischen Anbietern abzuschotten, um dem Wettbewerbsdruck von außen zu entgehen.[966] Damit könnte die integrationspolitische Komponente bei Auslegung der Zwischenstaatlichkeitsklausel in Zusammenhang mit der bevorstehenden Eingliederung der MOE-Staaten wieder an Bedeutung gewinnen. Daneben könnte auch die Lückenfüllungsfunktion der gemeinschaftlichen Kartellvorschriften für defizitäres nationales Kartellrecht ihren Bedeutungsverlust ausgleichen. Vor diesem Hintergrund scheint eine Neuausrichtung der Zwischenstaatlichkeitsklausel der Art. 81, 82 EG nicht nur überflüssig, sondern schädlich, da sie dem Ziel des unverfälschten Wettbewerbs zur Verwirklichung des Binnenmarktkonzepts entgegenstünde.
Der Grund, solche unternehmensbezogenen Wettbewerbsregeln nicht einzuführen oder zumindest nicht wirksam durchzusetzen, kann sein, innenpolitischen Konflikten aus dem Weg zu gehen. Diese Konflikte können durch den Untergang einzelner Unternehmen entstehen, weil sie dem von den anderen Mitgliedstaaten ausgehenden auf sie eindringenden Wettbewerbsdruck nicht mehr standhalten können.[967]

Wegen des Unwillens oder Unvermögens einzelner Staaten, den Integrationsprozess nicht voll mittragen zu können,[968] wurden verschiedene Konzepte entwickelt: *Europa à la carte*,[969] *géometrie variable*[970] und *abgestufte Integration* unter anderem.[971] Diese sollen den integrationsfähigen beziehungsweise

[966] Kommission, XXX. Wettbewerbsbericht (2000), Rn. 431.
[967] A. Müller, S. 52f., S. 195.
[968] Scharrer, Integration 1981, S. 123f.
[969] *Europa à la carte* meint ein die Verfolgung gemeinsamer Politiken in übereinstimmenden Interessengebieten, ohne Beschränkung für diejenigen, die zu einem bestimmten Zeitpunkt gemeinsames einheitliches Vorgehen, das im Belieben der Mitgliedstaaten steht. Dem einzelnen Mitgliedstaat bleibt es grundsätzlich überlassen, sich den übrigen in diesem Bereich anzuschließen oder eine eigene Politik zu verfolgen. Damit setzt sich dieses Konzept bewusst in Gegensatz zur institutionellen Ausrichtung der Gemeinschaft. Die Entwicklung der Gemeinschaft hat dieses Konzept aber mittlerweile überholt, da durch die EEA und den Vertrag von Maastricht die Institutionalisierung der Gemeinschaft, wie z. B. Stärkung des Parlaments, Institutionalisierung des Europäischen Rats sowie Kompetenzübertragungen, stark vorangetrieben wurde - Beck, S. 42f.; Scharrer, Integration 1981, S. 127f..
[970] Die géometrie variable bezog sich ursprünglich auf die punktuelle Verwirklichung von Einzelvorhaben im technisch und industriellen Bereich im Sinne einer projektbezogenen Zusammenarbeit. Der Ansatz war aber nicht ganzheitlich in dem Sinne, dass etwa er ein Gesamtkonzept für einen Bereich gemeinschaftlicher Politik darstellen sollte. Auch umfasste das Konzept nicht die Einbeziehung der Institutionen der Gemeinschaft. Demgemäß schlug es sich auch nicht in der Zusammenarbeit der Mitgliedstaaten nieder und kann bis auf einige wenige unternehmensbezogene Projekte wie das Airbus-Programm, als überholt bezeichnet werden – Beck, S. 43f.; Langeheine, Abgestufte Integration, S. 16f.
[971] Dabei werden teilweise die Bezeichnungen synonym verwendet. Für einen Überblick auch über andere Konzepte Hofmann, EuR 1999, S. 716ff. m.w.N., Martenczuk, EuR 2000, S. 352ff. und A. Müller, S. 201ff.

integrationswilligen Mitgliedstaaten die Möglichkeit eröffnen, die Integration voranzutreiben. Den übrigen Mitgliedstaaten bliebe es dann unbenommen, zu den Vorangeschrittenen aufzuschließen. Hintergrund dieser Überlegung ist, dass die Integration durch die Zunahme der Mitgliedstaaten nach den Erfahrungen in den 80er Jahren bereits einmal ins Stocken geraten ist[972] und jetzt wieder ins Stocken geraten könnte. Gerade die Aufnahme wirtschaftlich schwacher Staaten führte bereits mit der Süderweiterung der Gemeinschaft zur einer größeren Schere zwischen den armen und wohlhabenden Mitgliedstaaten, was die Interessengegensätze verschärfte.[973] Für den zukünftigen europäischen Integrationsprozess sollen daher die regionalen Unterschiede gewahrt und respektiert werden. Hierfür sei im Gegensatz zur allumfassenden Integration eine differenzierende Integration geboten,[974] die teilweise als einzige adäquate Antwort auf die Unterschiede in Europa und die bevorstehenden Herausforderungen angesehen wird.[975] Mit ihrer Hilfe soll der Integration die notwendige Flexibilität verliehen werden.[976]

Von den verschiedenen Konzepten haben sich vor allem die Überlegungen zur *abgestuften Integration* oder auch *einem Europa der zwei Geschwindigkeiten* an Aktualität erhalten können. Die übrigen Konzepte sind durch die Entwicklung der Gemeinschaft überholt worden, da sie regelmäßig einer Institutionalisierung der Gemeinschaft entgegenstanden. Gerade die Institutionalisierung ist aber in den letzten Jahren, insbesondere durch die EEA und den Vertrag von Maastricht, verstärkt worden.[977]
Abgestufte Integration erfolgt durch eine zeitlich unbefristete, aber nicht auf Dauer angelegte Ausnahmeregelung, die einem oder mehreren Mitgliedstaaten das „Zurückbleiben" hinter den von der Gemeinschaft und den anderen Mitgliedstaaten ergriffenen Integrationsmaßnahmen gestattet. Es handelt sich also um eine zeitlich verschobenes Vorgehen der Mitgliedstaaten bei der Umsetzung einer gemeinschaftlichen Harmonisierungsmaßnahme.[978] Aber auch Unterschiede im Inhalt werden unter dem Begriff der abgestuften Integration gefasst.[979] Der Gerichtshof wäre durch dieses Konzept gezwungen, bei seinen Entscheidungen immer den Integrationsstand der einzelnen Staaten zu berücksichtigen. Für die Auslegung und Anwendung der Zwischenstaatlichkeits-

---

[972] Z. B. in den 80er Jahren, verursacht durch eine allgemeine wirtschaftliche Rezession, Währungsprobleme und dem Anwachsen der Mitgliedstaaten von sechs auf 12 in den Jahren von 1973 bis 1986 – Langeheine, EuR 1983, S. 227f.; Beck, S. 23.
[973] Beck, S. 23.
[974] A. Müller, S. 19.
[975] A. Müller, S. 201.
[976] Curtin, Außenwirtschaft 50 (1995), S. 238f., 241ff.
[977] Beck, S. 42ff.; für eine flexible Osterweiterung durch einen Stufenplan - Bruha/Straubhaar, S. 69ff.
[978] Beck, S. 45; Grabitz/Iliopoulos in Abgestufte Integration, S. 42f.; Scharrer, Integration 1981, S. 130f.
[979] Meier, NJW 1987, 537; Beck, S. 47.

klausel könnte dies in dem Sinne übertragen werden, als man den Integrationsstand der betroffenen Staaten zugrunde legen kann. Dabei wäre davon auszugehen, dass je wirksamer das nationale Kartellrecht ist (Regulierung und Durchsetzung), desto höher müssten die Anforderungen an die Zwischenstaatlichkeitsklausel der Art. 81, 82 EG gesetzt werden.

II. BEWERTUNG

Bei der abgestuften Integration, deren Vereinbarkeit mit den gemeinschaftlichen Grundsätzen fraglich ist,[980] handelt es sich lediglich um ein auf politischen Überlegungen basierendes Integrationsmodell handelt.[981] Es ist kein allgemeiner Rechtsbegriff im Sinne des Gemeinschaftsrechts ist, da es nicht positiv im EG-Vertrag niedergelegt wurde[982] und daher nicht für die Auslegung herangezogen werden, sondern allenfalls bei Überlegungen zur Normierung des Abgrenzung des Anwendungsbereichs von nationalem und gemeinschaftlichem Recht eine Rolle spielen kann.[983] Abgesehen hiervon, bedarf es eines Rückgriffs auf das Konzept der abgestuften Integration nicht, um eine so gestaltete Auslegung der Zwischenstaatlichkeitsklausel zu verwirklichen. Der Gerichtshof hat die Zwischenstaatlichkeitsklausel schon zu Beginn an der Effektivität der nationalen Kartellrechtsordnungen ausgerichtet und damit die Lückenfüllungsfunktion des Gemeinschaftskartellrechts begründet und demgemäß die Zwischenstaatlichkeitsklausel auch „länderbezogen" ausgelegt.[984]

Überhaupt sind die geäußerten Ausmaße der befürchteten kartellrechtlichen Risiken durch den Beitritt der MOE-Staaten nicht zu erwarten. Die kartellrechtliche und tatsächliche Ausgangsposition kann weder mit der Gründung der Gemeinschaften 1958 noch den bisherigen Erweiterungen, insbesondere der Süderweiterung,[985] verglichen werden. An die Beitrittskandidaten werden, wegen der für die Europäische Union und die Beitrittskandidaten selbst verbundenen Risiken des Beitritts, hohe Maßstäbe angelegt.[986] Das schlägt sich auch im Bereich des Wettbewerbsrechts nieder. Die Beitrittskandidaten müssen verschiedene Aufnahmebedingungen erfüllen, die in einem gesonderten Wett-

---

[980] Vor allem steht sie im Spannungsverhältnis zum Prinzip des *acquis communautaire* nach dem die beitretenden Staaten verpflichtet sind das positive Gemeinschaftsrecht inklusive Rechtsprechung zu übernehmen Siehe hierzu A. Müller, S. 201; kritisch auch Martenczuk, EuR 2000, S. 564; Zur Vereinbarkeit mit den sonstigen allgemeinen Rechtsgrundsätzen des Gemeinschaftsrechts siehe Beck, S. 172ff.

[981] Langeheine in Abgestufte Integration, S. 48.

[982] Beck, S. 47;

[983] Siehe dazu unten Kapitel 3, 3. Teil A.

[984] GA Roemer in EuGH *De Haecht I*, Slg. 1967, S. 563; GTE-Schröter, Band 2/I, Art. 85 I Rn. 170.

[985] Siehe hierzu Hommel, S. 107 ff. für den Beitritt Spaniens und Kreidler-Pleus, S. 121ff. für Portugal.

[986] Jaks, S. 88ff.; Für Estland, Polen, Slowenien, Tschechien, Ungarn – Ràcz, S. 57ff.;

bewerbskapitel behandelt werden. Die Kommission hat diesbezüglich drei Voraussetzungen formuliert:

> *„(i) Vorhandensein des erforderlichen Rechtsrahmens (für Kartelle und staatliche Beihilfen); (ii) Existenz des erforderlichen Verwaltungsrahmens; und (iii) Vorliegen eines glaubhaften Nachweises für die Umsetzung des gemeinschaftlichen Besitzstands im Bereich des Wettbewerbs.“*[987]

Dies verdeutlicht, dass der Angleichung des nationalen kartellrechtlichen Schutzniveaus der Beitrittskandidaten besondere Beachtung zukommt. Sie sind im Rahmen der Beitrittsverhandlung Gegenstand eigener Gesprächsrunden, die im Jahre 2000 aufgenommen wurden.[988] Dass die Einrichtung einer Rechtsordnung nicht auch deren wirksame Durchsetzung bedingt, ist der Kommission bewusst. Die Kommission führt daher als Verhandlungsposition aus, dass

> *„die Beitrittskandidaten den Beweis dafür liefern, dass ihre Unternehmen und Behörden in einem Umfeld wie dem der EU operieren können und somit in der Lage sind, dem Wettbewerbsdruck des Binnenmarktes standzuhalten.“*[989]

Um jedem Risiko aus dem Weg zu gehen, macht die Kommission zur Bedingung, dass die genannten Voraussetzungen

> *„vor dem Beitritt der betreffenden Länder erfüllt sein (müssen).“*[990]

Die Beitrittskandidaten nehmen diese Voraussetzungen ernst, was daran ersichtlich ist, dass sie den Art. 81, 82 EG im Kern vergleichbare Vorschriften vorweisen können. Darüber hinaus haben sie alle Wettbewerbsbehörden eingerichtet, die sich insbesondere auf *„Kartellbildung, Monopolübernahmen und Verdrängungspraktiken seitens marktbeherrschender Unternehmen“* konzentrieren sollen.[991]
Dementsprechend sind die Fortschritte für die Kommission auf dem Gebiet des Kartellrechts

[987] Kommission, XXX. Wettbewerbsbericht (2000), Rn. 431.
[988] Kommission, XXX. Wettbewerbsbericht (2000), Rn. 429f.
[989] Kommission, XXX. Wettbewerbsbericht (2000), Rn. 431.
[990] Kommission, XXX. Wettbewerbsbericht (2000), Rn. 431.
[991] Kommission, XXX. Wettbewerbsbericht (2000), Rn. 435; für Polen siehe auch von Delhaes, S. 162ff. und Stahlberg in Osterweiterung der EU, S. 259ff.; für Estland Sepp in Erweiterung und Vertiefung der Europäischen Union, S. 172ff.

> *„sowohl hinsichtlich der rechtlichen Voraussetzungen als auch der Schaffung der erforderlichen Verwaltungskapazität zufriedenstellend.“*[992]

Daneben hat sie Durchführungsregeln für die Wettbewerbsbestimmungen betreffend Unternehmen, die in den Europa-Abkommen niedergelegt wurden, vereinbart. Die Durchführungsregeln *„betreffen überwiegend Verfahrensregeln für die Zuständigkeit zur Bearbeitung der Fälle, Verfahren der Meldung von Fällen an die andere Seite, Konsultation, „Comity“ und den Informationsaustausch.“*[993] Schließlich profitieren die Beitrittskandidaten von der wettbewerblichen Erfahrung der Kommission. Neben der den Beitrittskandidaten gewährten Unterstützung[994] bei der Transformation von der Plan- zur Marktwirtschaft[995] erstreckt sich die Unterstützung der Kommission auch auf die Umgestaltung des Kartellrechts.[996] Aber auch der bereits stattfindende rege Handel der Mitgliedstaaten mit den MOE-Ländern übt einen großen Einfluss auf deren Wettbewerbsrecht aus.[997] Überraschungen zum gegebenen Beitrittstermin sind ob des gegebenen Informationsflusses und der Hilfe daher nicht zu erwarten.

Verfehlt ist, den Beitritt der MOE-Staaten als eine Art Stunde Null des Wettbewerbsrechts in diesen Staaten darzustellen oder den Stand des Wettbewerbsschutzes mit dem zum Zeitpunkt der Römischen Verträge oder einer der späteren Erweiterungen zu vergleichen. Nicht der Aufbau eines Wettbewerbsschutzes vor Beschränkungen durch Unternehmen stellt sich als wesentliches Problem dar. Im Bereich der Wettbewerbsregeln verursachen der Kommission die staatlichen Beihilfen weitaus größere Probleme.[998] Es kann auch nicht geleugnet werden, dass mit dem Beitritt der MOE-Staaten insbesondere große institutionelle und wirtschaftliche Risiken sowohl für die Kandidaten als auch die EU verbunden sind.[999] Diese stellen auch die tatsächlichen Herausforderungen für den Beitritt der Staaten dar[1000] und nicht die Frage, ob sie in der Lage sind, einen effizienten Wettbewerbsschutz aufzubauen. Die Bedenken gegenüber dem Beitritt dürfen nicht pauschal von einem Bereich auf den an-

---

[992] Kommission, XXX. Wettbewerbsbericht (2000), Rn. 434.
[993] Kommission, XXX. Wettbewerbsbericht (2000), Rn. 440f. m.w.N.
[994] Am Beispiel der Tschechischen Republik – Knauf, S. 166ff. m.w.N.
[995] Fehring, S. 380ff. zur Darstellung des wirtschaftlich immer noch äußerst problematischen wirtschaftlichen Transformationsprozesses Russlands.
[996] Kommission, XXX. Wettbewerbsbericht (2000), Rn. 445ff.
[997] Böhnel, EuZW 1998, S. 116f.
[998] Kommission, XXX. Wettbewerbsbericht (2000), Rn. 436, 440ff.
[999] Kaps, F.A.Z. v. 22.11.2001, S. 14; siehe zu den wirtschaftlichen Grunddaten für Estland, Polen, Slowenien, Tschechien, Ungarn – Ràcz, S. 57ff.
[1000] Zu dem negativen Einfluss der weltwirtschaftlichen Entwicklung auf die Erfüllung der Konvergenzkriterien durch die Beitrittsländer im Jahr vor dem vorgesehenen Beitritt siehe Hornung, S. 14.

deren übertragen werden. Überhaupt sind die Voraussetzungen an die Beitrittskandidaten so hoch, dass bei Einhaltung der selbst gesteckten Voraussetzungen ausreichend integrationsfähige Staaten beitreten können, die unter anderem die Fähigkeit besitzen, mit dem auf sie wirkenden Wettbewerbsdruck und den Marktkräften innerhalb der Union zurechtzukommen.[1001]

ZWISCHENBILANZ 2. TEIL

Eine Neuausrichtung der Zwischenstaatlichkeitsklausel der Art. 81, 82 EG ist angebracht. Ziel ist hierbei, die Abgrenzung des Anwendungsbereichs des Gemeinschaftskartellrechts zugunsten des nationalen Kartellrechts mittels der Zwischenstaatlichkeitsklausel zurückzuführen. Dabei soll das gemeinschaftliche Kartellrecht nicht durch das Argument der fortgeschrittenen Integration ausgehöhlt werden. Es geht mehr um die „Feinabstimmung" und den Ausgleich nationaler und gemeinschaftlicher Interessen. Dabei stellt sich die Gefährdung der europäischen Integration als äußerste Grenze der Neuausrichtung dar.

Der anstehende Beitritt der MOE-Staaten ändert an dieser Bewertung nichts, da im Vorfeld bereits genügend Vorkehrungen getroffen werden, um die kartellrechtlichen Bedenken aus dem Weg zu räumen.

Wie diese Neuausrichtung aussehen kann und in welchem Verhältnis sie zur angestrebten Reform steht, ist Gegenstand des folgenden Abschnitts.

[1001] Ausschuss der Regionen, Stellungnahme, Rn. 1.3, 2.2.2., 2.7.7.; Jaks, S. 88ff.

3. TEIL: VORSCHLÄGE ZUR NEUAUSRICHTUNG

Bei der Untersuchung der möglichen Lösungsansätze für eine Neuausrichtung der Abgrenzung des Anwendungsbereichs von Gemeinschaftskartellrecht und nationalem Kartellrecht sind nicht allein die Interessen der einzelnen Mitgliedstaaten entscheidend. Die Lösung soll sich primär an dem Nutzen für den Binnenmarkt insgesamt anlehnen, um eine Gefährdung der Integration zu vermeiden.[1002]
Ausgangspunkt der Arbeit ist, den Anwendungsbereich des EG-Kartellrechts nicht der Einschränkung wegen zu begrenzen. Maßgebend ist die hierdurch mögliche Steigerung des Wettbewerbsschutzes in Europa insgesamt bei gleichzeitiger Ermöglichung der Verwirklichung nationaler ordnungspolitischer Vorstellungen.

A. NEUAUSRICHTUNG PER AUSLEGUNG ODER EG-REGELUNG?

In technischer Hinsicht stellt sich bei der Neuausrichtung die Frage, mit welchen Mitteln sie verwirklicht werden soll. Möglich wäre die schlichte Anpassung der Auslegung der Zwischenstaatlichkeitsklausel. Daneben besteht auch die Möglichkeit, die Abgrenzung des Anwendungsbereichs sekundärrechtlich festzulegen.[1003]

I. NEUAUSRICHTUNG MITTELS AUSLEGUNG

Dem Gerichtshof obliegt die letztverbindliche Auslegung des Gemeinschaftsrechts, wovon er im Rahmen der Art. 81, 82 EG Gebrauch gemacht hat. Die teleologisch-dynamische Interpretationsmethode bietet hier genügend Spielraum, um den Anwendungsbereich der Art. 81, 82 EG durch eine Rückführung der Zwischenstaatlichkeitsklausel zu beschränken. Konnte der EuGH die Zwischenstaatlichkeitsklausel im Hinblick auf die Vertragsziele und den erreichten Integrationsstand extensiv auslegen, so spricht nichts gegen eine Umkehrung der Auslegung. Auch das Heranziehen des Prinzips des *effet utile* spricht für eine solche Auslegung, da der Wettbewerb in der derzeitigen Situation nicht effizient durch die Art. 81, 82 EG geschützt werden kann.[1004]

Der besondere Vorteil einer Neuausrichtung im Wege der Auslegung, insbesondere durch den Ansatz der „dynamischen Auslegung" des Gerichtshofs, liegt in der Flexibilität dieses Mittels. Anders als bei einer gesetzlichen Regelung sind keine legislativen Hürden zu nehmen. Dies vereinfacht die Umsetzung eines entsprechenden Vorhabens. Außerdem könnte der Gerichtshof so

[1002] Kantzenbach, S. 214.
[1003] Steindorff, FIW 127 (1986/1987), S. 29.
[1004] Siehe hierzu oben Kapitel 3, 1. Teil D., 2. Teil A. III. 3.

schneller auf neue Entwicklungen eingehen, als dies bei gesetzlichen Regelungen der Fall ist.[1005]
Die Flexibilität hat der Gerichtshof schon mit der Verschiebung des Schwerpunkts innerhalb des Binnenmarktziels - von der Errichtung hin zur Regulierung und Ordnung eines Wirtschaftsmarktes - unter Beweis gestellt.[1006] Aus diesem Grund wird es auch nicht für unmöglich gehalten, dass der EuGH die Zwischenstaatlichkeitsklausel als Kriterium für die Festlegung des Anwendungsbereichs der Art. 81, 82 EG für überholt ansieht und sie ersetzt.[1007]

Eine grundlegende Überholung der eigenen Rechtsprechung vom Gerichtshof in dem Sinne, dass sie greifbare Rechtsbegriffe verwendet und nicht lediglich bei gleicher Definition bisherige Anwendungsfälle ausnimmt,[1008] ist nicht zu erwarten. Der derzeitige Stand der Praxis zur Zwischenstaatlichkeitsklausel ist die Folge einer über vier jahrzente andauernden Entwicklung. Eine Umkehrung, d. h. restriktive Auslegung, würde daher ebenfalls einen jahrelangen Prozess voraussetzen. Ein offener Bruch mit der bisherigen Praxis würde, auch wenn in der entsprechenden Entscheidung Ausführungen zur angestrebten Praxis der neuen Rechtsprechung gemacht werden, zur Verunsicherung der Betroffenen führen. Die Grundsätze der ersten Entscheidung müssten dann in weiteren Entscheidungen inhaltlich weiter gefüllt werden. Der Einzelfallbezug der Entscheidungen macht diesen langwierigen Weg unumgänglich. Zudem sind primär die legislativen Organe der Gemeinschaft berufen, Maßnahmen, die in so konkreter Form den Anwendungsbereich von EG- und nationalem Kartellrecht abgrenzen, zu treffen.[1009] Eine so umfassende gerichtliche Lösung würde das Prinzip der Gewaltenteilung berühren und den allgemeinen Vorwurf des Demokratiedefizits in Europa nur verstärken.
Zweifelhaft ist, ob der Gerichtshof auch Willens, ist einen solchen Wechsel seiner Praxis grundlegend vorzunehmen.[1010] Dies würde nämlich dazu führen, dass die derzeit vernachlässigte Zwischenstaatlichkeitsklausel wieder an Bedeutung gewänne. Hiergegen spricht aber die aus seinen Entscheidungen ersichtliche zentralistische Tendenz,[1011] die mitursächlich für die geringe Bedeutung der Zwischenstaatlichkeitsklausel gewesen ist.[1012] Beispielhaft sei der Be-

---

[1005] Zu den Voraussetzungen einer Regelung nach Art. 83 Abs. 2 lit e) EG - Kapitel 3, 3. Teil A. II.1.
[1006] Wesseling, European Law Review 1997, S. 50.
[1007] Wesseling, European Law Review 1997, S. 50.
[1008] Siehe Kapitel 4, 1. Teil zur differenzierten Anwendung der Zwischenstaatlichkeitsklausel im Bankenbereich.
[1009] Dies indiziert schon die Existenz einer Norm wie die des Art. 83 Abs. 2 lit e) EG; Jungbluth in Langen/Bunte, KartR, Art. 83 Rn. 3; Pernice in Grabitz/Hilf, EGV/EWGV II (Maastricht Vertrag), Art. 87 Rn. 9.
[1010] Ebenfalls an dem Willen des Gerichtshofs zu einer differenzierenden Kompetenzverteilung zweifelnd A. Müller, S. 178ff.
[1011] *In dubio pro communitate* - Rittner, EuR 1998, S. 13; Höffe in Subsidiarität, S. 41.
[1012] Klaue, FS Steindorff, S. 980 m.w.N.; GTE-Schröter, Band 2/I, Art. 85 Einführung Rn. 29

richt der *European Constitutional Group* genannt.[1013] Im Rahmen der Diskussionen um die Herausforderungen durch den Beitritt der neuen Mitgliedstaaten hatte diese Gruppe aus Fachleuten einen Bericht vorgelegt, laut dem die Ausgangslage des Gerichtshofs bisher die Einheitlichkeit der Rechtsanwendung gewesen ist. Durch den Beitritt der neuen Kandidaten und die bereits bestehenden Anforderungen der Mitgliedstaaten entstünde aber ein größer werdender Bedarf an einer flexiblen Rechtsprechung. Der EuGH müsse daher seiner Rechtsprechung eine differenzierende Rechtsanwendung zugrunde legen. Diese autonome Gestaltung einer differenzierten Politik wurde dem Gerichtshof aber nicht zugetraut. Die *European Constitutional Group* schlug statt dessen eine institutionelle Reform vor.[1014] Hinzu kommt, dass die schon erhebliche Arbeitsbelastung durch den Beitritt der MOE-Staaten nochmals zunehmen würde,[1015] die sich aus der Bandbreite der wahrzunehmenden Rechtsprechungsaufgaben des Gerichtshofs ergibt.[1016]

II. NEUAUSRICHTUNG MITTELS EG-REGELUNG

1. RECHTSGRUNDLAGEN UND VORAUSSETZUNGEN

Als Rechtsgrundlage für den Erlass einer solchen Regelung liegt Art. 83 EG nahe,[1017] dessen Abs. 2 lit e) EG den Zweck des Abs. 1 EG folgendermaßen beschreibt:

> *„das Verhältnis zwischen den innerstaatlichen Rechtsvorschriften einerseits und den in diesem Abschnitt enthaltenen oder aufgrund dieses Artikels getroffenen Bestimmungen andererseits festzulegen."*

Der Gemeinschaftsgesetzgeber hat in Art. 81, 82 EG nur die Grundsätze des materiellen Rechts und in Art. 84f. EG, aufgrund ihrer auf eine Übergangszeit angelegten Funktion, lückenhaft die Regelungen zur Zuständigkeit und des Verfahrens niedergelegt. Um diese auszufüllen, ist der Gemeinschaftsgesetzgeber nach Art. 83 EG berechtigt und verpflichtet, entsprechende Regelungen zu erlassen.[1018] Art. 83 Abs. 2 lit e) EG ist insoweit Art. 308 EG vorzuziehen, als Art. 308 EG nur einschlägig ist, wenn keine andere Rechtsgrundlage zur

---

[1013] A proposal for a European Constitution, Report of the European Constitutional Group vom Dezember 1993 nach A. Müller, S. 191.

[1014] A proposal for a European Constitution, Report of the European Constitutional Group" vom Dezember 1993, S. 3 nach A. Müller, S. 191, die diese Reform als Ergänzung einer Änderung des europäischen Prozessrechts sieht - A. Müller, S. 178ff., 189; zur institutionellen Reform siehe auch Sack, EuR 1999, S. 571ff. und Hirsch, ZRP 2000, S. 57ff.

[1015] Everling, DRiZ 71 (1993), S. 7; Arnull, European Law Review 1994, S. 14f.

[1016] Sack, EuR 1999, S. 573f.

[1017] Wesseling, European Law Review 1997, S. 48 f.

[1018] Jungbluth in Langen/Bunte, KartR, Art. 83 Rn. 3; Pernice in Grabitz/Hilf, EGV/EWGV II (Maastricht Vertrag), Art. 87 Rn. 9; GTE-Schröter, Band 2/I, Art. 87 – Erster Teil, Rn. 1.

Verfügung steht. Für die FKVO wurde z. B. Art. 308 EG als Rechtsgrundlage herangezogen, weil die FKVO den Anwendungsbereich der Art. 81, 82 EG erweitert und Art. 83 Abs. 2 lit e) EG hierfür keine genügende Rechtsgrundlage geboten habe.[1019]
Eine Regelung nach Art. 83 EG wird vom Rat auf Vorschlag der Kommission und nach Anhörung des Europäischen Parlaments erlassen. Regelmäßig wird der Wirtschafts- und Sozialausschuss gehört, auch wenn dies nicht gesetzlich vorgeschrieben ist. Der Erlass einer Verordnung des Rates mit qualifizierter Mehrheit kann auch auf dem Wege des zweistufigen Rechtssetzungsverfahrens gemäß Art. 211 EG erfolgen: Der Rat erlässt danach eine Verordnung, in der die Grundsätze der angestrebten Regelung enthalten sind und ermächtigt gleichzeitig die Kommission, die zur Durchführung seiner Vorschriften notwendigen Maßnahmen zu treffen. Diesen Weg hat der Rat insbesondere bei den Gruppenfreistellungsverordnungen gewählt.[1020]

Nach Art. 83 Abs. 1 EG müssen die Regelungen zur Verwirklichung der in Art. 81 und Art. 82 EG niedergelegten Grundsätze zweckdienlich sein. Die inhaltliche Ausgestaltung der Durchführungsbestimmung werden durch die Bezugnahme auf die Kartellregeln erheblich begrenzt. Die nach Art. 83 EG zu erlassenden Regelungen haben gegenüber den Art. 81, 82 EG lediglich dienende Funktion. Damit sind Änderungen von Inhalt und Tragweite der Art. 81, 82 EG auf dem Wege des Art. 83 EG ausgeschlossen. Eine Erweiterung oder Einschränkung des persönlichen, sachlichen und räumlichen Geltungsbereichs der europäischen Kartellregeln ist ausgeschlossen.[1021]

Zweckdienlich im Sinne des Art. 83 EG ist eine Regelung des Gemeinschaftsgebers, wenn sie *„objektiv geeignet ist, zur Durchsetzung der Verbote beizutragen oder die Anwendung des Art. 81 Abs. 3 EG auf freistellungsfähige Kartelle zu fördern."*[1022] Damit genügt die Zweckdienlichkeit allein nicht, sondern wird durch den von den Art. 81, 82 EG gesetzten Rahmen begrenzt.[1023]
Als besonders zweckdienlich beschreibt Art. 83 Abs. 2 lit e) EG die Normierung des Verhältnisses von nationalem und Gemeinschaftskartellrecht. Damit gilt die Abgrenzung des Anwendungsbereichs als grundsätzlich regelungsbedürftig.[1024] Unbestritten ist nunmehr, dass eine entsprechende Verordnung

---

[1019] Pernice in Grabitz/Hilf, EGV/EWGV II (Maastricht Vertrag), Art. 87 Rn. 29; GTE-Schröter, Band 2/I, Art. 87 – Erster Teil, Rn. 22.
[1020] Jungbluth in Langen/Bunte, KartR, Art. 83 Rn. 13ff.; GTE-Schröter, Band 2/I, Art. 87 – Erster Teil, Rn. 20f. m.w.N.
[1021] Mestmäcker, EuR 1988, S. 366f.; Pernice in Grabitz/Hilf, EGV/EWGV II (Maastricht Vertrag), Art. 87 Rn. 2; Jungbluth in Langen/Bunte, KartR, Art. 83 Rn. 2; Ritter in I/M, EG-WbR, Art. 87 Rn. 5.
[1022] GTE-Schröter, Band 2/I, Art. 87 – Erster Teil, Rn. 12; ähnlich Jungbluth in Langen/Bunte, KartR, Art. 83 Rn. 7.
[1023] Gleiss/Hirsch, EWG Kommentar, 3. A., Art. 87 Rn. 4
[1024] GTE-Schröter, Band 2/I, Art. 87 – Erster Teil, Rn. 48f.

durchaus von der Ermächtigung des Art. 83 EG erfasst wäre.[1025] Im Hinblick auf den durch die Grundsätze der Art. 81, 82 EG beschränkten Inhalt und Tragweite der Bestimmung wird eine Definition der Zwischenstaatlichkeitsklausel per Verordnung nach Maßgabe qualitativer oder quantitativer Kriterien oder mit Hilfe von Fallgruppen für zulässig erachtet.[1026]

Bei der Frage, welche Form der Regelung der Gemeinschaftsgesetzgeber wählen soll, steht ihm ein Ermessen zu. Er hat es aber pflichtgemäß danach auszurichten, ob sich der mit der Regelung verfolgte Zweck besser durch den Gebrauch des einen oder des anderen Instruments erreichen lässt.[1027] Der wesentliche Unterschied beider Handlungsmöglichkeiten besteht vor allem darin, dass mit der Rechtsform der Verordnung eine zentralisierte und mit der der Richtlinie eine dezentralisierte Anwendung verfolgt wird.[1028] Die Rechtsform der Verordnung bietet sich gegenüber der Richtlinie an, wenn die Schaffung gemeinschaftsweiter einheitlicher Voraussetzungen für die Verwirklichung der Grundsätze der Art. 81, 82 EG und eine einheitliche Rechtsanwendung angestrebt wird.[1029]
Eine Richtlinie überlässt hingegen den Mitgliedstaaten diese Aufgabe. Der Kommission obläge dann die Kontrolle der Mitgliedstaaten. Ein Eingriff zur Wahrung der Einheitlichkeit der Rechtsanwendung wäre nur auf dem Wege des Vorlageverfahrens gemäß Art. 234 EG möglich.[1030]
Da die Neuausrichtung unmittelbar die Anwendbarkeit des Gemeinschaftsrechts betrifft, ist die Bedeutung der einheitlichen Rechtsanwendung hierfür offensichtlich, so dass die Rechtsform der Verordnung vorzuziehen ist.[1031] Dies entspräche auch der Praxis bei dem bisherigen Erlass von Regelungen aufgrund von Art. 83 EG, nach der Richtlinien bisher keine besondere Rolle gespielt haben.[1032]

2. GRÜNDE GEGEN UND FÜR EINE SEKUNDÄRRECHTLICHE REGELUNG

Diese Ermächtigungsgrundlage hat der Rat bisher nicht zur Regelung der Frage nach dem Verhältnis zwischen innerstaatlichem Recht und dem des EG-Vertrags genutzt. Für das Fehlen einer solchen Regelung wurden zahlreiche Gründe genannt. Im Vordergrund stand bisher das komplizierte und langwierige Gesetzgebungsverfahren. Insbesondere die noch im Rahmen des EWG-

---

[1025] GTE-Schröter, Band 2/I, Art. 87 – Erster Teil, Rn. 49 Fußnote 134.
[1026] Jungbluth in Langen/Bunte, KartR, Art. 83 Rn. 31; GTE-Schröter, Band 2/I, Art. 87 – Erster Teil, Rn. 50; Everling in Wohlfahrt/Everling/Glaesner/Sprung, Art. 87 Rn. 7.
[1027] Pernice in Grabitz/Hilf, EGV/EWGV II (Maastricht Vertrag), Art. 87 Rn. 11; Jungbluth in Langen/Bunte, KartR, Art. 83 Rn. 10; Gleiss/Hirsch, EWG Kommentar, 3. A., Art. 87 Rn. 4.
[1028] GTE-Schröter, Band 2/I, Art. 87 – Erster Teil, Rn. 16.
[1029] GTE-Schröter, Band 2/I, Art. 87 – Erster Teil, Rn. 18.
[1030] GTE-Schröter, Band 2/I, Art. 87 – Erster Teil, Rn. 17 m.w.N.
[1031] Ebenfalls GTE-Schröter, Band 2/I, Art. 87 – Erster Teil, Rn. 50 jedoch ohne Begründung.
[1032] Jungbluth in Langen/Bunte, KartR, Art. 83 Rn. 12; GTE-Schröter, Band 2/I, Art. 87 – Erster Teil, Rn. 47.

Vertrages erforderliche Einstimmigkeit innerhalb der ersten drei Jahre nach Inkrafttreten des Vertrages hätte ein solches Vorhaben an den unterschiedlichen Auffassungen der Mitgliedstaaten über die Wettbewerbspolitik scheitern lassen.[1033] Das Bedürfnis sich mit dieser Problematik auseinander zu setzen, schwand auch mit der zunehmend erfolgreichen Koordination der beteiligten Kartellbehörden[1034] und der geringen Anzahl an Konfliktfällen, so dass der Kommission eine Regelung des Verhältnisses von nationalem und supranationalem Recht nicht vorrangig ist.[1035] Der Ansatz der Kommission ist pragmatischer Natur: Sie belässt es bei Interpretationserklärungen, die sie bei Bedarf oder in Zusammenhang mit einer neuen Gruppenverordnung veröffentlicht.[1036] Die in langjähriger Praxis des Gerichtshofs erarbeiteten Grundsätze zur Abgrenzung von gemeinschaftlichem zu mitgliedstaatlichem Recht, insbesondere im Rahmen der Zwischenstaatlichkeitsklausel, trugen ebenfalls nicht dazu bei, die Initiative zu ergreifen.[1037]

Zudem wäre es angezeigt die Abgrenzung der Anwendungsbereiche zu normieren und zudem eine Ausschließlichkeitsregelung nach dem Vorbild der FKVO einzuführen. Eine Ausschließlichkeitsregelung war ursprünglich von der Kommission geplant und ist dann auf den Druck Deutschlands nicht vom Rat in die Ratsverordnung Nr. 1/2003 übernommen worden.[1038] Der Vorteil einer solchen Legaldefinition liegt darin, dass der Bereich ausschließlicher Anwendbarkeit des innerstaatlichen Rechts von dem Bereich paralleler oder ausschließlicher Anwendbarkeit des Gemeinschaftsrechts deutlich getrennt werden könnte.[1039] Das ist nicht zuletzt auch der Gedanke, der der FKVO zugrunde liegt. Die Tätigkeit der nationalen Behörden und Gerichte wäre um einiges vereinfacht – bei gleichzeitiger Erhöhung der Rechtssicherheit für die Unternehmen.[1040] Das in Bezug auf die FKVO anerkannte Bedürfnis einer Legaldefinition des Verhältnisses von Gemeinschaftsrecht und nationalem Recht zur Vermeidung von Konflikten und im Interesse der Rechtssicherheit der Unternehmen kann nicht minder für die Art. 81, 82 EG gelten.[1041] Das zunehmende Fordern einzelner Mitgliedstaaten nach mehr Freiraum für ihr nationales Recht[1042] lässt erkennen, dass in Zukunft die Zunahme der Konflikte um Zu-

---

[1033] Bruhin, S. 2 m.w.N, siehe nur den Verlauf bei den Verhandlungen zur VO 17/62 - von der Groeben, Aufbaujahre, S. 157ff.

[1034] Bunte, WuW 1989, S. 8f.; Bruhin, S. 2.

[1035] Bruhin, S. 2.

[1036] GTE-Schröter, Band 2/I, Art. 87 – Erster Teil, Rn. 52.

[1037] Pernice in Grabitz/Hilf, EGV/EWGV II (Maastricht Vertrag), Art. 87 Rn. 26; Bruhin, S. 2.

[1038] Vergleiche Kommission, Entwurf VO 17/62, Art. 3 und Art. 3 Ratsverordnung Nr. 1/2003.

[1039] GTE-Schröter, Band 2/I, Art. 87 – Erster Teil, Rn. 48f.

[1040] GTE-Schröter, Band 2/I, Art. 87 – Erster Teil, Rn. 50.

[1041] GTE-Schröter, Band 2/I, Art. 87 – Erster Teil, Rn. 52.

[1042] So hat sich Großbritannien ein neues Kartellrecht nach dem Vorbild der EG-Kartellregeln gegeben, so dass die Erwartung der nationalen Wettbewerbsbehörde besteht auf dieser Grundlage verstärkt tätig zu werden – Davis, EuZW 2000, S. 609; dieses ist jedoch an das ständigkeiten zu erwarten ist.[1043] Diese ließen sich schon im Vorfeld mit einer gesetzlich festgelegten Definition der Zwischenstaatlichkeitsklausel vermindern. Im Rahmen der Reform der Durchführungsvorschriften der Art. 81, 82 EG wäre es daher möglich gewesen, diese Frage zu klären und so eine umfassende Reform, wie es die Kommission vor Augen hatte,[1044] zu verwirklichen.[1045]

III. FAZIT ZUR NEUAUSRICHTUNG PER AUSLEGUNG ODER EG-REGELUNG

Im Hinblick auf die Reform der Durchführungsvorschriften der Art. 81, 82 EG wäre der Zeitpunkt für eine Regelung der Abgrenzung des Anwendungsbereichs der Art. 81, 82 EG von dem des innerstaatlichen Rechts ideal gewesen. Die Kommission hat die Gelegenheit verpasst eine umfassende Reform vorlegen, die alle zusammenhängenden Bereiche der Art. 81, 82 EG erfasst und in ein angemessenes Verhältnis zueinander setzt.
Eine Auslegung durch den Gerichtshof wäre zwar denkbar. Wegen der mit einer solchen Verordnung verbundenen Rechtsklarheit und dem in Art. 83 Abs. 2 lit e) EG enthaltenen Gedanken, dass solche Entscheidungen primär vom Rat zu treffen sind, wäre aber der Erlass einer Verordnung angebracht.
Erst wenn auch diese Frage beantwortet ist, kann die Kommission dem eigenen Anspruch entsprechen, ein Gesamtpaket geschnürt zu haben, um das EG-Kartellrecht den Anforderungen des 21. Jahrhunderts anzupassen.

B. QUANTITATIVE ODER QUALITATIVE NEUAUSRICHTUNG?

Nachdem als Mittel zur Neuausrichtung der Verordnungsweg einzuschlagen wäre, ist die Frage nach der inhaltlichen Ausgestaltung einer solchen Regelung zu erörtern.
Für die Neuausrichtung des Anwendungsbereichs lassen sich grundsätzlich zwei Ansatzpunkte für die Maßstabsbildung unterscheiden: Ein schlicht auf Zahlen bezogener Ansatz („quantitative Kriterien") oder ein auf Wertungen beruhender Ansatz („qualitative Kriterien").[1046] Diese Ansätze lassen sich auch kombinieren.

Europäische Kartellrecht angelehnt und damit durch die angestrebte Reform obsolet geworden - I. Schmidt, WuW 2002, S. 3.

[1043] Diese Befürchtung liegt ja auch dem VO-Entwurf zur VO 17/62 zugrunde, weshalb die Kommission ein Netz von Wettbewerbsbehörden spannen und eine Ausschließlichkeitsregelung einführen will. Dem steht wiederum der Koordinierungsaufwand entgegen – siehe zu der Diskussion Kapitel 1, 5. Teil.

[1044] Schröter, S. 5; Baron in Langen/Bunte, KartR, Einführung zum EG-Kartellrecht Rn. 114ff.

[1045] Ebenfalls für eine solche Regelung Mayer, S. 200ff.

[1046] Siehe nur Roth/Ackermann, Frankfurter Kommentar V, EG-Vertrag Art. 81 Abs. 1 Grundfragen Tz. 304.

I. QUALITATIVE KRITERIEN

1. UNTERSCHEIDUNG NACH FALLGRUPPEN

Ein Vorschlag geht dahin, die Neuausrichtung auf der Grundlage der bisherigen Fallgruppenbildung der Praxis vorzunehmen. Ausgehend davon, in welcher Art und mit welcher Intensität die Schutzgüter der Art. 81 f. EG beeinträchtigt werden, sollen zwei große Fallgruppen gebildet werden.[1047]
Grundlage dieser Unterscheidung ist die Erkenntnis, dass es zwar naheliegend sei, für die Handelsbeeinträchtigung danach zu unterscheiden, ob Unternehmen aus verschiedenen Mitgliedstaaten oder aus nur einem Mitgliedstaat beteiligt seien. Da hiermit die Art und Schwere der Folgen der betreffenden wettbewerbsrelevanten Maßnahmen auf den Handel zwischen Mitgliedstaaten nur unzureichend Rechnung getragen würde, sei diese Unterscheidung aber unzweckmäßig.[1048] Das Abstellen auf die Art und Intensität der Beeinträchtigung der oben genannten Schutzgüter soll hier Abhilfe schaffen und mit der unterschiedlichen Wertung der den Fallgruppen zugeordneten wettbewerbsbeschränkenden Maßnahmen verdeutlicht werden. Der EuGH verwende diese Aufteilung in zwei große Fallgruppen zwar nicht ausdrücklich, er gehe aber von unterschiedlichen Kriterien und Wertungen aus, wenn er die Zwischenstaatlichkeitsklausel prüfe.[1049]

a) FALLGRUPPE 1: AUFTEILUNG ODER ABSCHOTTUNG NATIONALER MÄRKTE

Von der ersten Fallgruppe sollen Maßnahmen erfasst werden, die unmittelbar oder mittelbar eine Aufteilung der nationalen Märkte und ihre wechselseitige Abschottung bezwecken oder bewirken und damit die Einheit des Gemeinsamen Marktes beeinträchtigen.[1050]
Der ersten Fallgruppe werden folgende unmittelbar eine Aufteilung der nationalen Märkte bezweckenden oder bewirkenden wettbewerbsbeschränkende Maßnahmen zugeordnet: Gebiets- und Quotenkartelle, vertikale Ausschließlichkeitsverträge, Export- und Reimportverbote.[1051] Da die Beeinträchtigung des Schutzguts des Gemeinsamen Marktes in diesen Fällen offensichtlich sei, sollen die Anforderungen für den Nachweis der Handelsbeeinträchtigung nur sehr gering sein. Eine nicht völlig unbedeutende Marktstellung der beteiligten Unternehmen auf ihrem Heimatmarkt sei ausreichend. Dabei seien die Kriterien der Bagatellbekanntmachung der Kommission mit Abschlag allenfalls als Richtwerte heranzuziehen.[1052]

[1047] Königs, S. 572.
[1048] Königs, S. 572.
[1049] Königs, S. 575.
[1050] Königs, S. 586.
[1051] Königs, S. 573.
[1052] Königs, S. 577f., 586. Das dürfte sich aber mit der Bagatellbekanntmachung 2001 erledigt haben, da die neue Bagatellbekanntmachung nach Rn. 3 nicht mehr für die Zwischenstaatlichkeitsklausel gilt.

Für die Bewertung von Maßnahmen, die eine mittelbare Aufteilung der nationalen Märkte bezwecken oder bewirken, soll weiter unterschieden werden:

Für bestimmte Maßnahmen seien ebenfalls die niedrigen Anforderungen an die Zwischenstaatlichkeitsklausel zu stellen, wie sie für die unmittelbaren Wettbewerbsbeeinträchtigungen gelten. Hierzu sei zu zählen: die mittelbare Behinderung von Exporten beziehungsweise Reimporten wie z. B. die Verweigerung von Rabatten für Ausfuhrlieferungen, die Verweigerung von Garantieleistungen, Reparaturen und Konformitätsbescheinigungen für parallelimportierte Waren oder bei Vereinbarungen über gewerbliche Schutzrechte, um dem Erwerber die Abwehr von Parallelimporten zu ermöglichen, und ungerechtfertigte Abgrenzungsvereinbarungen und Vergleiche über gewerbliche Schutzrechte.[1053]

Bei den sonstigen Vereinbarungen, die eine mittelbare Aufteilung der nationalen Märkte dadurch bezwecken oder bewirken, dass sie den Marktzugang für Anbieter beziehungsweise Nachfrager aus anderen Mitgliedstaaten spürbar erschweren, seien höhere Anforderungen an den Nachweis der Handelsbeeinträchtigung zu stellen sein.[1054] Den sonstigen Vereinbarungen werden flächendeckende parallele Systeme nationaler Bezugsbindungen, autonome Rabattsysteme marktstarker Unternehmen mit Treuewirkung und Hersteller-Händler-Marktordnungen, die für Anbieter aus anderen Mitgliedstaaten nicht uneingeschränkt zugänglich sind, zugeordnet.[1055]
Auch hier sei eine konkrete am Einzelfall ausgerichtete Betrachtungsweise maßgebend, aus der mit angemessener Wahrscheinlichkeit darauf geschlossen werden kann, dass ohne die Vereinbarung auch tatsächlich weitere Einfuhren oder die Einfuhren mit geringerem Aufwand stattfinden würden. An das Spürbarkeitserfordernis, hier in Form des Umfangs der voraussichtlich unterbliebenen oder erschwerten Einfuhren beziehungsweise der grenzüberschreitenden Dienstleistungen, sollen aber keine hohen Anforderungen gestellt werden, da auch diese Maßnahmen gegen das Ziel des Gemeinsamen Marktes verstoßen.[1056]

Die Folge einer solchen Auslegung ist, dass die Zwischenstaatlichkeitsklausel den Anwendungsbereich des Gemeinschaftsrechts und die Zuständigkeit der Kommission und des EuGH zu Lasten der Mitgliedstaaten ausdehnt. Für die erste Fallgruppe sei dies aber gerechtfertigt, da die Aufteilung und Abschottung der nationalen Märkte ein besonders schwerwiegender Verstoß gegen

---

[1053] Königs, S. 574 mit Nachweisen für die EuGH-Rechtsprechung, S. 576.
[1054] Königs, S. 579.
[1055] Königs, S. 574 mit Nachweisen für die EuGH-Rechtsprechung.
[1056] Königs, S. 579

das von allen Mitgliedstaaten erstrebte Ziel des Gemeinsamen Marktes ist. Gegen solche Maßnahmen müsse mit aller Härte eingeschritten werden.[1057]

b) FALLGRUPPE 2: BEEINTRÄCHTIGUNG DES SYSTEMS DES UNVERFÄLSCHTEN WETTBEWERBS

Unter die zweite Fallgruppe sollen Maßnahmen fallen, die zwar das System des unverfälschten Wettbewerbs innerhalb des Gemeinsamen Marktes im Sinne des Art. 3 lit g) EG beeinträchtigen, aber eine Aufteilung der nationalen Märkte nicht oder allenfalls mittelbar bezwecken oder bewirken.[1058] Dazu gehören unter anderem Preiskartelle, Rabattkartelle, Konditionenkartelle, nationale Vertriebssyndikate, Einkaufsgemeinschaften, Spezialisierungskartelle, Forschungs- und Entwicklungsgemeinschaften, Patentgemeinschaften, Gemeinschaftsunternehmen, der Missbrauch einer marktbeherrschenden Stellung.[1059]

In diese Kategorie falle damit die überwiegende Mehrheit der wettbewerbsrelevanten Maßnahmen nach Art. 81, 82 EG, da die Unternehmen hier nur ihre Marktbeziehungen regeln und regelmäßig damit Vorteile für die Verbraucher verbunden sind. Die Vereinbarungen seien regelmäßig wirtschaftlich gerechtfertigt und wirkten sich nur geringfügig auf den grenzüberschreitenden Handel aus – in der Regel bleibe die Wirkung auf den nationalen Markt beschränkt.[1060] Eine Anwendung der Art. 81, 82 EG greife in diesen Fällen daher oft in erheblichem Umfange in rein nationale Interessen ein und könne nur gerechtfertigt sein, wenn der unverfälschte Wettbewerb erheblich beeinträchtigt würde. Obwohl die Praxis des EuGH in diesem Bereich keine klaren Kriterien erkennen lässt und auch nicht frei von Widersprüchen ist,[1061] soll sich dennoch folgende Leitlinie herleiten lassen: Bei wettbewerbsbeschränkenden Maßnahmen, die nur den unverfälschten Wettbewerb berühren sind strengere Anforderungen zu stellen als bei den Sachverhalten der ersten Fallgruppe. Dies wird dadurch erreicht, dass das Merkmal der Spürbarkeit mit einer gesteigerten Wahrscheinlichkeitsprognose inhaltlich ausgefüllt wird. Die Zwischenstaatlichkeitsklausel sei zu bejahen, wenn sich aufgrund von Tatsachen feststellen ließe, dass sich der Handel tatsächlich anders entwickelt hätte als ohne die wettbewerblich relevante Maßnahme oder dass eine solche Entwicklung aufgrund von Tatsachen mit erheblicher Wahrscheinlichkeit zu erwarten sei. Das betroffene Handelsvolumen müsse ebenfalls erheblich sein. Welches Volumen erheblich sei, könne nicht allgemein festgelegt werden, sondern sei Frage des Einzelfalls und hänge von Art und Intensität der Wettbewerbsbeschränkung ab sowie davon, ob und in welchem Umfange die Maßnahmen vorteilhafte Wir-

---

[1057] Königs, S. 578.
[1058] Königs, S. 586f.
[1059] Königs, S. 574f mit weiteren Beispielen und Fundstellen aus der EuGH-Rechtsprechung.
[1060] Königs, S. 579f.
[1061] Analyse bei Königs, S. 580ff. für horizontale und vertikale Vereinbarungen, die das System des unverfälschten Wettbewerbs betreffen.

kungen für die Verbraucher hätten. So seien an Maßnahmen wie dem Missbrauch der marktbeherrschenden Stellung geringere Anforderungen an das Erheblichkeitsmerkmal zu stellen, weil es sich um eine schwerwiegende Beeinträchtigung des unverfälschten Wettbewerbs handele.[1062]
Da dennoch die Feststellung schwer fallen dürfte, welches Handelsvolumen durch die Maßnahme betroffen wird, werden Anhaltspunkte gegeben, nach denen auf das Handelsvolumen geschlossen werden können soll:[1063]

- Bei horizontalen Vereinbarungen zwischen Unternehmen aus verschiedenen Mitgliedstaaten soll aus dem Marktanteil und dem Jahresumsatz auf das betroffene Volumen geschlossen werden können.
- In Fällen horizontaler Vereinbarungen hingegen aus dem Marktanteil und der Stellung des Herstellers auf dessen Heimatmarkt, der Marktgeltung der Erzeugnisse und etwa bestehenden gleichartigen Vertragssystemen.
- Die dem Lizenznehmer auferlegten Beschränkungen sollen für die Bejahung der Zwischenstaatlichkeitsklausel bei Vereinbarungen zwischen Lizenzgeber und Lizenznehmer aus verschiedenen Mitgliedstaaten genügen. Unerheblich sei das Volumen der Lieferungen des Lizenznehmers in andere Mitgliedstaaten. Maßgebend sei die gegenwärtige Marktstellung des Lizenznehmers und die wirtschaftlichen Chancen der Lizenz.
- Im Rahmen des Missbrauchs einer marktbeherrschenden Stellung sei hingegen allein das Ausmaß der Folgen für das betroffene Unternehmen maßgeblich. Da zum System des unverfälschten Wettbewerbs das Unterlassen des Missbrauchs der marktbeherrschenden Stellung gehört, soll eine ausreichend schwere Folgen für das behinderte Unternehmen auf dessen Heimatmarkt genügen.
- Bei der Beteiligung von Unternehmen aus nur einem Mitgliedstaat, deren Maßnahmen nur die Wettbewerbsstruktur beeinträchtigen könnten, seien genaue Feststellungen zu treffen, in welchem Umfang und in welcher Weise der Handel verhindert oder erschwert würde. Wenn nationale Kartelle Anbietern aus anderen Mitgliedstaaten uneingeschränkt zugänglich seien, so dass nicht ohne weiteres daraus geschlossen werden könne, dass die Betätigung oder das Vordringen von Herstellern aus anderen Mitglied-

[1062] Königs, S. 583f., 586f.
[1063] Königs, S. 584f.

staaten stets erschwert würde, weil sie daran gehindert würden, durch das Angebot besserer Konditionen, einen höheren Marktanteil zu erlangen. Hier müsse vielmehr der Wille und die Fähigkeit der fremden Anbieter zu einer solchen Strategie positiv festgestellt werden.[1064]

c) BEWERTUNG

Der Versuch, die bisherige Praxis zur Zwischenstaatlichkeitsklausel einer Neubewertung im Sinne einer Stufenlösung zugrunde zu legen, bietet den Vorteil, dass keine vollkommen neue Rechtspraxis geschaffen werden muss. Damit werden Unsicherheiten, die mit neuen Begriffen verbunden sind, umgangen. Die Akzeptanz einer Neuausrichtung durch den EuGH und die Kommission wäre damit auch größer. Ein weiterer Vorteil der Unterscheidung der Anforderungen an die Zwischenstaatlichkeitsklausel nach diesen beiden Fallgruppen ist, dass so den unterschiedlichen Wertungen und Kriterien, die dem Schutz des Gemeinsamen Markts und dem System des unverfälschten Wettbewerbs innewohnen, entsprochen werden kann. Dazu trägt dann auch die weitere Aufteilung innerhalb der beiden Fallgruppen bei.
Bei näherer Betrachtung führt die Aufteilung in Fallgruppen mit unterschiedlichen Anforderungen an die Zwischenstaatlichkeitsklausel aber nicht zur Lösung des Problems der Konturenlosigkeit[1065] der Zwischenstaatlichkeitsklausel. Bei der ersten Fallgruppe bleibt es grundsätzlich bei der bisherigen Praxis. Lediglich in der Unterfallgruppe der mittelbaren Handelsbeeinträchtigungen sollen die Anforderungen an diese erhöht werden, wobei das Spürbarkeitserfordernis nicht gesteigert wird. Weitere inhaltliche Ausgestaltungen fehlen. Gleiches gilt für die Ausführungen zur zweiten Fallgruppe: Hier wird die Wahrscheinlichkeitsprognose des EuGHs von „hinreichender Wahrscheinlichkeit" auf „erhebliche Wahrscheinlichkeit" erhöht. In gleichem Maße wird für das betroffene Handelsvolumen der Begriff „erheblich" statt des Begriffs der „Spürbarkeit" verwendet. Lediglich der Hinweis, dass die Anforderungen strenger sein sollen als bisher, grenzt den Begriff der Erheblichkeit von dem der Spürbarkeit ab. Inhaltlich wird aber nicht weiter darauf eingegangen, wann eine Erheblichkeit gegeben ist – insoweit wird auf den konkreten Einzelfall verwiesen. Als Maßgabe soll dann, im Einklang mit der bisherigen Praxis des EuGHs, auf Marktanteile oder Umsatzzahlen der beteiligten Unternehmen abgestellt werden, soweit die zweite Fallgruppe betroffen ist. Außer der Forderung, dass höhere Anforderungen zu stellen sind, wird aber keine Aussage darüber gemacht, wie diese konkret aussehen sollen. Der Verweis auf die bestehende EG-Praxis hilft hier allein nicht weiter, da diese abstrakte Kriterien wiederholt oder widersprüchliche Aussagen macht und die gerade beseitigt werden soll-

[1064] Dies gilt auch für jeden Anbieter offener vertikaler Vereinbarungen, die sich auf die gesamten oder den wesentlichen Teil der Einfuhren beziehen - Königs, S. 585.
[1065] Rehbinder in I/M; EG-WbR, Bd. I, Einleitung E. Rn. 22.

ten. Zudem erinnert die Abwägung zur Feststellung des erheblichen Handelsvolumens in der zweiten Fallgruppe an die *rule of reason*, deren EG-rechtliche Zulässigkeit bedenklich ist.[1066] Zu Recht wird der vorgeschlagenen Stufenlösung schließlich entgegengehalten, dass sich in allen Fallgruppen Marktabschottungen finden, bei denen die unterschiedliche Bewertung nicht nachvollzogen werden kann.[1067]

2. DAS GEMEINSCHAFTSINTERESSE ALS MAßSTAB[1068]

Der schon von Generalanwalt Trabucchi in der Stellungnahme zu der Entscheidung *Belgian Wallpaper*[1069] verwendete qualitative Begriff des „Gemeinschaftsinteresses" wird als weiterer Vorschlag für eine inhaltliche Neuausrichtung der Zwischenstaatlichkeitsklausel gemacht.[1070] Angeknüpft wird daran, dass bei einem Großteil der Vereinbarungen, die die Zwischenstaatlichkeitsklausel erfüllen, der Schwerpunkt der Prüfung eines Falles durch die Kommission nicht darin liegt, ob die Vereinbarungen eine spürbare Wettbewerbsverzerrung im Gemeinsamen Markt herbeiführen. Das Interesse der Gemeinschaft bei der Beurteilung von Kartellfällen liegt vielmehr in der ökonomischen, rechtlichen oder politischen Relevanz der Vereinbarung für die Wettbewerbsstruktur im Gemeinsamen Markt. Daher könne die Zwischenstaatlichkeitsklausel nach dem heutigen Verständnis nicht mehr in wirksamem Maße zur Abgrenzung des nationalen vom europäischen Kartellrecht herangezogen werden. Maßgebend soll für die Abgrenzung sein, welche Fälle für die Gemeinschaft von besonderem Interesse seien.[1071]
Im Rahmen ihres vom Gerichtshof zugestandenen Aufgreifermessens[1072] verwendet die Kommission den Begriff des Gemeinschaftsinteresses, um festzustellen, ob sie einen anhängigen Fall verfolgt oder nicht.[1073] Auch bei den De-

---

[1066] Weiß in Calliess/Ruffert, EUV/EGV, Art. 81 Rn. 114ff.
[1067] Rehbinder in I/M; EG-WbR, Bd. I, Einleitung E. Rn. 22.
[1068] Wesseling, European Law Review 1997, S. 47ff.
[1069] Schlussantrag des Generalanwalts, Slg.
[1070] Wesseling, European Law Review 1997, S. 49f. Gleichzeitig soll auch das Merkmal Wettbewerbsbeeinträchtigung an die neuen Entwicklungen angepasst und eine Ausschließlichkeitsregelung eingeführt werden. Dabei dient die *rule of reason* als Vorbild für eine Neuausrichtung. Diese solle sich an einer wirtschaftlichen Betrachtungsweise orientieren, wie sie der Gerichtshof teilweise seinen Urteilen zugrunde gelegt haben soll – Wesseling, S. 48, 50ff. Dieser Vorschlag ist in ähnlicher Weise von der Kommission in dem Weißbuch zur Reform der Durchführungsvorschriften zu Art. 81 EG verwirklicht worden und soll in Zukunft der Auslegung der Wettbewerbsbeschränkung zugrunde gelegt werden. Es stellt sich die Frage, warum sich die Kommission nicht auch mit der Frage nach der Regelung der Abgrenzung Anwendungsbereichs der gemeinschaftlichen von dem der mitgliedstaatlichen Kartellrechtsordnungen auseinandersetzt und auch die Zwischenstaatlichkeitsklausel einer Neuausrichtung unterzieht.
[1071] Wesseling, European Law Review 1997, S. 48.
[1072] EuG *Automec II* Slg. 1992-II/3, S. 2275 Rn. 77ff.; Ehlermann, GS Grabitz 1995, S. 53.
[1073] Wesseling, European Law Review 1997, S. 49.

zentralisierungsbestrebungen kann dies ebenfalls verfolgt werden.[1074] Diese Wertung soll nun auf die Tatbestandsebene verschoben werden. Sachverhalte, die das Gemeinschaftsinteresse nicht berühren, sind den nationalen Behörden und Gerichten zur Entscheidung nach nationalem Recht zu überlassen.[1075] Mit dem am Gemeinschaftsinteresse ausgerichteten Ermessensspielraum wird der Aufgabe der Kommission, ihre Wettbewerbspolitik selbst zu bestimmen, Rechnung getragen. Das schließt die Befugnis ein, die Prioritäten des Verwaltungshandelns selbst festzulegen.[1076] Grundlage für die Feststellung, ob das Gemeinschaftsinteresse berührt ist, bildet bisher die wirtschaftliche, rechtliche und politische Bedeutung der Fälle. Außerdem ist schon im Rahmen der Dezentralisierungsbestrebungen der Kommission die Ansicht aufgekommen, dass das Gemeinschaftsinteresse durch die Auswirkungen bestimmt wird, die eine wettbewerbsrelevante Maßnahme auf den Wettbewerb insgesamt haben. Des Weiteren ist die Natur des Wettbewerbsverstoßes zu berücksichtigen sowie der Schutz den nicht gemeinschaftsangehörige Institutionen gewähren können.[1077]

Als Vorteil wird geltend gemacht, dass es schon ausreichend höchstrichterliches Fallrecht zur Auslegung des Begriffs des Gemeinschaftsinteresses gibt.[1078] Mit einer derart umgestalteten Neuausrichtung könnte die Zahl des Eingangs neuer Fälle drastisch verringert werden, was auch die Bearbeitung der anhängigen Fälle ermöglichen würde.[1079]
Die Neuausrichtung der Zwischenstaatlichkeitsklausel anhand des Begriffs des Gemeinschaftsinteresses kann wegen der für die Unternehmen als Adressaten der Art. 81, 82 EG fehlenden Vorhersehbarkeit der Kommissionsentscheidungen tatsächlich keine Vorteile gegenüber der bisherigen Interpretation aufweisen.
So führt der EuG folgendes aus:

> *„Bei der Würdigung des Gemeinschaftsinteresses an der Fortführung der Untersuchung einer Sache muss die Kommission die Umstände des konkreten Falles und insbesondere die tatsächlichen und rechtlichen Gesichtspunkte berücksichtigen, die in der Beschwerde vorgebracht werden. Sie hat insbesondere die Bedeutung der behaupteten Zuwiderhandlung für das Funktionieren des Gemeinsamen Marktes, die Wahrscheinlichkeit des Nachweises ihres Vorliegens sowie den Umfang der notwendigen Ermitt-*

[1074] Wesseling, European Law Review 1997, S. 52f.
[1075] Wesseling, European Law Review 1997, S. 53.
[1076] EuG *Automec II*, Slg. 1992-II/3, S. 2275 Rn. 77ff.; Sauter in Langen/Bunte, KartR, Art. 3 VO 17/62 Rn. 8.
[1077] Wesseling, European Law Review 1997, S. 49 m.w.N.; Sauter in Langen/Bunte, KartR, Art. 3 VO 17/62 Rn. 8.
[1078] Wesseling, European Law Review 1997, S. 49.
[1079] Wesseling, European Law Review 1997, S. 53; Ehlermann, WuW 1993, S. 999f.

lungsmaßnahmen gegeneinander abzuwägen, um ihre Aufgabe der Überwachung der Einhaltung der Artikel 85 (jetzt 81) und 86 (jetzt 82) bestmöglich zu erfüllen."[1080]

Schon die hier vom Gericht vorgegebene Abwägung verdeutlicht, dass die Einschätzung, ob die von den Unternehmen praktizierte Maßnahme von Gemeinschaftsinteresse ist, im Voraus kaum von den Unternehmen vorgenommen werden kann. Die Abwägung kann unabhängig von der jeweils bestehenden Wettbewerbsstruktur im Gemeinsamen Markt stattfinden, die ein Unternehmen noch selbst ungefähr abschätzen kann. Allein die Möglichkeit der Kommission, das Gemeinschaftsinteresse auch anhand der politischen Bedeutung eines Falles begründen zu können, verdeutlicht dies. Aber auch die Einschätzung des Umfangs der notwendigen Ermittlungsmaßnahmen kann kaum von außerhalb der Kommission stehenden Dritten im Voraus abgeschätzt werden. Nicht von ungefähr gibt der EuG der Kommission auf, die maßgeblichen Gründe bei der Ausübung des Aufgreifermessens darzulegen, um sie einer späteren Kontrolle unterziehen zu können.[1081]
Das behauptete Fallrecht der höchstrichterlichen Rechtsprechung ist jedenfalls nicht in dem Umfang vorhanden, dass diese Unsicherheiten beseitigt wären.[1082] Daher müssen auch diese Begriffe erst noch in qualitative und quantitative Maßstäbe umgesetzt werden.[1083]

II. QUANTITATIVE KRITERIEN: ÜBERTRAGUNG DER KRITERIEN DER FKVO 4064/89

Eine weitere Möglichkeit der Neuausrichtung der Zwischenstaatlichkeit könnte die Einführung quantitativer Kriterien für die Frage der Anwendbarkeit des Gemeinschaftsrechts sein. Als Vorbild soll die FKVO dienen.[1084] Einen Anreiz hierfür bereitet der Erfolg, den die europäische Zusammenschlusskontrolle erzielt hat und der nicht zuletzt auf einer verbesserten Ressourcenverwendung und der zur Beurteilung des Vorhabens durch die Kommission eingeführten Fristen beruht.[1085] Unbestritten ist auch die mit dem Erfolg der FKVO verbundene Bedeutung für die europäische Integration.[1086]

1. ANWENDBARKEITSKRITERIUM: GEMEINSCHAFTSWEITE BEDEUTUNG

Neben den Fristen für die Bearbeitung einer Anmeldung hat auch die Definition des Anwendungsbereichs der europäischen Zusammenschlusskontrolle ei-

---

1080 EuG *Automec II*, Slg. 1992-II/3, S. 2278 Rn. 86.
1081 EuG *Automec II*, Slg. 1992-II/3, S. 2276 Rn. 80f.
1082 Wesseling, European Law Review 1997, S. 49 selbst führt nur fünf Entscheidungen an.
1083 Ehlermann, GS Grabitz 1995, S. 53.
1084 Wesseling, European Law Review 1997, S. 49; Ehlermann, GS Grabitz, S. 48f.; Lässig, S. 71 mit Hinweis auf den Vorschlag der spanischen Delegation bei der Arbeitsgruppe der Kommission.
1085 Siehe Nachweise in Kapitel 1, 2. Kapitel 2. Teil.
1086 Baron, WuW 1997, S. 579.

nen erheblichen Anteil an ihrer Akzeptanz.[1087] Die Anwendbarkeit der FKVO richtet sich gemäß Art. 1 Abs. 1 danach, ob ein Zusammenschlussvorhaben über gemeinschaftsweite Bedeutung verfügt. Mit der Beschränkung auf Zusammenschlussvorhaben mit gemeinschaftsweiter Bedeutung kommt erklärtermaßen das Subsidiaritätsprinzip zum Ausdruck.[1088] Maßstab für die Feststellung der gemeinschaftsweiten Bedeutung sind die über die Grenzen eines Mitgliedstaates hinausgehenden Auswirkungen eines Zusammenschlusses.[1089]
Nach Art. 1 Abs. 2 und Abs. 3 FKVO richtet sich dies danach, ob die am Zusammenschlussvorhaben beteiligten Unternehmen bestimmte Umsatzschwellen überschreiten (so genannte Aufgreifkriterien oder Aufgreifschwellen).[1090] Damit wurden für die Feststellung des Anwendungsbereichs ausschließlich quantitative Kriterien eingeführt, obwohl auch andere Optionen offen standen. So wurde auf die Bestimmung nach Marktanteilsschwellen oder qualitativen Kriterien – etwa die Beeinträchtigung des zwischenstaatlichen Handels – verzichtet.[1091] Ziel war es, die Zwischenstaatlichkeitsklausel der Art. 81, 82 EG durch den neuen Begriff der gemeinschaftsweiten Bedeutung zu ersetzen. Hieraus ergibt sich gleichzeitig, dass das Primärrecht des EG-Vertrages im Wege des Sekundärrechts durch ein quantitatives Merkmal interpretiert wird.[1092] Hierfür sprachen vor allem Gründe der Praktikabilität und der Rechtssicherheit.[1093]

Die kumulativ zu erfüllenden Auffangschwellen verlangen derzeit einen weltweiten Gesamtumsatz der beteiligten Unternehmen von 5 Milliarden ECU und einen gemeinschaftsweiten Gesamtumsatz von mindestens zwei beteiligten Unternehmen von jeweils mehr als 250 Millionen ECU. Im Hinblick darauf, dass nur Zusammenschlussvorhaben mit grenzüberschreitender Wirkung von der FKVO erfasst werden sollen, wurde als Beschränkung die so genannte 2/3-Klausel angefügt. Danach hat ein Zusammenschluss auch bei Vorliegen der oben genannten Gesamtumsätze keine gemeinschaftsweite Bedeutung, wenn die beteiligten Unternehmen

---

[1087] Siehe Kapitel 1, 2. Kapitel 2. Teil, 3. Teil C.

[1088] Schmidt/Schmidt, Europäische Wettbewerbspolitik, S. 133; Wagemann in Wiedemann, Hdb. KartellR, § 15 Rn. 7.

[1089] Wagemann in Wiedemann, Hdb. KartellR, § 15 Rn. 7.

[1090] Zum Begriff siehe statt vieler Löffler in Langen/Bunte, KartR, Vorbemerkungen FKVO Rn. 13.

[1091] Koch, EWS 1990, S. 68; Kleinmann, S. 132f.; Wagemann in Wiedemann, Hdb. KartellR, § 15 Rn. 8; Löffler in Langen/Bunte, KartR, Art. 1 FKVO Rn. 2.

[1092] Wagemann in Wiedemann, Hdb. KartellR, § 15 Rn. 8; Vonnemann, DB 1990, S. 571 – damit soll gleichzeitig die Möglichkeit wegfallen bei Zusammenschlüssen, die die Umsatzschwellen der FKVO nicht erfüllen, die Art. 81, 82 EG anzuwenden.

[1093] Kleinmann, S. 133; Schütz in GK, EU-FKVO, Rn. 29; Wagemann in Wiedemann, Hdb. KartellR, § 15 Rn. 8.

„jeweils mehr als zwei Drittel ihres gemeinschaftsweiten Gesamtumsatzes in einem und demselben Mitgliedstaat erzielen".

Mit der Änderung der FKVO zum 1. März 1998[1094] wurde zudem das Problem von Mehrfachanmeldungen behandelt. Bei Mehrfachanmeldungen handelt es sich um Zusammenschlüsse, die die Anmeldevoraussetzungen in mehreren Mitgliedstaaten erfüllen nicht aber die Aufgreifschwellen der FKVO. Diese Vorhaben sollen künftig der Prüfungskompetenz der Kommission unterstellt werden, um Parallelverfahren vor verschiedenen nationalen Wettbewerbsbehörden oder gar ein *forum shopping* zu vermeiden.[1095] Dabei stellt diese Lösung lediglich einen Kompromiss in der umstrittenen Debatte um einen generelle Absenkung der Aufgreifschwellen der FKVO dar, wie es die Kommission zunächst gefordert hatte.[1096] Nunmehr werden Zusammenschlussvorhaben erfasst, die die in Art. 1 Abs. 3 FVKO niedergelegten quantitativen Erfordernisse in drei oder mehr Mitgliedstaaten erfüllen. Die in diesem Zusammenhang geäußerten Befürchtungen, die Regelung sei zu kompliziert geraten und würde nicht dazu führen, entsprechende Sachverhalte in den Zuständigkeitsbereich der Kommission zu überführen, haben sich als unbegründet erwiesen.[1097]

Für die Berechnung des Umsatzes stellt die FKVO in Art. 5 selbst Maßstäbe zur Verfügung. Diese hat die Kommission mit einer Bekanntmachung zur Berechnung des Umsatzes im Sinne der FKVO erläutert.[1098] Maßstab ist hierbei der Gesamtumsatz der beteiligten Unternehmen und nicht etwa der Umsatz, der von den Unternehmen in den vom Zusammenschluss betroffenen Bereichen erzielt wird. Damit wird die einfachere Ermittlung der Zuständigkeit der Kommission gewährleistet. Etwaige Branchenumsätze sind erst im Rahmen der Beurteilung der Auswirkungen auf die betroffenen Märkte heranzuziehen.[1099] Mit den Umsatzzahlen wird der Umfang der bei einem Zusammenschluss zusammengeführten wirtschaftlichen Ressourcen und Wirtschaftstätigkeiten belegt und ein Maßstab für die Wirtschaftskraft der beteiligten Unternehmen zur Verfügung gestellt.[1100]

[1094] Änderung aufgrund von VO Nr. 1310/97 vom 30. Juni 1997, ABl. 1997 L 180/1; Wagemann in Wiedemann, Hdb. KartellR, § 15 Rn. 12.

[1095] Wagemann in Wiedemann, Hdb. KartellR, § 15 Rn. 13; Löffler in Langen/Bunte, KartR, Art.1 FKVO Rn. 9.

[1096] Hirsbrunner EuZW 1998, S. 69; Kleinmann, S. 135f.; Wagemann in Wiedemann, Hdb. KartellR, § 15 Rn. 13; Löffler in Langen/Bunte, KartR, Art. 1 FKVO Rn. 9; gegen eine Absenkung Schlecht, WuW 1997, S. 568; Baron, WuW 1997, S. 582.

[1097] Baron, WuW 1997, S. 583; Wagemann in Wiedemann, Hdb. KartellR, § 15 Rn. 13.

[1098] Bekanntmachung der Kommission über die Berechnung des Umsatzes im Sinne der Verordnung (EWG) Nr. 4064/89, ABl. 1998 C 66 S. 25ff.

[1099] Kommission, Bekanntmachung Umsatzberechnung 1998, Erwägungsgrund 6; Wagemann in Wiedemann, Hdb. KartellR, § 15 Rn. 85.

[1100] Kommission, Bekanntmachung Umsatzberechnung 1998, Erwägungsgrund 4, 6; Wagemann in Wiedemann, Hdb. KartellR, § 15 Rn. 85.

2. *ONE STOP SHOP*-PRINZIP UND AUSNAHMEN

Einen wesentlichen Unterschied zu den Art. 81, 82 EG stellt auch die gesonderte Kompetenzregelung in Art. 21 FKVO dar.[1101] Sie verwirklicht das der FKVO zugrundeliegende *one stop shop*-Prinzip – den Grundsatz der einmaligen Anmeldung: Für Zusammenschlüsse von gemeinschaftsweiter Bedeutung ist allein und abschließend nur die Kommission zuständig.[1102] Gleichzeitig soll damit den Unternehmen ein *level playing field* zur Verfügung gestellt werden, indem die Zusammenschlüsse einer einheitlichen Rechtsordnung und Anwendungspraxis unterworfen werden.[1103]

Allerdings ist dieser Grundsatz nicht ohne Ausnahme. Ausnahmen bieten Art. 9 FKVO, Art. 22 Abs. 3 bis 6 FKVO und Art. 21 Abs. 3 FKVO an.

Nach Art. 9 FKVO kann die Kommission einen Fall auf Antrag eines Mitgliedstaates an die zuständigen Behörden der Mitgliedstaaten verweisen. Deutschland[1104] stellt einen solchen Antrag, wenn der wirtschaftliche Schwerpunkt des Zusammenschlusses als auch der wettbewerbliche Schwerpunkt allein in Deutschland liegen.[1105] Nach gemeinsamer Aussage der Kommission und des Rats wird einem Verweisungsantrag nur stattgegeben, wenn die *„Wettbewerbsinteressen des Mitgliedstaates auf nicht eine andere Weise hinreichend geschützt werden könnten"*.[1106] Dabei kann sich die Verweisung auf das gesamte Zusammenschlussvorhaben oder auch nur einen Teil beziehen.[1107]

Art. 9 FKVO ist auf Initiative Deutschlands in die FKVO aufgenommen worden und stellt einen politischen Kompromiss dar. Deutschland hatte eine mit der europäischen Integration gerechtfertigte industriepolitische Orientierung bei der Beurteilung der Zusammenschlüsse befürchtet, die zu Lasten der nationalen Ordnungspolitik gegangen wäre.[1108] Sinn und Zweck der Regelung ist, dass ein Zusammenschlussvorhaben von der Behörde zu prüfen ist, die über die größere Standortnähe und Kenntnis der betroffenen Märkte und Unternehmen verfügt und damit zur Prüfung besser geeignet ist. Bei rein national oder lokal beschränkten Zusammenschlussvorhaben, die keinen wesentlichen Teil des Gemeinsamen Marktes darstellen, ist dies regelmäßig die mitgliedstaatliche Kartellbehörde.[1109] Insoweit wird Art. 9 FVKO als sekundärrechtliche

---

[1101] Noch, da nach Art. 3 VO-Vorschlag zur Reform der VO 17/62, ebenfalls die ausschließliche Zuständigkeit der Kommission für die Fälle gegeben sein soll, die in den Anwendungsbereich der Art. 81, 82 EG fallen.

[1102] Löffler in Langen/Bunte, KartR, Vorbemerkungen FKVO Rn. 23; Wagemann in Wiedemann, Hdb. KartellR, § 15 Rn. 5, § 17 Rn. 138.

[1103] Wagemann in Wiedemann, Hdb. KartellR, § 15 Rn. 5 und Kapitel 3, 2. Teil C. II.

[1104] In Deutschland das BKartA im Einvernehmen mit dem BMWi – Wagemann in Wiedemann, Hdb. KartellR, § 17 Fußnote 290.

[1105] Schmidt/Schmidt, Europäische Wettbewerbspolitik, S. 136 m.w.N.

[1106] Kommission/Rat, Protokollerklärung, WuW 1990, S. 240.

[1107] Art. 9 Abs. 3 lit b) und Unterabs. 3 FKVO.

[1108] Miersch, S. 138; Janicki, WuW 1990, S. 195; Löffler in Langen/Bunte, KartR, Art. 9 FKVO Rn. 2.

[1109] Wagemann in Wiedemann, Hdb. KartellR, § 17 Rn. 139.

Ausprägung des in Art. 5 Abs. 2 EG normierten Subsidiaritätsprinzips verstanden.[1110] Der Rat und die Kommission haben die Bedeutung des Art. 9 FKVO für die Kompetenzabgrenzung von FKVO zu den nationalen Rechtsordnungen aber schon zu Beginn in einer Protokollerklärung relativiert: Die Regelung ist eher zurückhaltend zu bewerten, und ihr Anwendungsbereich soll auf Ausnahmefälle beschränkt sein.[1111] Die Praxis zu Art. 9 FKVO spiegelt dies auch wider: Bislang wurde der Großteil der Verweisungsanträge[1112] von Deutschland und in zunehmendem Maße auch von Großbritannien[1113] gestellt.[1114] Die Kommissionspraxis war zu Beginn restriktiv, so dass wenig Verweisungen an nationale Kartellbehörden erfolgten.[1115] Mit der zunehmenden Bedeutung der FKVO nahmen auch die Verweisungen, einschließlich ihrer Beachtung durch die interessierten Kreise, zu.[1116] Dennoch bleibt die Verweisungsregel nach Art. 9 FKVO hinter den Erwartungen der Mitgliedstaaten zurück.[1117]

Art. 22 Abs. 3 bis 6 FKVO eröffnet den umgekehrten Weg der Verweisung: Vom Mitgliedstaat an die Kommission.[1118] Damit können Sachverhalte, die über keine gemeinschaftsweite Bedeutung verfügen, dennoch dem Anwendungsbereich der FKVO unterliegen. Die erweiterte Zuständigkeit der Kommission beruht hier auf dem Gedanken, dass ein wettbewerblich relevanter Zusammenschluss aufgrund mangelnden nationalen Rechts nicht einer Zusammenschlusskontrolle unterworfen werden kann. Der Gefahr, dass der wirksame Wettbewerb in dem Gebiet des Mitgliedstaates ausgeschaltet wird, soll damit begegnet werden.[1119] Die Regelung ist bisher nur selten[1120] und

---

[1110] Art. 9 FKVO als sekundärrechtliche Ausprägung des Subsidiaritätsprinzips – Hirsbrunner, EWS 1998, S. 233, 234; Rösler, Frankfurter Kommentar V, Art. 9 FKVO Rn. 2; Wagemann in Wiedemann, Hdb. KartellR, § 17 Rn. 138; zum Zusammenhang von Subsidiaritätsprinzip und FKVO siehe auch Erwägungsgrund Nr. 2 der FKVO.

[1111] Kommission/Rat, Protokollerklärung, WuW 1990, S. 241f.; Wagemann in Wiedemann, Hdb. KartellR, § 17 Rn. 140; Löffler in Langen/Bunte, KartellR, Art. 9 FKVO Rn. 2.

[1112] Der Antrag wird von BKartA durch Delegation und in nach inhaltlicher Zustimmung des BMWi gestellt – Rösler, Frankfurter Kommentar V, Art. 9 FKVO Rn. 3; Löffler in Langen/Bunte, KartR, Art. 9 FKVO Rn. 9; abweichend - Wagemann in Wiedemann, Hdb. KartellR, § 17 Rn. 140, nach dem die Kommission den Antrag in Übereinstimmung mit der Monopolkommission stellt.

[1113] Wagemann in Wiedemann, Hdb. KartellR, § 17 Rn. 143.

[1114] Art. 9 FKVO wird wegen des Bestehens Deutschlands auf die Einführung dieser Klausel auch „deutsche Klausel" genannt – Rösler, Frankfurter Kommentar V, Art. 9 FKVO Rn. 1.

[1115] Im Einzelnen Wagemann in Wiedemann, Hdb. KartellR, § 17 Rn. 142f.

[1116] Wagemann in Wiedemann, Hdb. KartellR, § 17 Rn. 143.

[1117] Janicki, Schwerpunkte des Kartellrechts 1992/1993, S. 67; Rösler, Frankfurter Kommentar V, Art. 9 FKVO Rn. 1. Das soll sich aber nach der Vorstellung der Kommission ändern – Kommission, Grünbuch FKVO 2001 Rn. 69ff.

[1118] Löffler in Langen/Bunte, KartR, Vorbemerkungen FKVO Rn. 25.

[1119] Erwägungsgrund 29 der FKVO; auf Initiative Hollands eingefügt, daher der Beiname „holländische Klausel" für Art. 22 Abs. 2 und 3 FKVO – Veelken/Karl/Richter, S. 30; Löffler in Langen/Bunte, KartR, FKVO Art. 22 Rn. 4.

dann nur in den kleineren Mitgliedstaaten angewandt worden, da die meisten Mitgliedstaaten über eine nationale Fusionskontrolle verfügen.[1121] Außerdem hat sich die Kommission selbst insoweit beschränkt, als grundsätzlich nur Zusammenschlüsse mit weltweiten Umsätzen über 2 Milliarden EUR und gemeinschaftsweiten Umsätzen von mindestens 100 Millionen EUR für eine Untersagung über Art. 22 Abs. 3 bis 6 FKVO in Betracht kommen.[1122]

3. BEWERTUNG

Trotz des Erfolgs, den die FKVO im Bereich der Zusammenschlusskontrolle erreicht hat, werden Bedenken gegen eine schlichte Übertragung der Kriterien der FKVO geäußert. Den Aufgreifkriterien der FKVO wird ihre quantitative Ausrichtung vorgeworfen, da die Umsatzkriterien zur materiellen Abgrenzung von europäischer und nationaler Zusammenschlusskontrolle formal sind und somit eine differenzierte Beurteilung des Anwendungsbereichs nicht erlauben.[1123] Gegenüber der Verteilung nach den materiellen Gesichtspunkten, wirke eine Verteilung nach starren Umsatzschwellen eher grob. Außerdem brauche man nur an die Auseinandersetzungen um die Absenkung der Umsatzschwellen der FKVO zu erinnern, die hier dann ebenfalls zu erwarten wären.[1124] So hat die Kommission einen Bericht an den Rat über die Anwendung der in der FKVO vorgesehenen Schwellenwerte übergeben.[1125] Nach Auffassung der Kommission lässt sich aus den Angaben der nationalen Wettbewerbsbehörden[1126] und den Aussagen von Industrie und Anwaltschaft[1127] schließen, dass eine eingehendere Untersuchung über die Frage nach der Absenkung der Umsatzschwellen notwendig sei.[1128] Nach dem derzeitigen Recht würden noch zu viele Zusammenschlüsse mit grenzüberschreitender Wirkung nicht von der FKVO erfasst und damit auch das *one stop shop*-

---

[1120] Entgegen der ursprünglichen Bedenken, vlg. Heidenhain, EuZW 1990, S. 84, durch diese Regelung könnte der Anwendungsbereich dergestalt erweitert worden, dass er Zusammenschlüsse jeglicher Größenordnung erfasst –Löffler in Langen/Bunte, KartR, Art. 22 FKVO Rn. 8; Rösler, Frankfurter Kommentar V, Art. 22 FKVO Rn. 29f.

[1121] Löffler in Langen/Bunte, KartR, Art. 22 FKVO Rn. 8; Wagemann in Wiedemann, Hdb. KartellR, § 17 Rn. 157.

[1122] Kommission/Rat, Protokollerklärung, WuW 1990, S. 243; Rösler, Frankfurter Kommentar V, Art. 22 FKVO Rn. 29.

[1123] Schütz in GK, EU-FKVO, Rn. 29; Löffler in Langen/Bunte, KartR, Vorbemerkungen FKVO Rn. 23.

[1124] Lässig, S. 71f. Ebenfalls gegen ein umsatzbezogenes Spürbarkeitskriterium, wenn auch nicht ausnahmslos Roth/Ackermann, Frankfurter Kommentar V, Grundfragen Art. 81 Abs. 1 Rn. 333.

[1125] Kommission, Bericht Schwellenwerte 2000.

[1126] Die Bedenken hinsichtlich der Notwendigkeit, die gegenwärtige Zuständigkeitsverteilung zwischen Kommission und den Mitgliedstaaten zu ändern, geäußert haben – Kommission, Bericht Schwellenwerte 2000, Rn. 70.

[1127] Die eine generelle Absenkung und Vereinfachung der Schwellenwerte fordern – Kommission, Bericht Schwellenwerte 2000, Rn. 53ff.

[1128] Kommission, Bericht Schwellenwerte 2000, Rn. 82.

Prinzip unterlaufen, da gerade die unerwünschten Mehrfachanmeldungen nicht in optimaler Weise von Art. 1 Abs. 3 FKVO erfasst würden.[1129] Die dadurch bedingten Auswirkungen auf die Ressourcen der Kommission – mehr Arbeitsaufwand erfordert mehr Personal – solle durch die Einführung einer Anmeldegebühr nach dem Vorbild einiger Mitgliedstaaten finanziert werden.[1130]

Der Streit um die Umsatzschwellen betrifft nur vordergründig die Kompetenzen. Weitaus größere Bedeutung haben ein verschiedenes Verständnis von Wettbewerbs- und Industriepolitik. Die Diskussionen um die Umsatzschwellen sind nur Ausdruck verschieden gelagerter Interessen.[1131] Damit wird bei der Diskussion nicht nur über die abstrakte Rechtsfrage des anwendbaren Rechts und die Zuständigkeit für seine Anwendung, sondern darüber hinaus über die Zuordnung eines bedeutsamen Instruments der Wettbewerbspolitik entweder an den einzelnen Mitgliedstaat oder an die EG, entschieden.[1132] Dass die Unternehmen lieber einen einzigen Ansprechpartner bei Zusammenschlussvorhaben haben wollen, ist leicht einzusehen. Insbesondere wenn dessen Praxis nicht allzu streng ist und den Unternehmen oftmals entgegenkommt.[1133] Umgekehrt haben die Mitgliedstaaten – über die nationalen Wettbewerbsbehörden – ein Interesse daran, Zusammenschlüsse mit nationalem Schwerpunkt selbst zu behandeln. Dafür spricht, dass diese die heimischen Märkte anerkanntermaßen besser kennen.[1134] Durch die Verwendung quantitativer Kriterien lassen sich jedenfalls die Folgen einer Veränderung der Aufgreifkriterien leichter im Voraus abschätzen als bei qualitativen Kriterien.[1135]

Die auf den Bericht der Kommission folgende Untersuchung ergab jedoch, dass das praktizierte System der Aufgreifkriterien nicht grundsätzlich falsch ist. Die Umsatzschwellen des Art. 1 Abs. 2 und die 2/3-Regel des Abs. 3 FKVO bleiben unberührt. Zur Diskussion standen lediglich die übrigen Kriterien des Abs. 3 von Art. 1 FKVO. Die Kommission schlug vor, dass bei einer Anmeldebedürftigkeit des Zusammenschlussvorhabens in mindestens drei Mitgliedstaaten die FKVO anwendbar sein sollte.[1136]

[1129] Kommission, Bericht Schwellenwerte 2000, Rn. 71ff.; Kommission, Grünbuch FKVO 2001 Rn. 29ff.

[1130] Die Unternehmen haben dieses Bedürfnis anerkannt, wenn die Ressourcen nicht auf andere Weise bereitgestellt werden können - Kommission, Bericht Schwellenwerte 2000 Rn. 79 und Anhang, Rn. 9f.

[1131] Kleinmann, S. 131; Mestmäcker, EuR 1988, S. 355ff.

[1132] Kleinmann, S. 131.

[1133] Vaubel in Ordnungspolitische Aspekte, S. 174f.

[1134] Kommission, Grünbuch FKVO 2001, Rn. 73.

[1135] Siehe den Umgang der Kommission mit den von den Mitgliedstaaten gelieferten Zahlen über die von ihnen behandelten Zusammenschlüsse. Die Kommission kann hieraus z. B. ablesen welche Folgen die Veränderung des Art. 1 Abs. 3 FKVO hätte, wenn alle Mehrfachanmeldungen in ihren Zuständigkeitsbereich fielen – Kommission, Bericht Schwellenwerte 2000, Rn. 70ff.

[1136] Kommission, Grünbuch FKVO 2001, Rn. 34ff.

Auch wenn die Pläne der Kommission auf teilweise heftige Kritik gestoßen sind;[1137] das Grünbuch zur FKVO stellte nicht das praktizierte System der Umsatzschwellen in Frage, sondern konzentrierte sich auf die Feinabstimmung des Art. 1 Abs. 3 FKVO, die durch veränderte Rahmenbedingungen notwendig geworden waren. Angesichts der damit verbundenen rechtlichen Schwierigkeiten wurde diese Änderung schließlich nicht in den Verordnungsvorschlag übernommen. Der Schwerpunkt soll in Zukunft auf der verstärkten Anwendung der Verweisungsregeln erfolgen.[1138] Gegenüber den qualitativen Kriterien für eine Neuausrichtung zeigt die Erfahrung mit der FKVO, dass die Vorzüge der quantitativ orientierten Aufgreifkriterien in ihrer Klarheit und in der damit verbundenen Möglichkeit des gegenseitigen Ausschlusses der Anwendbarkeit von nationalem und europäischem Recht liegen.[1139]
Das *one stop shop*-Prinzip der FKVO kommt sowohl den Bedürfnissen der Wirtschaft als auch der Verwaltung entgegen. Die mit solchen starren Regelungen verbundenen Nachteile werden durch Art. 9 und 22 FKVO gemildert, die die gegenseitige Verweisung von Fällen ermöglichen.[1140] Insoweit liegt die Feststellung, dass mit dem *one stop shop*-Prinzip das Subsidiaritätsprinzip in idealerweise verwirklicht wird und es Konflikte zwischen nationalem und Gemeinschaftsrecht vermeidet, nicht fern.[1141] Jedenfalls hat sich diese Kombination in der Praxis bewährt.[1142]

a) ÜBERTRAGUNG DES *ONE STOP SHOP*-PRINZIPS

Die mit dem in Art. 21 FKVO erzielte Vereinfachung des Verfahrens für die Beteiligung ist nun auch von der Kommission aufgegriffen worden. Sie hat in ihrem Verordnungsvorschlag für die Reform der Durchführungsvorschriften der Art. 81, 82 EG eine entsprechende Ausschließlichkeitsregelung vorgesehen. Diese „Neuigkeit" löste bei einigen Mitgliedstaaten aber nur wenig Begeisterung aus[1143] - und das nicht ohne Grund.[1144] Der unverändert bleibende weite Anwendungsbereich der Art. 81, 82 EG hätte letztlich dazu geführt, dass das nationale Kartellrecht jegliche Bedeutung verliert.[1145] Verstärkt würde dieser

---

1137 Haus, WuW 2001, 659ff.
1138 Kommission, Grünbuch FKVO 2001, Rn. 1ff., 22 – 63; Kommission, Erwägungsgrund 13ff. Vorschlag für eine Verordnung des Rates über die Kontrolle von Unternehmenszusammenschlüssen, KOM(2002) 711 endgültig, 2002/0296 (CNS); ähnlich Lampert, WuW 2002, S. 454ff.
1139 Wesseling, European Law Review 1997, S. 49.
1140 Ehlermann, GS Grabitz (1995), S. 49; Wesseling, European Law Review 1997, S. 49.
1141 Ehlermann, GS Grabitz (1995), S. 49; Wesseling, European Law Review 1997, S. 49.
1142 Löffler in Langen/Bunte, KartR, Vorbemerkungen FKVO Rn. 23.
1143 Die Monopolkommission hatte sogar der Bundesregierung empfohlen eine Nichtigkeitsklage anzustrengen – F.A.Z. v. 31.10.2001, S. 15.
1144 Für eine Ausschließlichkeitsregelung ohne Einschränkung des Anwendungsbereichs - Ehlermann, WuW 2001, S. 231.
1145 Böge/Schaub, WuW 2001, S. 923; Eilmannsberger, JZ 2001, S. 370.

Effekt noch durch die dominierende Rolle, die die Kommission für sich selbst in dem neuen System der Legalausnahme vorgesehen hat.[1146]
Zwar kann man behaupten, dass der Vorrang des Gemeinschaftsrechts im Konfliktfall schon jetzt zu einer faktischen Ausschließlichkeitsregelung führe, da kaum eine nationale Behörde einen Sachverhalt nach einschlägigem nationalem Recht aufgreift, der bei der Kommission anhängig ist.[1147] Italien hat sogar die Anwendung des nationalen Kartellrechts zugunsten des Gemeinschaftskartellrechts ausgeschlossen, wenn der Anwendungsbereich der Art. 81, 82 EG eröffnet ist.[1148] Man darf aber nicht vergessen, dass auch die durch den Vorrang vom Gemeinschaftsrecht herbeigeführte faktische Ausschließlichkeit der Anwendungsbereiche nicht umfassend ist. Das nationale Recht ist auch nach dem Prinzip vom Vorrang des Gemeinschaftsrechts noch dort anwendbar, wo sich die Wirkung des *„positiven Eingriffs"* erschöpft.[1149]
Aus der Reaktion der Mitgliedstaaten darf daher nicht geschlossen werden, dass eine Ausschließlichkeitsregelung schlechthin abgelehnt wird. Die Reaktionen folgen aus dem weiten Anwendungsbereichs der Art. 81, 82 EG, insbesondere der Zwischenstaatlichkeitsklausel, und dem dadurch verbleibenden minimalen Anwendungsbereich für die nationalen Kartellrechtsordnungen. Würde der Anwendungsbereich des gemeinschaftlichen Kartellrechts zugunsten der nationalen Regelungen zurückgeführt, so ließe sich eine Ausschließlichkeitsregelung besser durchsetzen. Die Klarheit, die einer solchen ausschließlichen Kompetenzregelung inne wohnt, ist sowohl für die Verwaltung als auch die betroffenen Unternehmen von großem Interesse.[1150]
Die Einführung einer Ausschließlichkeitsregelung würde zudem den Nachteil der parallelen Anwendbarkeit von europäischem und nationalem Kartellrecht beseitigen, der darin besteht, dass die Unternehmen denselben Sachverhalt vor verschiedenen Behörden rechtfertigen müssen. Das setzt gleichzeitig eine Koordinierung der betreffenden Behörden voraus, um widersprechende Wertungen zu verhindern. Mit diesem Aufwand ist werden Ressourcen auf Seiten aller Beteiligten gebunden.[1151] Nicht gefolgt werden kann dem Argument, dass eine parallele Geltung einen rechtsfreien Raum verhindere. Zunächst ist schon der Ausgangspunkt, von vornherein jedwede Rechtslücke durch gesetzliche Regelungen zu schließen, in Frage zu stellen, da sich durch politische und technische Entwicklungen immer Lücken ergeben können. Jedenfalls verfügen mittlerweile alle Staaten über nationale Kartellrechte und wenden dieses oder

---

[1146] Eilmannsberger, JZ 2001, S. 370.
[1147] Siehe hierzu Kapitel 3, 1. Teil E. und das Problem der „verzögernden Anmeldungen" - Zinsmeister, WuW 1997, S. 9ff.; Wolf, EuZW 1994, S. 234; Groger/Janicki, WuW 1992, S. 996.
[1148] Art. 1 Italienisches Gesetz zum Schutz des Wettbewerbs und des Marktes, abgedruckt in WuW 1991, S. 302ff.
[1149] Kapitel 3, 1. Teil E.
[1150] Ebenfalls für eine Einführung Mayer, S. 178.
[1151] Niederleithinger, FIW 134 (1989), S. 82f., Mayer, S. 177f.

das Gemeinschaftskartellrecht an. Lücken können daher nicht durch eine Ausschließlichkeitsregelung entstehen.[1152]
Aus diesen Gründen ist die Ausschließlichkeitsregelung der FKVO auch eine der zentralen Vorteile der FKVO.[1153] Rechtsgrundlage wäre für die Ausschließlichkeitsregelung ebenfalls Art. 83 Abs. 2 lit e) EG.[1154] Vor diesem Hintergrund ist die Aufgabe der Einführung einer Exklusivitätsregelung zu bedauern. Die Forderung einer solchen Regelung bei gleichzeitiger Einschränkung des Anwendungsbereichs der Zwischenstaatlichkeitsklausel wird aufrecht erhalten.

b) ÜBERTRAGUNG DER VERWEISREGELN NACH ART. 22 ABS. 3 FKVO

Um die Folgen der starren Umsatzschwellen zu mildern, wären die Übernahme der Verweisregeln notwendig. Keine Bedenken und Probleme entstünden bei der Übertragung der so genannten Holländischen Klausel gemäß Art. 22 Abs. 3 FKVO. Danach kann ein Mitgliedstaat oder mehrere zusammen einen Sachverhalt, der nicht in den Anwendungsbereich des Gemeinschaftskartellrechts fällt, an die Kommission verweisen. Diese behandelt den Fall dann nach den Regeln des eigentlich nicht anwendbaren Gemeinschaftskartellrechts. In Betracht wird die Inanspruchnahme durch die Mitgliedstaaten wohl nur dort kommen, wo die Kapazitäten oder Kenntnisse nicht ausreichen, um einen bestimmten Sachverhalt zu behandeln oder wo das nationale Kartellrecht Lücken aufweist, die durch das Gemeinschaftskartellrecht geschlossen werden. Letzteres wäre lediglich ein Ausdruck der Lückenfüllungsfunktion des EG-Kartellrechts. Dass mit der Verweisungsmöglichkeit entsprechend Art. 22 Abs. 3 FKVO die beabsichtigte Beschränkung der Zwischenstaatlichkeitsklausel unterlaufen wird, ist nicht zu erwarten. Diese Befürchtung wurde bereits bei der FKVO geäußert[1155] und ist nicht eingetreten. Außerdem würde auch hier gelten, dass die verbotene Maßnahme Auswirkungen auf den Handel zwischen mindestens zwei Mitgliedstaaten haben müsste.[1156] Auch die Gefahr einer Doppelkontrolle ist im Hinblick auf die Flexibilisierung der starren Umsatzschwellen hinzunehmen, um einer Einzelfallgerechtigkeit näher zu kommen. Die Möglichkeit der Doppelkontrolle entsteht dadurch, dass ein Mitgliedstaat einen Verweisungsantrag stellt und ein weiterer Mitgliedstaat, dessen nationale Regelungen ebenfalls anwendbar sind, nicht. Der Kompetenzgewinn der Kommission in diesen Fällen geht nicht zu Lasten des Mitglied-

---

[1152] Mayer, S. 184f.
[1153] Mayer, S. 185f.
[1154] Mayer, S. 200ff.; für Art. 82 Abs. 2 lit e) EG als einschlägige Rechtsgrundlage auch Jungbluth in Langen/Bunte, KartR, Art. 87 Rn. 30; Pernice in Grabitz/Hilf, EGV/EWGV II (Maastricht Vertrag), Art. 87 Rn. 26; GTE-Schröter, Band 2/I, Art. 87 Rn. 48; Gleiss/Hirsch, Kommentar, 3. A., Art. 87 Rn. 22, die aber kein Bedürfnis für eine solche Regelung wegen des Grundsatzes des Vorrangs des Gemeinschaftsrechts im Konfliktfalle sehen.
[1155] Heidenhain, EuZW 1990, 86, Krimphove, S. 232.
[1156] Rösler, Frankfurter Kommentar V, Art. 22 FKVO Rn. 24, 30.

staates, der den Verweisungsantrag nicht gestellt hat.[1157] Soweit Konflikte zwischen der Entscheidung der Kommission und der des Mitgliedstaates entstehen, der nicht die Verweisung beantragt hat, sind diese nicht nach Maßgabe der allgemeinen Vorrangregeln zu lösen. Die Kommission handelt in solchen Fällen stellvertretend und im Auftrag eines Mitgliedstaates, weshalb die Rechtsfolgen ihrer Tätigkeit denen anderer Mitgliedstaaten gleichzustellen sind.[1158] Diese Möglichkeit dürfte wegen der Reform nur noch geringe Bedeutung haben, dient aber der „Abrundung" der Verweismöglichkeiten für nicht vorhersehbare Fällen.

c) ÜBERTRAGUNG DER VERWEISREGELN NACH ART. 9 FKVO UND VERHÄLTNIS ZUM AUFGREIFERMESSEN NACH VO 17/62 DER KOMMISSION

Die Möglichkeit der Verweisung nach Art. 9 FKVO könnte ebenfalls auf Sachverhalte übertragen werden, die von den Art. 81, 82 EG erfasst werden. Damit fände ein unmittelbarer Eingriff in das der Kommission eingeräumte Aufgreifermessen statt, das dazu dient zu entscheiden, ob die Kommission einen Fall selbst behandelt, ihn zurückweist oder ihn an eine nationale Behörde verweist.[1159] Das am Gemeinschaftsinteresse ausgerichtete Aufgreifermessen ist im Wege einer Gesamtwürdigung festzustellen. Demgegenüber setzt die Verweisungsregel des Art. 9 FKVO das Bestehen eines gesonderten Marktes voraus, um überhaupt einen Ermessensspielraum zu eröffnen. Insoweit sind die Voraussetzungen für die Antragsstellung auf Verweisung seitens der Mitgliedstaaten enger und deutlicher Umschrieben. Ausgangspunkt der Verweisungsregeln ist, dass wettbewerbsrelevante Maßnahmen mit nur regionaler Wirkung grundsätzlich nicht in den Anwendungsbereich der Art. 81, 82 EG fallen.[1160] In Anlehnung an Art. 9 FKVO ist, soweit ein gesonderter Markt vorliegt, zwischen Sachverhalten, in denen der betroffene Markt einen wesentlichen Teil des Gemeinsamen Marktes ausmacht und solchen in denen der betroffene Markt keinen wesentlichen Teil des Gemeinsamen Marktes ausmacht, zu unterscheiden.

(1) WESENTLICHER TEIL DES GEMEINSAMEN MARKTES

Liegt ein gesonderter Markt vor, der einen wesentlichen Teil des Gemeinsamen Marktes ausmacht, so stellt dies bisher kein Problem für die Frage der Anwendbarkeit der Art. 81, 82 EG dar.[1161] Art. 82 EG stellt dies sogar ausdrücklich im Tatbestand fest.

Die Kommission kann diese Fälle daher ohne weiteres selbst behandeln. Umstritten ist aber, ob darüber hinaus ihr Ermessen dahingehend reduziert wird,

---

[1157] Heidenhain, EuZW 1990, S. 85; Rösler, Frankfurter Kommentar V, Art. 22 FKVO Rn. 25.

[1158] Veelken/Karl/Richter, S. 31; Rösler, Frankfurter Kommentar V, Art. 22 FKVO Rn. 25.

[1159] EuG *Automec II*, Slg. 1992-II/3, S. 2275ff. Rn. 75ff., Rn. 102ff.

[1160] Bunte in Langen/Bunte, KartR, Art. 81 Generelle Prinzipien Rn. 101.

[1161] Oft liegt ein nationales Kartell vor, das trotzdem vom EG-Kartellrecht erfasst wird – siehe Nachweise in Kapitel 3, 1. Teil C. IV. 2. a).

dass die Kommission nicht verweisen darf, wenn ein wesentlicher Teil des Gemeinsamen Marktes betroffen ist[1162] oder im Gegenteil sogar verpflichtet ist, zu verweisen.[1163]
Die Frage des Dürfens entbehrt dabei der praktischen Relevanz, da sich die Kommission regelmäßig die Entscheidung in solchen Fällen vorbehalten wird.[1164]
Nicht zu folgen ist der Auffassung, die eine Ermessensreduktion dahingehend vornimmt, dass eine Verweisung bei Antragsstellung erfolgen müsse. Dies folge aus dem in Art. 5 Abs. 2 EG niedergelegten Subsidiaritätsprinzip.[1165] Jedoch ist schon der Prämisse nicht zu folgen, dass Art. 5 Abs. 2 EG deshalb anwendbar sei, weil die Wettbewerbsregeln eine konkurrierende Zuständigkeit beinhalten würden. Art. 5 Abs. 2 EG bezieht sich ausschließlich auf die Durchführung von Gemeinschaftsrecht und ist keine Kompetenzbegründungsnorm. Das hierin angelegte Subsidiaritätsprinzip kann daher allenfalls mittelbar im Rahmen der Abwägung berücksichtigt werden.[1166] Eine Ermessensreduktion auf Null ist damit nicht ausgeschlossen, kann aber nicht allein auf das Subsidiaritätsprinzip gestützt werden. Dennoch dürfte die Kommission nach den Erfahrungen der Verweisungen der FKVO gewillt sein, schon von Anfang an großzügiger zu verfahren als im Vergleich zur Verweisung der Fälle bisher. Hier hatte die Entstehungsgeschichte des Art. 9 FKVO als deutsche Klausel zu einem wohl verkrampfteren Verhältnis zu den Verweisungsanträgen aus Deutschland geführt.[1167] Mittlerweile hat sich ein Wandel bei der Kommission eingestellt, die etwas großzügiger mit Verweisungsanträgen umgehen will.[1168] Es spricht auch nichts dagegen der Kommission hier einen Ermessensspielraum einzuräumen und die Verweisungsfälle bei Sachverhalten, die einen wesentlichen Teil des Gemeinsamen Marktes betreffen, letztlich im Verantwortungsbereich der Kommission zu belassen. Verweisungen sollten wie das Vorbild des Art. 9 FKVO auf Sonderfälle beschränkt bleiben. Vor allem besteht weiterhin die Möglichkeit, dass bei Nichtverweisung der Kommission, der Fall im Wege der dezentralen Anwendung gemeinschaftlichen Kartellrechts dennoch an die nationalen Behörden abgegeben wird, um über ein substanzielles Eingriffsrecht zu verfügen.[1169]

(2) KEIN WESENTLICHER TEIL DES GEMEINSAMEN MARKTES

1162 Veelken/Karl/Richter, S. 26; Niederleithinger, FS Quack, S. 654, Axster in FS Quack, S. 573f.
1163 Canenbley, S. 232; Immenga in I/M, EG-WbR Bd. I, Art. 9 FKVO Rn. 14.
1164 Rösler, Frankfurter Kommentar V, Art. 9 FKVO Rn. 23.
1165 Immenga in I/M, EG-WbR Bd. I, Art. 9 FKVO Rn. 13f.
1166 Rat, Subsidiaritätsprinzip, S. 141 und oben Kapitel 3, 2. Teil B. VI.
1167 Im Einzelnen Wagemann in Wiedemann, Hdb. KartellR, § 17 Rn. 142f.
1168 Siehe nun Kommission, Grünbuch FKVO 2001, Rn. 69ff.
1169 Zu den Konsequenzen im Verhältnis zur angestrebten Reform der Durchführungsvorschriften siehe unten Kapitel 3, 3. Teil E.

Für Verweisungsanträge hinsichtlich gesonderter Märkte, die keinen wesentlichen Teil des Gemeinsamen Marktes ausmachen, ist hingegen von einer Ermessensreduktion der Kommission auszugehen. Diese Diskussion besteht parallel bei Art. 9 FKVO und sollte nicht übertragen werden. Um die hierüber bestehende Diskussion zu beenden, sollte dies auch ausdrücklich im Text klar gestellt werden. Nach Art. 9 FKVO steht die Verweisung grundsätzlich in deren Ermessen („kann"), überwiegend wird jedoch eine Ermessensreduktion angenommen, wenn ein Zusammenschluss einen nicht wesentlichen Teil des Gemeinsamen Marktes betrifft.[1170] Die Kommission verfügt in diesen Fällen nämlich selbst über keine Untersagungsbefugnis.[1171] Übertragen gilt diese Argumentation auch für die Art. 81, 82 EG, da die Auswirkungen auf einen nationalen Markt beschränkt bleiben, der keinen wesentlichen Teil des gemeinsamen Marktes darstellt. Der Grundsatz, dass wettbewerbsrelevante Maßnahmen von nur regionaler Auswirkung vom Gemeinschaftskartellrecht nicht erfasst werden, gilt auch hier und entzieht der Kommission eine entsprechende Untersagungsbefugnis. Ein Interesse der Gemeinschaft an der Beurteilung von unwesentlichen Märkten ist ausgeschlossen, so dass auch im Bereich des Art. 81 EG eine Ermessensreduktion bei einem Verweisungsantrag angenommen werden kann.
Findet eine Verweisung statt, sind die nationalen Kartellbehörden wie bei Art. 9 FKVO berufen, die nationalen Wettbewerbsregeln anzuwenden.

(3) FAZIT

Das bestehende Aufgreifermessen und die Verweisungsregeln lassen sich so kombinieren, dass sie zur Modifikation des Aufgreifermessens der Kommission führen.

Soweit kein gesonderter Markt besteht, bleibt es bei der bisherigen Praxis zum Aufgreifermessen. Der Kommission bleibt es danach unbenommen, einen Fall aufzugreifen und ihn selbst zu behandeln oder an eine nationale Behörde zur dezentralen Anwendung der Art. 81, 82 EG zu verweisen oder den Fall überhaupt nicht aufzugreifen.

Im Falle eines gesonderten Marktes, der einen wesentlichen Teil des Gemeinsamen Marktes darstellt, ist die Kommission nicht verpflichtet den Fall zu verweisen. Sie kann ihn aber verweisen. Hier sollte der Kommission aber die Möglichkeit eröffnet werden, die Verweisung zur Anwendung nationalen

---

1170 Niederleithinger, WuW 1990, 726f.; Immenga in I/M, EG-WbR I, Art. 9 FKVO Rn. 16; Wagemann in Wiedemann, Hdb. KartellR, § 17 Rn. 146; wohl auch Baron WuW 1997, S. 589; Janicki WuW 1990, 203f.; a. A.: Kirchhoff, BB 1990 Beil. 14, 10; Bunte, DB 1994, S. 924f.

1171 Bechtold, RIW 1990, S. 262; Wagemann in Wiedemann, Hdb. KartellR, § 17 Rn. 146; Stockmann/Schultz, Kartellrechtspraxis und Kartellrechtsprechung 1997/1998, Rn. 721; a. A.: Kirchhoff, BB 1990 Beil. 14, 19.

Rechts oder zur dezentralen Anwendung vorzunehmen. Solange der Anwendungsbereich der Art. 81, 82 EG eröffnet bleibt, ist kein Grund gegeben, warum das Ermessen der Kommission nur auf eine Verweisung zur Anwendung der nationalen Regeln beschränkt sein soll. So eröffnet sich ein größerer Gestaltungsspielraum für die Kommission, der die Möglichkeit einer Verweisung vergrößert. Bei einem Antrag auf Verweisung durch eine nationale Behörde wird eine Verweisung zur dezentralen Anwendung des Gemeinschaftskartellrechts als Minus im Antrag zur Verweisung zur Anwendung nationalen Rechts enthalten sein.

Liegt ein gesonderter Markt vor, der nur einen unwesentlichen Teil des Gemeinsamen Marktes darstellt, so ist die Kommission verpflichtet, den Fall komplett oder nur zum Teil zu verweisen. Für ein weiteres Aufgreifermessen besteht dann kein Raum.

Die Frage nach der Ermessensreduktion ist aber nicht überzugewichten, da der Kommission an anderer Stelle genügend Spielraum eingeräumt wird.[1172] Der Handlungsspielraum wird ihr durch das Merkmal des gesonderten Marktes auf Tatbestandsseite vermittelt. Hierbei handelt es sich um einen unbestimmten Rechtsbegriff, der der Kommission einen nur beschränkt überprüfbaren Beurteilungsspielraum einräumt. Maßgebend sind bei der Definition des gesonderten Marktes die nach dem Bedarfsmarkt zur Bestimmung des relevanten Marktes entwickelten Kriterien, die zum Teil in Art. 9 Abs. 7 FKVO positivrechtlich festgehalten worden und durch die weitergehende Praxis der EG-Organe zu ergänzen sind.[1173] Damit kann die Kommission im gewissen Rahmen „steuern", ob ein Sachverhalt einen gesonderten Markt betrifft oder nicht.[1174] Es ist daher nicht zu befürchten, dass die Handlungsfähigkeit der Kommission durch Ermessensreduktionen einseitig zugunsten der Mitgliedstaaten beschränkt wird.

III. VORBILD BAGATELLBEKANNTMACHUNG?

Als Maßstab könnte auch die in den Bagatellbekanntmachungen niedergelegte Kommissionspraxis herangezogen werden. Ihrer Einführung folgte eine deutliche Absenkung der vom EG-Kartellrecht erfassten Fälle,[1175] was bisher nicht als Gefährdung der europäischen Integration verstanden wurde. Erst die fehlende Anpassung an den Entwicklungsstand der Gemeinschaft relativierte ihre Bedeutung für die Abgrenzung des Anwendungsbereichs des gemeinschaftlichen Kartellrechts von dem der nationalen Kartellrechtsordnungen. Eine geringfügige Modifikation könnte daher die Wirkung der Bagatellbekanntmachung wieder vergrößern. Vor allem wäre der Gerichtshof gezwungen die

[1172] Rösler, Frankfurter Kommentar V, Art. 9 FKVO Rn. 11.
[1173] Rösler, Frankfurter Kommentar, Art. 9 FKVO Rn. 9, 11; Niederleithinger, WuW 1990, S. 728f., Janicki, WuW 1990, 203f.
[1174] Kerber, Fusionskontrollpraxis, S. 162; Rösler, Frankfurter Kommentar V, Art. 9 FKVO Rn. 11.
[1175] Wesseling, European Law Review 1997, S. 41; Reich, FS Steindorff, S. 1072.

in der Bekanntmachung niedergelegte Auffassung der Kommission zu beachten und nicht wie bisher zu ignorieren.[1176]

1. GEMISCHT QUANTITATIV-QUALITATIVER ANSATZ DER BAGATELLBEKANNTMACHUNG

Die Bagatellbekanntmachung von 2001 und ihre Vorgängerin kombinieren quantitative und qualitative Kriterien.[1177] Die Kommission hat jedoch die Anwendbarkeit der Bagatellbekanntmachung von 2001 ausdrücklich auf die Definition der Spürbarkeit der Wettbewerbsbeeinträchtigung beschränkt.[1178] Als Grundlage für die Übertragung der Kriterien der Bagatellbekanntmachung kann aber die Bagatellbekanntmachung von 1997 dienen, nach der sich Besonderheiten für die Spürbarkeit der Handelsbeeinträchtigung ergeben.

Die quantitativen Kriterien richten sich an den Marktanteilsschwellen aus, die zwischen horizontalen und vertikalen Vereinbarungen unterscheiden. Die bisherigen Schwellenwerte sind für horizontale Vereinbarungen von 10 auf 15 % und für vertikale Vereinbarungen von 5 auf 10 % heraufgesetzt worden. Die Unterscheidung beruht auf der Erkenntnis, dass Vertikalvereinbarungen grundsätzlich weniger Risiken bergen. Gefahren bestünden nur, wenn die vertikale Vereinbarung den Zugang von dritten Unternehmen zu Absatzmärkten oder Versorgungsquellen erheblich beeinträchtigten. Ansonsten fördern sie die Entwicklung eines dynamischen Wettbewerbs im Binnenmarkt.[1179] Im Falle horizontal/vertikal gemischter Vereinbarungen und solchen, die Zweifel bei der Einordnung als vertikal oder horizontal aufkommen lassen, gilt daher die Marktanteilsschwelle von 5 % beziehungsweise 10 %.[1180]
Vorteilhaft ist – wie bei jedem quantitativen Kriterium – das Absolute der Marktanteilsschwellen. Ein Unternehmen kann ohne weiteres – sobald es seine Marktanteile ermittelt hat – feststellen, ob es die Spürbarkeitsklausel erfüllt und ob damit die Maßnahme in den Anwendungsbereich des EG-Kartellrechts fällt. In dogmatischer Hinsicht ist aber die Verwendung der Marktanteile sowohl für die Feststellung der Spürbarkeit der Handelsbeeinträchtigung wie auch der Wettbewerbsbeeinträchtigung kritisch zu beurteilen.[1181] Dem Spür-

---

[1176] Kapitel 3, 1. Teil C. IV.

[1177] Kommission, Bagatellbekanntmachung 1997, Rn. 3, 9ff.; Kommission, Bagatellbekanntmachung 2001, Rn. 3, 7ff. und oben Kap. 3, 1. Teil C. IV. 3.

[1178] Kommission, Bagatellbekanntmachung 2001, Rn. 3. Das im deutschen Kartellrecht ebenfalls ungeschriebene Tatbestandsmerkmal der Spürbarkeit, das als Grundlage für das Spürbarkeitserfordernis des Art. 81 Abs. 1 EG diente, bezieht sich ebenfalls nur auf die Wettbewerbsbeschränkung und basiert ebenfalls auf quantitativen und qualitativen Kriterien – Wiedemann in Wiedemann, Hdb. KartellR, § 3 Rn. 4; Schneider, S. 91f.

[1179] GTE-Schröter, Band 2/I, Art. 85 I Rn. 190.

[1180] Kommission, Bagatellbekanntmachung 1997, Rn. 10; Kommission, Bagatellbekanntmachung 2001, Rn. 7f.; Roth/Ackermann, Frankfurter Kommentar V, EG-Vertrag Art. 81 Abs. 1 Grundfragen Rn. 326, 330; Jestaedt/Bergau, WuW 1998, 119.

[1181] Wiedemann in Wiedemann, Hdb. KartellR, § 3 Rn. 4.

barkeitskriterium wird damit eine Doppelfunktion zugewiesen, die die Praxis teilweise dazu veranlasst hat, beide Aspekte der Spürbarkeit, also die Wettbewerbsbeschränkung und die Handelsbeeinträchtigung, zusammen zu behandeln. Der Handlungsspielraum der zuständigen Behörden und Gerichte wird hierdurch zwar erweitert, da sie die Anwendung des Art. 81 Abs. 1 EG an der mangelnden Spürbarkeit der Wettbewerbsbeschränkung als auch an der fehlenden Spürbarkeit der zwischenstaatlichen Handelsbeeinträchtigung scheitern lassen können.[1182] Die Folge ist aber, dass die Frage, ob es bei Vorliegen der Bagatellvoraussetzungen an einer spürbaren Handelsbeeinträchtigung, einer spürbaren Wettbewerbsbeschränkung oder beidem gleichzeitig fehlt, ungeklärt bleibt. Es entsteht der Eindruck, dass eine Verschmelzung der Handels- und der Wettbewerbsbeeinträchtigung stattfindet.[1183] Rechtsdogmatisch gesehen werden die Grenzen von Zwischenstaatlichkeitsklausel und Wettbewerbsbeeinträchtigung zu Lasten der Zwischenstaatlichkeitsklausel verwischt.[1184] Gegen die Verwendung von Marktanteilsschwellen zur Abgrenzung des Anwendungsbereichs des EG-Kartellrechts von dem nationalen Kartellrecht spricht aber vor allen Dingen der Gedanke, der schon die Diskussion um die Aufgreifschwellen mitbestimmt hat – die Möglichkeit schnell und sicher festzustellen, ob das Gemeinschaftskartellrecht anwendbar ist oder nicht. Mit dem Heranziehen von Marktanteilsschwellen für die Bestimmung der Spürbarkeit wird den Unternehmen auferlegt, den sachlich und örtlich relevanten Markt zu bestimmen.[1185] Obwohl auch hierzu eine Bekanntmachung der Kommission ergangen sind,[1186] lässt sich der in Frage stehende relevante Markt oft nur unter großem Aufwand und auch nicht immer sicher ermitteln.[1187] Nicht ohne Grund hat die Kommission das Risiko daher nicht vollständig auf die Unternehmen abgewälzt, sondern auf der Rechtsfolgenseite Erleichterungen eingeräumt. Danach wird die Kommission gegen Unternehmen keine Geldbuße verhängen, die eine nach Art. 81 Abs. 1 EG verbotene, nicht angemeldete Absprache praktizieren, weil sie irrtümlich aber gutgläubig annehmen, dass diese

---

[1182] GTE-Schröter, Band 2/I, Art. 85 I Rn. 179.

[1183] GTE-Schröter, Bd. 2/I, Art. 85 I, Rn. 179; Königs, S. 569.

[1184] Rehbinder in I/M, EG-WbR Bd. I, Einleitung E. Rn.14; Königs, S. 570ff.; In der Regel führt dies in der Praxis der EG-Organe auch nicht zu Schwierigkeiten, da aufgrund der extensiven Auslegung aller beider Tatbestandsmerkmale Sachverhalte selten sind, die zwar den Wettbewerb auf einem relevanten Markt spürbar beeinträchtigen nicht aber den zwischenstaatlichen Handel - Roth/Ackermann, Frankfurter Kommentar V, Grundfragen Art. 81 Abs. 1 EG-Vertrag Rn. 325 m.w.N.

[1185] Kommission, Bagatellbekanntmachung 2001, Rn. 10ff.

[1186] Bekanntmachung der Kommission über die Definition des relevanten Marktes im Sinne des Wettbewerbsrechts der Gemeinschaft, ABl. 1997 Nr. C 372 S. 5ff.

[1187] Broberg, European Law Review 20, S. 385f.; Rehbinder in I/M, EG-WbR Bd. I, Einleitung E. Rn. 27; Stockenhuber in Grabitz/Hilf, EUV/EGV I (Amsterdamer Vertrag), Art. 81 Rn. 216, Wiedemann in Wiedemann, Hdb. KartellR, § 2 Rn. 5; GTE-Schröter, Band 2/I, Art. 85 I Rn. 197.

von der Bagatellklausel gedeckt ist.[1188] Dass die in der Bagatellbekanntmachung niedergelegten Marktanteilsschwellen nicht zuverlässig sind, weil sie durch die qualitativen Kriterien ergänzt werden,[1189] kann vor diesem Hintergrund dahinstehen. Für die Praxis sind die niedergelegten Kriterien von geringer Bedeutung.[1190]
Ein Kriterium, das entsprechend der FKVO der Abgrenzung von EG-Kartellrecht und nationalem Kartellrecht hätte herangezogen werden können, wurde mit Erlass der Bagatellbekanntmachung von 1997 abgeschafft: Die Gesamtumsatzschwelle, die zuletzt 300 Mio. ECU betrug.[1191] Grund für die Abschaffung war, dass aus dem Umsatz eines Unternehmens in dieser Pauschalität nicht auf die Auswirkungen unternehmerischen Verhaltens auf den zwischenstaatlichen Handel geschlossen werden könne. Denn auch Vereinbarungen großer Unternehmen seien nicht spürbar, solange die beteiligten Unternehmen nur einen geringen Marktanteil für das betreffende Produkt halten.[1192] Dabei geht es nicht nur darum, dass Absprachen zwischen Großunternehmen für unbedenklich erachtet werden und damit das Wettbewerbsgefährdungspotenzial unbeachtet bleibt, über das umsatzstarke Konzerne mit großer Finanzmacht, die in einen neuen Markt eindringen und schon vor dem Erreichen eines Marktanteils von 5 oder 10 % verfügen. Dies ist vor allem eines der Kriterien, mit denen sich ohne größere Schwierigkeiten ermitteln lässt, ob das Spürbarkeitskriterium erfüllt ist oder nicht und welches damit zur Praktikabilität beigetragen hat. Damit wird der Praxis des Gerichtshofs nicht in ausreichendem Maße Rechnung getragen. Der Gerichtshof hat die Größe und Bedeutung der Vertragspartner ausdrücklich als Grund für die Anwendbarkeit des Art. 81 Abs. 1 EG bezeichnet und das Umsatzkriterium als Indiz verwendet.[1193]
Die Wirtschaftskraft der Unternehmen wird nach der Bagatellbekanntmachung nur noch in einer negativen Abgrenzung verwendet, in dem die Kommission erklärt, dass kleinere und mittlere Unternehmen grundsätzlich nicht die Anforderungen an die Spürbarkeit erfüllen können. Als solche gelten Unternehmen, die weniger als 250 Personen beschäftigen, einen Jahresumsatz von höchstens 40 Millionen ECU erwirtschaften oder eine Jahresbilanzsumme von höchstens 27 Millionen ECU haben und die sich nicht zu 25 % oder mehr des Kapitals oder der Stimmenanteile im Besitz eines oder mehrerer größerer Unternehmen befinden.[1194] Die Privilegierung der kleinen und mittleren Unter-

---

[1188] Kommission, Bagatellbekanntmachung 2001, Rn. 4.
[1189] GTE-Schröter, Band 2/I, Art. 85 I Rn. 190.
[1190] Wiedemann in Wiedemann, Hdb. KartellR, § 2 Rn. 5.
[1191] Jestaedt/Bergau, WuW 1998, S. 120.
[1192] Roth/Ackermann, Frankfurter Kommentar, Grundfragen Art. 81 Abs. 1 EG Rn. 333; Jestaedt/Bergau, WuW 1998, S. 120.
[1193] EuGH *Miller*, Slg. 1978-I, S. 149 Rn. 9; EuGH *Distillers*, Slg. 1980-II, S. 2265 Rn. 27f.; EuGH *Musique Diffusion Francaise*, Slg. 1983-II, S. 1900f. Rn. 82ff.; Bellamy/Child, S. 120f. Rn. 2-141; GTE-Schröter, Band 2/I, Art. 85 I Rn. 190.
[1194] Kommission, Bagatellbekanntmachung 2001, Rn. 3; GTE-Schröter, Band 2/I, Art. 85 I Rn. 195.

nehmen besteht darin, dass in der Regel kein ausreichendes Interesse der Gemeinschaft besteht, um gegen wettbewerbsbeschränkende Maßnahmen solcher Unternehmen einzuschreiten. Dies gilt uneingeschränkt sogar für den Fall, dass die Absprache „Kernbeschränkungen" enthält und die Marktanteilsschwellen der Bagatellbekanntmachung überschritten werden.[1195] Als einzigen Vorbehalt machte die Kommission geltend, von ihrem Interventionsrecht Gebrauch zu machen, wenn die Absprachen den Wettbewerb auf einem wesentlichen Teil des Gemeinsamen Marktes behinderten.[1196] Aber auch diese Einschränkung ist mit der Bekanntmachung von 2001 weggefallen, da die Bekanntmachung diesbezüglich keine Einschränkungen macht.[1197]

Ergänzt wird der quantitative Ansatz durch qualitative Kriterien. Durch diese Änderung zeigt die Kommission, dass sie die Erkenntnis berücksichtigt, dass für die Spürbarkeit einer Absprache auch deren Inhalt maßgebend sein kann.[1198] So können Vereinbarungen, obwohl die Unternehmen die Schwellenwerte überschreiten, nicht unter Art. 81 Abs. 1 EG fallen.[1199] Neu ist aber die umgekehrte Konstellation, nach der das Unterschreiten der Schwellenwerte dazu führen kann, dass die Spürbarkeit zu bejahen ist, weil bestimmte in der Bagatellbekanntmachung aufgezählte Vereinbarungen (so genannte „schwarze Liste oder schwarze Klauseln") in besonderem Maße das ordnungsgemäße Funktionieren des Binnenmarktes gefährden.[1200] Hierbei handelt es sich um *per se* spürbare Wettbewerbsbeschränkungen. Für sie gilt das Verbot des Art. 81 Abs. 1 EG, unabhängig davon, ob die in der Bagatellbekanntmachung enthaltenen Marktanteilsschwellen überschritten werden oder nicht.[1201] Mit der Einführung der „Schwarzen Liste" wird die zuvor erzielte Erweiterung der Bagatellklausel wesentlich eingeschränkt und soll die Ungleichgewichtigkeit der Bekanntmachung verhindern.[1202] Die Anwendung der Bagatellbekanntmachung ist aber ausgeschlossen, das gilt auch für die kleinen und mittleren Unternehmen, wenn der Wettbewerb durch die kumulativen Auswirkungen parallel bestehender Netze gleichartiger Absprachen beschränkt

---

[1195] Kommission, Bagatellbekanntmachung 2001, Rn. 3; GTE-Schröter, Band 2/I, Art. 85 I Rn. 195.
[1196] Kommission, Bagatellbekanntmachung 1997, Rn. 20 lit a).
[1197] Kommission, Bagatellbekanntmachung 2001, Rn. 3.
[1198] GTE-Schröter, Band 2/I, Art. 85 I Rn. 191.
[1199] Die Kommission verweist hierzu auf den „Hinweischarakter" der quantitativen Definition – Kommission, Bagatellbekanntmachung 2001, Rn. 3.
[1200] Sinn und Zweck ist vor, den Unternehmen ein Signal für die Gestaltung ihrer Verträge zu geben. Sie soll außerdem die zuständigen Behörden und Gerichte bei klaren Verstoßen gegen das Kartellverbot von der Notwendigkeit einer umfassenden wirtschaftlichen Analyse entbinden - GTE-Schröter, Band 2/I, Art. 85 I Rn. 192.
[1201] Kommission, Bagatellbekanntmachung 1997, Rn. 11; GTE-Schröter, Band 2/I, Art. 85 I Rn. 192.
[1202] Jestaedt/Bergau, WuW 1998, S. 121; GTE-Schröter, Band 2/I, Art. 85 I Rn. 191; Kommission, Bekanntmachung 1997, Rn. 11.

wird.[1203] Diese Ausnahmeregelung ist ebenfalls mit Schwierigkeiten für die betroffenen Unternehmen verbunden, da für die Abschätzung Kenntnis über die eigene Marktposition und die der Vertragspartner erforderlich ist. Die Unternehmen müssten sich darüber hinaus zuverlässige Informationen über die Marktanteile ihrer Konkurrenten verschaffen, um dem Gedanken der Bündeltheorie Rechnung zu tragen. Das ist entweder gar nicht oder nur unter unzumutbarem Aufwand möglich. Dabei obliegt es der Kommission, die Wirtschaft über die Marktstruktur und die Folgerungen aufzuklären, die sie auch für die kartellrechtliche Beurteilung von Vertragsbündeln heranzieht.[1204]

2. BEWERTUNG

Der Vorteil einer Neuausrichtung nach Maßgabe der Bagatellbekanntmachung von 1997 läge darin, dass die hierin von der Kommission gemachten Aussagen aus der Praxis entwickelt worden sind. Eine Umsetzung würde daher mit nur geringen Reibungsverlusten verbunden sein. Es lässt sich feststellen, dass die Kommission in ihrer Bagatellbekanntmachung die Beurteilung der Spürbarkeit anhand von sowohl quantitativen als auch qualitativen Kriterien vornimmt. Die Ergänzung quantitativer Gesichtspunkte durch eine qualitative Betrachtungsweise wird als dem derzeitigen Entwicklungsstand des Gemeinschaftskartellrechts entsprechend eingeschätzt.[1205]

Dennoch kann die Bagatellbekanntmachung von 1997 nur in geringem Maße zur Frage nach den Maßstäben für eine Neuausrichtung der Zwischenstaatlichkeitsklausel beitragen. Hinderlich ist, dass sich die Kommission selbst nicht an die dort niedergelegten Marktanteilsschwellen hält.[1206] Außerdem zieht sie außerhalb der Bagatellbekanntmachung noch weitere, vor allem qualitative Kriterien heran, die zu einer wertenden Gesamtbetrachtung des Einzelfalles führen.[1207] Nun mag das Ergebnis, zu dem die Kommission in den Entscheidungen gelangt, nicht bestritten werden. Die Voraussehbarkeit der Entscheidung der Kommission leidet jedenfalls darunter.[1208] Dies würde sich auch bei einer sekundärrechtlichen Regelung nicht vermeiden lassen, da die Vermengung von quantitativen und qualitativen Kriterien sowie deren Nutzung sowohl bei der Feststellung der Spürbarkeit der Handels- wie der Wettbewerbsbeein-

---

[1203] Kommission, Bagatellbekanntmachung 1997, Rn. 18, 20 lit b); GTE-Schröter, Band 2/I, Art. 85 I Rn. 194.

[1204] GTE-Schröter, Band 2/I, Art. 85 I Rn. 194.

[1205] GTE-Schröter, Band 2/I, Art. 85 I Rn. 191.

[1206] KommE *Filmeinkauf deutscher Fernsehanstalten*, ABl. 1989 Nr. L 284, S. 36 Rn. 43f., 48; KommE *Feuerversicherung*, ABl. 1985 L 35, S. 20 Rn. 34; Roth/Ackermann, Frankfurter Kommentar V, Grundfragen Art. 81 Abs. 1 EG-Vertrag Rn. 332.

[1207] KommE *Filmeinkauf deutscher Fernsehanstalten*, ABl. 1989 Nr. L 284, S. 36 Rn. 43f., 48; KommE *Feuerversicherung*, ABl. 1985 Nr. L 35, S. 20 Rn. 34; Roth/Ackermann, Frankfurter Kommentar V, Grundfragen Art. 81 Abs. 1 EG-Vertrag Rn. 338.

[1208] Ablehnend auch Roth/Ackermann, Frankfurter Kommentar V, Grundfragen Art. 81 Abs. 1 EG-Vertrag Rn. 338; Jestaedt/Bergau, WuW 1998, S. 121f. zu der wertenden Betrachtungsweise bei den Vertikalvereinbarungen innerhalb der Bagatellbekanntmachung 1997.

trächtigung zu viel Beurteilungsspielraum offen lässt, der durch die Unternehmen im Einzelfall nicht abgeschätzt werden kann. Das liegt auch daran, dass das Grundanliegen der Kommission, die Spürbarkeit der Wettbewerbsbeschränkung zu definieren, gegenüber dem Bedürfnis, Kriterien für die Ermittlung der Spürbarkeit der Handelsbeeinträchtigung zwischen Mitgliedstaaten zu entwickeln, Vorrang genossen hat. Die hieraus resultierende Vermengung beziehungsweise undifferenzierte Behandlung beider Spürbarkeitskriterien kann keine Impulse für die Neuausrichtung bringen. Eine mögliche „Umwandlung“ der Bagatellbekanntmachung 1997 in eine Ratsverordnung gemäß Art. 83 Abs. 2 lit e) EG wäre rechtlich zulässig. Bezweifelt werden muss aber, ob sie sich auch rechtlich verwirklichen lässt. Die Verordnung müsste eine abstrakte aber dennoch für den jeweils relevanten Markt anwendbare Marktbestimmung geben können. Eine solche am Marktbegriff orientierte Verordnung zur Abgrenzung des Anwendungsbereichs lässt sich schon strukturell nur schwer vorstellen, da sie den verschiedenen Gegebenheiten in den einzelnen Märkten Rechnung tragen müsste.[1209] Der von der Kommission vollzogene Schritt, die Definition der Spürbarkeit der Handelsbeeinträchtigung aus der Bagatellbekanntmachung 2001 herauszunehmen,[1210] ist daher zu begrüßen.

IV. KOMBINATION VON FALLGRUPPEN UND QUANTITATIVEN KRITERIEN

Eine andere Auffassung will qualitative und quantitative Kriterien dahingehend kombinieren, dass für die Abgrenzung der Anwendungsbereiche zunächst Fallgruppen zu bilden seien, die nationalem Recht beziehungsweise Gemeinschaftskartellrecht unterliegen sollen. Nationales Kartellrecht soll einschlägig sein, wenn gewisse Marktanteils- und Umsatzschwellen nicht überschritten werden, weil diese Maßnahmen nur nationale Auswirkungen zeitigen könnten.[1211]

Vereinbarungen, die unmittelbar eine Aufteilung der nationalen Märkte bezwecken oder bewirken, namentlich Gebiets- und Quotenkartelle, Export- und Reimportverbote sowie Klauseln in Alleinvertriebsverträgen, selektiven Vertriebsverträgen ausschließlichen Lizenzverträgen und Franchise-Verträgen, sofern sie unmittelbar eine Aufteilung der nationalen Märkte bezwecken oder bewirken, sollen ohne die Erreichung eines bestimmten Schwellenwertes in die Zuständigkeit der Kommission fallen. Die Kommission soll die Möglichkeit erhalten, gegen derartige Kartelle auch dann einzuschreiten, wenn die Umsatzschwellen nicht erreicht sind, weil sie das Integrationsziel gefährden.[1212]

Mit einer solchen Kombination wird versucht, die Vorteile aus beiden Ansätzen zu nutzen: Die Fallgruppenbildung kann eine höhere Einzellfallgerechtigkeit

[1209] Broberg, European Law Review 20, S. 387.

[1210] Kommission, Bagatellbekanntmachung 2001, Rn. 3.

[1211] Mayer, S. 217ff., 231ff.

[1212] Mayer, S. 224ff., S. 231ff.

schaffen, wobei die Vorteile einer Umsatzschwellen orientierten Abgrenzung in deren Klarheit besteht.
Aber auch diesem Lösungsansatz ist nicht zu folgen. Mit der Fallgruppenbildung kann zwar auf die Praxis des EuGH und der Kommission zurückgegriffen werden, sie überträgt aber auch gleichzeitig deren extensive und zentralistische Natur sowie die bisher bemängelte fehlende Deutlichkeit der Abgrenzungskriterien.[1213] Die Einführung einer Unterscheidung von Fallgruppen, die *ser se*-Verbote enthalten und solchen die keine Enthalten ist ebenfalls abzulehnen. Die eigenständige Bedeutung des Merkmals der Zwischenstaatlichkeitsklausel gegenüber dem der Wettbewerbsbeeinträchtigung wird hierbei aufgeweicht. Das *per se*-Verbot folgt aus der wettbewerbsbeschränkenden Wirkung und nicht aus dem Einfluss in den zwischenstaatlichen Handel. Der Einfluss auf den zwischenstaatlichen Handel ist nämlich unabhängig davon, ob er den Handel positiv oder negativ beeinflusst.[1214] Auch kann ein solch qualitativer Faktor, den ein *per se*-Verbot darstellt, eine Handelsbeeinträchtigung nicht begründen, wenn es an deren Spürbarkeit fehlt. *Per se*-Verbote können nicht in die Kompetenz der Kommission fallen, wenn sie gar nicht den zwischenstaatlichen Handel berühren.[1215] Davon geht auch die Kommission aus, wenn sie Maßnahmen von kleineren und mittleren Unternehmen aus dem Anwendungsbereich der Zwischenstaatlichkeitsklausel ausschließt, ohne danach zu unterscheiden, ob diese gegen *per se*-Verbote verstoßen.[1216]

V. MATERIELLE VORRANGTHEORIE ALS MAßGABE FÜR DIE NEUAUSRICHTUNG

Nach anderer Auffassung soll die Abgrenzung des Anwendungsbereichs des EG-Kartellrechts von nationalem Kartellrecht nicht durch die Zwischenstaatlichkeitsklausel bestimmt werden, sondern durch das Prinzip vom Vorrang des Gemeinschaftsrechts.[1217]
Dafür soll aber die bisherige vom Gerichtshof verwendete Theorie vom Vorrang des Gemeinschaftsrechts im Konfliktfall von nationalem und Gemeinschaftsrecht modifiziert werden. Die bisherige Vorrangtheorie wird als auf *„formalistisch-hierarchischem Denken“* fußende Konzeption qualifiziert und abgelehnt,[1218] da sie sich an den Positionen und Maßnahmen der Organe orientiere. Die Modifikation soll daher so aussehen, dass im Rahmen von Kollisionsfällen die die Ziele aus Art. 2 und 4 Abs. 1 EG als sachliche Leitlinien aller

---

[1213] Rehbinder in I/M; EG-WbR, Bd. I, Einleitung E. Rn. 22.
[1214] Siehe Nachweise in Kapitel 3, 1. Teil C. II. 1.
[1215] Rehbinder in I/M; EG-WbR Bd. I, Einleitung E Rn. 26.
[1216] Bagatellbekanntmachung 2001, Rn. 3.
[1217] Jung, S. 141ff., 198ff., 220ff.; Klaue, FS Steindorff, S. 981ff. folgert aus der Entwicklung des Gemeinsamen Marktes und der extensiven Auslegung, dass diese ebenfalls Auswirkungen auf die Vorrangtheorie haben muss. Allerdings nicht in dem Sinne, dass der Anwendungsbereich des Gemeinschaftskartellrechts zugunsten des nationalen Kartellrechts zu beschneiden wäre. Ähnlich Krimphove, S. 388ff. für die inhaltliche Ausgestaltung der Kollisionslösungen in den Art. 22 Abs. 3 und 9 FKVO.
[1218] Jung, S. 198.

wettbewerblichen Verwaltungsmaßnahmen in den Vordergrund gerückt werden.[1219] Damit sei nicht mehr vom Vorrang der Entscheidungen der Organe, sondern vom Vorrang der materiellen Ziele des EG-Vertrags auszugehen.[1220] Gegründet wird die Modifikation auf dem in Art. 5 Abs. 2 EG enthaltenen Subsidiaritätsprinzip.[1221] Zurückgegriffen wird auf die konkurrierende Kompetenz im Bereich der Wettbewerbs-[1222] und Wirtschaftspolitik,[1223] insbesondere der Art. 81, 82 EG, so dass grundsätzlich kein Vorrang gemeinschaftlicher Maßnahmen auf dem Gebiet des Kartellrechts aus dem EG-Vertrag abgeleitet werden könne.[1224] Demgegenüber reduziere die bisherige Zusammenarbeit von Kommission und nationalen Behörden letztere auf die Position einer „abhängigen Hilfsinstanz", die der vom EG-Vertrag eingeräumten Position nicht entspricht.[1225] Das mit dem Vertrag von Maastricht eingeführte Subsidiaritätsprinzip soll insoweit Auswirkungen haben, als es zwar nicht zu einer Kompetenzbegründung zugunsten der Mitgliedstaaten führe,[1226] sein Einfluss sich aber als Reflex auswirke, so dass diejenige Behörde tätig werden soll, die am besten die Vertragsziele verwirkliche. Dies könne mit Hilfe sowohl des nationalen als auch des Gemeinschaftskartellrechts erfolgen. Dementsprechend wird auch zwischen dem Tätigwerden der nationalen Kartellbehörden aufgrund nationalen und des EG-Kartellrechts unterschieden.[1227]

1. Tätigwerden der nationalen Kartellbehörden aufgrund nationalen Kartellrechts

Aus der Reflexwirkung des Subsidiaritätsprinzips folge,[1228] dass nunmehr die Zuständigkeitsausübung der Kommission darauf beschränkt sei tätig zu werden, wenn ihre Maßnahme im konkreten Fall die übergeordneten Vertragsziele besser zur Geltung bringe, als mögliche Handlungen nationaler Kartellbehörden. Mit dieser Kompetenzbeschneidung würden zugleich den nationalen Kartellbehörden größere Freiräume geboten, die der grundsätzlichen Übertragung der Wahrung eines wirksamen Wettbewerbs im Gemeinsamen Markt im Spannungsfeld der konkurrierenden Zuständigkeiten von Gemeinschaft und Mitgliedstaaten auf die Mitgliedstaaten entspräche. Aus dem Subsidiaritätsprinzip sei in diesem Zusammenhang zu folgern, dass es nicht um den forma-

---

1219 daher die Bezeichnung „materielle Vorrangtheorie" - Jung, S. 187, 218.
1220 Jung, S. 141ff., 198ff.,220ff.
1221 Jung, S. 218.
1222 Balken, S. 66 ; a. A.: Baruch, WuW 1963, S. 20f.
1223 Für die Wirtschaftspolitik folgt laut Jung, S. 157f. die wirtschaftspolitische Seite des Wettbewerbsschutzes der Kompetenzverteilung der Wettbewerbspolitik aus Praktikabilitätsgründen und weil die Art. 84f. EG als Sonderregeln im Sinne einer begrenzten Spezialermächtigung an die Gemeinschaft anzusehen seien.
1224 Jung, S. 159.
1225 Jung, S. 166.
1226 Jung, S. 197.
1227 Jung, S. 186ff., 197ff., 220ff.
1228 Jung, S. 198.

len Konflikt zwischen Europarecht und nationalem Recht gehe, sondern um die Frage nach derjenigen Ebene, welche die optimale Verwirklichung der Ziele des EG-Vertrags erreiche. Dabei entspräche der Berechtigung der nationalen Kartellbehörden zum Einschreiten auch die Verpflichtung gemäß Art. 10 EG, als Sachwalter des gemeinschaftlichen Interesses einzuschreiten, sei es mit den Mitteln des nationalen oder gemeinschaftlichen Kartellrechts.[1229] Folge dieses Ansatzes sei, dass Freistellungsentscheidungen der Kommission die nationalen Wettbewerbsbehörden materiell-rechtlich nicht zu binden vermögen, wenn sich die Ziele der Art. 2 und 4 EG mit einer Untersagungsverfügung besser verwirklichen ließen.[1230] Dazu sei die nationale Kartellbehörde wegen des in Art. 10 EG verankerten Loyalitätsprinzips sogar verpflichtet, ungeachtet des Verfahrensstandes vor der Kommission.[1231] Für einen wichtigen Teil der gemeinschaftlichen Maßnahmen würde sich aber nichts wesentlich ändern: Gruppenfreistellungsverordnungen seien wegen ihrer normativen Qualität differenziert zu betrachten. Eine Bindungswirkung wird ihnen gegenüber den Kartellbehörden der Mitgliedstaaten nur zugesprochen, soweit sie über das reine Kartellverbot hinaus keine allgemeinen integrationspolitischen oder wirtschaftspolitischen Ziele verfolgen. Wann dies der Fall ist, müsse mittels Auslegung ermittelt werden.[1232] Für Negativatteste und *comfort letters* gelte erst recht, dass sie keine Bindungswirkung entfalten. Sie präjudizieren auch nicht den Vollzug des nationalen Kartellrechts.[1233] Im Streitfall müsse der Gerichtshof beziehungsweise das Gericht Erster Instanz angerufen werden.[1234]

2. TÄTIGWERDEN DER NATIONALEN KARTELLBEHÖRDEN AUFGRUND DES EG-KARTELLRECHTS

Ausgehend von der gleichen Reflexwirkung des Subsidiaritätsprinzips, dass die Kartellbehörden der Mitgliedstaaten primär zuständig sind, wenn nicht die Kommission die Vertragsziele besser verwirklichen kann, soll den nationalen Kartellbehörden auch bei der Anwendung des Gemeinschaftskartellrechts größere Freiräume als bisher eingeräumt werden.[1235] Analog dem Tätigwerden aufgrund der nationalen Kartellrechtsordnung würden die mitgliedstaatlichen Behörden berechtigt und verpflichtet, das Gemeinschaftskartellrecht in diesen Fällen anzuwenden.[1236] Die Kommission müsse vor der Einleitung eines Verfahrens gemäß Art. 9 Abs. 3 VO 17/62 daher den nationalen Behörden bei dem Vollzug der Verbote aus Art. 81, 82 EG Vorrang gewähren; es sei denn, die von der Kommission geplanten Maßnahmen kämen den Vertragszielen

---

[1229] Jung, S. 197ff., S. 218.
[1230] Jung, S. 205ff., S. 218.
[1231] Jung, S. 213ff., S. 219.
[1232] Jung, S. 207ff., S. 218.
[1233] Jung, S. 207ff, S. 220 m.w.N.
[1234] Jung, S. 194ff., 219.
[1235] Jung, S. 221, 230.
[1236] Jung, S. 227f., 230.

näher als die der nationalen Wettbewerbsbehörde. Entsprechendes gelte wegen fehlender materieller Bindungswirkung nach förmlicher Einstellung oder Beendigung durch *comfort letter* eines gemäß Art. 9 Abs. 3 VO 17/62 eingeleiteten Verfahrens, da die ursprüngliche Zuständigkeit der Mitgliedstaaten wieder auflebe. Bindungswirkung entfalte hingegen eine Freistellung aufgrund einer Gruppenfreistellungsverordnung gemäß Art. 249 Abs. 2 EG.[1237] Da diese aber nicht die Anwendung von Art. 82 EG präjudiziere, bliebe es hier bei der konkurrierenden Zuständigkeit von Kommission und nationaler Kartellbehörde, so dass auch ein freigestelltes Vorhaben wegen Missbrauchs einer marktbeherrschenden Stellung durch die nationale Kartellbehörde untersagt werden könne.[1238]

3. BEWERTUNG

Die materielle Vorrangtheorie sucht wie die Auffassung, die das Gemeinschaftsinteresse auf die Tatbestandsebene des Art. 81, 82 EG verschieben will, darauf abzustellen, welche der beteiligten Kreise das Wettbewerbsrecht effizienter durchsetzen kann. Für die Abgrenzung der Kartellrechtsordnungen soll daher maßgeblich sein, welche Behörde und mit welchem Mittel (nationales oder gemeinschaftliches Kartellrecht) die übergeordneten Vertragsziele besser verwirklichen kann.[1239] Damit kann ihr zumindest nicht der Vorwurf gemacht werden, sie sei integrationsfeindlich. Als dogmatische Grundlage dient das Subsidiaritätsprinzip, dem in diesem Zusammenhang der Rang einer materiellen Kollisionsregel zugesprochen wird.[1240] Diese Auffassung ist damit zu denen zu zählen, die mit dem Subsidiaritätsprinzip große Erwartungen verknüpfen und die weder in dogmatischer noch politischer Hinsicht erfüllt werden können. Sie überschätzt nach der hier vertretenen Auffassung die Bedeutung des Subsidiaritätsprinzips bei weitem. Das Subsidiaritätsprinzip ist weder unmittelbar anwendbar noch kann es – wenn überhaupt – im Rahmen der Auslegung des Gemeinschaftsrechts derart stark ins Gewicht fallen, dass sich hieraus die gewünschte Folge ableiten ließe.[1241] Aber auch wegen der damit verbundenen Nachteile ist diesem Vorschlag in rechtspolitischer Hinsicht wenig abzugewinnen. Die Abgrenzung der Anwendungsbereiche von nationalem und EG-Kartellrecht allein durch eine Kollisionsregel vorzunehmen, würde dazu führen, dass Konflikte – anders als bisher – die Regel wären, da sie die Grundlage der Kompetenzzuordnung bilden. Diese Bedenken sollen zwar mit verstärkten frühzeitigen Konsultationen und gegenseitigen Abstimmungen zerstreut werden in deren Rahmen der Kommission keine Beurteilungsprärogati-

---

[1237] Jung, S. 224ff., 230f.
[1238] Jung, S. 225f., 231.
[1239] Jung, S. 252f., 265.
[1240] Jung, S. 252f., 255.
[1241] Siehe oben Kapitel 2, 2. Teil B. V., VI.

ve eingeräumt soll, sondern beide Behörden über den gleichen Rang verfügen würden.[1242]
Damit gehen aber auch die Probleme einher, die schon bei der Dezentralisierungsdebatte um den erhöhten Koordinierungsaufwand aufgetreten sind. Dieser könnte die Effizienzgewinne wieder auffressen.[1243] Außerdem obläge dem Gerichtshof, die Klärung entsprechender Streitigkeiten über das bessere Konzept zu entscheiden, da der Kommission eine Beurteilungsprärogative abgesprochen wird. Der Gerichtshof soll sich hierbei ebenfalls vom Subsidiaritätsprinzip leiten lassen. Es ist daher gerade zu Beginn mit einer deutlichen Arbeitsbelastung des Gerichtshofs zu rechnen. Dieser dürfte sich aber an seiner zur zentralistischen Rechtsprechung tendierenden Tradition orientieren und die Zuständigkeit in der Regel bei der Kommission sehen.[1244] Gleichzeitig bliebe es für die Unternehmen dabei, dass sie wettbewerbsrelevante Maßnahmen sowohl bei den nationalen als auch der gemeinschaftlichen Wettbewerbsbehörde anmelden müssten. Die Anmeldung auf nationaler Ebene würde den Unternehmen das Auslegungsrisiko auch nach dieser Auffassung auferlegen, da sie hierfür präjudizieren müssen, ob ein Konflikt vorliegt und wenn ja, welche Behörde die Vertragsziele am besten verwirklichen könnte. Jedenfalls führt dieser Ansatz nicht zu einer Arbeitserleichterung für Unternehmen oder für die Kommission. Im Endeffekt wird durch diesen Ansatz zum Schutz des Wettbewerbs durch eine neue Kollisionsregel unmittelbar in den eigentlichen Anwendungsbereich der Zwischenstaatlichkeitsklausel eingegriffen. Denn die Kollisionsregelung nach dem Vorbild der materiellen Vorrangtheorie müsste um volle Wirkung zu entfalten, so weit wie möglich ausgelegt werden - wenn nicht sogar abgeschafft werden - damit jeder Sachverhalt sowohl vom europäischen als auch nationalen Recht erfasst wird. Welches Recht einschlägig ist, bestimmt dann nicht die Abgrenzung des Gemeinschaftsrechts von dem des nationalen Rechts, sondern eine Kollisionsregel. Dies entspricht nicht dem Wortlaut und der Systematik der Art. 81, 82 EG. Mit der beabsichtigten Einführung einer Ausschließlichkeitsregelung dürfte sich dann auch diese Auffassung kaum noch realisieren lassen, da der Konfliktfall per Regelung schon von vornherein verbindlich zu Lasten des nationalen Rechts festgelegt ist, sobald die Anwendbarkeit der Art. 81, 82 EG feststeht.[1245]

C. VERGLEICH DEUTSCHLAND UND USA

Als Vergleichsmaßstab, wie die Kompetenzen im Wettbewerbsbereich zu regeln sind, bieten sich nationale Regelungen an, die die Anwendbarkeit des Bundesrechts vom Landesrecht abgrenzen. Hierbei handelt es sich um eine

---

[1242] Jung, S. 257.
[1243] Bunte, DB 1994, S. 923 und Kapitel 2, 5. Teil C., Zwischenbilanz Kapitel 2.
[1244] In diese Richtung deutend Streinz, EuZW 1994, S. 332f., Stein in Subsidiarität Europas, S. 39.
[1245] Kommission, VO-Entwurf 17/62, Art. 3.

Fragestellung, die sich jeder föderativ organisierten nationalen oder übernationalen Gemeinschaft stellt.[1246]
Aus dem deutschen Recht kann § 48 GWB zum Vergleich herangezogen werden.[1247] Daneben kommt die viel ältere *Interstate Commerce Clause* der US-amerikanischen Antitrustgesetzgebung als Vergleichsmaßstab in Betracht. Wegen ihrer Ähnlichkeit in Wortlaut und Zusammenhang wird sogar vermutet, dass sie der Zwischenstaatlichkeitsklausel Pate gestanden haben soll.[1248]

I. DEUTSCHLAND: § 48 GWB

Hatte bisher § 44 Abs. 1 a – c GWB a. F. aufgezählt, welche Aufgaben und Befugnisse von dem Bundeskartellamt ausschließlich wahrgenommen werden sollten - wobei § 44 Abs. 1 lit d GWB zugunsten des Bundeskartellamt einen Auffangtatbestand enthielt - so regelt nunmehr der mit der 6. GWB-Novelle eingeführte § 48 Abs. 2 GWB das Verhältnis von Landes- und Bundeskartellbehörde folgendermaßen:

> „*Weist eine Vorschrift dieses Gesetzes eine Zuständigkeit nicht einer bestimmten Kartellbehörde zu, so nimmt das Bundeskartellamt die in diesem Gesetz der Kartellbehörde übertragenen Aufgaben und Befugnisse wahr,* ***wenn die Wirkung der Marktbeeinflussung oder des wettbewerbsbeschränkenden oder diskriminierenden Verhaltens oder einer Wettbewerbsregel über das Gebiet eines Landes hinausreicht****. In allen übrigen Fällen nimmt diese Aufgaben und Befugnisse die nach Landesrecht zuständige oberste Landesbehörde wahr.*“

Die Begründung des Regierungsentwurfes zu § 48 GWB, der ohne Änderung übernommen wurde, erläutert die scheinbar verkürzte Zuständigkeitsregelung. § 48 Abs. 2 GWB enthalte danach nur noch die Zuständigkeitsabgrenzung zwischen dem Bundeskartellamt und den Landeskartellbehörden, wie sie bisher in §§ 44 Abs. 1 Nr. 1 d und Nr. 3 GWB a. F. geregelt war. Ausnahmen von dieser Zuständigkeitsverteilung seien in den materiellen Vorschriften geregelt. An der in § 44 GWB a. F. geregelten Zuständigkeitsverteilung ändere sich dennoch nichts,[1249] so dass auf die hierzu ergangene Praxis zurückgegriffen werden kann.

[1246] Schwartz, ZHR 1962, S. 254.
[1247] Eine Änderung des Art. 81 Abs. 1 EG im Sinne einer § 44 Abs. 1 lit d GWB a. F. entsprechenden Klausel wäre nach Pernice, S. 247 in Fußnote 9 denkbar. Ebenfalls auf § 44 GWB a. F. verweist Immenga in Europa zwischen Ordnungswettbewerb und Harmonisierung, S. 233, der jedoch das Ziel im Wege einer restriktiven Auslegung erreichen möchte.
[1248] Steckhan, S. 17; Coing, ZHR 125 (1963), S. 290; Günther, WuW 1957, 279f.; Günther, FS Böhm, 288f.
[1249] Bracher, Frankfurter Kommentar I, § 48 Rn. 4; Werner in Wiedemann, Hdb. KartellR, § 53 Rn. 5.

Aus der Betrachtung bleibt die Zuständigkeitsregelung des Bundeswirtschaftsministeriums („BMWi") ausgeschlossen, das ebenfalls eine Kartellbehörde gemäß § 48 Abs. 1 GWB darstellt. Die speziellen Regelungen, die eine Zuständigkeit des BMWi begründen, betreffen aber nicht den typischen Fall von Kompetenzüberschneidungen. Es soll lediglich in besonderen Fällen der Bundesregierung über das BMWi die Möglichkeit gegeben werden tätig zu werden. Der Schwerpunkt liegt hierbei auf dem Verhältnis von Bundeskartellamt als unabhängiger Behörde und den Eingriffsmöglichkeiten des BMWi in wirtschaftspolitisch wichtigen Fällen.[1250] Zwar erfasst § 8 GWB die Möglichkeit sowohl die vom Bundeskartellamt als auch den Landeskartellbehörden erteilten Verbote trotz Fehlens der Freistellungsvoraussetzungen freizustellen (so genannte „Ministererlaubnis").[1251] Eine Tätigkeit des BMWi bei Verboten durch Landeskartellbehörden dürfte aber wegen der regional beschränkten Wirkung kaum vorkommen und weil § 8 GWB an eine Freistellung durch das BMWi erhöhte Voraussetzungen stellt. Die in § 42 GWB enthaltene Ministererlaubnis für untersagte Zusammenschlüsse ist sogar ausdrücklich auf das Verhältnis zum Bundeskartellamt beschränkt.

Spezielle Zuständigkeitsregelungen sind für das Bundeskartellamt in § 50 GWB für die Anwendung des europäischen Kartellrechts,[1252] in 15 Abs. 3 für das Verbot von Preisbindungen bei Verlagserzeugnissen und gemäß 23 Abs. 3 Satz 1 für das Verbot von unverbindlichen Preisempfehlungen sowie für Zusammenschlüsse, die die Aufgreifkriterien des § 38 GWB erfüllen, enthalten. Nicht mehr inbegriffen ist demgegenüber die in §§ 44 Abs. 1 a GWB a. F. geregelte Sonderzuständigkeit an das Bundeskartellamt für Strukturkrisenkartelle. Diese sei laut Begründung zum Regierungsentwurf verzichtbar,

> *„da die Wirkung der Marktbeeinflussung bei Strukturkrisenkartellen ohnehin über das Gebiet eines Landes hinausreichen dürfte".*

Diesen Spezialregelungen gegenüber ist § 48 Abs. 2 GWB seiner Formulierung nach subsidiär anwendbar.[1253] Danach ist das Bundeskartellamt immer zuständig, wenn das Verfahren eine über das Gebiet eines Bundeslandes hinaus wirkende Wettbewerbsbeschränkung zum Gegenstand hat. Die Zuständigkeit der Landeskartellbehörden wird so auf Fälle von regionaler Bedeutung

---

[1250] Siehe zum Verhältnis von BMWi und BKartA Geberth, AG 1991, 295ff.

[1251] Kritisch bezüglich der Ministererlaubnis Bartling, FS Schmidt, S. 28 und siehe die Diskussion um den Zusammenschluss von RWE und EON – F.A.Z. v. 23.11.2001, S. 23, F.A.Z. v. 21.01.2002, S. 17.

[1252] Dabei handelt es sich um eine Aufgabe, die dem BKartA außerhalb des GWB übertragen wurde und die demnach ohnehin nicht von § 48 Abs. 2 GWB erfasst wird – Bracher, Frankfurter Kommentar I, § 48 Rn. 7; KG *Landegebühr*, WuW/E OLG 4291 (4295).

[1253] Bracher, Frankfurter Kommentar I, § 48 Rn. 1.

beschränkt, so dass aus der gesamten Zuständigkeitsordnung des GWB eine subsidiäre Zuständigkeit der Landeskartellbehörden folgt.[1254]

Zentrales Merkmal für die Zuständigkeitsregelung des § 48 Abs. 2 GWB ist die erforderliche über die Landesgrenzen hinausgehende „Wirkung". Dies stellt schon vom Wortlaut her einen strengeren Maßstab als die Zwischenstaatlichkeitsklausel dar, da diese lediglich „geeignet" sein muss, den zwischenstaatlichen Handel zu beeinflussen.[1255]
Die „Wirkung" ist unter Berücksichtigung des jeweiligen wettbewerbsrelevanten Verhaltens und des Schutzbereichs der anzuwendenden materiellen Befugnisnorm vorzunehmen.[1256] Der durch das relevante Verhalten bestimmte Verfahrensgegenstand wird im Antragsverfahren durch den Antrag und im Amtsverfahren durch das von der Behörde verfolgte Ziel vorgegeben. Eine Ausnahme gilt, wenn nur ein Teil der Wirkungen unterbunden werden soll, die in den Schutzbereich der anzuwendenden Befugnisnorm fällt. Dann sind ohne Einschränkung alle Auswirkungen zu berücksichtigen, die in den Schutzbereich der anzuwendenden Befugnisnorm fallen. Der durch das GWB vorgegebene objektive Maßstab für die Feststellung der Auswirkung würde nicht genügend beachtet, wenn in solchen Fällen tatsächlich vorliegende Auswirkungen wegen der Beschränkung durch den Verfahrensgegenstand nicht beachtet werden dürften.[1257]
Das Erfordernis der Auswirkung ist allerdings nur für die endgültige Zuständigkeit des Bundeskartellamt für die verfahrensbeendende Entscheidung notwendig. Während des vorangehenden Verwaltungsverfahrens genügt dagegen der Verdacht einer über das Bundesland hinausgehenden Wirkung.[1258]

Trotz des Abstellens auf die Wirkung einer wettbewerbsrelevanten Maßnahme ist auch im Rahmen von § 48 GWB die Möglichkeit von Parallelverfahren für die gleiche Maßnahme nicht komplett ausgeschlossen. Die Ausrichtung an dem Schutzbereich der jeweiligen GWB-Norm und dem insoweit relevanten Markt[1259] kann bei Anwendung verschiedener GWB-Normen dazu führen, dass auch eine über ein Bundesland hinausreichende wettbewerbsrelevante Maßnahme Gegenstand verschiedener Verfahren bei unterschiedlichen Kar-

---

1254 Bracher, Frankfurter Kommentar I, § 48 Rn. 1.
1255 Siehe Nachweise in Kapitel 3, 1. Teil C. III.
1256 Hitzler, WuW 1979, S. 734; Bracher, Frankfurter Kommentar I, § 48 Rn. 14f.
1257 Bracher, Frankfurter Kommentar I, § 48 Rn. 15.
1258 Solange der Verdacht besteht, können alle Neben- und Zwischenentscheidungen ergehen, auch der Erlass einer einstweiligen Anordnung. Erst wenn der Verdacht ausgeräumt ist, hat das BKartA das Verfahren an die zuständige Kartellbehörde abzugeben - Bracher, Frankfurter Kommentar I, § 48 Rn. 23.
1259 Dieser bestimmt sich anhand der räumlichen Tätigkeitsbereiche der von den wettbewerbsrelevanten Maßnahmen betroffenen Unternehmen oder Personen und nicht der die Maßnahmen vornehmenden Unternehmen - Bracher, Frankfurter Kommentar I, § 48 Rn. 19f.; Bechtold, GWB, § 48 Rn. 7.

tellbehörden sein und damit zu verschiedenen Beurteilungen führen kann. So ist für ein Verbot der Durchführung von Gesellschaftsverträgen auf der Grundlage von §§ 1, 32 GWB die Landeskartellbehörde zuständig, wenn die Wirkung der Verträge nicht über die Grenzen eines Bundeslandes hinausreicht. Das gilt auch für den Fall, dass das Verbot des Zusammenschlusses selbst nach § 40 GWB in Betracht kommt, welches in den Zuständigkeitsbereich des Bundeskartellamt fällt.[1260]

Damit wird deutlich, dass die Kompetenzabgrenzung über die Wirkung im Wesentlichen über ein qualitatives Kriterium erfolgt. Die Wirkung wird darüber hinaus auch durch den Schutzbereich der jeweils anzuwendenden GWB-Norm bestimmt. Übertragen auf das europäische Kartellrecht wären damit die Unternehmen verpflichtet, den Anwendungsbereich nur anhand qualitativer Merkmale zu bestimmen. Hierfür wäre der Schutzbereich der jeweiligen Norm zu beachten. Da aber die Art. 81, 82 EG generalklauselartig gefasst sind, würden die Unternehmen vor noch größere Schwierigkeiten gestellt, als dies bei der Schutzbereichsbestimmung der einzelnen GWB-Normen der Fall ist.

Eine Vereinfachung scheint auch der Grundsatz zu sein, dass - anders als im EG-Kartellrecht, wo die mittelbare Beeinflussung des Handelsverkehrs genügt -[1261] mittelbare Auswirkungen prinzipiell nicht beachtlich seien, da wegen der starken Verflechtung des wirtschaftlichen Geschehens die Zuständigkeit der Landeskartellbehörden sonst kaum noch gegeben wäre.[1262] Bei einer Übertragung wären damit die Unternehmen davon entbunden, die noch schwerer und kaum übersehbaren mittelbaren Auswirkungen ihrer wettbewerbsrelevanten Maßnahmen für die Feststellung der Anwendbarkeit der EG-Kartellregeln zu ermitteln. Der Grundsatz wird aber für den Fall durchbrochen, wenn die Ausrichtung am Verfahrensgegenstand ergibt, dass das Ziel des Verfahrens gerade die Unterbindung bestimmter mittelbarer Auswirkungen ist. Die Zuständigkeit des Bundeskartellamt ist dann gegeben, wenn sich die mittelbaren Auswirkungen auf mehrere Bundesländer erstrecken.[1263]
Übertragen auf die Art. 81, 82 EG bedeutet dieses Regel-Ausnahme-Verhältnis, dass insbesondere die Unternehmen um sicherzugehen, regelmäßig auch mittelbare Auswirkungen berücksichtigen müssen. Das ist die Folge der generalklauselartigen Formulierung der Art. 81, 82 EG, die eine dem GWB vergleichbare Auslegung nicht zulässt. Gewonnen wäre daher nichts für die

---

[1260] Bechtold, GWB, § 44 Rn. 6; Bracher, Frankfurter Kommentar I, § 48 Rn. 16.

[1261] Siehe Roth/Ackermann, Frankfurter Kommentar I, EG-Vertrag Art. 81 Abs. 1 Grundfragen Rn. 313.

[1262] Hitzler, WuW 1979, S. 735; Bracher, Frankfurter Kommentar I, § 48 Rn. 17.

[1263] Ob es auch Ausnahmen von der Nichtbeachtung mittelbarer Auswirkungen geben soll ist umstritten – Bracher, Frankfurter Kommentar I, § 48 Rn. 17; Schultz in Langen Bunte, KartG, § 48 Rn. 10; a. A.: Hitzler, WuW 1979, 735.

Neuausrichtung bei der Abgrenzung der Anwendungsbereiche im Rahmen der Zwischenstaatlichkeitsklausel.

Eine Annäherung des vom Wortlaut her strengeren Maßstabs des § 48 GWB an den Maßstab der Zwischenstaatlichkeitsklausel findet trotzdem statt. Die Zwischenstaatlichkeitsklausel lässt nicht jede Maßnahme genügen, sondern verlangt deren Spürbarkeit. Im Rahmen von § 48 GWB hingegen ist der (quantitative) Umfang der über ein Bundesland hinausreichenden Wirkungen für die Zuständigkeitsabgrenzung nach Ansicht des BGH unerheblich, so dass auch geringfügige Auswirkungen zur Begründung der Zuständigkeit des Bundeskartellamt ausreichen.[1264]

II. USA: INTERSTATE COMMERCE CLAUSE

Das US-amerikanische Kartellrecht beruht im Wesentlichen auf drei Bundesgesetzen: Dem *Sherman Act* von 1890, dem *Clayton Act* und dem *Federal Trade Commission Act* – letztere aus dem Jahre 1914.[1265] Während der *Sherman Act* zwei grundlegende Kartell-Verbote ausspricht, die durch den *Clayton Act* für Unternehmenszusammenschlüsse und Preisdiskriminierungen ergänzt werden,[1266] begründet der *Federal Trade Commission Act* die alleinige Kompetenz einer Verwaltungsbehörde (*Federal Trade Commission*), gegen *„unfair methods of competition in commerce"* („unlautere Wettbewerbsmethoden") vorzugehen.[1267] Daneben besteht die Möglichkeit, dass sowohl die *Federal Trade Commission* als auch das Department of Justice („Justizministerium") auf der Grundlage des *Sherman Act* oder des *Clayton Act* vorgehen.[1268] Zuvor hatten sich aber schon viele Einzelstaaten eigene Kartellrechtsordnungen gegeben, die sowohl von Einzelstaat zu Einzelstaat als auch von Einzelstaat zu Bundesstaat erhebliche Unterschiede aufweisen können.[1269] Dabei stellt das Bundesrecht eine Ergänzung des einzelstaatlichen Richter- und Gesetzesrechts dar und schließt somit das einzelstaatliche Recht nicht aus.[1270]
Die angesprochene Ähnlichkeit der *Interstate Commerce Clause* wird deutlich, wenn man den Wortlaut der *Section 1 Sherman Act* betrachtet:

[1264] Bracher, Frankfurter Kommentar I, § 48 GWB Rn. 18 m.w.N. für die Rechtsprechung a. A.: Hitzler, WuW 1979, S. 735; Klaue in I/M, GWB, § 48 Rn. 9.

[1265] Riesenkampff/Barron, S.74.

[1266] Riesenkampff/Barron, S.74f., 138ff., 176ff.

[1267] Art. 5 Federal Trade Commission Act. Dieser wird dahingehend ausgelegt, dass Sachverhalte die gegen den „Geist" des Sherman Act und des Clayton Act die Verwirklichung des Art. 5 Trade Commission Act bedeuten, ohne das deren Tatbestand tatsächlich erfüllt wäre. Der Anwendungsbereich des Federal Trade Commission Act ist damit viel weiter als der Anwendungsbereich der anderen Kartellgesetze- Oppenheim/Weston/McCarthy, S. 21, 724f.; Riesenkampff/Barron, S. 78, 188.

[1268] Riesenkampff/Barron, S.78.

[1269] Schwartz, ZHR 1962, S. 257ff.; Riesenkampff/Barron, S.78.

[1270] Schwartz, ZHR 1962, S. 259ff., weshalb es hier ebenfalls zur Konkurrenzfrage im Falle der Anwendbarkeit von bundesstaatlichen und einzelstaatlichen Kartellrecht kommt.

> *„Every contract, combination in the form of trust or otherwise, or conspiracy, **in restraint of trade or commerce among the several States**, or with foreign nations, is declared to be illegal...“*[1271]

Ganz ähnlich bezieht sich das Verbot der *Section 2 Sherman Act* auf die Monopolisierung von *„...**any part of the trade or commerce among the several States**...“*. Die übrigen bundesstaatlichen Vorschriften enthalten die gleiche Begriffsdefinition für die *Interstate Commerce Clause*. *Section 1 Clayton Act* definiert *„commerce“* („Handel“) folgendermaßen: *"“Commerce,” as used herein, means **trade or commerce among the several States** ....“.*
Diese so genannte *Interstate Commerce Clause* erfüllt die gleiche Funktion wie die Zwischenstaatlichkeitsklausel: Sie soll die Einheitlichkeit des Wirtschaftsmarktes herbeiführen und erhalten. Um dementsprechend die Weichenstellung zur Verwirklichung dieses Ziels durch die Bundesorgane ermöglichen zu können, muss diesen die Zuständigkeit zukommen.[1272] Um dies sicher zu stellen, wird die *Interstate Commerce Clause* sehr weit ausgelegt.[1273] Die Praxis der amerikanischen Rechtsprechung legt die einzelnen Merkmale ähnlich der Zwischenstaatlichkeitsklausel aus.[1274] Das Merkmal *commerce*, das dem Begriff „Handel“ der Zwischenstaatlichkeitsklausel entspricht, erfasst jede wirtschaftliche Tätigkeit.[1275] Außerdem stützt sich die US-Praxis ebenfalls auf die Handelsstromtheorie. Danach genügt es, wenn die Maßnahme mittelbar oder unmittelbar geeignet ist, den zwischenstaatlichen Handel zu beeinflussen, obwohl das Wort „geeignet“ nicht in den Antitrust-Gesetzen vorkommt.[1276] Auch für die *Interstate Commerce Clause* wurde ein Spürbarkeitserfordernis eingeführt, das aber nur dazu dient, „Scheinauswirkungen“ auszuschalten.[1277] Unbeachtlich ist in diesem Zusammenhang, ob die Maßnahme günstige Auswirkungen auf den zwischenstaatlichen Handel hat. Die Beeinträchtigung des zwischenstaatlichen Handels wird, wie im Gemeinschaftsrecht, neutral ausgelegt.[1278] Bedeutung erlangt die Qualifikation der Auswirkungen als positiv oder

---

[1271] „Jeder Vertrag, jeder Zusammenschluss in der Form eines Trust oder in sonstiger Form sowie jede Absprache zur Beschränkung des *Handels zwischen den einzelnen Staaten* oder mit fremden Ländern wird hiermit für ungesetzlich erklärt.“ – Übersetzung aus Steckhan, S. 17 Fußnote 11 (Hervorhebungen vom Verfasser).
[1272] Zäch, S. 58 Fußnote 142.
[1273] Oppenheim/Weston/McCarthy, S. 23; Sullivan, S. 708ff.; Zäch, S. 58 Fußnote 142.
[1274] Dabei entspricht sich die Auslegung der Zwischenstaatlichkeitsklausel im Sherman Act und im FTC Act. Streit herrscht darüber, ob Abweichungen in der Auslegung zum Clayton Act bestehen, was vor allem zu Schwierigkeiten für Privatkläger führt – Gifford/Raskind, Antitrust, S. 523f.; Oppenheim/Weston/McCarthy, S. 28f.
[1275] mit der kuriosen Ausnahme des Baseball – Oppenheim/Weston/McCarthy, S. 25ff.; Sullivan, S. 708f.
[1276] *„in flow of commerce“* – Oppenheim/Weston/McCarthy, S. 23; Sullivan, S. 710f.; Steckhan, S. 136f. m.w.N.
[1277] *„trivial impact“* – Oppenheim/Weston/McCarthy, S. 23f.; Steckhan, S. 135f. m.w.N.
[1278] Sullivan, S. 710 m.w.N.

negativ erst bei der Frage der Wettbewerbsbeeinträchtigung (*rule of reason*).[1279]

III. FAZIT

Schon der kurze Überblick über die deutsche und amerikanische Regelung zur Abgrenzung der Anwendungsbereiche zeigt, dass diese für die Neuausrichtung der Zwischenstaatlichkeitsklausel keine nutzbringenden Anhaltspunkte enthalten.

Die Definitionen des EuGH zur Zwischenstaatlichkeitsklausel und der Wortlaut des § 48 GWB machen deutlich, dass die Abgrenzung des § 48 GWB grundsätzlich enger als die der Zwischenstaatlichkeitsklausel ist, da es auf die übergreifende Wirkung auf den Wettbewerb ankommt.[1280] Trotzdem liegt die Abgrenzung des § 48 GWB des Bundes- vom Landesrecht und die der Zwischenstaatlichkeitsklausel aufgrund der Annäherung einzelner Merkmale nicht weit auseinander. Hinderlich ist für die Übertragung auf die Zwischenstaatlichkeitsklausel auch, dass die Zuständigkeitsverteilung des § 48 GWB am Schutzbereich der jeweils anzuwendenden Norm auszulegen ist, da Art. 81, 82 EG als Generalklauseln formuliert sind. Für die Übertragung der in § 48 GWB niedergelegten Aufgabenverteilung zwischen Bundes- und Kartellamt besteht daher keinerlei Anlass.[1281] Wollte man Auswirkungen auf den Handelsverkehr als Erfordernis einführen, so wäre jedenfalls eine Änderung des Wortlauts der Art. 81, 82 EG notwendig, da eine entsprechende Auslegung *contra legem* erfolgen müsste. Die für die Anpassung notwendige Änderung des EG-Vertrags wäre politisch hingegen kaum durchsetzbar.[1282]

Auch das amerikanische Recht und die betreffende Rechtsprechung der Gerichte kann nicht als Vorbild dienen, wenn die Neuausrichtung restriktiv ausfallen soll. Im Gegenteil, sowohl die gesetzlichen Regelungen als auch die Rechtspraxis entsprechen auffällig deutlich der Entwicklung der europäischen Praxis zur Zwischenstaatlichkeitsklausel.[1283] Der ursprünglich fragmentierte amerikanische Markt konnte durch die *Interstate Commerce Clause* und ihre extensive Auslegung zu einem Binnenmarkt werden.[1284]

[1279] Steckhan, S. 125, 136 m.w.N.

[1280] Immenga in Europa zwischen Ordnungswettbewerb und Harmonisierung, S. 233 und oben Kapitel 3, 3. Teil C. I.

[1281] Van Miert in Europa zwischen Ordnungswettbewerb und Harmonisierung, S. 226.

[1282] Weswegen die Kommission auch z. B. versucht die angestrebte Reform der Art. 81, 82 EG über eine Anpassung der VO 17/62 durchzusetzen, obwohl Bedenken bestehen, dass die Reform eine Änderung des primären Vertragsrechts erfordert – siehe hierzu oben Kapitel 2, 5. Teil C.; ebenfalls eine Analogie zu § 48 GWB ablehnend Mayer, S. 212f.

[1283] Sie sogar vorgezeichnet haben, da die Entwicklung der Interstate Commerce Clause bereits früher stattgefunden hat, wie Steckhan, S. 141 prognostiziert hat.

[1284] Siehe dazu Steckhan, S. 13f.; 27f.

Dennoch ist die amerikanische *Interstate Commerce Clause* nur beschränkt als Vergleich für die Zwischenstaatlichkeitsklausel heranziehbar. Das ist die Folge des europäischen Sonderwegs der Integration,[1285] die sich in der Systematik und den Zielen des EG-Vertrags widerspiegelt.[1286] So geht die *Interstate Commerce Clause* auf das Bestreben zurück, der Bundesregierung die Befugnis zu verleihen, den Handel umfassend zu regeln. Hierin liegt auch der wesentliche Unterschied: Die *Interstate Commerce Clause* hat dem Bund die gesamte Gewalt über den zwischenstaatlichen Handel verliehen und ist in ihrer kartellrechtlichen Ausgestaltung auch entsprechend ausgelegt worden. Demgegenüber bezieht sich die Zwischenstaatlichkeitsklausel nur auf die Wettbewerbsvorschriften.[1287] Zudem ist festzustellen, dass die *Interstate Commerce Clause* ebenfalls nicht zufriedenstellend den Einfluss einer Vereinbarung auf den grenzüberschreitenden Warenverkehr messen und daraus brauchbare Abgrenzungskriterien für die Anwendbarkeit des US-Antitrustrechts entwickeln kann.[1288]

Ein weiterer Unterschied besteht darin, dass in den USA die einzelstaatlichen Regeln, zum Teil stark vom Bundesrecht abweichen, sofern solche Regeln oder Behörden, die sie durchsetzen können, überhaupt vorhanden sind.[1289] Auf den in Europa erreichten Standard hinsichtlich der Übereinstimmung von Kartellregeln und des Bestehens nationaler Kartellbehörden sei an dieser Stelle nur hingewiesen.[1290]

D. FAZIT ZU DEN MAßGEBLICHEN KRITERIEN UND FOLGEN DER NEUAUSRICHTUNG

Denkbar sind natürlich eine Vielzahl anderer Möglichkeiten zur restriktiven Ausrichtung der Zwischenstaatlichkeitsklausel. So könnte wie bereits im Rahmen der Diskussion um die Aufgreifkriterien der FKVO auch darauf abgestellt werden, ob die Unternehmen in mindestens drei Mitgliedstaaten tätig sind.[1291] Eine Lösung zur Kompetenzverteilung wäre auch eine Liste, die für Transparenz sorgen könnte. Die Starrheit einer solchen Enummerierung würde jedoch gleichzeitig Probleme hervorrufen, da die Unterschiede zwischen den Mitgliedstaaten berücksichtigt werden müssten.[1292] Allein die Verwendung von qualitativen Kriterien birgt eine große Zahl von Möglichkeiten, wie eine Neuausrichtung aussehen könnte. Durch die Kombination von quantitativen und qualitativen Kriterien würden diese noch mal potenziert.

Insgesamt überwiegen die Vorteile für eine Neuausrichtung der Zwischenstaatlichkeitsklausel allein anhand eines quantitativen Kriteriums, als eines

---

[1285] Siehe oben Kapitel 3, 2. Teil A. I.
[1286] Everling, WuW 1990, S. 1000.
[1287] Tschäni, S. 22; Steckhan, S. 17ff.
[1288] Ulmer, Anwendungsbereich, S. 24.
[1289] Schwartz, ZHR 1962, S. 257f.
[1290] Hausmann, S. 105ff.; Möschel, AG 1998, S. 565.
[1291] Vergleiche Art. 1 Abs. 3 FKVO.
[1292] A. Müller, S. 174.

qualitativen oder qualitativ-quantitativ gemischten Kriteriums. Hier bieten die Umsätze der beteiligten Unternehmen unabhängig von den Marktanteilen bisher ein Indiz, um die Anwendbarkeit der Art. 81, 82 EG zu bejahen.[1293] Zwar ist es im Einzelfall sachbezogener oder auch gerechter, wenn mit der Entscheidung über die Anwendbarkeit der Fusionskontrolle die Wirkungen der wettbewerbsrelevanten Maßnahme auf den Gemeinsamen Markt und die Handelsbeeinträchtigung zwischen Mitgliedstaaten berücksichtigt werden, anstatt sich schematisch an Umsatzzahlen auszurichten, die je nach Produkt und Markt verschieden aussagekräftig sind und zudem nicht unbedingt mit den durch den Zusammenschluss betroffenen Produktmärkten zu tun haben - die Umsatzzahlen sind nur beschränkt geeignet, um Aussagen über die tatsächliche wirtschaftliche Macht eines Unternehmens herzuleiten.[1294] Damit verbunden ist auch die Kritik an der in Art. 5 FKVO niedergelegten Berechnung der Umsatzzahlen, die zum Teil als zu kompliziert bezeichnet wird. Die Kommission hat mit ihrer Praxis und der Veröffentlichung einer Bekanntmachung zur Umsatzberechnung auf diese Kritik reagiert.[1295] Im Übrigen stellt eine komplexe Umsatzberechnung den Versuch dar, den Verlust an Einzelfallgerechtigkeit auszugleichen, wie z. B. Art. 5 Abs. 3 und 4 FKVO für den Finanzbereich. Jedenfalls lässt sich eine Umsatzberechnung immer noch leichter vornehmen als eine Marktanteilsberechnung, die von den Zahlen der übrigen Marktteilnehmer abhängt.[1296] Der besonders offensichtliche Vorteil ist jedoch die Einfachheit der Regelung. Sie offenbart allen Verfahrensbeteiligten ohne größere Schwierigkeiten, ob das gemeinschaftliche Kartellrecht anwendbar ist. Insbesondere wird dem Anspruch der Unternehmen damit Rechnung getragen, dass die Abgrenzung des anwendbaren Rechts und der damit verbundenen Zuständigkeit der Wettbewerbsbehörde nicht zu vielen, komplizierten Wertungen in unbestimmten Rechtsbegriffen unterliegen darf, sondern sich an leicht feststellbaren Kriterien orientieren kann.[1297] Der zu Tage tretende Konflikt zwischen sachbezogener Gerechtigkeit und Rechtssicherheit ist daher wie im Rahmen der europäischen Zusammenschlusskontrolle zugunsten der Rechtssicherheit zu entscheiden.[1298] Dieser Aspekt wird in Zukunft durch den geplanten Beitritt der MOE-Länder und den damit verbundenen Anstieg der vom Gemeinschaftskartellrecht erfassten wettbewerbsrelevanten Maßnahmen noch wichtiger werden.[1299] Die bisherige Praxis lässt insoweit zu wünschen übrig und wä-

---

[1293] KommE *Zera / Montedison und Hinkens/Stähler*, ABl. 1993 L 272, S. 44ff. Rn. 128; nur eingeschränkt als ergänzendes Merkmal Roth/Ackermann, Frankfurter Kommentar V, Grundfragen Art. 81 Abs. 1 Rn. 333; Gleiss/Hirsch, Art. 85 Abs. 1 Rn. 272.

[1294] Kleinmann, S. 136f.; ebenfalls kritisch Mayer, S. 213ff.

[1295] Kommission, Bekanntmachung Umsatzberechnung 1998.

[1296] Gleiss/Hirsch, Bd. I, art. 85 (I) E. Spürbarkeit Rn. 267.

[1297] Schütz in GK, EU-FKVO, Rn. 29; Kleinmann, S. 136f.

[1298] Kleinmann, S. 136f.

[1299] Kleinmann, S. 136f.

re durch die Einführung eines qualitativen oder auch gemischt quantitativen-qualitativen Kriteriums nicht beseitigt.
Ein weiterer Vorteil wäre, dass dem Merkmal der Handelsbeeinträchtigung damit der Weg eröffnet würde, gegenüber dem Merkmal der Wettbewerbsbeeinträchtigung an Profil zu gewinnen. Die Verwendung der gleichen quantitativen Maßstäbe in Form von Marktanteilen zur Ermittlung der Spürbarkeit der Handelsbeeinträchtigung wie auch der Wettbewerbsbeeinträchtigung hat eine Vermengung der beiden unabhängigen Merkmale herbeigeführt, die zum Nachteil der Zwischenstaatlichkeitsklausel gereicht hat.[1300] Hierfür bestände nunmehr keine Grundlage.
Für eine Neuausrichtung nach dem Vorbild der FKVO spricht aber nicht nur die einfache Handhabung der Umsatzkriterien, sondern die parallel dazu mögliche Einführung einer Ausschließlichkeitsregelung. Denn verbunden mit klaren Abgrenzungskriterien würden auch Auseinandersetzungen bezüglich der Frage, ob ein Konflikt überhaupt vorliegt, von vornherein vermieden. Gegenüber der parallelen Anwendung des nationalen und des Gemeinschaftsrechts wäre dies ein wesentlicher Fortschritt.[1301] Die derzeitige Kombination aus paralleler Anwendbarkeit, weitem Anwendungsbereich des Gemeinschaftsrechts und Vorrang des Gemeinschaftsrechts vor nationalem Kartellrecht macht es den nationalen Behörden mehr als schwierig, nationales Recht anzuwenden.[1302] Dies gilt auch für die Regelung des Art. 3 der Ratsverordnung 1/2003, da sie sich an der bisherigen Rechtsprechung orientiert.
Die Einführung der Ausschließlichkeitsregelung scheiterte schließlich am Widerstand zumindest eines Mitgliedstaates; dies ist aber vor dem genannten Hintergrund der bestehenden Praxis nur verständlich. Eine restriktivere Regelung der Zwischenstaatlichkeitsklausel hingegen, die durch die Umsatzschwellen an Profil und Vorhersehbarkeit gewinnen würde, dürfte verbunden mit der Ausschließlichkeitsregelung auch für die Mitgliedstaaten attraktiv sein. Die Gefahr, dass den Mitgliedstaaten kein wesentlicher Raum verbliebe, in dem sie das nationale Kartellrecht anwenden können, wäre beseitigt. Zur Steigerung der Akzeptanz der Einführung einer Ausschließlichkeitsregel würde auch die Einführung von Verweisungsregeln nach dem Vorbild der FKVO helfen.[1303] Gleichzeitig würden mit der Möglichkeit des gegenseitigen Verweises von Fällen die Folgen der starren Aufgreifschwellen in Grenzfällen abgemildert.[1304] Allerdings sollte anders als in der FKVO die Pflicht der Kommission in den Fällen des Art. 9 FKVO, wenn kein wesentlicher Gemeinsamer Markt vorliegt, zur

---

[1300] GA Reischl in EuGH Hugin, Slg. 1979-II, S. 1919; Rehbinder, I/M, EG-WbR Bd. I, Einleitung Rn. 14; Braxator, S. 122.
[1301] Wesseling, European Law Review 1997, S. 50.
[1302] Wesseling, European Law Review 1997, S. 49 und oben Kapitel 3, 1. Teil E.
[1303] Kapitel 3, 3. Teil B. II. 3. b), c).
[1304] Wesseling, European Law Review 1997, S. 50.

Verweisung festgeschrieben werden, um die Wiederholung der Diskussionen hierüber zu vermeiden.[1305]

Mit der Neuausrichtung der Zwischenstaatlichkeitsklausel nach Vorbild der FKVO wird auch kein anderer Begriff der Zwischenstaatlichkeitsklausel eingeführt,[1306] der eine Neufassung des primären Gemeinschaftsrechts erfordern würde. Die einzelnen Merkmale der Zwischenstaatlichkeitsklausel finden dann in den Umsatzschwellen ihren Ausdruck.[1307] Die Verknüpfung des Merkmals der gemeinschaftsweiten Bedeutung mit dem der Zwischenstaatlichkeitsklausel war schon der zugrundeliegende Gedanke bei der Festlegung der Aufgreifkriterien durch die Kommission.[1308] Das Überschreiten der Umsatzschwellen enthält die Vermutung, dass wegen des grenzüberschreitenden Bezugs des gemeinschaftsweiten Umsatzes auch die zwischenstaatlichen Handelsströme beeinflusst sein könnten.[1309] Maßnahmen von Unternehmen, deren Umsätze über den Aufgreifschwellen liegen, legen die Beeinflussung der Wettbewerbsstruktur ebenfalls nahe. Gleichzeitig verdeutlichen die niedergelegten Umsatzzahlen, die als Mindestumsatz formuliert sind, auch die Spürbarkeit.[1310] Da die Umsatzzahlen vom Gerichtshof als Indiz gewertet werden und auch in den früheren Bagatellbekanntmachungen der Kommission enthalten waren, kann jedenfalls nicht behauptet werden, dass eine an Umsatzzahlen ausgerichtete Feststellung der spürbaren Handelsbeeinträchtigung neu wäre.[1311]

Schließlich ist auch die Möglichkeit unterschiedlicher Entscheidungen, wegen des größeren Freiraums für die nationalen Kartellbehörden, theoretischer Natur. Aufgrund der verstärkten bi- und multilateralen Kooperation der nationalen Kartellbehörden sind abweichende Entscheidungen als unwahrscheinlich einzuschätzen.[1312]

I. Folgen für Art. 82 EG

Ebenso wie im Rahmen der bisherigen Auslegung und Anwendung der Zwischenstaatlichkeitsklausel stellt sich die Frage, ob die Neuausrichtung auch ohne weiteres auf die Zwischenstaatlichkeitsklausel des Art. 82 EG übertragen werden kann oder Anpassungen notwendig sind, die aus den unterschiedli-

---

[1305] Kapitel 3, 3. Teil B. II. 3. c) (2), (3).
[1306] Rehbinder in I/M, EG-WbR Bd. I, Einleitung E. Rn. 14.
[1307] Krimphove, S. 223.
[1308] Sauter, FS Quack, S. 662.
[1309] Montag/Kaessner, WuW 1997, S. 785f.; Wagemann in Wiedemann, Hdb. KartellR, § 15 Rn. 18.
[1310] Krimphove, S. 223.
[1311] Siehe hierzu bereits oben Kapitel 3, 3. Teil B. III. 1.
[1312] Zum Beispiel das Diskussionsforum European Competition Authorities – Böge/Schaub, WuW 2001, S. 926f.

chen Naturen des Art. 81 und Art. 82 EG folgen. Grundsätzlich bleibt es auch im Rahmen der Neuausrichtung bei der gleichen Anwendung, was auch durch den Grundsatz der Einheitlichkeit der Auslegung und Anwendung des Gemeinschaftsrechts vorgegeben ist.[1313] Gerade die Nähe des Art. 82 EG zur FKVO, die primär als Strukturkontrolle ausgestaltet sind,[1314] legt nahe, die Umsatzschwellen anzuwenden.

In die Umsatzberechnung sind dann die Zahlen des Unternehmens beziehungsweise der Unternehmen einzusetzen, denen der Missbrauch vorgeworfen wird, sowie die Umsatzzahlen der vom Missbrauch betroffenen Unternehmen. Denkbar wäre auch, nur die Umsatzzahlen des der Missbrauchskontrolle unterworfenen Unternehmens heranzuziehen. Im Falle kollektiven Missbrauchs wäre dann auf das Unternehmen abzustellen, das die Umsatzschwellen erfüllt. Nicht ausgeschlossen wäre in solchen Fällen auch, die Umsatzschwellen aller beteiligten Unternehmen zu addieren.

Eine inhaltliche Abweichung dergestalt, dass der Grundsatz der Einheitlichkeit der Rechtsauslegung und Anwendung verletzt würde, ist somit unabhängig von der befürworteten Variante nicht zu sehen. Damit könnten die Umsatzzahlen für Art. 81 Abs. 1 EG und Art. 82 EG unterschiedlich in der Höhe ausfallen, sie entsprächen aber lediglich einer Anpassung an die Abweichungen, die aus der nicht auf Vereinbarungen beruhenden Natur des Missbrauchs entstehen.[1315]

II. FOLGEN FÜR DIE RECHTSNATUR DER ZWISCHENSTAATLICHKEITSKLAUSEL

Bisher war die Rechtsnatur der Zwischenstaatlichkeitsklausel umstritten. Im Wesentlichen ist bei diesem Streit zwischen den zwei der Zwischenstaatlichkeitsklausel zugedachten Funktionen zu unterscheiden: der Funktion der Zwischenstaatlichkeitsklausel als Sachnorm und als Kollisionsnorm. Als Sachnorm stellt sie ein Tatbestandsmerkmal dar, das den Anwendungsbereich des Kartellverbotes auf solche Wettbewerbsbeschränkungen beschränkt, die wegen der mit ihnen verbundenen Beeinflussung der innergemeinschaftlichen beziehungsweise grenzüberschreitenden Handelsströme die Verwirklichung eines einheitlichen Binnenmarktes behindern.[1316] Als Kollisionsnorm beschreibt sie die Abgrenzungsfunktion des Anwendungsbereichs des gemeinschaftsrechtlichen vom nationalen Kartellrecht und eröffnet erst die Prüfung des Verbots.[1317]

Teilweise wird der Zwischenstaatlichkeitsklausel ausschließlich die Funktion einer Kollisionsnorm zugestanden, so dass ihr bezüglich Art. 81 Abs. 1 EG

[1313] Siehe bereits Kapitel 3, 1. Teil C. V. I.

[1314] EuGH *Commercial Solvents*, Slg. 1974, S. 254 Rn. 33; Rehbinder in I/M, EG-WbR Bd. I, Einleitung E. Rn. 45.

[1315] Rehbinder in I/M, EG-WbR Bd. I, Einleitung E Rn. 45.

[1316] Stockhuber in Grabitz/Hilf, EUV/EGV I (Amsterdamer Vertrag), Art. 205.

[1317] Stockhuber in Grabitz/Hilf, EUV/EGV I (Amsterdamer Vertrag), Art. 205; Roth/Ackermann, Frankfurter Kommentar V, Grundfragen Art. 81 Abs. 1 Rn. 301.

keine inhaltlichen Wertungen zu entnehmen seien.[1318] Grundlage dieser Auffassung ist zum einen die in diese Richtung zu deutende Rechtsprechung des EuGH, weil dieser den Begriff der Beeinträchtigung neutral auslegt.[1319]
Nach überwiegender Auffassung wird die Zwischenstaatlichkeitsklausel als Sachnorm und als Kollisionsnorm verstanden.[1320] Dies rühre daher, dass die Abgrenzungsfunktion zumindest auch in der materiellen Tatbestandsvoraussetzung begründet liege. Insoweit bestehe ein Wechselverhältnis dahingehend, dass die materielle Funktion der Zwischenstaatlichkeitsklausel auch deren Abgrenzungsfunktion bestimme.[1321] Aus der historischen Auslegung selbst könne diese These zwar nicht begründet werden, sie spreche aber auch nicht gegen sie.[1322] Auch der Berufung der Gegenansicht auf die neutrale Auslegung des Begriffs der „Beeinträchtigung" wird widersprochen, da sich aus den Feststellungen des EuGH nicht a priori schließen lasse, dass dem Begriff der Beeinträchtigung keine inhaltlichen Wertungen entnommen werden könnten. Zu beachten sei auch, dass die Zwischenstaatlichkeitsklausel nicht die typischen Bestandteile einer Kollisionsnorm vorweise.[1323]
Aus letzterem[1324] schließt eine weitere Auffassung, dass die Zwischenstaatlichkeitsklausel ausschließlich als Sachnorm zu sehen sei. Ob ihr daneben eine Qualifikation als Kollisionsnorm zukomme, sei rechtlich nicht relevant.[1325] Als Sachnorm sei die Zwischenstaatlichkeitsklausel jedenfalls zu qualifizieren, weil sie die materielle Frage der Bedeutung des Sachverhalts für die Verwirklichung der Ziele eines einheitlichen Marktes regele und nur dies den Eingang in die Auslegung des Tatbestands des Art. 81 Abs. 1 EG ermögliche.[1326] Damit werde die Folge der Prüfung der Tatbestandsmerkmale in Art. 81 EG nicht vorgegeben, so dass es nicht zwingend sei, die Handelsbeeinträchtigung vor der Wettbewerbsbeschränkung zu prüfen.[1327]

Von der Doppeleigenschaft der Zwischenstaatlichkeitsklausel geht wohl auch die Praxis aus, wenn man die Prüfungsreihenfolge als Indiz wertet und die Aussagen der EG-Organe betrachtet. Die EG-Kommission prüft regelmäßig

---

[1318] Bellamy/Child, S. 107 Rn. 2-126; Steckhan, S. 104ff.
[1319] Siehe Nachweise bei Bruhin, S. 61; Steckhan, S. 104ff.
[1320] Gleiss/Hirsch, 4. A., Art. 85 Abs. 1 Rn. 230; Bunte in Langen/Bunte, KartR, Art. 81 – Generelle Prinzipien Rn. 117; GTE-Schröter, Band 2/I, Art. 85 I Rn. 163; Königs, S. 570; Roth/Ackermann, Frankfurter Kommentar V, Grundfragen Art. 81 Abs. 1 Rn. 301; Rehbinder in I/M, EG-WbR Bd. I, Einleitung E. Rn. 8.
[1321] Bruhin, S. 63.
[1322] Bruhin, S. 61f.
[1323] Bruhin, S. 62f.; zu den Voraussetzungen einer Kollisionsnorm - Kropholler, S. 99ff.
[1324] Anders aber bei dem Merkmal „im Gemeinsamen Markt" - Roth/Ackermann, Frankfurter Kommentar V, Grundfragen Art. 81 Abs. 1 Rn. 301.
[1325] Roth/Ackermann, Frankfurter Kommentar V, Grundfragen Art. 81 Abs. 1 Rn. 301.
[1326] Roth/Ackermann, Frankfurter Kommentar V, Grundfragen Art. 81 Abs. 1 Rn. 301.
[1327] GTE-Schröter, Band 2/I, Art. 85 I Rn. 163

die Handelsbeeinträchtigung erst als letztes Merkmal.[1328] Nicht so eindeutig sieht es beim EuGH aus. Zu Beginn seiner Tätigkeit prüfte er die Zwischenstaatlichkeitsklausel vor der Wettbewerbsbeschränkung.[1329] Zwischendurch ist der Gerichtshof dazu übergegangen, die Prüfungsreihenfolge umzudrehen,[1330] obwohl man von einem tatbestandsbegründenden Merkmal das Gegenteil erwartet.[1331] Der Prüfungsreihenfolge ist letztendlich aber keine Bedeutung zugemessen, da beide Tatbestandsmerkmale gleichwertig sind.[1332] Der pragmatische Ansatz der europäischen Praxis wird ohnehin der Rechtsnatur der Zwischenstaatlichkeitsklausel keine wesentliche Bedeutung für ihre Anwendung entnehmen und – so sieht die Praxis aus – eine Doppelfunktion annehmen, die ihr alle Möglichkeiten offen hält. Daher bezieht sie die Vertragsziele in die Auslegung der Zwischenstaatlichkeitsklausel ein, was für eine Sachnorm spricht, und sieht auch die Funktion der Zwischenstaatlichkeitsklausel darin, den Anwendungsbereich des Gemeinschaftsrechts von dem des Rechts der Mitgliedstaaten abzugrenzen.[1333]

Die Diskussion um die Rechtsnatur der Zwischenstaatlichkeitsklausel wird durch die Neuausrichtung nicht zwingend berührt. Die Merkmale der spürbaren Handelsbeeinträchtigung zwischen Mitgliedstaaten sind in den Umsatzschwellen enthalten.[1334] Zwar wäre es zweckmäßig, die Aufgreifschwellen schon wegen der vereinfachten Prüfungskriterien der Tatbestandsprüfung voranzustellen. Die Prüfungsreihenfolge beruht aber ausschließlich auf Zweckmäßigkeitsgesichtspunkten und muss keine Indizwirkung für eine Kollisionsnorm haben. Auch die Funktion als Sachnorm wird nicht ausgeschlossen, da auch im Rahmen einer an Aufgreifschwellen orientierten Zwischenstaatlichkeitsklausel die Wertungen des EG-Vertrags einfließen können. So kann im Zusammenhang mit den erfassten Sachverhalten und der Höhe der Umsatzschwellen eine Aussage über den Fortschritt der Integration des Gemeinsamen Marktes entnommen werden: Je mehr Unternehmen im Laufe der Zeit bei gleichbleibender Höhe die Umsatzschwellen überschreiten, desto mehr ist von grenzüberschreitenden Transaktionen auszugehen. Damit würde die bisherige Entwicklung der erfassten Fälle durch das Gemeinschaftskartellrecht als Indikator über den Integrationsstand weitergeführt. Gleiches gilt für die Gefahr der Handelsstrombeeinflussung oder auch die Wettbewerbsstruktur als Kriterien

---

1328 GTE-Schröter, Band 2/I, Art. 85 I Rn. 163.

1329 EuGH "*Maschinenbau Ulm*", Slg. 1966, S. 303f.; EuGH *Lancôme ./. Etos*, Slg. 1980, S. 2536 Rn. 22ff.

1330 EuGH *BNIC ./. Clair*, Slg. 1985-I, 422ff. Rn. 13ff.; dagegen wiederum EuGH *Javico*, Slg. 1998-I, S. 983ff. Rn. 11ff.

1331 Königs, S. 570.

1332 GTE-Schröter, Band 2/I, Art. 85 I Rn. 163.

1333 EuGH *Maschinenbau Ulm*, Slg. 1966, S. 303; EuGH *Hugin*, Slg. 1979-II, S. 1899 Rn. 17ff.

1334 Krimphove, S. 223.

der Zwischenstaatlichkeitsklausel. Diese Kriterien gehen nicht verloren, sondern in den Umsatzschwellen auf.[1335]

Die Einführung einer Ausschließlichkeitsnorm hat hingegen nichts mit der Rechtsnatur der Zwischenstaatlichkeitsklausel zu tun und ist unabhängig davon zu bewerten. Eine Art. 21 FKVO entsprechende Ausschließlichkeitsvorschrift setzt voraus, dass der Anwendungsbereich des EG-Kartellrechts eröffnet ist. Ist dies der Fall, wird das Verhältnis der anwendbaren Rechtsordnungen angesprochen. Diese Exklusivitätsregelung geht weit über die Regelung von Normenkonflikten nach dem allgemeinen Grundsatz des Vorrangs des Gemeinschaftsrechts hinaus.[1336] Das Ausschließlichkeitsprinzip der FKVO verhindert die Anwendung des nationalen Rechts generell, sofern die Umsatzschwellen überschritten werden. Es kommt daher auf den Inhalt der europäischen oder nationalen Fusionskontrolle an, um einen Konfliktfall feststellen zu können.[1337] Auf einen Konfliktfall wie bei der Vorrang-Theorie kommt es hier also nicht an, da nationale und europäische Regelungen gerade nicht nebeneinander anwendbar sind. Das nationale Recht wird für wettbewerbsrelevante Maßnahmen im Sinne der Art. 81, 82 EG überflüssig.[1338]

III. FOLGEN FÜR DIE EXTRATERRITORIALE ANWENDUNG DER ART. 81, 82 EG

Besondere Wertungsprobleme rufen im Rahmen der Art. 81, 82 EG außerhalb der EG (so genannte Drittstaaten) veranlasste wettbewerbsrelevante Maßnahmen hervor. Damit wird die Frage der extraterritorialen Anwendung des Europäischen Kartellrechts angesprochen, deren Antwort weder im Tatbestand der Art. 81, 82 EG noch sonst im EG-Vertrag ausdrücklich normiert ist.[1339]
Im Verhältnis zu Drittstaaten entstehen besondere völkerrechtliche Bedenken, wenn das Gemeinschaftsrecht auf in Drittstaaten veranlasste wettbewerbsrelevante Maßnahmen angewendet wird, insbesondere wenn das Drittstaatenrecht die wettbewerbsrelevanten Maßnahmen erlaubt und damit eventuell in wirtschafts- und ordnungspolitische Vorstellungen des Drittstaates eingegriffen wird.[1340] Daher stellt sich die Frage, ob in solchen Fällen die Anwendbarkeit der EG-Kartellregeln, um einen Verstoß gegen das Völkerrecht oder der Völkercourtoisie (*comitas gentium*) zu vermeiden, einzuschränken ist.[1341] Folge

---

[1335] Krimphove, S. 223Montag/Kaessner, WuW 1997, S. 785f.; Wagemann in Wiedemann, Hdb. KartellR, § 15 Rn. 18 und oben Kapitel 3, 3. Teil D.
[1336] Krimphove, S. 382; Rösler, Frankfurter Kommentar V, Art. 21 FKVO Rn. 4; Niederleithinger, WuW 1990, S. 722.
[1337] Krimphove, S. 382.
[1338] Miersch, S. 176; Rösler, Frankfurter Kommentar V, Art. 21 FKVO Rn. 4; Niederleithinger, WuW 1990, S. 722.
[1339] Knebel, EuZW 1991, S. 266f.; Bruhin, S. 121.
[1340] Vorbringen der amerikanischen Klägerinnen im Verfahren vor dem EuGH *Ahlström u .a.*, Slg. 1988-V, S. 5241 Rn. 7; Rehbinder in I/M, EG-WbR Bd. I, Einleitung E. Rn. 53.
[1341] Basedow, NJW 1989, S. 636.

wäre, dass das EG-Kartellrecht bei Sachverhalten mit außergemeinschaftlichem Bezug anders auszulegen und anzuwenden wäre als bei innergemeinschaftlichen Sachverhalten. Insofern ist die derzeitige Bedeutung der Zwischenstaatlichkeitsklausel für die Lösung extraterritorialer Sachverhalte und die Folgen der vorgestellten Neuausrichtung von Interesse.

1. BISHERIGES VERHÄLTNIS VON ZWISCHENSTAATLICHKEITSKLAUSEL UND EXTRATERRITORIALER ANWENDUNG DER ART. 81, 82 EG

Der Gerichtshof hat die Anwendung der Art. 81, 82 EG auf Unternehmen mit Sitz in Drittstaaten grundsätzlich anerkannt.[1342] Dabei legt der Gerichtshof seine üblichen Definitionen der Zwischenstaatlichkeitsklausel zugrunde.[1343] Soweit der EuGH sich mit der völkerrechtlichen Problematik der extraterritorialen Anwendung der Gemeinschaftlichen Kartellregeln auseinandergesetzt hat, beschränken sich seine Ausführungen darauf, dass ein unmittelbarer Bezug zwischen dem Drittstaatunternehmen und der Wettbewerbsbeschränkung existieren und somit das Drittstaatunternehmen in irgendeiner Art und Weise am Vertrag mit den in der Gemeinschaft ansässigen Unternehmen teilnehmen muss; wobei es für die Anwendung der Art. 81, 82 EG nicht genügt, wenn die wettbewerbsbeschränkende Maßnahme nicht durchgeführt wird.[1344] Damit spricht der EuGH die Frage an, ob bei extraterritorialen Sachverhalten eine Eingrenzung der Art. 81, 82 EG über das Territorialitätsprinzip oder das weitergehende Auswirkungsprinzip erfolgen soll.
Nach dem Territorialitätsprinzip ist die Anwendung und Durchsetzung auf der Grundlage einer bestimmten Rechtsordnung regelmäßig auf den räumlichen Geltungsbereich dieser Ordnung begrenzt, d. h. eine nach Art. 81, 82 EG verbotene Maßname von einem ausländischen Unternehmen wird nur von den EG-Kartellregeln erfasst, wenn sie innerhalb der Gemeinschaft vorgenommen worden ist.[1345]
Nach dem reinen Auswirkungsprinzip hingegen genügt für die extraterritoriale Anwendung des EG-Kartellrechts, dass die in Drittstaaten veranlassten verbotenen Maßnahmen Auswirkungen in der Gemeinschaft haben.[1346] Der EuGH gibt – wie schon zuvor –[1347] keine abschließende Stellungnahme dazu ab, ob das Auswirkungsprinzip, wenn auch beschränkt, oder das Territorialitätsprinzip anwendbar ist und insofern die außergemeinschaftliche Anwendung der EG-

[1342] EuGH *Ahlström*, Slg. 1988-V, S. 5243 Rn. 11ff.; Schwarze, WuW 2001, S. 1193ff.
[1343] EuGH *Béguelin*, Slg. 1971, S. 960 Rn. 10/12; Wiedemann in Wiedemann, Hdb. KartellR, § 5 Rn. 13.
[1344] EuGH *Ahlström,* Slg. 1988-V, S. 5243 Rn. 16f., 27f.; ablehnend Rehbinder in I/M, EG-WbR Bd. I, Einleitung E. Rn. 87; Knebel, EuZW 1991, S. 274.
[1345] Bunte in Langen/Bunte, KartR, Einführung zum EG-Kartellrecht Rn. 36.
[1346] Bunte in Langen/Bunte, KartR, Einführung zum EG-Kartellrecht Rn. 36.
[1347] Siehe hierzu die Analyse des GA Darmon der EuGH-Rechtsprechung zum „*Farbstofffall*", Slg. 1972, S. 619ff., 787ff., 845ff. in seinem Schlussantrag zu EuGH *Ahlström*, Slg. 1988-V, S. 5216 Rn. 11-14.

Wettbewerbsregeln eingeschränkt wird. Für die Tatbestandsmerkmale, insbesondere für die Zwischenstaatlichkeitsklausel, folgt aus der Rechtsprechung des Gerichtshofs jedenfalls nicht, dass diese bei extraterritorialen Sachverhalten enger ausgelegt werden müssten als bei innergemeinschaftlichen. Der Gerichtshof legt vielmehr den Tatbestand des Art. 81 EG ohne Einschränkung zugrunde.[1348]

Etwas anderes ergibt sich für das Merkmal der Handelsbeeinträchtigung auch nicht aus der Praxis der Kommission, die für die extraterritoriale Anwendung der Art. 81, 82 EG von einem qualifizierten Auswirkungsprinzip[1349] ausgeht, indem sie wesentliche Auswirkungen im Gemeinsamen Markt verlangt.[1350] Im Rahmen der Zwischenstaatlichkeitsklausel hat dies aber keine Auswirkungen, da sie auf materiell-rechtlicher Ebene eine Qualifikation des Auswirkungsprinzips im Sinne wesentlicher Auswirkungen bereits mit dem ungeschriebenen Merkmal der Spürbarkeit verwirklicht.[1351]

Anders in der Literatur, in der diskutiert wird, wenn das Auswirkungsprinzip zugrunde gelegt wird, ob dieses dergestalt zu begrenzen ist, dass tatsächliche Auswirkungen vorliegen müssen, sog. qualifizierte Auswirkung.[1352] Diese Forderung hat zur Folge, dass bei extraterritorialen Sachverhalten eine Wettbewerbsbeschränkung immer „bewirkt" sein müsste,[1353] obwohl im Rahmen des Art. 81 Abs. 1 EG die bloße Beabsichtigung der Wettbewerbsbeschränkung genügt („bezwecken").[1354] Die Zwischenstaatlichkeitsklausel wird indessen von dieser Diskussion nicht erfasst, obwohl auch hier die Möglichkeit bestünde anzuknüpfen.[1355] Dann wäre allerdings fraglich, ob nicht qualifizierte potenzielle Gefahren und Beeinträchtigungen oder Beeinflussungen den völkerrechtlichen Anforderungen für extraterritoriale Anwendung genügen, wie sie in Art. 81 EG auch durch Verwendung der Zwischenstaatlichkeitsklausel formuliert sind.[1356]

Wegen einer fehlenden ausdrücklichen Kollisionsnorm sind die Art. 81, 82 EG auf außergemeinschaftliche Sachverhalte grundsätzlich uneingeschränkt anwendbar, wenn die Tatbestandsvoraussetzungen erfüllt sind. Die Zwischen-

---

[1348] EuGH *Ahlström*, Slg. 1988-V, S. 5243 Rn. 11ff.; Bruhin, S. 123.

[1349] Zu den völkerrechtlichen Grenzen des Auswirkungsprinzips allgemein und für die Art. 81, 82 EG insbesondere - Rehbinder in I/M, EG-WbR Bd. I, Einleitung E. Rn. 65ff., 81ff.

[1350] Kramp, S. 93f.; Rehbinder in I/M, EG-WbR Bd. I, Einleitung E. Rn. 59.

[1351] Rehbinder in I/M, EG-WbR Bd. I, Einleitung E Rn. 69, 82.

[1352] Bär, S. 332ff.; Kramp, S. 54f.; Wiedemann in Wiedemann, Hdb. KartellR, § 5 Rn. 6; Basedow, NJW 1989, S. 636ff.; Generalanwalt Darmon in EuGH *Ahlström*, Slg. 1988-V, S. 5226, Rn. 53ff., für das US-amerikanische Antitrust - Juenger, WuW 1990, S. 602ff.

[1353] Gleiss/Hirsch, EG-KartellR Bd. I, Einl. Rn. 27ff.; Bunte in Langen/Bunte, KartR, Einf. Rn. 42; Haymann, S. 186f., Homburger/Jenny, S. 76.

[1354] Aus diesem Grunde gegen eine Beschränkung des Art. 81 EG - Bruhin, S. 123.

[1355] Bruhin, S. 123.

[1356] Haymann, S. 154ff.; Rehbinder in /M, EG-WbR Bd. I, Einleitung E. Rn. 86.

staatlichkeitsklausel ist insofern lediglich ein inneres Abgrenzungsmerkmal zum nationalen Recht,[1357] als z. B. außergemeinschaftliche wettbewerbsrelevante Maßnahmen nicht erfasst werden, wenn sie ausschließlich einen Mitgliedstaat betreffen.[1358] Den Bezug zum internationalen Anwendungsbereich der gemeinschaftlichen Kartellregeln legt die Zwischenstaatlichkeitsklausel also nicht selbst fest.[1359] Weitere Bedeutung kommt ihr im Rahmen der außergemeinschaftlichen Anwendbarkeit der EG-Kartellregeln nicht zu. Die Diskussion um die Erforderlichkeit einer restriktiven Auslegung durch das Erfordernis einer tatsächlichen Wirkung, um die völkerrechtliche Zulässigkeit zu gewährleisten, geht daher an ihr vorbei. Einer Einschränkung der Zwischenstaatlichkeitsklausel bei extraterritorialen Sachverhalten bedarf es auch nicht, da sie selbst bereits zur völkerrechtlichen Zulässigkeit beiträgt, indem sie auf materieller Ebene die Spürbarkeit der zwischenstaatlichen Handelsbeeinflussung verlangt und damit einer qualifizierten Auswirkung genügt.[1360] Für die Auslegung und Anwendung der Zwischenstaatlichkeitsklausel folgt daher, dass an sie im Rahmen von extraterritorialen Fällen keine höheren Anforderungen gestellt werden als bei innergemeinschaftlichen Sachverhalten und dass dies auch gerechtfertigt ist.

2. Folgen der Neuausrichtung für das Verhältnis von Zwischenstaatlichkeitsklausel und extraterritorialer Anwendung der Art. 81, 82 EG

Die Umsatzschwellen würden dazu führen, dass Unternehmen, die ihre Umsätze auch in der Gemeinschaft erzielen und die entsprechenden Schwellen überschreiten, in den Anwendungsbereich der Art. 81, 82 EG fallen würden. Das geschähe unabhängig davon, ob die wettbewerbsrelevante Maßnahme in Drittstaaten veranlasst wurde oder nicht. Die hinreichenden Auswirkungen auf den Gemeinsamen Markt würden nämlich durch das Überschreiten der Umsatzschwellen vermutet, da die Unternehmen dann in erheblichem Umfang in der Gemeinschaft tätig wären.[1361] Insoweit wäre es auch unnötig, den territorialen Anwendungsbereich wegen völkerrechtlicher Prinzipien dergestalt einzuschränken, dass ein ungeschriebenes Tatbestandsmerkmal im Sinne einer wesentlichen oder spürbaren Auswirkung in der Gemeinschaft hineinzulesen sei.[1362] Praktisch relevant dürfte ein solches Anliegen ohnehin nicht werden, da die Kommission und der Gerichtshof von ihrer Auffassung zum bisherigen

---

[1357] Ulmer, Anwendungsbereich, S. 18; Basedow, NJW 1989, S. 633.
[1358] Wiedemann in Wiedemann, Hdb. KartellR, § 5 Rn. 13.
[1359] Ulmer, Anwendungsbereich, 18.
[1360] Rehbinder in I/M, EG-WbR Bd. I, Einleitung E Rn. 69, 82.
[1361] Montag/Kaessner, WuW 1997, S. 785f.; Wagemann in Wiedemann, Hdb. KartellR, § 15 Rn. 18.
[1362] Für das Auswirkungsprinzip: Montag/Kaessner, WuW 1997, S. 785f.; Bechtold, EuZW 1994, S. 658; Wiedemann in Wiedemann, Hdb. KartellR, § 5 Rn. 16; a. A.: Wagemann in Wiedemann, Hdb. KartellR, § 15 Rn. 20;Immenga in I/M, EG-WbR Bd. I, Art. 1 FKVO Rn. 12.

Verhältnis von extraterritorialer Anwendung der EG-Kartellregeln und Auslegung der Zwischenstaatlichkeitsklausel kaum abweichen dürften. Zum einen wäre durch die Einführung von Umsatzschwellen kein Grund ersichtlich, warum an die bisherige uneingeschränkte Anwendung der Zwischenstaatlichkeitsklausel bei außergemeinschaftlichem Bezug erhöhte Anforderungen zu stellen wären. Außerdem vertritt die Kommission bereits im Rahmen der FKVO die Auffassung, die Aufgreifkriterien seien uneingeschränkt anwendbar.[1363] Die Übertragung dieser Auffassung würde die bisherige Auffassung zur uneingeschränkten Anwendung der Zwischenstaatlichkeitsklausel bei außergemeinschaftlichen Fällen nur bestärken. Daran ändert auch nichts, dass die Kommission - mit der Feststellung der quantitativen gemeinschaftsweiten Bedeutung - Ausführungen zu den konkreten Auswirkungen der Zusammenschlüsse in der EU gemacht hat. Dahinter stand keinesfalls die Absicht, in die FKVO ein ungeschriebenes Tatbestandsmerkmal hineinzulesen, sondern nur die Bedeutung der Fälle für den Gemeinsamen Markt zu belegen.[1364] Im Übrigen besteht auch nicht aus völkerrechtlicher Sicht ein zwingender Grund, bei quantitativer Interpretation der Zwischenstaatlichkeitsklausel, eine Änderung dahingehend vorzunehmen, dass bei extraterritorialen Sachverhalten höhere Anforderungen an die Zwischenstaatlichkeitsklausel zu stellen seien. Insoweit stellt die Spürbarkeit der zwischenstaatlichen Handelsbeeinträchtigung, die durch das Überschreiten der Umsatzschwellen vermutet wird,[1365] eine ausreichend qualifizierte Vermutung von innergemeinschaftlichen Auswirkungen dar.[1366]

Auch bei Übertragung der Aufgreifkriterien der FKVO als quantitatives Abgrenzungskriterium der Zwischenstaatlichkeitsklausel würde sich daher bei der Auslegung und Anwendung der Zwischenstaatlichkeitsklausel im Rahmen von extraterritorialen Sachverhalten keine Abweichung zu innergemeinschaftlichen Sachverhalten ergeben. Es bleibt bei der uneingeschränkten Anwendung, ohne dass weitere – höhere – Anforderungen zu erfüllen wären, um zu einer außergemeinschaftlichen Anwendung der Art. 81, 82 EG zu gelangen.

[1363] KommE *Gencor / Lonrho*, ABl. 1997 L 11, S. 30 Rn. 14ff.; KommE *Boeing / McDonell Douglas*, ABl. 1997 L 336, S. 16 Rn. 8ff.; Schwarze, WuW 2001, S. 1196ff.; Wagemann in Wiedemann, Hdb. KartellR, § 15 Rn. 20.

[1364] KommE *Gencor / Lonrho*, ABl. 1997 L 11, S. 30 Rn. 14ff.; KommE *Boeing / McDonell Douglas*, ABl. 1997 L 336, S. 16 Rn. 8ff.; Wagemann in Wiedemann, Hdb. KartellR, § 15 Rn. 20.

[1365] Montag/Kaessner, WuW 1997, S. 785f.; Wagemann in Wiedemann, Hdb. KartellR, § 15 Rn. 18 und oben Kapitel 3, 3. Teil D.

[1366] Rehbinder in I/M, EG-WbR Bd. I, Einleitung E. Rn. 69, 82.

E. VERHÄLTNIS DER NEUAUSRICHTUNG ZUR ANGESTREBTEN REFORM DER VO 17/62

Nicht außer Acht gelassen werden dürfen die Wirkungen, die eine hier entworfene Neuausrichtung der Zwischenstaatlichkeitsklausel auf die reformierten Durchführungsvorschriften der VO 17/62 haben könnten. Das Ergebnis der Verhandlungen um die Reform ist aus Sicht der Kommission als nahezu „optimal" einzuschätzen, da ihre Vorschläge weitestgehend in die Ratsverordnung 1/2003 übernommen wurden.[1367]

Dieses beinhaltet den Wechsel vom Verbotssystem mit der möglichen Genehmigung der wettbewerbsbeschränkenden Vereinbarung zu einem Verbotssystem mit Legalausnahme und die verstärkte dezentrale Anwendung des Gemeinschaftskartellrechts durch die nationalen Behörden und Gerichte unter Aufhebung des Freistellungsmonopols. Einzig der Ausschluss der parallelen Anwendung von nationalen und gemeinschaftlichen Kartellregeln durch die Normierung der ausschließlichen Anwendbarkeit der EG-Kartellregeln konnte die Kommission beziehungsweise der Rat nicht durchsetzen.[1368]
Die hier vorgeschlagene Neuausrichtung der Abgrenzung des Anwendungsbereichs der EG-Kartellregeln von denen der Mitgliedstaaten gestaltet sich durch die quantitative Interpretation der Zwischenstaatlichkeitsklausel und der damit zusammenhängenden Formulierung von Verweisungsregeln bei gleichzeitigem Ausschluss der parallelen Anwendung der nationalen Kartellrechte.[1369]

Der Wechsel zum Verbotssystem mit Legalausnahme hätte für die Abgrenzung der Anwendungsbereiche von nationalem und europäischem Kartellrecht keine rechtliche Bedeutung, da die Reform der VO 17/62 von einem unveränderten Anwendungsbereich ausgeht und auch sonst hinsichtlich der Zwischenstaatlichkeitsklausel keine Aussagen trifft. Keine rechtlichen Wechselwirkungen bestehen aus gleichem Grund für die im Zusammenhang der Neuausrichtung vorgeschlagene Einführung von Verweisungsregeln und einer Ausschließlichkeitsregel. In tatsächlicher Hinsicht würde aber durch die Neuausrichtung erreicht, dass die Unternehmen genau abschätzen könnten, wann sie in den Anwendungsbereich der EG-Kartellregeln fallen und dementsprechend in den Genuss der Legalausnahme gelangen würden. Auf der anderen Seite wären dies aufgrund der auf Restriktion ausgelegten Neuausrichtung weniger Unternehmen als bisher.

Auch im Bereich der dezentralen Anwendung würden sich keine wesentlichen Änderungen durch die hier vorgeschlagene Quantifizierung der Zwischenstaatlichkeitsklausel ergeben. Dies rührt daher, dass sich die Zwischenstaatlich-

---

[1367] Siehe zur Reform der VO 17/62 oben Kapitel 2., 5. Teil.
[1368] Siehe oben Kapitel 2., 5. Teil A., D.
[1369] Siehe oben Kapitel 3, 3. Teil, B. II. und D.

keitsklausel auf Tatbestandsebene befindet und dementsprechend nur ins Verhältnis zur auf die Rechtsfolgenseite beschränkte Reform zu setzen ist. Ein rechtlicher Konflikt kann hieraus denklogisch nicht folgen. Dennoch ergeben sich mittelbare Auswirkungen auf die Dezentralisierung dergestalt, dass bei einer restriktiveren Definition des Anwendungsbereichs weniger Sachverhalte erfasst werden. Das Bedürfnis zur dezentralen Anwendung der EG-Kartellregeln ist damit – unabhängig vom rechtspolitischen Gedanken des Subsidiaritätsprinzips – nicht mehr in dem bisherigen Maße gegeben. Damit wird die Gefahr für die einheitliche Auslegung und Anwendung des Gemeinschaftsrechts verringert, die mit einer höheren Dezentralisierung zunehmen würde. Gleichzeitig wären auch die für die Gewährleistung der Kohärenz notwendigen und von der Kommission auch vorgesehenen Koordinierungsanforderungen verringert.

Von besonderer Bedeutung sind die vorgeschlagenen Verweisungsregeln nach dem Vorbild der FKVO, da das Aufgreifermessen der Kommission zum Teil modifiziert würde. Im Fall von Anträgen aus den Mitgliedstaaten auf Verweisung von Fällen, die einen nicht wesentlichen Teil des Gemeinsamen Marktes betreffen, würde das Aufgreifermessen gegen Null reduziert, so dass der Fall von der Kommission an die nationale Behörde verwiesen werden müsste. Ist ein wesentlicher Teil des Gemeinsamen Marktes betroffen, so bestünde hingegen keine Pflicht zur Verweisung. Sollte die Kommission in einem solchen Fall erwägen, eine Verweisung vorzunehmen, müsste sie auch darüber entscheiden, ob dies zur dezentralen Anwendung oder zur Anwendung der nationalen Regeln erfolgen soll.[1370]

Auch im Verhältnis von Zwischenstaatlichkeitsklausel und einer noch einzuführenden Ausschließlichkeitsregelung entstünden keine rechtlichen Probleme, da das Erfüllen der Zwischenstaatlichkeitsklausel die Folge der Ausschließlichkeit auslöst. Dies würde sowohl für die bisherige Handhabung des Anwendungsbereichs der Art. 81, 82 EG als auch in der Form der restriktiven Neuausrichtung gelten. In rechtspolitischer Hinsicht verfügt die Neuausrichtung über den Vorteil, dass den Vorbehalten der Mitgliedstaaten bezüglich der Reduktion der nationalen Kartellrechte zur Bedeutungslosigkeit wegen des extensiven Anwendungsbereichs der Art. 81, 82 EG in Verbindung dem Grundsatz vom Vorrang des Gemeinschaftsrechts entgegengetreten wird.[1371] Eine quantitativ interpretierte Zwischenstaatlichkeitsklausel erleichtert darüber hinaus die Vorhersehbarkeit und Überprüfbarkeit der Entscheidungen der Kommission hinsichtlich des anzuwendenden Rechts.

Das Verhältnis zwischen restriktiver Neuausrichtung der Zwischenstaatlichkeitsklausel und der VO-Reform zu den Durchführungsvorschriften ist also aus

---

[1370] Vergleiche auch oben Kapitel 2, 5. Teil, D.; Kapitel 3, 1. Teil, E. und F., 3. Teil, B. II. 3. b).
[1371] Siehe oben Kapitel 3, 3. Teil B. II. 2. und 3. a).

rechtlicher Sicht relativ unproblematisch. Dies folgt aus den verschiedenen Ebenen, auf denen sich die Vergleichsobjekte befinden. Die Wechselwirkungen ergeben sich also nur aus dem Verhältnis Tatbestand und Rechtsfolge, in dem Sinne, dass ein engerer Tatbestand (Anwendungsbereich) die für die Dezentralisierung vorgesehenen Sachverhalte von vornherein begrenzt.

Die Bedeutung des Verhältnisses von vorgeschlagener Neuausrichtung der Zwischenstaatlichkeitsklausel und der Reform der VO 17/62 liegt vielmehr auf der rechtspolitischen Ebene, da sie die Frage betrifft, wie effizienterer Wettbewerbsschutz im Gemeinsamen Markt zu erreichen ist: Durch möglichst weite Anwendung der Gemeinschaftskartellregeln in Verbindung mit den Möglichkeiten der Entlastung der Kommission durch Dezentralisierung oder stärkere Einbindung der nationalen Kartellrechte und Konzentration der europäischen Wettbewerbshüterin auf weniger Fälle, die sie auch tatsächlich bearbeiten kann? Eine grundsätzlich restriktivere Handhabung der Zwischenstaatlichkeitsklausel spräche für letzteres. Die dann festgelegten Umsatzschwellen würden lediglich den Grad der Restriktion der Zwischenstaatlichkeitsklausel und den Grad der Rückverlagerung auf die nationalen Behörden ausdrücken.

In tatsächlicher Hinsicht würde eine erfolgreiche Rückführung des Anwendungsbereichs dazu führen, dass bei der Kommission Ressourcen frei würden. Damit stellt sich die Frage, ob die Reform der VO 17/62 angesichts eines engeren Anwendungsbereichs überflüssig würde.

Erinnert sei aber nochmals: Es geht hierbei nicht um Kompetenzstreitigkeiten aus dem Blickwinkel von Souveränitätsgesichtspunkten der Mitgliedstaaten, sondern um einen effizienten Wettbewerbsschutz in der Gemeinschaft. Diesen für die Integration wichtigen Schutz allein auf die dezentrale Anwendung der EG-Kartellregeln zu stützen, ist zu Recht zu bezweifeln.[1372]

ERGEBNIS KAPITEL 3

Ausgehend von dem Ansatz, einen effektiven Wettbewerbsschutz im Gemeinsamen Markt zu erhalten beziehungsweise wieder herzustellen, bietet sich neben der dezentralen Anwendung des Gemeinschaftsrechts auch die Einschränkung des Anwendungsbereichs der Art. 81, 82 EG durch Restriktion der Zwischenstaatlichkeitsklausel an. Primärvertraglich lässt sich dies zwar nicht aus dem Subsidiaritätsprinzip oder dem Konzept des Ordnungswettbewerbs herleiten, da sie – soweit man sie überhaupt anerkennt – allenfalls zu einer Abwägung mit den anderen Vertragszielen herangezogen werden können. Allein der erreichte Integrationsstand bietet demgegenüber einen primärvertraglichen Ansatz für eine restriktive Auslegung und Anwendung der Zwischenstaatlichkeitsklausel, da der Integrationsstand im Rahmen der „dynamischen

[1372] Siehe Kapitel 2, 5. Teil, B. und C. und Zwischenbilanz Kapitel 2.

Auslegung" wesentlicher Anknüpfungspunkt für die Auslegung und Anwendung der Zwischenstaatlichkeitsklausel war und ist. Wegen der mangelnden Effizienz bei der Durchsetzung des Gemeinschaftskartellrechts kann ergänzend der *effet utile* dieser Vorschriften herangezogen werden, um eine Rückführung der Zwischenstaatlichkeitsklausel zu fordern.[1373]

Der erreichte Integrationsgrad wird auch nicht durch den Beitritt der MOE-Länder gefährdet, da hier das Ziel im Vordergrund steht, durch die gewonnene Integrationsbreite nicht an Integrationstiefe zu verlieren. Ein Beitritt vollzieht sich aus wettbewerblicher Sicht erst, wenn die Beitrittskandidaten Kartellregeln erlassen haben, die auch effektiv durchgesetzt werden.[1374]

Aus rechtspolitischer Sicht spricht ebenfalls vieles für eine Beschränkung des Anwendungsbereichs der EG-Kartellregeln zugunsten des der Mitgliedstaaten statt deren (faktischer) Totalharmonisierung. Insbesondere könnte durch die Verlagerung auf die nationalen Kartellregeln eine Art Wettbewerb der Kartellsysteme entstehen. Damit könnte mittels nationaler Wettbewerbspolitik den einzelstaatlichen Präferenzen entsprochen werden. Weitaus wichtiger wäre aber, dass sich in dessen Verlauf besonders innovative oder zweckmäßige Normen herauskristallisieren könnten, die dann von den anderen Mitgliedstaaten oder gar der Gemeinschaft selbst übernommen werden könnten. Dieser Impulsfunktion der Mitgliedstaaten für das Gemeinschaftskartellrecht kann aber nur Rechnung getragen werden, wenn ein dementsprechend wesentlicher Freiraum für die Anwendung eigener Kartellregeln verbleibt,[1375] statt die nationalen Regeln zu Partikularrechten mit rein regionalem Anwendungsbereich zu degradieren.[1376]

Hierfür bietet sich eine an quantitativen Kriterien ausgerichtete Neuausrichtung der Zwischenstaatlichkeitsklausel an, die zur besseren Durchsetzung auch im Rahmen einer EG-Verordnung nach Art. 83 lit e) EG normiert werden sollte. Wie bei der FKVO sollten Umsatzschwellen den Anwendungsbereich des Gemeinschaftsrechts von dem der mitgliedstaatlichen Kartellregeln abgrenzen. Der Vorteil einer so ausgerichteten Abgrenzung der anwendbaren Kartellregeln liegt in der Einfachheit und hat sich auch bei der FKVO bewährt. Auch die Schwierigkeiten bei der Umsatzberechnung werden durch die langjährige Erfahrung aller Beteiligten gemildert. Um aber einer Einzellfallgerechtigkeit näher zu kommen, ist auch hier die Einführung von Verweisungsregeln nach dem Vorbild der FKVO notwendig. Dies gilt vor allem für die Anträge aus Mitgliedstaaten zur Rückverweisung zur Behandlung eines Falles nach nationalem Recht. Zu unterscheiden ist dabei, ob ein wesentlicher Teil des Gemeinsamen Marktes betroffen ist oder nicht. In letzterem Fall ist die Kommission verpflichtet, den Fall zu verweisen. Im Übrigen steht es in ihrem Ermessen, ob sie den Fall verweist. Dabei bleibt es ihr grundsätzlich überlassen, die Verwei-

---

[1373] Siehe Kapitel 3, 1. Teil D., 2. Teil A. III. 3.

[1374] Siehe Kapitel 3, 2. Teil E. II.

[1375] Immenga, EuZW 1997, S. 449.

[1376] Siehe Kapitel 3, 2. Teil C. V.

sung zur Anwendung des nationalen Rechts oder zur dezentralen Anwendung der EG-Kartellregeln vorzunehmen. Ansonsten wird ihr bisheriges Aufgreifermessen nicht berührt, so dass sich für die beabsichtigte Zusammenarbeit mit den nationalen Kartellbehörden und Gerichten keine Folgen ergeben. Flankiert werden sollte die restriktive Neuausrichtung durch die Formulierung einer Ausschließlichkeitsregel für den Fall, dass das Gemeinschaftskartellrecht anwendbar ist, um das *one stop shop*-Prinzip zu realisieren und Mehrfachanmeldungen oder das *forum shopping* zu vermeiden.
Für die beabsichtigte Reform der Durchführungsvorschriften hat die vorgeschlagene Neuausrichtung der Zwischenstaatlichkeitsklausel keine unmittelbaren rechtlichen Folgen. Lediglich das Aufgreifermessen wird bei regional bezogenen Sachverhalten, die nur einen unwesentlichen Teil des Gemeinsamen Marktes betreffen, berührt.

Worin die Unterschiede zur bisherigen Auslegung und Anwendung der Zwischenstaatlichkeitsklausel bestehen und inwiefern Abweichungen dazu im Ergebnis entstehen können, lässt sich durch einen Vergleich darstellen. Für diesen im folgenden Kapitel vorgenommenen Vergleich wird der Bankenbereich herangezogen.

KAPITEL 4: ANWENDUNGSBEISPIEL BANKENSEKTOR

Als Anwendungsbeispiel bietet sich der Bankensektor deswegen an, weil die Kommission die Finanzmärkte und insbesondere den Bankenbereich als einen der zentralen Bereiche für ihre künftige Tätigkeit ansieht. Sie ergänzt damit die bereits umfangreiche harmonisierende Tätigkeit der Gemeinschaft auf dem Bankensektor, insbesondere auf dem Gebiet der Bankenaufsicht.[1377] Der Grund für die gesonderte Aufmerksamkeit ist die besondere Bedeutung des Bankensektors für die Integration des Gemeinsamen Marktes, die sich besonders deutlich an der Bedeutung für die Einführung des EURO und damit der Verwirklichung der dritten Stufe der Währungsunion gemäß Art. 121 Abs. 4 EG ersehen lässt. Aktuell war mit der Währungsunion die Diskussion um die Weitergabe der mit dem EURO verbundenen Transaktionskosten für Endverbraucher verbunden, die mit der Wahrmachung der Drohung der Kommission, eine Höchstgebühr mittels Verordnung festzulegen, ihren vorläufigen Höhepunkt gefunden hat.[1378] Die Bedeutung des Bankensektors beschränkt sich aber nicht nur auf die Währungsunion, sondern erstreckt sich auch auf die gesamte Makroökonomie auf nationaler wie europäischer Ebene.[1379] Als Kreditgeber steht der Bankenbereich am Anfang der *supply chain* („Versorgungskette") für Unternehmen zur ausreichenden Fremdkapitalversorgung für Investitionen, sei es von Unternehmen oder auch im rein privaten Bereich.[1380] Die Auswirkungen, die der Niedergang einzelner Banken eines Landes für die nationale Wirtschaft insgesamt und auch für die internationale Wirtschaft haben kann, wurden durch verschiedene Bankenkrisen in der jüngsten Vergangenheit belegt.[1381] Diese herausragende Bedeutung in der *suply chain* will die Kommission unter den vollen Wettbewerbsschutz stellen, um im Finanzbereich eine effiziente Ressourcenallokation zu gewährleisten, da die Kartellregeln nach Ansicht der Kommission das hierfür am besten geeignete Instrument darstellen. Dies korrespondiert auch mit der gestiegenen Gefahr, dass die Banken nach Art. 81, 82 EG verbotene Maßnahmen ergreifen, da der Finanzmarkt weltweit im Umbruch ist und aufgrund der auch im Bankensektor zunehmenden weltweiten Verflechtung auch auf nationaler Ebene den Wettbewerbsdruck verstärkt. Die Banken könnten versucht sein, diesen Druck durch Absprachen oder diskriminierende Maßnahmen zu mildern, wodurch die Währungsunion als Ausdruck der Vertiefung der wirtschaftlichen Integration

---

1377 Kritisch bezüglich einer ausschließlichen Harmonisierung der Bankenaufsicht mit Verweis zur Nutzung des Ordnungswettbewerbs – Wörner, S. 231ff., M. Müller, S.250ff., 258, 262.

1378 F.A.Z. v. 16.11.2001, S. 19; F.A.Z. v. 27.11.2001; F.A.Z. v. 22.11.2001.

1379 „Volkswirtschaftliche Schlüsselbranche" - Wolf, Kreditwesen, S. 1199.

1380 Monti, Speech, S. 2f.

1381 Vergleiche nur die Zusammenbrüche in Rumänien und der Türkei oder Japan.

des Gemeinsamen Marktes betroffen wäre.[1382] Jüngstes Beispiel hierfür ist der Vorwurf der Kommission an 130 Geldinstitute in sieben Mitgliedstaaten, sich darüber verständigt zu haben, die Tauschgebühren hoch zu halten. Den Verbrauchern wären damit die mit der Einführung des EURO verbundenen Kostenvorteile vorenthalten worden.[1383] Gleichzeitig bedeutet eine höhere Konzentration auf dem Bankenmarkt oder eine stärkere Zusammenarbeit, dass die mit zersplitterten Märkten, verbundenen Nachteile, wie z. B. Ineffizienz, hohe Kosten und geringere Innovation, verringert werden können. Entsprechende Zentralisierungstendenzen bieten aber wiederum den Nährboden für Oligopole.[1384] Die Kommission sieht sich hier in einem Dilemma, das durch Einzelfallentscheidungen zugunsten der Verbraucher gelöst werden soll.[1385]

Nachzuweisen ist, dass die hier vorgeschlagene Neuausrichtung der Zwischenstaatlichkeitsklausel nicht dem Vorhaben der Kommission entgegensteht, den Bankensektor kartellrechtlich zu kontrollieren, soweit es für die Gemeinschaft von Bedeutung ist.

1. TEIL: DIE PRAXIS DER EG-ORGANE ZUR ZWISCHENSTAATLICHKEITSKLAUSEL IM BANKENBEREICH

A. RECHTSPRECHUNG DES GERICHTSHOFS

Die Rechtsprechung des Gerichtshofs zu nach den Art. 81, 82 EG verbotenen Maßnahmen im Bankenbereich beschränkt sich auf zwei Urteile.

I. EUGH *ZÜCHNER / BAYERISCHE VEREINSBANK*

Erstmals mit dem Bankensektor in kartellrechtlicher Hinsicht beschäftigte sich der EuGH in seiner Entscheidung *Züchner / Bayerische Vereinsbank* vom 14. Juli 1981. Grundlage der Entscheidung war ein Vorlageverfahren nach Art. 177 EWG-Vertrag (jetzt Art. 234 EG). Das vorlegende Gericht fragte bei dem EuGH an, ob die Art. 85 und 86 EWG-Vertrag (jetzt Art. 81 und 82 EG) auf den Zahlungsverkehr über Banken anwendbar seien. Die beklagte Bank hatte dem in Deutschland sitzenden Kläger eine Gebühr für eine Überweisung nach Italien in Höhe von 0,15 % des zu überweisenden Betrags in Rechnung gestellt. Die Höhe der Überweisungsgebühr stimmte indessen auch mit der von anderen Instituten überein, weshalb der Kläger einen Verstoß gegen das Kar-

---

[1382] Monti, Speech, S. 2, 8; Wolf, Kreditwesen 1996, S. 1197; Maietta, F.A.Z. Beilage, S. B1; F.A.Z. v. 25.02.2002, S. 20; F.A.Z. v. 18.03.2002, S. 25; fast im Gegensatz hierzu steht, dass die Kommission bezüglich der Überweisungsgebühren nicht auf die Kostensenkenden Effekte eines effektiven Wettbewerbs setzt, sondern aus ordnungspolitischer Sicht in bedenklicher Weise einen Höchstpreis für die Überweisungsgebühren festgelegt hat – F.A.Z. v. 16.11.2001, S. 19; F.A.Z. v. 27.11.2001; F.A.Z. v. 22.11.2001.

[1383] F.A.Z. vom 11.12.2001, S. 13.

[1384] Krupp/Schweppe in FS Kantzenbach, S. 223.

[1385] Monti, Speech, S. 3.

tellverbot und des Missbrauchs einer marktbeherrschenden Stellung geltend machte.
Die beklagte Bank bestritt aber die Anwendbarkeit der Art. 81, 82 EG auf den Bankenbereich und berief sich hierfür auf die besondere Bedeutung der Banken:

> *"Die vom vorlegenden Gericht gestellte Auslegungsfrage sei gegenstandslos, da die Wettbewerbsregeln des Vertrages jedenfalls weitgehend auf Bankinstitute nicht angewandt werden könnten. Die Banken seien wegen der besonderen Natur der von ihnen erbrachten Dienstleistungen und wegen ihrer besonderen Bedeutung für den internationalen Zahlungsverkehr Unternehmen, die im Sinne von Art. 90 Abs. 2 des Vertrages, mit Dienstleistungen von allgemeinem wirtschaftlichen Interesse betraut sind, so dass aufgrund dieser Vorschrift die Wettbewerbsregeln der Artikel 85 und 86 des Vertrages nicht auf sie angewandt werden können."*

Um ihre Auffassung zu bekräftigen, verwies die beklagte Bank zusätzlich auf die Art. 104ff. des EWG-Vertrages (jetzt Art. 98ff. EG) über die Wirtschaftspolitik.[1386] Diese Einwände ließ der EuGH nicht gelten. Zu Art. 90 Abs. 2 EWG-Vertrag (jetzt Art. 86 Abs. 2 EG) führte der EuGH aus:

> *„Auch wenn es sich bei den von den Banken normalerweise für ihre Kunden ausgeführten Überweisungen von einem Mitgliedstaat in einen anderen um Geschäfte handelt, die namentlich im Rahmen des internationalen Kapitalverkehrs zu der eigentlichen Aufgabe der Banken gehören, so stellen sie doch keinen ausreichenden Grund dafür dar, den Banken den Charakter von Unternehmen im Sinne von Artikel 90 Absatz 2 des Vertrages zuzuerkennen, es sei denn, es könnte nachgewiesen werden, dass sie durch die Ausführung dieser Überweisungen eine Dienstleistung von allgemeinem wirtschaftlichem Interesse erbringen, mit der sie durch Hoheitsakt betraut worden sind."*[1387]

In Bezug auf den Ausschluss der Wettbewerbsregeln auf den Bankenbereich wegen der Art. 104 EWG-Vertrag führte der EuGH aus:

> *„Die Artikel 104 ff. des Vertrages sind in keiner Weise darauf gerichtet, die Banken von den Wettbewerbsregeln des Vertrages auszunehmen. Diese Vorschriften, die das Kapitel 2 über die Zahlungsbilanz des Titel II des Vertrages bilden, bringen lediglich die Notwendigkeit zum Ausdruck, dass die Mitgliedstaaten ihre Wirtschaftspolitik untereinander koordinieren, und sehen zu diesem*

[1386] EuGH *Züchner ./. Bayerische Vereinsbank*, Slg. 1981-II, S. 2021ff. Rn. 6.
[1387] EuGH *Züchner ./. Bayerische Vereinsbank*, Slg. 1981-II, S. 2021ff. Rn. 7.

> *Zweck die Zusammenarbeit zwischen den zuständigen nationalen Verwaltungsstellen und zwischen den Zentralbanken der Mitgliedstaaten vor, die die Verwirklichung der Ziele des Vertrags ermöglicht."*[1388]

Damit verdeutlichte der Gerichtshof, dass der Bankensektor nicht grundsätzlich aufgrund des sonstigen Primärrechts eine Sonderstellung einnimmt. Darüber hinaus setzte er sich auch mit den konkreten Tatbestandsvoraussetzungen des Art. 81 Abs. 1 EG auseinander.[1389]
Zunächst behandelte er die Frage, ob eine abgestimmte Verhaltensweise zwischen Banken vorlag. Dabei schloss der EuGH nicht aus, dass auch Gebühren, die durch die Kosten aus dem gewöhnlichen Überweisungsgeschäft resultieren, die Möglichkeit begründen, dass ein gleichförmiges Verhalten zu einer Koordinierung zwischen Banken führt, die die Voraussetzungen einer abgestimmten Verhaltensweise im Sinne von Art. 81 EG erfüllt. Erst im nächsten Prüfungsschritt wendete sich der EuGH der Zwischenstaatlichkeitsklausel zu:

> *„Eine solche Verhaltensweise wäre bereits aufgrund ihres internationale Geschäfte betreffenden Inhalts geeignet, „den Handel zwischen Mitgliedstaaten" im Sinne von Art. 85 EWG-Vertrag zu beeinträchtigen, da der in diesem Artikel enthaltene Begriff „Handel" einen weiten Umfang hat, der auch den Geldverkehr einbezieht."*

Ersichtlich hatte sich der Gerichtshof nicht lange mit der Prüfung der Zwischenstaatlichkeitsklausel aufgehalten und lediglich den Begriff des Handels konkretisiert, indem er erklärte, dass auch der Geldverkehr das Merkmal des Handels der Zwischenstaatlichkeitsklausel erfülle. Auf die Spürbarkeit der Handelsbeeinträchtigung ging er nicht ein.

II. EuGH *Bagnasco / BPN / Carige*

Die nächste den Bankenbereich betreffende Entscheidung traf der EuGH erst 19 Jahre später: In seiner Entscheidung *Bagnasco / BPN / Carige* vom 21. Januar 1999 beantwortete der EuGH die ihm vom Tribunale Genua vorgelegten Fragen bezüglich einheitlicher Bankbedingungen. Hintergrund waren zwei Vollstreckungsbescheide, jeweils zugunsten der *Banca Popolare di Novara* (BPN) und zugunsten der *Cassa di Risparmio di Genova e Imperia* (Carige). Hiergegen klagten im Ausgangsverfahren der Hauptschuldner Carlo Bagnasco und seine Bürgen als Gesamtschuldner wegen Rückzahlungen von Krediten, die diese den Bankinstituten eingeräumt hatten. Die Kläger hatten beim vorlegenden Gericht beantragt, die betreffenden Vollstreckungsbescheide für ungültig und/oder unanwendbar zu erklären beziehungsweise den Betrag festzulegen, der tatsächlich den beiden Banken geschuldet sei. Als Grundlage dien-

---

[1388] EuGH *Züchner ./. Bayerische Vereinsbank*, Slg. 1981-II, S. 2021ff. Rn. 8.
[1389] EuGH *Züchner ./. Bayerische Vereinsbank*, Slg. 1981-II, S. 2021ff. Rn. 11 ff.

ten ihnen hierfür Art. 81 und 82 EG. Die Kläger machten geltend, dass es sich bei den von ihnen mit den Banken vereinbarten Zins- und Bürgschaftsklauseln um einheitliche Bankbedingungen handelte, die die *Associazione Bancaria Italiana* (ABI) ihren Mitgliedern unter anderem für den Abschluss von Kontokorrentverträgen und Generalbürgschaften vorschrieb. Das Vorlagegericht Tribunale Genua ging davon aus, dass die allgemeinen Bankbedingungen, die die ABI ihren Mitgliedsbanken vorschrieb und die von allen italienischen Banken in Kundenbeziehungen unmittelbar verwendet wurden, einen Beschluss von Unternehmensvereinigungen im Sinne von Art. 81 Abs. 1 EG darstellten.[1390]

1. ANWENDBARKEIT VON ART. 81 EG

Im Rahmen der Prüfung des Art. 81 Abs. 1 EG beschäftigt sich der Gerichtshof zuerst mit den Zinsabreden.
Die hierzu gemachten Aussagen sind aber im Hinblick auf die Zwischenstaatlichkeitsklausel ohne Interesse, da sich der Gerichtshof in diesem Zusammenhang ausschließlich mit dem Merkmal der Wettbewerbsbeschränkung auseinander setzte. Der EuGH kam schließlich zu dem Schluss, dass mit den Zinsabreden zwar ein „Kartell" vorlag, dieses aber bei Berücksichtigung von objektiven Gesichtspunkten keine spürbaren wettbewerbsbeschränkenden Auswirkungen haben konnte.[1391]

Im Hinblick auf den Vertrag über die Generalbürgschaft sah der Tribunale Genua ebenfalls mehrere Klauseln als kartellrechtlich relevant an. Der EuGH sollte hierzu Stellung nehmen, ob diese Klauseln in ihrer Gesamtheit die Voraussetzungen des Art. 81 Abs. 1 EG erfüllen.[1392]
Auch hier herrschte zwischen den Beteiligten Streit über die Anwendbarkeit des Art. 81 Abs. 1 EG. Während die Beklagte Carige sich auf die fehlende Spürbarkeit der Wettbewerbsbeschränkung berief, verneinte die Kommission die Anwendbarkeit des Art. 81 Abs. 1 EG, weil die Klauseln nicht geeignet seien, den Handel zwischen Mitgliedstaaten spürbar zu beeinträchtigen. Der Auffassung der Kommission zufolge

> *„hätten grenzüberschreitende Angebote und Nachfragen von Bankdienstleistungen, die die Gewährung eines Kontokorrentkredits mit Generalbürgschaft beträfen, keine entscheidende Bedeutung für das Tätigwerden von Banken anderer Mitgliedstaaten auf dem italienischen Finanzmarkt."*[1393]

Anders als zuvor bei den Zinsabreden prüfte der EuGH nicht zuerst das Merkmal der Wettbewerbsbeeinträchtigung. Vielmehr war

---

1390 EuGH *Bagnasco / BPN / Carige, Slg. 1999-I, S. 135ff.*Rn. 6.
1391 EuGH *Bagnasco / BPN / Carige*, Slg. 1999-I, S. 135ff. Rn. 33 ff.
1392 EuGH *Bagnasco / BPN / Carige*, Slg. 1999-I, S. 135ff.Rn. 11ff., 38.
1393 EuGH *Bagnasco / BPN / Carige*, Slg. 1999-I, S. 135ff. Rn. 42.

> *„die Frage zu untersuchen, welche möglichen Auswirkungen auf den Handel zwischen Mitgliedstaaten Klauseln wie die haben, die in den Ausgangsverfahren in den streitigen Generalbürgschaftsverträgen enthalten sind.“*[1394]

Damit wird deutlich, dass die Rechtsprechung keine feste Reihenfolge für die Prüfung der Tatbestandsmerkmale des Art. 81 Abs. 1 EG vorsieht.[1395]
Um diese Frage zu beantworten, stützte sich der EuGH auf seine ständige Rechtsprechung nach der

> *„eine Vereinbarung zwischen Unternehmen geeignet (ist), den Handel zwischen Mitgliedstaaten zu beeinträchtigen, wenn sich anhand einer Gesamtheit objektiver rechtlicher oder tatsächlicher Umstände mit hinreichender Wahrscheinlichkeit voraussehen lässt, dass sie den Warenverkehr zwischen Mitgliedstaaten unmittelbar oder mittelbar, tatsächlich oder potentiell in einem der Erreichung der Ziele eines einheitlichen zwischenstaatlichen Marktes nachteiligen Sinn beeinflussen kann. Somit ergibt sich eine Beeinträchtigung des innergemeinschaftlichen Handels regelmäßig aus dem Zusammenwirken mehrerer Umstände, die für sich genommen nicht in jedem Fall erheblich wären.“*[1396]

Art. 81 Abs. 1 EG-Vertrag verlange

> *„ferner nicht, dass die dort genannten Vereinbarungen den innergemeinschaftlichen Handel tatsächlich spürbar beeinträchtigen, sondern verlangt nur den Nachweis ihrer Eignung, eine derartige Wirkung zu entfalten“.*[1397]

Im Rahmen der Subsumtion unterschied der EuGH zwischen der Nachfrage- und der Angebotsseite. Auf der Angebotsseite sah der EuGH die Möglichkeit, dass

> *„sich die Regelung der Generalbürgschaft in der Weise auf den innergemeinschaftlichen Handel auswirken, dass sich in Italien niedergelassene Tochtergesellschaften oder Zweigstellen von Banken anderer Mitgliedstaaten verpflichtet sähen, die (Einheitlichen Bankbedingungen) zu verwenden und damit auf die Anwen-*

[1394] EuGH *Bagnasco / BPN / Carige*, Slg. 1999-I, S. 135ff. Rn. 46.
[1395] Siehe hierzu Kapitel 3, 3. Teil D. II.
[1396] EuGH *Bagnasco / BPN / Carige*, Slg. 1999-I, S. 135ff. Rn. 47.
[1397] EuGH *Bagnasco / BPN / Carige*, Slg. 1999-I, S. 135ff. Rn. 48.

> *dung günstigerer Bedingungen zu verzichten, um in den Genuss der Vorteile der Zugehörigkeit zur ABI zu gelangen.“*[1398]

Für die Nachfrageseite äußerte sich der EuGH wie folgt:

> *„Auch könnte die Freiheit von Kunden zum Abschluss eines Vertrages über die Gewährung eines Kontokorrentkredits bei einer Bank ihrer Wahl wegen der Zugehörigkeit der meisten italienischen Banken zur ABI eingeschränkt sein, wenn der Abschluss von der Stellung einer Bürgschaft abhängig ist, die den im Wesentlichen bindenden (Einheitlichen Bankbedingungen) unterworfen ist.“*[1399]

Letztlich scheiterte die Erfüllung der Zwischenstaatlichkeitsklausel an dem Merkmal der Spürbarkeit, wobei auch hier zwischen der Angebots- als auch Nachfrageseite unterschieden wurde.
Der EuGH führte für die Angebotsseite aus,

> *"dass die Kommission festgestellt hat, dass die betreffende Bankdienstleistung nur einen sehr beschränkten Einfluss auf den Handel zwischen Mitgliedstaaten habe und dass auch die Beteiligung von Tochtergesellschaften und Zweigstellen nichtitalienischer Finanzinstitute gering sei. Außerdem hat die Kommission in Beantwortung einer Frage des Gerichtshofes ausgeführt, die mit einer Generalbürgschaft verbundenen Kreditverträge hätten für die Hauptkundschaft der ausländischen Banken, bei der es sich um Großunternehmen und ausländische Wirtschaftsteilnehmer handele, keine große, jedenfalls aber keine ausschlaggebende Bedeutung für die Entscheidung ausländischer Banken, sich in Italien niederzulassen. Denn Verträge wie die in den Ausgangsverfahren streitigen würden von diesem Kundenkreis nur selten geschlossen. Diese Feststellungen der Kommission wurden im Rahmen des vorliegenden Verfahrens nicht entkräftet.“*[1400]

Auf der Nachfrageseite zeichnete der EuGH ein ähnliches Bild:

> *„Im Übrigen enthalten die Akten keinen Hinweis, aus dem mit hinreichender Wahrscheinlichkeit auf spürbare Auswirkungen auf den innergemeinschaftlichen Handel geschlossen werden könnte, wenn Kunden, die einen Vertrag über die Gewährung eines Kontokorrentkredits abschließen möchten, aufgrund der (Einheitlichen*

[1398] EuGH *Bagnasco / BPN / Carige*, Slg. 1999-I, S. 135ff. Rn. 49.
[1399] EuGH *Bagnasco / BPN / Carige*, Slg. 1999-I, S. 135ff. Rn. 49.
[1400] EuGH *Bagnasco / BPN / Carige*, Slg. 1999-I, S. 135ff. Rn. 51.

Bankbedingungen) zur Generalbürgschaft bei der Entscheidung für eine Bank Zurückhaltung üben.“[1401]

Da die Vereinbarungen über die Generalbürgschaft in ihrer Gesamtheit demnach weder auf Angebots- noch auf Nachfrageseite geeignet sind, den Handel zwischen Mitgliedstaaten zu beeinträchtigen, kam der EuGH zum Schluss, dass Art. 81 EG nicht anwendbar war.[1402]

2. ANWENDBARKEIT DES ART. 82 EG

Außerdem hatte das Tribunale die Fragen vorgelegt, ob die Verwendung der Einheitlichen Bankbedingungen durch die Mitgliedsbanken der *ABI* den Missbrauchstatbestand des Art. 82 EG erfüllte und welche Folgen die Unvereinbarkeit der Bankbedingungen mit Art. 81 und 82 EG auf die entsprechenden Klauseln der Verträge haben könnte, die die Banken mit ihren Kunden abgeschlossen hatten.[1403]
Hinsichtlich der Klauseln über den Kontokorrentkreditvertrag war fraglich, ob überhaupt der Missbrauch einer kollektiv beherrschenden Stellung gegeben war. Der EuGH verneinte den Missbrauch, wie schon im Falle von Art. 81 Abs. 1 EG, ohne auf die Zwischenstaatlichkeitsklausel einzugehen.[1404]
In Bezug auf die Einheitlichen Bankbedingungen über die Generalbürgschaft verwies der EuGH auf seine Feststellung im Rahmen von Art. 81 Abs. 1 EG, dass diese insgesamt nicht geeignet sind, den Handel zwischen Mitgliedstaaten spürbar zu beeinträchtigen.[1405]
Damit unterstrich der Gerichtshof die einheitliche Auslegung der Zwischenstaatlichkeitsklausel in Art. 81 und 82 EG. Besonders hervorzuheben ist, dass der Gerichtshof davon ausgeht, dass die Spürbarkeitsklausel auch im Rahmen von Art. 82 EG zu beachten ist.[1406]

Abschließend ist zur Rechtsprechung des EuGH im Bankenbereich festzuhalten, dass er aus formeller Sicht die üblichen Kriterien und Wertungen in die Prüfung der Zwischenstaatlichkeitsklausel einfliesen lässt. Die Entscheidung *Züchner / Bayerische Vereinsbank* bestätigt, dass mit dem Begriff „Handel“ jede wirtschaftliche Tätigkeit erfasst ist. Das Urteil *Bagnasco / BPN / Carige* ist demgegenüber ergiebiger, da mehrere Aspekte der Zwischenstaatlichkeitsklausel angesprochen werden – wohl nicht zuletzt deswegen, weil sie abgelehnt wird. Das erfolgt aber nicht etwa über eine engere beziehungsweise abweichende Auslegung der Zwischenstaatlichkeitsklausel, sondern lediglich über die Subsumtion der Umstände des Einzelfalles. Jedenfalls gibt der Ge-

---

[1401] EuGH *Bagnasco / BPN / Carige*, Slg. 1999-I, S. 135ff. Rn. 52.
[1402] EuGH *Bagnasco / BPN / Carige*, Slg. 1999-I, S. 135ff. Rn. 53.
[1403] EuGH *Bagnasco / BPN / Carige*, Slg. 1999-I, S. 135ff. Rn. 12, 54.
[1404] EuGH *Bagnasco / BPN / Carige*, Slg. 1999-I, S. 135ff. Rn. 59.
[1405] EuGH *Bagnasco / BPN / Carige*, Slg. 1999-I, S. 135ff. Rn. 60.
[1406] Siehe zu der Diskussion Kapitel 3, 1. Teil C. V. 2.

richtshof keine bestimmte Reihenfolge bei der Prüfung der Merkmale des Art. 81 Abs. 1 EG beziehungsweise Art. 82 EG vor, da er bei der einen Frage zunächst die Wettbewerbsbeschränkung zuerst und bei der nächsten Frage die Zwischenstaatlichkeitsklausel vor dem Merkmal der Wettbewerbsbeschränkung prüft.

B. KOMMISSIONSPRAXIS

Weitaus umfangreicher ist die Kommissionspraxis.

I. KOMMISSIONSENTSCHEIDUNG *EINHEITLICHE EUROCHEQUES*[1407]

Als Ausgangspunkt für die gemeinschaftskartellrechtliche Beurteilung des Bankensektors kann die Kommissionsentscheidung *Einheitliche Eurocheques* aus dem Jahre 1984 genannt werden. Gegenstand war das Helsinki-Abkommen des 1968 auf private Initiative hin gegründeten Eurocheque-Systems. Das Helsinki-Abkommen regelte unter anderem die Höchstgrenzen der Einlösungsgarantie für Schecks und die Höhe der zu berechnenden Provisionen. An dieses System waren ungefähr 15.000 Institute in 39 europäischen und Mittelmeerländern angeschlossen.[1408]
Zunächst beriefen sich die Anmeldenden auf den damaligen Art. 90 Abs. 2 EWG-Vertrag. Dies lehnte die Kommission ab, weil das System von privaten Finanzeinrichtungen gegründet wurde, ohne dass sie dazu durch Hoheitsakt betraut worden waren. Auch die Kenntnis und ausdrückliche Zustimmung der zuständigen Stellen oder die gesetzgeberische Intervention zugunsten des Systems in den einzelnen Ländern änderte die Beurteilung der Kommission nicht. Die Kommission führte außerdem an, dass die Erfüllung der ihnen möglicherweise übertragenen besonderen Aufgabe durch die Anwendung der Wettbewerbsregeln nicht verhindert werden könnte.[1409]
In der Tatbestandsprüfung zog die Kommission dann die Prüfung der Zwischenstaatlichkeitsklausel dor Prüfung der Wettbewerbsbeeinträchtigung vor. Zur Beeinträchtigung des Handels zwischen Mitgliedstaaten stellte die Kommission fest:

> *„Die Ausstellung eines Schecks im Ausland schafft eine Geldbewegung zugunsten dieses Landes, ausgehend von dem Land des Kreditinstituts, das den Scheck ausgibt. Jegliche Vereinbarung oder Entscheidung, die auf die Festsetzung des Preises und der Verrechnungsmodalitäten derartiger Überweisungsgeschäfte abzielt, die bedeutende internationale und innergemeinschaftliche Transaktionen betreffen (14,4 Milliarden ECU im Jahr 1982), ist schon ihrer Natur nach geeignet, den Handel zwischen Mitglied-*

[1407] KommE *Einheitliche Eurocheques*, ABl. 1985 Nr. L 35, S. 43ff.
[1408] KommE *Einheitliche Eurocheques*, ABl. 1985 Nr. L 35, S. 43 Rn. 1, 7.
[1409] KommE *Einheitliche Eurocheques*, ABl. 1985 Nr. L 35, S. 43 Rn. 29 f.

> *staaten zu beeinträchtigen, da der Begriff „Handel" eine weitgehende Bedeutung hat, die auch den Geldverkehr einbezieht."*[1410]

Mit dem letzten Halbsatz bezog sich die Kommission ausdrücklich auf die EuGH-Entscheidung *Züchner / Bayerische Vereinsbank.*
Danach bejahte die Kommission für die Festsetzung von Preisen für eine Dienstleistung und die Festlegung des garantierten Höchstbetrages, dass Merkmal der Wettbewerbsverhinderung.[1411]
Die Kommission schloss die Tatbestandsprüfung mit der Bejahung der Spürbarkeit, ohne weiter darauf einzugehen und zwischen der Spürbarkeit hinsichtlich der Zwischenstaatlichkeitsklausel und der Wettbewerbsbeeinträchtigung genau zu unterscheiden:

> *„In Anbetracht der zunehmenden Verflechtung der einzelstaatlichen Märkte im Gemeinsamen Markt sowie des Umfangs und des Gesamtwerts der einheitlichen Eurocheques, die in jedem Mitgliedstaat von Besuchern aus anderen Mitgliedstaaten ausgestellt werden, ist eine derartige Preisabsprache geeignet, den Wettbewerb auf dem Markt des Geldverkehrs zwischen Mitgliedstaaten spürbar zu beeinträchtigen."*[1412]

Im Anschluss stellte die Kommission die Vereinbarungen nach Art. 81 Abs. 3 EG frei, wobei sie erst in Rahmen der Freistellungsmöglichkeit unter dem Merkmal „der Ausschaltung wesentlichen Wettbewerbs" mit den Alternativen im Auslandszahlungsverkehr auseinander setzte.[1413]
Beeinflusst wurde die Freistellungsentscheidung auch davon, dass lediglich der Interbankenbereich betroffen war und die Beziehung der einzelnen Banken zum Bankkunden nicht geregelt wurden. Dieses für die Kommission zentrale Anliegen schlägt sich in späteren Entscheidungen schon bei der Prüfung des Abs. 1 des Art. 81 EG positiv nieder, da es den Banken überlassen bleibt, ob und in welchem Umfang die Gebühren auf die Kundschaft abgewälzt werden.[1414]

[1410] KommE *Einheitliche Eurocheques*, ABl. 1985 Nr. L 35, S. 43 Rn. 32.
[1411] KommE *Einheitliche Eurocheques*, ABl. 1985 Nr. L 35, S. 43 Rn. 34.
[1412] KommE *Einheitliche Eurocheques*, ABl. 1985 Nr. L 35, S. 43 Rn. 35.
[1413] Devisen in der Währung des besuchten Landes, des Herkunftslandes oder sonstiger Länder, *Reiseschecks, die in der einen oder anderen dieser Währungen ausgestellt werden,* Postmandate, Kreditkarten, Karten für Geldausgabe-Automaten, die in mehr als einem Land verwertbar sind, oder Schecks des Eurocheque-Systems - KommE *Einheitliche Eurocheques*, ABl. 1985 Nr. L 35, S. 43 Rn. 41.
[1414] KommE *Einheitliche Eurocheques*, ABl. 1985 Nr. L 35, S. 43 Rn. 42 und vergleiche die Nachweise in den folgenden Entscheidungen.

II. KOMMISSIONSENTSCHEIDUNG *IRISH BANKS´ STANDING COMMITTEE*[1415]

Im Jahre 1986 hatte die Kommission gleich mehrere Gelegenheiten zur kartellrechtlichen Beurteilung des Bankensektors Stellung zu nehmen. In der ersten Entscheidung *Irish Banks´ Standing Committee* setzte sich die Kommission wieder mit Vereinbarungen und Beschlüssen eines Bankenverbandes, nämlich die des *Irish Banks´ Standing Committee*, auseinander. Sie betrafen einheitliche Öffnungszeiten, gemeinsame Verrechnungs-Vorschriften (*clearing*) und ein einheitliches Abbuchungssystem von Banken, die zusammen einen Marktanteil von etwa 38 - 40% hatten.[1416] Die Kommission zitierte für die Anwendbarkeit der Wettbewerbsregeln auf den Bankensektor wieder die EuGH-Entscheidung *Züchner / Bayerische Vereinsbank*, die die Auffassung der Kommission über die Anwendbarkeit der Wettbewerbsregeln bestätigt hatte. Allerdings machte sie diese Aussage nicht im Zusammenhang mit der Prüfung der Zwischenstaatlichkeitsklausel, sondern im Rahmen allgemeiner Anmerkungen.[1417] Weitere Aussagen zur Beeinträchtigung des zwischenstaatlichen Handels sind in der Entscheidung auch nicht enthalten, da die Kommission mangels (spürbarer) Wettbewerbsbeeinträchtigung ein Negativattest erteilte.[1418]

III. KOMMISSIONSENTSCHEIDUNG *BELGISCHE BANKENVEREINIGUNG*[1419]

Die zweite Bankenentscheidung betraf den belgischen Bankensektor. Die Belgische Bankenvereinigung hatte 22 Vereinbarungen getroffen, die fast alle Bereiche des Bankgeschäfts regelten.[1420] Für die Übermittlung der Beschwerdepunkte wählte die Kommission aber nur die Vereinbarungen über Provisionen als Entgeld für Bankdienstleistungen aus.[1421] Im Laufe des Verfahrens reduzierte sich aufgrund des Verzichts der Banken auf die Freistellung bestimmter angemeldete Vereinbarungen nochmals die Anzahl, so dass schließlich nur drei Vereinbarungen Gegenstand der Kommissionsentscheidung waren.[1422] Diese betrafen die Höhe der gewährten Rabatte auf Provisionen im Rahmen der Abwicklung von Wertpapiergeschäften im Interbankengeschäft,[1423] den Höchstbetrag der Provisionen für internationale Devisenzahlungen[1424] und die Einziehung von Schecks und Warenwechseln aus dem Ausland.[1425]

[1415] KommE *Irish Banks´ Standing Committee*, ABl. 1986 Nr. L 295, S. 28ff.
[1416] KommE *Irish Banks´ Standing Committee*, ABl. 1986 Nr. L 295, S. 28 Rn. 1ff., 6.
[1417] KommE *Irish Banks´ Standing Committee*, ABl. 1986 Nr. L 295, S. 28 Rn. 12.
[1418] KommE *Irish Banks´ Standing Committee*, ABl. 1986 Nr. L 295, S. 28 Rn. 16f..
[1419] KommE *Belgische Bankenvereinigung*, ABl. 1987 Nr. L 7, S. 27ff.
[1420] KommE *Belgische Bankenvereinigung*, ABl. 1987 Nr. L 7, S. 27 Rn. 12f.
[1421] KommE *Belgische Bankenvereinigung*, ABl. 1987 Nr. L 7, S. 27 Rn. 14.
[1422] KommE *Belgische Bankenvereinigung*, ABl. 1987 Nr. L 7, S. 27 Rn. 17, 20ff.
[1423] KommE *Belgische Bankenvereinigung*, ABl. 1987 Nr. L 7, S. 27 Rn. 22 ff.
[1424] KommE *Belgische Bankenvereinigung*, ABl. 1987 Nr. L 7, S. 27 Rn. 29 ff.
[1425] KommE *Belgische Bankenvereinigung*, ABl. 1987 Nr. L 7, S. 27 Rn. 32 f.

Nachdem die Kommission in der Entscheidung zunächst das Tatbestandsmerkmal der Vereinbarung zwischen Unternehmen bejaht hatte, wendete sie sich dann der Prüfung der Zwischenstaatlichkeitsklausel zu.[1426] Dass der Begriff „Handel" im Sinne des Art. 81 EG weit auszulegen ist und auch die Bankdienstleistungen erfasst, konnte die Kommission nun schon als ständige Kommissionspraxis bezeichnen.[1427]
Sodann äußerte sich die Kommission wie folgt:

> *„Innerstaatliche Preisvereinbarungen, die sich auf das gesamte Hoheitsgebiet eines Mitgliedstaats erstrecken, können die Konsolidierung einer landesweiten Abschottung bewirken und damit die vom Vertrag gewollte gegenseitige wirtschaftliche Durchdringung hemmen."*[1428]

Damit bezog sich die Kommission auf das Vertragsziel der Integration des Gemeinsamen Marktes, das auch bei rein nationalen Kartellen gefährdet ist.[1429] Besondere Schwierigkeiten machte der Kommission für die Feststellung der Eignung zur Beeinträchtigung des Handels zwischen Mitgliedstaaten, dass sich das Kartell nur auf Belgien auswirkte, weshalb der zwischenstaatliche Bezug zweifelhaft war.[1430]
Um die internationale Verflechtung des belgischen Bankensystems darzustellen, verwies die Kommission daher auf die „*belgischen Banken mit Standort im Ausland*", deren Zweigniederlassungen „*weiterhin integrierender Bestandteil der Struktur der Gründerbank*" sind und in deren unmittelbaren Auftrag handeln. Ähnliches stellte die Kommission für die Zweigniederlassungen der in Belgien niedergelassenen ausländischen Institute fest. Da sie „*unmittelbare Hervorbringungen dieser Banken*" sind, „*partizipieren* (die ausländischen Banken) *daher am Handel zwischen den Mitgliedstaaten*".[1431]
Argumentationsgrundlage war die vom Gerichtshof anerkannte Konzeption der „wirtschaftlichen Einheit", die nicht auf die juristische Person abstellt.[1432]
Darüber hinaus zog die Kommission auch die Struktur des belgischen Bankenmarktes heran. Von den in Belgien niedergelassenen 84 Banken waren 61

[1426] KommE *Belgische Bankenvereinigung*, ABl. 1987 Nr. L 7, S. 27 Rn. 35 ff.
[1427] KommE *Belgische Bankenvereinigung*, ABl. 1987 Nr. L 7, S. 27 Rn. 38 mit Verweis auf EuGH *Züchner ./. Bayerische Vereinsbank*, Slg. 1981-II, S. 2021ff.
[1428] KommE *Belgische Bankenvereinigung*, ABl. 1987 Nr. L 7, S. 27 Rn. 39.
[1429] Siehe Nachweise bei Kapitel 3, 1. Teil C. IV. 2. a).
[1430] KommE *Belgische Bankenvereinigung*, ABl. 1987 Nr. L 7, S. 27 Rn. 39.
[1431] KommE *Belgische Bankenvereinigung*, ABl. 1987 Nr. L 7, S. 27 Rn. 40.
[1432] Mit dem Prinzip der Unternehmenseinheit werden die Maßnahmen von Tochterunternehmen mit Sitz innerhalb des Gemeinsamen Marktes ihren ausländischen Muttergesellschaften dann zugerechnet, wenn die Tochterunternehmen ihr Marktverhalten nicht autonom bestimmen können, sondern im Wesentlichen den Weisungen der Mutterunternehmen folgen müssen. Dies erlaubt es beide Unternehmen als Einheit zu behandeln, obwohl es sich um zwei unterschiedliche Rechtssubjekte handelt - Bleckmann, EuropaR, Rn. 1801; Kramp, S. 65.

Banken ausländischen Rechts oder belgischen Rechts mit ausländischer Mehrheit. Von den 61 Banken stammten 27 aus acht Mitgliedstaaten. Unter den zehn größten belgischen Banken waren sieben Banken wiederum ausländischen Ursprungs, wenn man die Bilanzsumme zugrundelegte. Richtete man sich nach der Einlagenhöhe gehörten immer noch vier Banken nicht belgischen Ursprungs zu den zehn größten Banken Belgiens. Darüber hinaus berücksichtigte die Kommission die Entwicklung der auslandseigenen Banken im belgischen Bankensektor. Deren Anteil an der gesamten Bilanzsumme hatte in den Jahren von 1970 bis 1985 von 22,5 % auf 51 %, bei den Kundeneinlagen von 10,8 % auf 19,9 %, bei den Guthaben der Kunden von 21,9 % auf 40,9 % und im Interbankengeschäft von 35,7% auf 67,5 % zugenommen.[1433] Aber nicht nur die Beteiligung der Auslandsbanken am belgischen Bankengeschäft, auch aus dem „*Umfang der Internationalisierung der Bankgeschäfte*" lies sich die Auswirkung der Vereinbarung auf den Handel zwischen Mitgliedstaaten ableiten. Gerade die verstärkte Niederlassung ausländischer Institute in Belgien führte dazu, dass die von den in Belgien niedergelassenen Banken durchgeführten internationalen Geschäfte einen zunehmend hohen Anteil an ihren Gesamttätigkeiten darstellen. Dieser belief sich auf 69,6 % der gesamten Bilanzsumme (gegenüber 41 % im Jahr 1970), auf 27,5 % des Gesamtbetrags der Kundeneinlagen(12,5 % im Jahr 1970), auf 55,2 % des Interbankengeschäfts (95 % im Jahr 1970).[1434] Die strukturellen Verhältnisse des belgischen Bankensektors wurden somit genutzt, um den zwischenstaatlichen Bezug eines rein nationalen Kartells herzuleiten.
Schließlich wendete sich die Kommission den zur Bewertung vorgelegten Vereinbarungen zu. Sie stellte fest:

> *„Außerdem sind die drei Konventionen, soweit sie die mittelbar unterschiedslos für die inländische wie für die ausländische Kundschaft erbrachten Dienstleistungen betreffen, geeignet, den innergemeinschaftlichen Handel zu beeinträchtigen. Zwei von ihnen beeinträchtigen, soweit sie unmittelbar Devisengeschäfte oder Transaktionen aus dem Ausland betreffen, unmittelbar den Handel zwischen den Mitgliedstaaten. Die dritte, diejenige über Wertpapiergeschäfte, betrifft ebenfalls den Handel zwischen den Mitgliedstaaten, da einerseits ausländische Emissionäre, die belgische Banken mit der finanziellen Betreuung ihrer Wertpapiere in Belgien beauftragen, andererseits die ausländischen Inhaber belgischer Wertpapiere berührt werden."*[1435]

Auf die Spürbarkeit der Beeinträchtigung des zwischenstaatlichen Handels ging die Kommission nicht gesondert ein. Zum einen ließe sich diese aus der

[1433] KommE *Belgische Bankenvereinigung*, ABl. 1987 Nr. L 7, S. 27 Rn. 41.
[1434] KommE *Belgische Bankenvereinigung*, ABl. 1987 Nr. L 7, S. 27 Rn. 42.
[1435] KommE *Belgische Bankenvereinigung*, ABl. 1987 Nr. L 7, S. 27 Rn. 43.

Struktur des belgischen Bankenmarktes, also der internationalen Verflechtung, herleiten. Zum anderen wurde sie wohl wegen ihrer doppelten Verwendung in der Zwischenstaatlichkeitsklausel als auch dem Merkmal der Wettbewerbsbeeinträchtigung an dieser Stelle noch nicht erwähnt, sondern erst im Rahmen der sich anschließenden Prüfung der Wettbewerbsbeeinträchtigung.
Nachdem die Kommission das Erfordernis der Zwischenstaatlichkeitsklausel bejaht hatte, bestätigte sie auch die spürbare Wettbewerbsbeschränkung durch die fraglichen Vereinbarungen.[1436] Dann prüfte und bejahte die Kommission die Voraussetzungen für eine Freistellung nach Art. 81 Abs. 3 EG.[1437]

IV. KOMMISSIONSENTSCHEIDUNG *ITALIENISCHE BANKENVEREINIGUNG* („*ABI*")[1438]

Die letzte Entscheidung aus dem Jahr 1986 betraf die Anmeldung von Vereinbarungen und Beschlüssen der Italienischen Bankenvereinigung ABI, nachdem ihr von der Kommission die Beschwerdepunkte mitgeteilt worden waren. Fast alle Kreditinstitute waren Mitglied der ABI, so dass im Jahre 1984 die Zahl der Mitglieder 1.096 betrug. Gegenstand der Entscheidung waren zehn Vereinbarungen, die sich auf die Beziehungen zwischen den Banken, die Beziehungen zwischen den Banken und den Kunden sowie auf gegenüber den Kunden anzuwendende Mindestprovisionen bezogen.[1439] Von den zehn Vereinbarungen erhielten sechs Vereinbarungen ein Negativattest,[1440] weil sie nicht geeignet waren, den zwischenstaatlichen Handel (spürbar) zu beeinflussen. Die Kommission prüfte hierfür zunächst das Merkmal der Wettbewerbsbeschränkung und wendete sich erst dann dem Merkmal der Zwischenstaatlichkeitsklausel zu. Die übrigen Vereinbarungen wurden freigestellt gemäß Art. 81 Abs. 3 EG.

Gegenstand der Entscheidung waren die Interbankenvereinbarungen[1441]

- über die Einziehung und/oder Entgegennahme von Effekten und Dokumenten über Italien,
- über die Einziehung von Bankschecks und anderen in Italien zahlbaren Kreditpapieren,
- über eine neue einheitliche Art von Reiseschecks in Lire,
- über die Schaffung eines Systems automatischer, durchgehend geöffneter Schalter in Italien (Bancomat),

---

[1436] KommE *Belgische Bankenvereinigung*, ABl. 1987 Nr. L 7, S. 27 Rn. 44ff.
[1437] KommE *Belgische Bankenvereinigung*, ABl. 1987 Nr. L 7, S. 27 Rn. 46ff.
[1438] KommE *ABI*, ABl. 1987 Nr. L 43, S. 51ff.
[1439] KommE *ABI*, ABl. 1987 Nr. L 43, S. 51 Rn. 6ff.
[1440] Eine weitere Vereinbarung erhielt ein Negativattest, weil es keine Wettbewerbsbeschränkung darstellte - KommE *ABI*, ABl. 1987 Nr. L 43, S. 51 Rn. 33.
[1441] Siehe im Einzelnen KommE *ABI*, ABl. 1987 Nr. L 43, S. 51 Rn. 20ff.

- über direkte Interbankenbeziehungen (RID),
- über Bankeingangsbestätigungen (RIBA),
- über Geschäfte in ausländischen Devisen und/oder Lire von Auslandskonten

sowie die Vereinbarungen über die Beziehungen zwischen den Banken und ihren Kunden

- über Mindestbedingungen für die Bereitstellung von Schließfächern,
- über Mindestbedingungen für die Bereitstellung eines verschlossenen Depots,
- über die Einziehung von Telefongebühren (SIP).

Soweit das Merkmal der Zwischenstaatlichkeitsklausel verneint wurde, traf dies fast ausschließlich auf Interbankenvereinbarungen (Bancomat, RID, RIBA, zum Teil SIP) zu. Im Wesentlichen enthielten die Vereinbarungen technische Bestimmungen für einen effektiveren Interbankenverkehr, wobei aber gleichzeitig die Höhe der Provisionen und Wertstellungsdaten geregelt wurden und hinsichtlich der Bancomatvereinbarungen eine Ausschließlichkeitsklausel enthielten, die die teilnehmenden Banken daran hinderte an einem konkurrierenden Netz teilzunehmen.[1442] Verneint wurde die Zwischenstaatlichkeitsklausel, weil sich die Interbankdienstleistungen strikt auf das italienische Hoheitsgebiet beschränkten und Wirtschaftstätigkeiten betrafen,

> *„die durch vertragliche Bestimmungen oder ihrer Natur nach nur auf das italienische Hoheitsgebiet beschränkt (waren); erstens (war) aus technischen Gründen die Verwendung der Karte Bancomat jenseits der italienischen Grenzen nicht möglich;*

Darüber hinaus betrafen

> *„die übrigen Vereinbarungen Zahlungen für Lieferungen (Gas, Strom, Telefon), deren Verteilung auf das italienische Hoheitsgebiet begrenzt (war) oder Zahlungen für Dienstleistungen (Mieten usw.), die auf das italienische Hoheitsgebiet begrenzt (waren);*

Im Hinblick darauf, dass die Ausschließlichkeitsvereinbarung für das Bancomat-System den Zutritt ausländischer Konkurrenten auf den italienischen Markt verhindert könnten sah die Kommission keine Bedenken, da

[1442] KommE *ABI*, ABl. 1987 Nr. L 43, S. 51 Rn. 35f.

> *„diese den Handel zwischen Mitgliedstaaten nicht spürbar betrifft, wenn berücksichtigt wird, dass die Möglichkeit der Schaffung eines konkurrierenden Netzes gegenwärtig wenig wahrscheinlich ist und die Beschränkung daher keine praktischen Auswirkungen hat..."*

Besonderes Augenmerk legte die Kommission auch auf die Auswirkungen der Interbankvereinbarungen für die Kunden in Gestalt von Endkosten, die aber vernachlässigenswert waren und eine Wirtschaftstätigkeit betrafen, die *„den Handel zwischen Mitgliedstaaten nur sehr indirekt berühr(t)en"*.
Zudem war der Grad der internationalen gesellschaftsrechtlichen Verflechtung in diesem Bereich zu gering, um schon hieraus eine Beeinflussung des zwischenstaatlichen Handels herleiten zu können.[1443]

Die einzige Vereinbarung, die das Verhältnis von Bank und Kunde betraf und bei der das Erfordernis der Zwischenstaatlichkeitsklausel verneint wurde, war die Vereinbarungen über die Mindestbedingungen für die Bereitstellung von Schließfächern.[1444]

> *„Das Geschäft der Verwahrung in einem Schließfach oder verschlossenen Depot schließt nämlich offenbar die Absicht aus, die Gegenstände oder Effekten für eine Auslandstransaktion zu verwenden; zudem ist es in Anbetracht der geographischen Lage nicht wahrscheinlich, dass sich bei diesen Dienstleistungen ein Handelsverkehr zwischen Italien und den übrigen Mitgliedstaaten in einem spürbaren Umfang entwickeln könnte."*[1445]

Die Anwendbarkeit des Art. 81 Abs. 1 EG bejahte die Kommission hingegen für die Vereinbarung über die Einziehung und/oder Entgegennahme von Effekten und Dokumenten über Italien, Vereinbarungen über die Einziehung von Bankschecks und sonstigen in Italien zahlbaren Kreditpapieren sowie die Interbankenvereinbarung über eine neue einheitliche Art von Reiseschecks in Lire.[1446] Neben technischen Vereinbarungen wurden Provisionen und Wertstellungsdaten festgelegt. Insofern wurde die Eignung zur Wettbewerbsbeeinträchtigung bejaht, da ausländische Institute, die auf dem italienischen Markt auftreten wollten, Mitglied der ABI sein mussten. Mit dem Eintritt übernahmen die ausländischen Banken aber auch die in Frage stehenden Vereinbarungen und waren damit der Möglichkeit des Preiswettbewerbs beraubt.[1447]
Die Beeinträchtigung des zwischenstaatlichen Handels folgerte die Kommission dann auch aus der Tatsache, dass alle in Italien tätigen Banken einschließ-

---

[1443] KommE *ABI*, ABl. 1987 Nr. L 43, S. 51 Rn. 35ff.
[1444] KommE *ABI*, ABl. 1987 Nr. L 43, S. 51 Rn. 38ff.
[1445] KommE *ABI*, ABl. 1987 Nr. L 43, S. 51 Rn. 40.
[1446] KommE *ABI*, ABl. 1987 Nr. L 43, S. 51 Rn. 41ff.
[1447] KommE *ABI*, ABl. 1987 Nr. L 43, S. 51 Rn. 45.

lich der Zweigstellen der ausländischen Institute Mitglied der ABI sein müssen und aus der

> *„beträchtlichen Bedeutung des internationalen Handels Italiens und der wechselseitigen Verflechtung der nationalen und internationalen Kapitalmärkte..."*

weswegen

> *„die Geschäfte, die die der ABI angehörenden Banken mit dem Ausland und/oder in ausländischen Devisen tätigen, einen bedeutenden Teil ihres gesamten Geschäfts dar(stellen)."*

Aufgrund der internationalen Verflechtung sah die Kommission den erreichten Marktanteil von 2,39 % der ausländischen Institute gemessen an den verwalteten Mitteln wohl als Nachweis an, dass den ausländischen Instituten der Marktzutritt zumindest erschwert wurde. Denn sie ging davon aus, dass

> *„dieser Marktanteil der ausländischen Banken noch größer sein (könnte), wenn es ihnen freistünde, die Preise für ihre Dienstleistungen festzusetzen und somit den italienischen Banken wirklich Konkurrenz zu machen."*[1448]

Darüber hinaus verwies die Kommission auf den regen Import/Export Italiens aus und in den Gemeinsamen Markt und dass alle diese Geschäfte über die Banken abgewickelt werden. Daraus schloss die Kommission,

> *„dass – zumindest soweit die Transaktionen durch die fraglichen Vereinbarungen berührt werden – der zwischenstaatliche Handel durch die Vereinbarungen unmittelbar betroffen (wurde)".*[1449]

Den zwischenstaatlichen Bezug leitete die Kommission aber nicht nur allgemein aus der internationalen Verflechtung der Kapitalmärkte und der Bedeutung der ausländischen Bankinstitute auf dem italienischen Markt. Auch der schlichte Auslandsbezug der von den Vereinbarungen betroffenen Bankdienstleistungen führte dazu, dass die Zwischenstaatlichkeitsklausel bejaht wurde. So genügte z. B., dass das

> *„Verfahren „Sondereinziehungen", für das die Vergütung der Domizilierungsbank...festgelegt ist, für Zahlungsforderungen aus anderen Mitgliedstaaten benutzt werden..."* konnte.[1450]

[1448] KommE *ABI*, ABl. 1987 Nr. L 43, S. 51 Rn. 47.
[1449] KommE *ABI*, ABl. 1987 Nr. L 43, S. 51 Rn. 48.
[1450] KommE *ABI*, ABl. 1987 Nr. L 43, S. 51 Rn. 49ff.

Dass die Vereinbarungen der ABI auch die an ausländische Kunden erbrachten Dienstleistungen betrafen, zog die Kommission schließlich für den Nachweis der Betroffenheit des zwischenstaatlichen Handels heran. Als einzigen Anhaltspunkt für eine Prüfung der Spürbarkeit der Beeinträchtigung des zwischenstaatlichen Handels mag die diesbezügliche Bemerkung *„wobei die Bedeutung dieser Kunden berücksichtigt werden muss“* gewertet werden.[1451]

Letztlich wurden diese Vereinbarungen von der Kommission gemäß Art. 81 Abs. 3 EG freigestellt, weil sie wegen der technischen Bestimmungen das Erfordernis der Standardisierung und Rationalisierung der angebotenen Dienstleistungen erfüllten und den Verbrauchern zugute kamen.[1452]

V. KOMMISSIONSENTSCHEIDUNG *NIEDERLÄNDISCHE BANKENVEREINIGUNG I*[1453]

Dieser Entscheidung lagen Vereinbarungen über Bankdienstleistungen von verschiedenen niederländischen Bankenvereinigungen zugrunde, zwischen denen aufgrund der Satzungen enge Verbindungen bestanden. Diese hatten die Vereinbarungen zwecks Erteilung eines Negativattests oder Erteilung einer Freistellung auch erst nach Mitteilung der Beschwerdepunkte bei der Kommission angemeldet.[1454] Die getroffenen Beschlüsse und Vereinbarungen betrafen auch hier große Teile der Produkte des Bankenmarktes. Im Verlauf des Verfahrens reduzierten sich jedoch die zur Entscheidung anstehenden Vereinbarungen auf Vereinbarungen über einheitliche Bedingungen für Schließfächer und karitative Überweisungen sowie über ein Rundschreiben betreffend eines vereinfachten Verrechnungsverfahrens für Gulden- und Devisenschecks, nachdem andere als diskriminierend eingestufte Maßnahmen von den Bankenvereinigungen wieder außer Kraft gesetzt worden waren[1455] beziehungsweise den Wettbewerb nicht spürbar beschränkten.[1456]
Die beiden Vereinbarungen erhielten ein Negativattest und das Rundschreiben eine Einzelfreistellung, nachdem die Kommission die Spürbarkeit der Wettbewerbsbeschränkung als gegeben ansah.[1457] Alle noch zur Entscheidung verbliebenen Maßnahmen der niederländischen Bankenvereinigungen betrafen aber nur die Beziehungen zwischen den Banken, indem sie einheitliche Valutierungsdaten und Provisionen festlegten. Ursprünglich erfassten diese Vereinbarungen auch die Beziehungen zu den Kunden und ausländischen Banken. Nach einer Stellungnahme der Kommission setzten die Bankenvereini-

---

[1451] KommE *ABI*, ABl. 1987 Nr. L 43, S. 51 Rn. 52.
[1452] KommE *ABI*, ABl. 1987 Nr. L 43, S. 51 Rn. 53ff.
[1453] KommE *Niederländische Bankenvereinigung I*, ABl. 1989 Nr. L 253, S. 1ff.
[1454] KommE *Niederländische Bankenvereinigung I*, ABl. 1989 Nr. L 253, S. 1 Rn. 1, 9.
[1455] KommE *Niederländische Bankenvereinigung I*, ABl. 1989 Nr. L 253, S. 1 Rn. 21ff.
[1456] KommE *Niederländische Bankenvereinigung I*, ABl. 1989 Nr. L 253, S. 1 Rn. 47ff.
[1457] KommE *Niederländische Bankenvereinigung I*, ABl. 1989 Nr. L 253, S. 1 Rn. 54ff., 57.

gungen diese Regelungen außer Kraft und sahen davon ab, hierfür eine Einzelfreistellung zu beantragen.[1458]
Das Negativattest beruhte darauf, dass die Kommission für die Schließfachdienstleistungen die Beeinträchtigung des Handels zwischen Mitgliedstaaten nicht bejahen konnte, weil sie ihrer Art nach nicht oder nur geringfügig mit dem Handels- und übrigen Dienstleistungsverkehr zwischen Mitgliedstaaten verbunden waren und lediglich in unbedeutendem Maße von Benutzern aus anderen Mitgliedstaaten genutzt und von Instituten aus anderen Mitgliedstaaten nur in vernachlässigenswertem Maße angeboten wurden.[1459]
Ähnliches galt für die Vereinbarungen die karitativen Überweisungen betreffend, da sie nur von in den Niederlanden niedergelassenen Banken erbracht werden konnten, *„wobei sie nur in unbedeutendem Maße durch Zweigstellen von Banken aus anderen Mitgliedstaaten verrichtet"* wurden. Ferner bestand *„aufgrund des überwiegend karitativen Zwecks der betreffenden Überweisung keine oder nur eine geringfügige Verbindung zu dem Handels- und übrigen Dienstleistungsverkehr zwischen Mitgliedstaaten"*. Außerdem ging die Kommission davon aus, *„dass zu den einziehenden Instituten, die letztlich die betreffenden Dienstleistungen in Anspruch nehmen, keine oder kaum Institute gehören, die in anderen Mitgliedstaaten niedergelassen sind"*.[1460]
Dass der zwischenstaatliche Handel beeinträchtigt wurde, bejahte die Kommission für die Rundschreiben bezüglich der vereinfachten Verrechnungsverfahren für Gulden und Devisenschecks, da die Rundschreiben Verfahren und Modalitäten für die Verrechnung von Schecks im Interbankengeschäft behandelten, bei der mindestens ein in den Niederlanden Gebietsfremder betroffen gewesen ist.[1461] Hier scheint der schlichte Auslandsbezug zu genügen, um den zwischenstaatlichen Handel spürbar zu beeinflussen, denn weitere Ausführungen machte die Kommission nicht.[1462]
Wegen der mit dem Rundschreiben verbundenen Verbesserung der Bankdienstleistung, von der auch der Verbraucher profitierte, erteilte die Kommission eine auf zehn Jahre beschränkte Einzelfreistellung.[1463]

VI. KOMMISSIONSENTSCHEIDUNG *BANQUE NATIONALE DE PARIS UND DRESDNER BANK*[1464]

Dieser Fall betraf eine horizontale Kooperation zwischen der Banque Nationale de Paris (BNP) und der Dresdner Bank (DreBa). Sie sah eine umfassende, im Prinzip exklusive und zeitlich unbegrenzte weltweite Zusammenarbeit der BNP und der DreBa im Bankgewerbe vor, die sich auf praktisch alle Bank- und

[1458] KommE *Niederländische Bankenvereinigung I*, ABl. 1989 Nr. L 253, S. 1 Rn. 36f., 43.
[1459] KommE *Niederländische Bankenvereinigung I*, ABl. 1989 Nr. L 253, S. 1 Rn. 58.
[1460] KommE *Niederländische Bankenvereinigung I*, ABl. 1989 Nr. L 253, S. 1 Rn. 59.
[1461] KommE *Niederländische Bankenvereinigung I*, ABl. 1989 Nr. L 253, S. 1 Rn. 60.
[1462] KommE *Niederländische Bankenvereinigung I*, ABl. 1989 Nr. L 253, S. 1 Rn. 57.
[1463] KommE *Niederländische Bankenvereinigung I*, ABl. 1989 Nr. L 253, S. 1 Rn. 62ff.
[1464] KommE *Banque Nationale de Paris und Dresdner Bank*, ABl. 1996 Nr. L 188, S. 37ff.

Finanzdienstleistungsmärkte auswirkte.[1465] Hintergrund war der damals noch bevorstehende verstärkte Wettbewerb in der Kreditwirtschaft durch den Zutritt ausländischer Banken, Versicherungsunternehmen und Unternehmen, die eigene Banken gründeten. Aber auch die Erweiterung des Angebots an Finanzdienstleistungen von Kreditkartenunternehmen hatte den Wettbewerbsdruck auf die traditionellen Finanzdienstleister erhöht. Um dem Wettbewerb entgegentreten zu können, sollten durch logistische Zusammenarbeit und Kooperation Synergieeffekte hervorgerufen werden, die zu niedrigeren Kosten führen. Damit war insbesondere der Austausch von Informationen sowie die Durchführung gemeinsamer Entwicklungsarbeiten in den Bereichen EDV, Büroorganisation und Wirtschaftsinformation gemeint.[1466] Das weltweite Zusammenwachsen der Märkte zog einen immer stärker wachsenden Bedarf der Kunden an internationalen Finanzdienstleistungen nach sich, so dass die Präsenz auf dem Heimatmarkt kaum noch genügte.[1467]

Nachdem sich die Kommission mit den sachlich und räumlich relevanten Märkten und den jeweiligen Marktanteilen der Institute auseinandergesetzt hatte,[1468] prüfte sie zunächst das Merkmal der Wettbewerbsbeeinträchtigung aufgeteilt nach nationalen und internationalen Bankdienstleistungen.[1469]

Bei den nationalen Bankdienstleistungen auf den Heimatmärkten ging die Kommission von einer Wettbewerbsbeschränkung aus. Außerhalb der Heimatmärkte der BNP und der DreBa waren indessen keine oder keine signifikanten Wettbewerbsbeschränkungen für nationale Bankdienstleistungen gegeben, weil die Präsenz der Häuser so gering beziehungsweise der Markt so wettbewerbsintensiv war.[1470] Entsprechendes galt auch für die internationalen Märkte für Bankdienstleistungen, da die beiden Institute im internationalen Vergleich nicht so bedeutend waren, dass durch die Zusammenarbeit in diesen Bereichen der Wettbewerb spürbar eingeschränkt wurde.[1471]

Für die noch verbliebenen wettbewerbsbeschränkenden Vereinbarungen für die nationalen Bankdienstleistungen bejahte die Kommission die Beeinträchtigung des Handels zwischen Frankreich und Deutschland, weil BNP und DreBa

[1465] KommE *Banque Nationale de Paris und Dresdner Bank*, ABl. 1996 Nr. L 188, S. 37 Rn. 1, 10.

[1466] KommE *Banque Nationale de Paris und Dresdner Bank*, ABl. 1996 Nr. L 188, S. 37 Rn. 2, 4.

[1467] KommE *Banque Nationale de Paris und Dresdner Bank*, ABl. 1996 Nr. L 188, S. 37 Rn. 2.

[1468] KommE *Banque Nationale de Paris und Dresdner Bank*, ABl. 1996 Nr. L 188, S. 37 Rn. 13ff.

[1469] KommE *Banque Nationale de Paris und Dresdner Bank*, ABl. 1996 Nr. L 188, S. 37 Rn. 15ff.

[1470] KommE *Banque Nationale de Paris und Dresdner Bank*, ABl. 1996 Nr. L 188, S. 37 Rn. 15 ii).

[1471] KommE *Banque Nationale de Paris und Dresdner Bank*, ABl. 1996 Nr. L 188, S. 37 Rn. 16.

> *„nach Inkrafttreten der Vereinbarung kein wirtschaftliches Interesse mehr haben werden, sich auf ihren jeweiligen Heimatmärkten bei den meisten der fraglichen Dienstleistungen und Produkte Konkurrenz zu machen. Dies gilt sowohl für die Bereiche, in denen Know-how zur Entwicklung neuer Dienstleistungen und Produkte ausgetauscht wird, als auch für die Bereiche, in denen ein Unternehmen dem anderen seine Produkte zur Vermarktung über dessen inländische Geschäftsstellen zur Verfügung stellt.“*[1472]

Als besonderes Risiko sah die Kommission an, dass die nationalen Märkte hinsichtlich der von der Zusammenarbeit betroffenen Produkte abgeschottet würden:

> *„Solange BNP und DB diese gegenseitige Vermarktung ihrer Dienstleistungen und Produkte nicht fest vereinbaren, bietet die Klausel, wonach jeder dem anderen die Vermarktung von Produkten auf dem eigenen Heimatmarkt durch eine dritte Bank verwehren kann, die Möglichkeit, den grenzüberschreitenden Wettbewerb zu verhindern, was eine Beeinträchtigung des Handels mit Bankdienstleistungen zwischen zwei Mitgliedstaaten darstellt.“*[1473]

Auf die Spürbarkeit der Beeinträchtigung des Handels zwischen den Mitgliedstaaten ging die Kommission nicht weiter ein. Sie könnte sich zwar aus den Anmerkungen der Spürbarkeit der Wettbewerbsbeeinträchtigung herleiten lassen. Danach begründeten spürbare Wettbewerbsbeeinträchtigung die Marktanteile der beteiligten Banken und der Umstand, dass es sich bei den nationalen Märkten um benachbarte und bedeutende geographische Märkte handelte sowie dass zukünftig vor allem Großbanken versuchen würden, bestimmte Produkte auch außerhalb ihres Herkunftsmitgliedstaats eigenständig zu vermarkten.[1474] Hierauf verwiesen hatte die Kommission innerhalb ihrer Entscheidung aber nicht.

Die Vereinbarungen wurden von der Kommission freigestellt, weil *„die Zusammenschaltung der EDV-Systeme wird überdies die grenzüberschreitenden Bankdienstleistungen einschließlich der Überweisungen verbessern.“*[1475] Auch die Ausschaltung des Wettbewerbs durch die Kooperation der beiden Unter-

---

[1472] KommE *Banque Nationale de Paris und Dresdner Bank*, ABl. 1996 Nr. L 188, S. 37 Rn. 17.

[1473] KommE *Banque Nationale de Paris und Dresdner Bank*, ABl. 1996 Nr. L 188, S. 37 Rn. 17.

[1474] KommE *Banque Nationale de Paris und Dresdner Bank*, ABl. 1996 Nr. L 188, S. 37 Rn. 15.

[1475] KommE *Banque Nationale de Paris und Dresdner Bank*, ABl. 1996 Nr. L 188, S. 37 Rn. 17.

nehmen sah die Kommission aufgrund der Stellung der Parteien und des bevorstehenden Wettbewerbs nicht.[1476]

VII. KOMMISSIONSENTSCHEIDUNG *NIEDERLÄNDISCHE BANKENVEREINIGUNG II*[1477]

Die Kommissionspraxis im Bankenbereich findet ihren Abschluss derzeit in der Sache *Niederländische Bankenvereinigung II* von 1999. Die Kommission hatte sich in dieser Entscheidung mit der Erteilung eines Negativattest beziehungsweise einer Freistellung für die Einführung eines gemeinsamen Einzahlungs- und Lastschriftverfahrens auseinander zu setzen, das von der Niederländischen Bankenvereinigung angemeldet worden war. Besondere Aufmerksamkeit verdiente diese Vereinbarung, weil sie einen Ausgleich zwischen Banken für die Bearbeitung von Lastschrift-Formularen pro bearbeitetem Formular vorsah. Ausgeglichen werden sollten die Kosten für die Bearbeitung von Lastschrift-Formularen. Gegen dieses Verfahren war von Großnutzern des Systems Beschwerde erhoben worden, da sie als Preisabsprachen nach Art. 81 Abs. 1 und als Missbrauch der Marktstellung nach Art. 82 EG angesehen wurden.[1478] Kernpunkt des Einzahlungs- und Lastschriftverfahrens ist die Festlegung einer Gebühr im Interbankenbereich, deren Weitergabe an die Kunden den jeweils betroffenen Banken freistand, da andere wettbewerbsrelevante Vereinbarungen von der Bankenvereinigung im Laufe des Verfahrens zurückgezogen worden waren.[1479] Die Wettbewerbsbeschränkung konnte die Kommission mit Verweis darauf begründen, dass durch die vorgegebene Gebühr im Interbankenverkehr praktisch erst die Grundlage für die Gebührenberechnung an die Kunden geschaffen wurde.[1480] In Folge dessen, dass nahezu alle Institute in der Bankenvereinigung vertreten sind und damit die Vereinbarung marktdeckend ist, war diese Wettbewerbsbeeinträchtigung auch spürbar.[1481]

Doch obwohl es sich bei der Vereinbarung über das Lastschriftverfahren um ein so genanntes nationales Kartell handelte, lehnte die Kommission die spürbare Beeinträchtigung des zwischenstaatlichen Handels ab. Dafür verwies die Kommission darauf, dass die Vereinbarung *„im Licht der Vorabentscheidung des Gerichtshofs vom 21. Januar 1999, Bagnasco v Banca Populare di Novara“* auszulegen sei.[1482]

Zunächst bediente sich die Kommission der in ständiger Rechtsprechung gefestigten Definition nach der die Beeinträchtigung des zwischenstaatlichen Handels

---

[1476] KommE *Banque Nationale de Paris und Dresdner Bank*, ABl. 1996 Nr. L 188, S. 37 Rn. 21f.

[1477] KommE *Niederländische Bankenvereinigung II*, ABl. 1999 Nr. L 271, S. 28ff.

[1478] KommE *Niederländische Bankenvereinigung II*, ABl. 1999 Nr. L 271, S. 28 Rn. 1ff.

[1479] KommE *Niederländische Bankenvereinigung II*, ABl. 1999 Nr. L 271, S. 28 Rn. 25ff.

[1480] KommE *Niederländische Bankenvereinigung II*, ABl. 1999 Nr. L 271, S. 28 Rn. 43ff., 51ff.

[1481] KommE *Niederländische Bankenvereinigung II*, ABl. 1999 Nr. L 271, S. 28 Rn. 55.

[1482] KommE *Niederländische Bankenvereinigung II*, ABl. 1999 Nr. L 271, S. 28 Rn. 56ff.

> *„aufgrund ihrer objektiven Bestandteile de facto und de jure mit hinreichender Wahrscheinlichkeit eine direkte oder indirekte, tatsächliche oder potentielle Beeinflussung der Handelsströme zwischen den Mitgliedstaaten zu erwarten (ist), die der Verwirklichung der Ziele eines Gemeinsamen Marktes der Mitgliedstaaten schadet. Die Beeinträchtigung des Handels zwischen den Mitgliedstaaten ist üblicherweise die Folge verschiedener Faktoren, von denen jeder für sich genommen nicht unbedingt ausschlaggebend sein muss."*[1483]

Die Kommission verwies hierbei auch auf das Erfordernis der Spürbarkeit.[1484] Um die Frage zu beantworten, ob dies auch im konkreten Fall gegeben war, bezog die Kommission mehrere Faktoren in ihre Bewertung ein, die sie im Lichte der *Bagnasco*-Entscheidung würdigte: der Umfang des Kartells und die Wirtschaftstätigkeiten, auf die sich das Kartell bezieht sowie die Beteiligung ausländischer Unternehmen.[1485]
Die Kommission stellte fest, dass alle Banken, die in den Niederlanden das Lastschriftverfahren anbieten wollten, praktisch gezwungen waren, der Vereinbarung beizutreten, um sicherzugehen, dass das von ihren Kunden verwendete Lastschrift-Formular auch von der Bank der Gegenpartei ihres Kunden akzeptiert wurde. Die hierdurch ermöglichte Abschottung eines gesamten nationalen Marktes genügte der Kommission aber nicht, um das Erfordernis der Zwischenstaatlichkeitsklausel als erfüllt anzusehen:

> *„Eine solche das gesamte Territorium eines Mitgliedstaats erfassende wettbewerbsbeschränkende Maßnahme führe in verstärktem Maße zur nationalen Schwellenbildung, was die im Vertrag angestrebte wirtschaftliche Verflechtung unmöglich macht. Dies allein reiche aber nicht aus, auch die übrigen Faktoren seien beachtlich".*[1486]

So beschränkte sich die Teilnahme am Lastschriftverfahren zwar nicht auf in den Niederlanden ansässige Unternehmen und Privatpersonen, sondern stand jedem offen, der ein Konto bei einer am acceptgiro-System teilnehmenden Bank unterhielt. Dennoch waren die Wirtschaftstätigkeiten aufgrund der Vertragsbestimmungen oder ihrer Art auf das Territorium begrenzt. Denn das Lastschriftverfahren wurde vornehmlich für Gas, Strom und Telefon genutzt. Der grenzüberschreitende Charakter der Lastschriften auf der Nachfrageseite war daher zu vernachlässigen („*unbedeutend*").[1487]

[1483] KommE *Niederländische Bankenvereinigung II*, ABl. 1999 Nr. L 271, S. 28 Rn. 57.
[1484] KommE *Niederländische Bankenvereinigung II*, ABl. 1999 Nr. L 271, S. 28 Rn. 58.
[1485] KommE *Niederländische Bankenvereinigung II*, ABl. 1999 Nr. L 271, S. 28 Rn. 59 ff.
[1486] KommE *Niederländische Bankenvereinigung II*, ABl. 1999 Nr. L 271, S. 28 Rn. 60.
[1487] KommE *Niederländische Bankenvereinigung II*, ABl. 1999 Nr. L 271, S. 28 Rn. 62.

Gleiches stellte die Kommission für die Angebotsseite fest, da der Anteil der am System teilnehmenden ausländischen Banken relativ gering war. Der Anteil der ausländischen Banken an der Zahl abgeschlossener Lastschrift-Verträge lag unter 1 %. Auch der Anteil ausländischer Banken an der Zahl getätigter Lastschrift-Transaktionen lag unter 1 % bei Debitierungen und unter 5 % bei Kreditierungen. Ein Großteil der ausländischen Banken bot noch nicht mal das Produkt Lastschrift an. Bei denjenigen ausländischen Instituten, die das Lastschriftverfahren anboten und die auch die Vereinbarung unterschrieben hatten, konnte die Kommission angesichts des für sie relativ unbedeutenden Produkts Lastschrift nicht feststellen, ob das Anbieten des Produkts für ihre Entscheidung in den Niederlanden auf den Markt zu treten von Bedeutung gewesen war.[1488]
Daher konnte die Kommission nicht die Feststellung treffen, dass die Vereinbarung den Handel zwischen Mitgliedstaaten beeinträchtigen konnte.

VIII. KOMMISSIONSENTSCHEIDUNG *VISA*[1489]

Die letzte veröffentlichte Entscheidung[1490] betrifft die Bankdienstleistung Kartenzahlung. Die Visa International Service Association (VISA) hatte bei der Kommission mehrere das internationale Kartenzahlungsgeschäft betreffende Vereinbarungen zur Genehmigung angemeldet. VISA ist eine internationale Organisation, die etwa 20.000 Finanzinstituten aus aller Welt gehört und die über diese Mitglieder das VISA-Kartensystem[1491] betreibt. Die hierzu notwendige Ausgabe der Karten und die Anwerbung von Einzelhändlern wird aber ausschließlich von den Mitgliedern vorgenommen.[1492] Die angemeldeten Vereinbarungen betrafen sowohl das Verhältnis der VISA zu ihren Mitgliedern, das Verhältnis der Mitglieder untereinander als auch das Verhältnis der VISA International und Ihrer Mitglieder zu den Einzelhändlern. Nicht Gegenstand der Vereinbarungen war das Verhältnis der ausgebenden Banken zu den Karteninhabern, also den Verbrauchern.[1493]
Trotz der von Dritten geäußerten Beschwerden, die insbesondere das Diskriminierungsverbot betrafen, weil damit den Einzelhändlern verboten wurde, die Kosten an die Karteninhaber (Verbraucher) weiterzugeben,[1494] erteilte die Kommission ein Negativattest für alle getroffenen Vereinbarungen. Die Kom-

---

[1488] KommE *Niederländische Bankenvereinigung II*, ABl. 1999 Nr. L 271, S. 28 Rn. 63.
[1489] KommE *VISA*, ABl. 2001 Nr. L 293, S. 24ff.
[1490] Nicht berücksichtigt wird die KommE *Deutsche Banken* vom 11.12.2001, Kommission Dokument-Nr. IP/01/1796, da sie nur in Form einer Pressemitteilung und ohne Angaben zum Merkmal der Zwischenstaatlichkeitsklausel vorlag.
[1491] Visa-Karten können dazu verwendet werden, in einem Geschäft für Waren oder Dienstleistungen zu bezahlen oder Bargeld entweder am Bankschalter oder von einem Geldautomaten abzuheben - KommE *VISA*, ABl. 2001 Nr. L 293, S. 24 Rn. 20.
[1492] Soweit es sich um Gruppenmitglieder der VISA handelt, nehmen die Mitglieder des Gruppenmitglieds diese Aufgaben war – KommE *VISA*, ABl. 2001 Nr. L 293, S. 24 Rn. 3, 5f.
[1493] KommE *VISA*, ABl. 2001 Nr. L 293, S. 24 Rn. 9f.
[1494] KommE *VISA*, ABl. 2001 Nr. L 293, S. 24 Rn. 25ff.

mission verneinte, ausgehend von dem engsten sachlich relevanten Markt, die Eigenschaft der Vereinbarungen als Wettbewerbsbeschränkung beziehungsweise deren Spürbarkeit. So war etwa der Grundsatz der Gebietslizenz, wonach die Mitgliedsbanken grundsätzlich nur Karten ausstellen und Einzelhändler nur in dem Land ausstellen durften, in dem ihr Tätigkeitsschwerpunkt lag, nicht spürbar wettbewerbsbeschränkend, da die Möglichkeiten ausgeweitet wurden, auch grenzüberschreitend tätig zu sein.[1495] Ebenfalls an der Spürbarkeit der Wettbewerbsbeschränkung scheiterte das Diskriminierungsverbot, das z. B. den Einzelhändlern verbot, Rabatte bei Barzahlung beziehungsweise Zuschläge bei Kartenzahlung zu erheben und so die Kosten an die Verbraucher weiterzugeben.[1496]

Ungewöhnlich ist, dass die Kommission die Zwischenstaatlichkeitsklausel prüfte und als erfüllt ansah, obwohl sie bereits das Merkmal der spürbaren Wettbewerbsbeschränkung verneint hatte.

Der Prüfung der Zwischenstaatlichkeitsklausel legte sie die tradierte Definition zugrunde und bezog sich dabei insbesondere auf die Entscheidung des Gerichtshofs *Bagnasco / BPN / Carige*:

> *„Nach der ständigen Rechtsprechung des Gerichtshofes der Europäischen Gemeinschaften muss zur Feststellung, dass eine Vereinbarung oder Verhaltensweise den Handel zwischen Mitgliedstaaten beeinträchtigen kann, mit hinreichender Wahrscheinlichkeit anhand einer Reihe objektiver rechtlicher oder tatsächlicher Umstände vorauszusehen sein, dass sie einen direkten oder indirekten, tatsächlichen oder potenziellen Einfluss auf den Warenverkehr zwischen Mitgliedstaaten haben kann, der die Verwirklichung der Ziele eines Binnenmarktes in allen Mitgliedstaaten gefährden könnte. Die Auswirkung auf den innergemeinschaftlichen Handel ist normalerweise das Ergebnis des Zusammenwirkens verschiedener Faktoren, die für sich genommen nicht ausschlaggebend sein müssen. Ferner muss die Beeinträchtigung des innergemeinschaftlichen Handels spürbar sein, wobei jedoch eine potenzielle Wirkung ausreicht.“*[1497]

In diesem Fall genügte der Kommission, dass

[1495] KommE *VISA*, ABl. 2001 Nr. L 293, S. 24 Rn. 13, 63.

[1496] KommE *VISA*, ABl. 2001 Nr. L 293, S. 24 Rn. 11f., 54 und siehe die Rn. 14, 59f., 65f. für die übrigen Vereinbarungen.

[1497] KommE *VISA*, ABl. 2001 Nr. L 293, S. 24 Rn. 70; EuGH *Bagnasco / BPN / Carige*, Slg. 1999-I, S. 135ff.

> *„die in den Visa-Regeln enthaltenen Bestimmungen wenigstens potenzielle Auswirkungen auf den Handel zwischen Mitgliedstaaten (hatten).“*[1498]

Sie sah diese Voraussetzungen als erfüllt an, da

> *„Visa-Karten grenzüberschreitende Zahlungsmittel (sind), die von den Karteninhabern nicht nur im Land der Ausstellung, sondern auch zur Bezahlung in Einzelhandelsgeschäften oder für Bargeldabhebungen in anderen Mitgliedstaaten verwendet werden können.“*

Dabei genügte schon, dass die VISA-Regeln im Gesamten Markt gelten und sich

> *„der Anteil der internationalen Bezahlungen im Jahr 1998 an den Visa-Vorgängen in der Gemeinschaft auf [Berufsgeheimnisse; ungefähr 10 %] (belief).“*[1499]

ZUSAMMENFASSUNG

Zusammenfassend ergibt sich für die Zwischenstaatlichkeitsklausel, dass der Bankenbereich ohne Einschränkungen dem EG-Kartellrecht unterworfen wird[1500] und dass die Prüfungsreihenfolge der Zwischenstaatlichkeitsklausel uneinheitlich ist. So wird teilweise von Gerichtshof und Kommission zuerst das Merkmal der Zwischenstaatlichkeitsklausel vor dem der Wettbewerbsbeeinträchtigung geprüft und umgekehrt.[1501]

Der Schwerpunkt der Entscheidungen liegt bei den branchenumfassenden Regelungen des Zahlungsverkehrs auf horizontaler Ebene, was die Folge spezifischer Kooperationsbedürfnisse ist. Der Massencharakter dieser Bankdienstleistung macht die Kooperationen zur Bewältigung und Verbesserung des Zahlungsverkehrs durch Standardisierung der Dienstleistungen notwen-

---

[1498] KommE *VISA*, ABl. 2001 Nr. L 293, S. 24 Rn. 72.

[1499] KommE *VISA*, ABl. 2001 Nr. L 293, S. 24 Rn. 71.

[1500] Siehe zur abweichenden Rechtslage in Deutschland nach § 29 GWB – Schultz in Wiedemann, Hdb. KartellR, § 33 Rn. 3ff, insbesondere Rn. 26ff.

[1501] EuGH *Züchner ./. Bayerische Vereinsbank*, Slg. 1981-II, S. 2021ff. Rn. 11ff., In EuGH *Bagnasco / BPN / Carige*, Slg. 1999-I, S. 135ff. Rn. 42ff. wird die Reihenfolge sogar innerhalb einer Entscheidung beliebig getauscht; KommE Einheitliche Eurocheques, ABl. 1985 Nr. L 35, S. 43 Rn. 32, KommE *Belgische Bankenvereinigung*, ABl. 1987 Nr. L 7, S. 27 Rn. 35ff.; KommE *ABI*, ABl. Nr. L 43, S. 51 Rn. 35ff; KommE *Niederländische Bankenvereinigung I*, ABl. 1989 Nr. L 253, S. 1 Rn. 47ff.; KommE *Banque Nationale de Paris und Dresdner Bank*, ABl. 1996 Nr. L 188, S. 37 Rn. 15ff.; KommE *Niederländische Bankenvereinigung II*, ABl. 1999 Nr. L 271, S. 28 Rn. 51ff.; KommE *VISA*, ABl. 2001 Nr. L 293, S. 24 Rn. 11ff.

dig.[1502] Die branchenumfassenden Regelungen führten regelmäßig zur Bildung nationaler Kartelle mit fast ausschließlich nationaler Wirkung. Der Beurteilung der Fälle legte der Gerichtshof und die Kommission immer die gleiche Basisdefinition der Zwischenstaatlichkeitsklausel zugrunde. In der Subsumtion genügte der Kommission zu Beginn die internationale Verflechtung der jeweiligen Bankenmärkte und ein dadurch entstehender geringer Auslandsbezug, um die Beeinflussung des Handels zwischen Mitgliedstaaten zu begründen. Maßgeblich ist dabei aber nicht nur die einzelne Vereinbarung, sondern unter Umständen die gesamten Faktoren. Bei nationalen Kartellen müssen noch weitere Faktoren hinzukommen, um den zwischenstaatlichen Bezug zu begründen.[1503]

Wesentlich für die Definition der Zwischenstaatlichkeitsklausel ist jedenfalls die Entscheidung *BPN / Bagnasco / Carige* des Gerichtshofs gewesen. Mit ihr lehnte der Gerichtshof die Zwischenstaatlichkeitsklausel für ein nationales Kartell ab, das verglichen mit früheren Sachverhalten wohl die Zwischenstaatlichkeitsklausel erfüllt hätte. Damit wird die Bedeutung der Zwischenstaatlichkeitsklausel im Rahmen des Art. 81, 82 EG wieder betont. Hieraus aber den Schluss zu ziehen, dass der Gerichtshof mit der Entscheidung *BPN / Bagnasco / Carige* deutliche höhere Anforderung an die Anwendungsvoraussetzungen des Art. 81 Abs. 1 EG stellt als nach der bisherigen Rechtsprechung, geht zu weit.[1504] Der Gerichtshof wiederholte lediglich, dass das Merkmal der Spürbarkeit auch im Rahmen der Zwischenstaatlichkeitsklausel zu beachten ist. Er relativierte dessen Bedeutung aber gleichzeitig damit, dass eine potenzielle Spürbarkeit genügt. Die danach erlassenen Entscheidungen der Kommission lassen ebenfalls keinen anderen Schluss zu, da - soweit die Spürbarkeit der Zwischenstaatlichkeitsklausel betroffen ist - hervorgehoben wird, dass eine potenzielle Spürbarkeit genügt.[1505]

Im Ergebnis wurde das Merkmal der Zwischenstaatlichkeitsklausel ungewöhnlich oft verneint, selbst wenn eine spürbare Wettbewerbsbeschränkung gegeben war.[1506] Der Zwischenstaatlichkeitsklausel kann daher in diesem Bereich eine größere Eigenständigkeit gegenüber dem Merkmal der Wettbewerbsbeschränkung zugesprochen werden. Dies gilt aber nur beschränkt. Nicht alle den möglicherweise zwischenstaatlichen Handel beeinflussenden Vereinbarungen gelangten zur Entscheidung. So hat die Kommission des Öfteren durch öffentliche Bekanntmachungen oder Stellungnahmen dafür Sorge getragen,

---

[1502] Kommission, XXV. Wettbewerbsbericht (1995), S. 30 Rn. 46ff.; Schultz in Wiedemann, Hdb. KartellR, § 33 Rn. 15.

[1503] EuGH *Bagnasco / BPN / Carige*, Slg. 1999-I, S. 135ff. Rn. 47ff.; KommE *Niederländische Bankenvereinigung II*, ABl. 1999 Nr. L 271, S. 28 Rn. 57ff.

[1504] So aber Brinker in Schwarze, EG-Kommentar, Art. 81 Rn. 59.

[1505] KommE *VISA*, ABl. 2001 Nr. L 293, S. 24 Rn. 72.

[1506] KommE VISA, ABl. 2001 Nr. L 293, S. 24 Rn. 70ff. und Kapitel 4, 1. Teil B. VIII.

dass bestimmte Vereinbarungen gar nicht erst angemeldet oder sofort aufgehoben wurden.[1507] Ein weiterer Grund ist in der zersplitterten Struktur des Bankenmarktes zu sehen, der einen entsprechenden Wettbewerbsdruck zur Folge hat und den auch kleine Wettbewerber auf die großen Banken ausüben können.[1508] So wird kaum der zwischenstaatliche Handel spürbar beeinflusst werden, wenn nur zwei Banken eine Vereinbarungen treffen und dabei allein auf die Marktanteile abgestellt wird. Es müssen noch weitere besondere Umstände hinzutreten.[1509]

2. TEIL: FOLGEN DER RESTRIKTIVEN NEUAUSRICHTUNG DER ZWISCHENSTAATLICHKEITSKLAUSEL FÜR DEN BANKENBEREICH

Die Frage ist, wie sich die Neuausrichtung der Zwischenstaatlichkeitsklausel auf die oben genannten Fälle auswirken würde.

A. PRÄMISSEN

Die Frage nach der konkreten Höhe der anzuwendenden Umsatzzahlen im Bereich der Art. 81 Abs. 1 und 82 EG mit Hilfe derer die gemeinschaftsweite Bedeutung der entsprechenden Maßnahmen vermutet werden soll, kann hier nicht beantwortet werden. Als Prämisse ist daher von den in der FKVO niedergelegten Umsatzschwellen auszugehen, die aber verglichen mit den Umsatzzahlen der bisherigen Bekanntmachungen der Kommission als hoch anzusehen sind.[1510]

Vor dem Hintergrund, dass bisher über 100 Entscheidungen zu Zusammenschlussvorhaben aus dem Bankensektor getroffen worden sind,[1511] ist aber davon auszugehen, dass die wesentlichen Vereinbarungen dennoch erfasst würden und der Bankensektor nicht allein nach nationalem Recht zu bewerten wäre. Damit ergäbe sich auch bei so hohen Umsatzschwellen wie der FKVO ein ausreichend weiter Anwendungsbereich der europäischen Kartellregeln.

[1507] KommE *Belgische Bankenvereinigung*, ABl. 1987 Nr. L 7, S. 27 Rn. 14; KommE Niederländische Bankenvereinigung I, ABl. 1989 Nr. L 253, S. 1 Rn. 21ff. und Kapitel 4, 1. Teil B. III., V.

[1508] Weswegen die Kommission in ihren Entscheidungen regelmäßig davon absieht eingehende Prüfungen des relevanten Marktes vorzunehmen – KommE *Bank Austria / Creditanstalt*, ABl. 1997 Nr. C 160, S. 4 Rn. 21, 27; KommE *Deutsche Bank / Bankers Trust* vom 22.04.1999, Dok.-Nr. SG (99) D/2757, Rn. 9; van Miert, Speech 1998, Rn. 26.

[1509] KommE *Banque Nationale de Paris und Dresdner Bank*, ABl. 1996 Nr. L 188, S. 37 Rn. 16ff.

[1510] Bis zur Bagatellbekanntmachung von 1997 waren es € 300 Mio., jetzt sind ausschließlich kleinere und mittlere Unternehmen vom Anwendungsbereich der Zwischenstaatlichkeitsklausel ausgenommen – Kapitel 3, 3. Teil B. III. 1.

[1511] Siehe die Entscheidungsliste nach Nace-Code „*J.65 - Financial intermediation, except insurance and pension funding*" auf der Homepage der Kommission Stand 25.01.2002 (www.europa.eu.int./comm)

Angesichts dieser Prämissen kann mit dem Beispiel nur eine summarische Prüfung durchgeführt werden. Es handelt sich um eine „Plausibilitätskontrolle" dahingehend, dass sich eine Neuausrichtung der Zwischenstaatlichkeitsklausel allein nach quantitativen Kriterien schon dem Ansatz nach nicht als ungeeignet darstellt. Der Plausibilitätskontrolle dienen die oben dargestellten Fallkonstellationen als Maßstab. Weitere Fallkonstellationen bleiben außer Betracht.

B. AUFGREIFKRITERIEN

Soweit im Rahmen der Aufgreifkriterien von Umsatzzahlen die Rede ist, sind die besonderen Vorschriften des Art. 5 Abs. 3 und Abs. 4 FKVO für Kreditinstitute zu berücksichtigen. Art. 5 Abs. 3 FKVO trägt dabei den besonderen Betätigungsfeldern der Banken Rechnung und wie diese ihre Umsätze generieren. Art. 5 Abs. 4 FKVO schreibt vor, dass die Umsätze der Unternehmen, in denen die Banken Kontrolle ausüben, nach den üblichen Kriterien addiert werden.[1512] Diese wären bei einer Neuausrichtung der Zwischenstaatlichkeitsklausel nach dem Vorbild des Art. 1 Abs. 2 und Abs. 3 FKVO ebenfalls zu übertragen.[1513]

I. AUSGEHEND VON BILATERALEN MAẞNAHMEN NACH ART. 81 ABS. 1 EG

Gerade im Bankenbereich dürfte ohne weiteres die gemeinschaftsweite Bedeutung anhand der Umsatzschwellen erfüllt sein. Zwar sind bilaterale Vereinbarungen auf EG-kartellrechtlicher Ebene bisher nur im Fall *Banque Nationale de Paris / Dresdner Bank* von der Kommission überprüft worden.[1514] Schon dieser Fall lässt aber darauf schließen, dass eine Übertragung der Aufgreifkriterien der FKVO nicht dazu führt, dass eine „Balkanisierung" der nationalen Rechte stattfindet,[1515] sondern die Anwendung des EG-Kartellrechts auf die wesentlichen Sachverhalte beschränkt wird, ohne die Bedeutung des EG-Kartellrechts für die wirtschaftliche Integration des Gemeinsamen Marktes auszuhöhlen.

Umsatzzahlen nennt diese Entscheidung nicht; die notwendigen Zahlen lassen sich aber aus zwei Entscheidungen der Kommission zu Vorhaben, die in den Anwendungsbereich der FKVO fielen, ermitteln. In den Entscheidungen von 1991 und von 1998 hatte die Kommission anlässlich der jeweils beabsichtigten Gründung eines Joint Ventures von Banque Nationale de Paris und Dresdner Bank festgestellt, dass beide Institute gemeinsam sowohl über einen ausreichenden weltweiten als auch europaweiten Umsatz verfügten.[1516]

[1512] Immenga in I/M, EG-WbR Bd. I, Art. 5 FKVO Rn. 48

[1513] Kapitel 3, 3. Teil B. II., D.

[1514] KommE *Banque Nationale de Paris und Dresdner Bank*, ABl. 1996 Nr. L 188, S. 37ff.

[1515] Pescatore, FS Everling II, S. 1071ff.

[1516] KommE *Banque Nationale de Paris und Dresdner Bank*, ABl. 1996 Nr. L 188, S. 37 Rn. 4; KommE *BNP / Dresdner Bank – Austrian JV*, ABl. 1999 Nr. C 36, S. 16 Rn. 8.

Da die meisten Banken bisher ihrem Schwerpunkt nach nationale Banken waren und damit der Großteil der Umsätze in einem Mitgliedstaat erwirtschaftet wurde,[1517] kommt aber der 2/3-Klausel im Bankenbereich eine besondere Bedeutung zu. So könnte der Bankenwettbewerb der Überwachung durch europäischen Kartellregeln entzogen haben und nur der Kontrolle nach nationalem Recht unterworfen sein.
Es lässt sich aufgrund der Parallelentscheidungen zur FKVO feststellen, dass der Beurteilung einer Vereinbarung zwischen der Banque Nationale de Paris und der Dresdner Bank, obwohl es sich in beiden Fällen um auf den Heimatmärkten stark vertretene Banken handelte, die 2/3-Klausel nicht entgegenstünde.[1518]
Die im Fall *Banque Nationale de Paris / Dresdner Bank* getroffenen Vereinbarungen würden daher auch nach erfolgter Neuausrichtung der Zwischenstaatlichkeitsklausel in den Anwendungsbereich der Art. 81, 82 EG fallen. Dies dürfte auch nicht als Ausnahmefall anzusehen sein, da noch größere Bankinstitute in Europa tätig sind (beide Banken rangierten zu dem damaligen Zeitpunkt in Europa auf dem siebten beziehungsweise zwölften Platz gemessen an der Bilanzsumme; weltweit fielen beide Institute Banken noch weiter zurück).[1519]

II. AUSGEHEND VON MULTILATERALEN VEREINBARUNGEN BEI NATIONALEN KARTELLEN

Bei multilateralen Vereinbarungen, die im Bankensektor überwiegen und auch künftig den Schwerpunkt darstellen dürften,[1520] kann davon ausgegangen werden, dass die addierten Bruttoumsätze ohne weiteres die Grenzen für die weltweiten und europaweiten Umsätze überschreiten. In den bisherigen Fällen erschienen die multilateralen Vereinbarungen im Bankensektor in der Form eines nationalen Kartells,[1521] so dass die Umsatzzahlen gegenüber der Beteiligung von zwei Unternehmen ein Vielfaches betragen. Anders als bei der aktuellen Praxis müssten auch im Falle von nationalen Kartellen keine besonderen Voraussetzungen vorliegen,[1522] um das Erfordernis der Zwischenstaatlichkeitsklausel zu erfüllen, da es nicht auf eine Würdigung der Umstände ankommt.
Allein die 2/3-Klausel könnte sich als problematisch erweisen. Aufgrund der internationalen Verflechtung des Bankensektors und der Verbundklausel des

---

[1517] KommE *Bank Austria / Creditanstalt*, ABl. 1997 Nr. C 160, S. 4ff. und eingehend zur Abgrenzung des relevanten Marktes Kapitel 4, 2. Teil C. I., II.
[1518] KommE *Banque Nationale de Paris und Dresdner Bank*, ABl. 1996 Nr. L 188, S. 37 Rn. 4; KommE *BNP / Dresdner Bank – Austrian JV*, ABl. 1999 Nr. C 36, S. 16 Rn. 8.
[1519] KommE *Banque Nationale de Paris und Dresdner Bank*, ABl. 1996 Nr. L 188, S. 37 Rn. 8f.
[1520] Kapitel 4, 1. Teil, Zusammenfassung.
[1521] Kapitel 4, 1. Teil, Zusammenfassung.
[1522] EuGH *Bagnasco / BPN / Carige*, Slg. 1999-I, S. 135ff. Rn. 47.

Art. 5 Abs. 4 FKVO stellt das aber kein Problem dar. Regelmäßig sind an solchen nationalen Kartellen auch ausländische Banken beziehungsweise Töchter ausländischer Banken oder deren Niederlassungen beteiligt, wie beispielsweise im Fall *Belgische Bankenvereinigung*[1523] oder *Einheitliche Eurocheques.*[1524] Aber nicht nur hierauf ist abzustellen, sondern auch auf die von den Niederlassungen oder Töchtern der Banken im europäischen Ausland erzielten Umsätze. Die Kommission musste in ihren Entscheidungen nicht darauf eingehen, da der jeweils betroffene relevante Markt national war und daher sonstige Umsätze und Geschäfte in die Betrachtung nicht einbezogen wurden. Die Verbundklausel führt dazu, dass nunmehr auch die Umsätze der Konzernmutter einzubeziehen wären, so dass bei der Berechnung der Umsätze nicht allein auf die Umsätze der Banken in dem von der multilateralen Vereinbarung betroffenen Mitgliedstaat abzustellen ist. Damit wäre ausgeschlossen, dass die Unternehmen mehr als 2/3 Drittel ihres Umsatzes in nur einem Mitgliedstaat erwirtschafteten.

Im Ergebnis gelangte man - in teilweiser Abweichung zur Kommission - bei Übertragung der Aufgreifkriterien der FKVO in allen Fällen dazu, dass die Aufgreifkriterien überschritten und damit die Voraussetzungen der Zwischenstaatlichkeitsklausel erfüllt wären.[1525]

Ein in seinen Wirkungen national beschränktes Kartell, das die Aufgreifschwellen überschreitet, kann dann nur noch über die Übertragung der Verweisungsregeln des Art. 9 FKVO in das Herrschaftsgebiet des nationalen Rechts überführt werden, da es auf die tatsächlich möglichen Auswirkungen auf den zwischenstaatlichen Handel im Rahmen der Auffangkriterien nicht ankommt. Diese Wirkung wird mit Überschreiten der Aufgreifkriterien unwiderleglich vermutet.[1526]

III. AUSGEHEND VON EINEM VERSTOß GEGEN ART. 82 EG

Der Missbrauch einer marktbeherrschenden Stellung im Bankenbereich beschäftigte den Gerichtshof und die Kommission bisher in nur zwei Fällen (*Bagnasco / BPN / Carige* und *VISA*). In beiden Fällen handelte es sich um die Untersuchung des Missbrauchs einer kollektiven Marktbeherrschung.[1527]

In *Bagnasco / BPN / Carige* standen durch die ABI, der italienischen Bankenvereinigung, der fast alle in Italien tätigen Institute angehörten, beschlossene allgemeine Bankbedingungen zur Diskussion, auf die der Kläger den Verstoß gegen Art. 82 EG gründete. Angesichts der Beteiligung aller italienischen Ban-

1523 KommE *Belgische Bankenvereinigung I*, ABl. 1987 Nr. L 7, S. 27 Rn. 40.

1524 KommE *Einheitliche Eurocheques*, ABl. 1985 Nr. L 35, S. 43 Rn. 35.

1525 KommE *ABI*, ABl. 1987 Nr. L 43, S. 51 Rn. 38ff.; KommE *Niederländische Bankenvereinigung I*, ABl. 1989 Nr. L 253, S. 1 Rn. 59; KommE *Niederländische Bankenvereinigung II*, ABl. 1999 Nr. L 271, S. 28 Rn. 63.

1526 Siehe hierzu Kapitel 3, 3. Teil B. III. 1., D.

1527 Vgl. oben Kapitel 4, 1. Teil B. II. 2 und C. VIII.

ken ist die Annahme gerechtfertigt, dass die welt- und europaweiten Umsatzschwellen ohne weiteres überschritten wären.[1528] Die 2/3-Klausel dürfte schon wegen der Mitgliedschaft ausländischer Institute[1529] in der ABI ausgeschlossen sein, da wegen der Verbundklausel nicht nur deren Umsätze sondern auch die der sie beherrschenden Unternehmen einzubeziehen wären. Man käme daher in Abweichung zum entschiedenen Fall zur Erfüllung der Zwischenstaatlichkeitsklausel.[1530]

Im Fall *VISA* hingegen würden die Ergebnisse bezüglich der Zwischenstaatlichkeitsklausel übereinstimmen, da die VISA europaweit tätig war und auch die an ihr unmittelbar oder mittelbar über Bankenvereinigungen beteiligten Banken über ganz Europa verstreut sind.[1531] Die weltweiten und europaweiten Umsatzschwellen wären überschritten. Die breite Beteiligung der Banken am VISA-System allein in Europa[1532] schlösse die Anwendbarkeit der 2/3-Klausel aus.

C. AUSGLEICH DER UNTERSCHIEDE DURCH ENTSPRECHENDE ANWENDUNG DER VERWEISREGEL DES ART. 9 FKVO

Soweit sich Abweichungen zwischen der bisherigen Praxis zur Zwischenstaatlichkeitsklausel und der restriktiven Neuausrichtung der Zwischenstaatlichkeitsklausel anhand von Umsatzschwellen ergeben, könnten diese über eine entsprechende Übertragung der Verweisregeln des Art. 9 FKVO ausgeglichen werden.
Im Bankenbereich gilt dies insbesondere für nationale Kartelle, deren Auswirkungen für den relevanten Markt auf ein Mitgliedstaat beschränkt sind und die wegen der Bruttoumsätze die Aufgreifschwellen überschreiten und so in den Anwendungsbereich des europäischen Kartellrechts fallen.[1533]

Entscheidend für die Frage der Verweismöglichkeit ist die Definition des sachlich und räumlich relevanten Bankenmarktes. Aussagen zum relevanten Markt im Bankenbereich des EuGH und der Kommission gibt es kaum, weshalb die Entscheidungen aus dem Bereich der Fusionskontrolle heranzuziehen sind. Sie können übertragen werden, da sowohl die FKVO als auch die Art. 81, 82 EG dem Bedarfsmarktkonzept folgen.[1534]

[1528] EuGH *Bagnasco / BPN / Carige*, Slg. 1999-I, S. 135ff. Rn. 60.
[1529] EuGH *Bagnasco / BPN / Carige*, Slg. 1999-I, S. 135ff. Rn. 49.
[1530] Vgl. Kapitel 4, 1. Teil A. II.2 und EuGH *Bagnasco / BPN / Carige*, Slg. 1999-I, S. 135ff. Rn. 60.
[1531] KommE *VISA*, ABl. 2001 Nr. L 293, S. 24 Rn. 3, 5f.
[1532] KommE *VISA*, ABl. 2001 Nr. L 293, S. 24 Rn. 3, 5f.
[1533] Kapitel 4, 1. Teil, Zusammenfassung.
[1534] Immenga in I/M, EG-WbR Bd. I, Art. 2 FKVO Rn. 34.

I. SACHLICH RELEVANTER MARKT

Nach der ständigen Kommissionspraxis, die in der Entscheidung *Bank Austria / Creditanstalt*[1535] bestätigt und konkretisiert wurde, sind die Dienstleistungen der Banken grundsätzlich in die Bereiche[1536]

- Privatkundengeschäft,
- allgemeines Firmenkundengeschäft mit Nichtbanken,
- Investmentbanking, Geld- und Wertpapiergeschäft sowie
- sonstige Finanzgeschäfte

zu unterteilen.

Die Kommission hat dies damit begründet, dass die genannten Bereiche sich zunächst durch die Zusammensetzung der Nachfrageseite, aber auch durch die Art und Zusammensetzung der typischerweise angebotenen Leistungen unterscheiden. Außerdem erfolge der Absatz der Leistungen generell durch unterschiedliche Vertriebskanäle und die Wettbewerbsparameter hätten in den einzelnen Bereichen eine unterschiedliche Bedeutung.[1537]

Die einzelnen Bereiche sind wiederum in weitere Segmente aufzuteilen:

Das Privatkundengeschäft ist seinerseits grundsätzlich in die Produktsegmente[1538]

- Einlagengeschäft und
- Kreditgeschäft

zu unterteilen.

Die Spareinlagen sind vom gesamten Einlagengeschäft getrennt zu Betrachten, weil hierfür in fast jedem europäischen Land eigene gesetzliche Vorschriften bestehen. Daneben erbringen Banken im Rahmen des Privatkundengeschäfts auch Dienstleistungen in den Bereichen Abwicklung von Zahlungsverkehr einschließlich der Ausgabe von Schecks und Zahlungskarten, Kreditkartengeschäft, Wertpapierdepotgeschäft, Vermögensverwaltung und Fondsverwaltung (Investmentfonds).[1539]

[1535] KommE *Bank Austria / Creditanstalt*, ABl. 1997 Nr. C 160, S. 4ff.

[1536] KommE *Bank Austria / Creditanstalt*, ABl. 1997 Nr. C 160, S. 4 Rn. 15ff.; bestätigt durch KommE *Deutsche Bank / Bankers Trust* vom 22.04.1999, Dok.-Nr. SG (99) D/2757, Rn. 6ff. jeweils m.w.N.

[1537] KommE *Bank Austria / Creditanstalt*, ABl. 1997 Nr. C 160, S. 4 Rn. 15.

[1538] KommE *Bank Austria / Creditanstalt*, ABl. 1997 Nr. C 160, S. 4 Rn. 16.

[1539] KommE *Bank Austria / Creditanstalt*, ABl. 1997 Nr. C 160, S. 4 Rn. 16.

Das allgemeine Kundengeschäft mit Nichtbanken umfasst insbesondere die Produktsegmente Abwicklung von Zahlungsverkehr (elektronische Bankdienstleistungen), Einlagengeschäft, Kreditgeschäft, Dokumentengeschäft und Außenhandelsfinanzierung. Das gesamte Kreditgeschäft ist in die Segmente kurzfristige Kredite (Betriebsmittelkredite) und langfristige Kredite (Investitionskredite) zu unterscheiden.[1540]

Nicht zum Firmenkundengeschäft gehört das Interbankengeschäft, d. h. das Einlagen- und Kreditgeschäft zwischen Banken sowie Kreditgeschäfte mit der öffentlichen Hand. Die Kommission begründet dies mit den grundlegenden Unterschieden in der Zusammensetzung der Marktteilnehmer und in den Wettbewerbsbedingungen.[1541]

Vom allgemeinen Firmenkundengeschäft ist das Investmentbanking zu unterscheiden, das insbesondere die Produktsegmente Mergers & Acquisition-Beratung, Börseneinführung von Unternehmen sowie Emission von Aktien und Anleihen umfasst. Das gesamte Anleihenemissionsgeschäft kann weiter in die Segmente Begebung von Staatsanleihen und von Nichtbanken-Anleihen sowie Eigenemissionen der Banken unterschieden werden. Alle anderen Aktivitäten (Handel mit Aktien und Anleihen, Derivativgeschäfte etc.) zählen nicht zum Kernbereich des Investmentbankings und werden dem Geldmarkt- und Wertpapiergeschäft zugeordnet. Damit schließt die Kommission die Zuordnung der Zahlungsverkehrdienstleistungen im Interbankenverkehr zu dem Investmentbanking aus. Das macht sie durch die ausdrückliche Begrenzung des Firmenkundengeschäfts auf den Verkehr mit Nichtbanken deutlich.[1542]

Der Bereich Geldmarkt- und Wertpapiergeschäfte umfasst insbesondere die Produktsegmente Handel mit Aktien und Anleihen, Derivativgeschäfte (Swaps und Optionen), Devisen- und Valutageschäfte sowie Geldmarktinstrumente.[1543]
Die Kommission hat sich in diesem Bereich hauptsächlich mit Leasing und ähnlichen Geschäften auseinander gesetzt. Im Rahmen der Marktabgrenzung hat sie sich in ihren Entscheidungen lediglich darauf beschränkt festzustellen, dass das Interbankengeschäft nicht zu den oben genannten Märkten gehört. In der Entscheidung *Deutsche Bank / Bankers Trust* greift sie im Zusammenhang mit der wettbewerbsrechtlichen Bewertung des Zusammenschlusses die Bereiche Wertpapierhandel außerhalb des Firmenkundengeschäfts, Wertpa-

---

[1540] KommE *Bank Austria / Creditanstalt*, ABl. 1997 Nr. C 160, S. 4 Rn. 17
[1541] KommE *Bank Austria / Creditanstalt*, ABl. 1997 Nr. C 160, S. 4 Rn. 17.
[1542] KommE *Bank Austria / Creditanstalt*, ABl. 1997 Nr. C 160, S. 4 Rn. 18
[1543] KommE *Bank Austria / Creditanstalt*, ABl. 1997 Nr. C 160, S. 4 Rn. 19.

pierverwahrung und Euro-Clearing auf. Die Kommission ordnet diese Bereiche erst hier dem Markt für Geld- und Wertpapiergeschäfte zu.[1544]

II. RÄUMLICH RELEVANTER MARKT

In räumlicher Hinsicht hat die Kommission folgende Feststellungen getroffen:[1545]

- Das Privatkundengeschäft ist trotz Internationalisierung noch ein lokaler Markt.[1546] Die Einführung elektronischer Vertriebswege (Homebanking) hat hieran noch nichts geändert.
- Im Firmenkundengeschäft geht die Kommission ebenfalls von lokalen Märkten in den Segmenten der Abwicklung von Zahlungsverkehr, das Einlagen- und Kreditgeschäft, das Dokumentengeschäft sowie die Außenhandelsfinanzierung aus.
- Im Investmentbanking-Bereich nimmt die Kommission lokale Märkte an. Bei der Mergers & Acquistion-Beratung wird grundsätzlich zwischen der grenzüberschreitenden Mergers & Acquisitions-Beratungstätigkeit an sich und der angebotenen Dienstleistung unterschieden. Erstere verfügt über internationale Dimensionen, letztere wird nur im nationalen Rahmen angeboten. Auch der Aktienhandel ist wegen der nationalen Zulassungsvoraussetzungen ein nationaler Markt.
- Nur der räumlich relevante Markt für Geldmarkt- und Wertpapiergeschäfte sowie für das Asset Management wird als zumindest europaweit eingestuft.

Endgültige Aussagen zur Marktabgrenzung trifft die Kommission aber regelmäßig nicht. So kann sie mit Verweis darauf, dass selbst bei der engsten Marktdefinition keine marktbeherrschende Stellung begründet oder verstärkt wird, die Marktdefinitionen weitgehend offen lassen. Auch in Zukunft ist kaum von einer genaueren Marktabgrenzung auszugehen, da der europäische Bankenmarkt nicht besonders konzentriert ist.[1547]

[1544] KommE *Deutsche Bank / Bankers Trust* vom 22.04.1999, Dok.-Nr. SG (99) D/2757, Rn. 19ff.

[1545] KommE *Bank Austria / Creditanstalt*, ABl. 1997 Nr. C 160, S. 4 Rn. 22ff.; bestätigt durch KommE *Deutsche Bank / Bankers Trust* vom 22.04.1999, Dok.-Nr. SG (99) D/2757, Rn. 8f. jeweils m.w.N.

[1546] Siehe auch Möschel, FS Raisch, S. 477 für wettbewerbsdämpfende Rahmenbedingungen, der unter anderem auf die schlichte Bequemlichkeit der Privatkunden verweist.

[1547] van Miert, Speech 1998, Rn. 26.

III. FOLGEN DES RELEVANTEN MARKTES FÜR EINE ENTSPRECHENDE ANWENDUNG DER VERWEISREGEL NACH ART. 9 ABS. 2B) FKVO

Die bisher entschiedenen Fälle betrafen den Interbankenverkehr und den Privatkundenverkehr, wie z. B. die Vereinbarungen über Öffnungszeiten, Schließfächer aber auch nationaler einheitlicher Überweisungsträger für die Bezahlung von nationalen Dienstleistungen.[1548]
Sowohl im Interbankenverkehr als auch im Privatkundenverkehr handelt es sich immer noch um vorwiegend lokale Märkte.[1549] Im Hinblick auf die betroffenen Produktmärkte der einheitlichen Überweisungsträger für nationale Dienstleistungen, die Öffnungszeiten, etc. ist auch nicht von einem wesentlichen Teil des Gemeinsamen Marktes auszugehen.

Die Wahrscheinlichkeit, dass von dieser Verweisungsmöglichkeit Gebrauch gemacht wird, lässt sich nicht mit dem Argument widerlegen, dass die Verweisungspraxis der Kommission nach der FKVO aus Sicht der Mitgliedstaaten äußerst bescheiden ausfällt. Dieses Problem könnte dadurch behoben werden, wenn mit der Übertragung von Art. 9 Abs. 2 b) FKVO auch die Kommission zu verweisen verpflichtet wäre, wenn die Voraussetzungen vorliegen.[1550]

D. VERGLEICH MIT DER BISHERIGEN PRAXIS

Der Vergleich hat ergeben, dass bei Übertragung der Aufgreifschwellen als Kriterium der Zwischenstaatlichkeitsklausel alle bisherigen Fälle aus dem Bankenbereich in den Anwendungsbereich des EG-Kartellrechts gefallen wären. Die auftretenden Abweichungen wirken sich überraschenderweise zugunsten des Anwendungsbereichs der europäischen Kartellregeln und zu Lasten des Anwendungsbereichs der nationalen Kartellregeln aus, obwohl eine Restriktion der Zwischenstaatlichkeitsklausel beabsichtigt ist.
Die Abweichungen beruhen auf dem grundsätzlich verschiedenen Ansatz von der abstrahierten Vermutung der an quantitativen Kriterien ausgerichteten Zwischenstaatlichkeitsklausel, dass bei Überschreiten der Umsatzschwellen der zwischenstaatliche Handel beeinträchtigt sein könnte, und der an konkreten Umständen des Einzelfalles orientierten bisherigen Betrachtungsweise.[1551]
Für die Frage, ob die Umsatzschwellen erreicht sind, ist es unerheblich, ob die jeweils getroffene Vereinbarung tatsächlich geeignet ist, den zwischenstaatlichen Handel zu beeinflussen. Da in der Mehrzahl der Fälle mehrere Banken an den Vereinbarungen beteiligt waren, stellten die Umsatzschwellen kein Hindernis dar. Allein hieran knüpft die Vermutung der Aufgreifkriterien an, so

---

[1548] Siehe hierzu Kapitel 4, 1. Teil.

[1549] Siehe die Definition des relevanten Marktes im Bankenbereich in Kapitel 4, 2. Teil C. I., II.

[1550] Kapitel 3, 3. Teil B. II. 3. c), D.

[1551] Kapitel 3, 3. Teil D.

dass der Umstand, dass es sich tatsächlich um sachlich den zwischenstaatlichen Handel kaum berührende Märkte handelt, nicht zum Tragen kommt.
Dies kann auch die Übertragung der Zwei-Drittel-Regelung nicht ändern, die die Vermutung aufstellt, dass der Schwerpunkt des Falles in dem betreffenden Mitgliedstaat liegt, wo der Umsatz erzielt wird.[1552] So kann tatsächlich auf dem relevanten Markt, in dem schwerpunktmäßig der Umsatz in nur einem Mitgliedstaat erzielt wird. Das spielt aber im Rahmen der 2/3-Klausel keine Rolle, da sie ebenfalls nur auf den Bruttoumsatz des Unternehmens auf allen Märkten abstellt. Sind die beteiligten Unternehmen wie im Bankensektor international stark verflochten, so ist wegen der Verbundklausel des Art. 5 Abs. 4 FKVO auch der Umsatz von Unternehmen einzubeziehen, die auf dem in Frage stehenden Markt überhaupt nicht tätig sind. Das führt wie in den Bankenfällen dazu, dass allein die internationale Verflechtung eines Unternehmens die Möglichkeit der Ausnahme der 2/3-Klausel stark reduziert.
Der Ausgleich, d. h. Behandlung auf nationaler Ebene, kann aber durch eine Übertragung der Verweisregel des Art. 9 Abs. 2 b) FKVO geschaffen werden, wobei gleichzeitig die Verpflichtung der Kommission den Fall zu verweisen einzuführen wäre, wenn die entsprechenden Voraussetzungen vorliegen.

ERGEBNIS KAPITEL 4

Die hier vorgeschlagene Neuausrichtung der Zwischenstaatlichkeitsklausel steht dem Vorhaben der Kommission, den Bankensektor kartellrechtlich zu kontrollieren - soweit es für die Gemeinschaft von Bedeutung ist - nicht entgegen.

Der Vergleich von bisheriger Praxis zur Zwischenstaatlichkeitsklausel und einer Beurteilung anhand einer an quantitativen ausgerichteten Zwischenstaatlichkeitsklausel hat für den Bankenbereich ergeben, dass der Anwendungsbereich nicht verringert, sondern teilweise erweitert würde. Grund ist, dass in den besprochenen Fällen im Rahmen der Übertragung der Umsatzschwellen die Umstände des Einzelfalles und die möglichen Auswirkungen auf den zwischenstaatlichen Handel unbeachtet bleiben. Da in allen Fällen die Umsatzschwellen überschritten worden wären, wurde die Beeinflussung auf den zwischenstaatlichen Handel bejaht.
Damit kann nicht der generelle Schluss gezogen werden, dass die an quantitativen Kriterien ausgerichtete Zwischenstaatlichkeitsklausel den Anwendungsbereich einschränkt.

Man gelangt dennoch zur Anwendung nationalen Rechts über die entsprechende Übertragung der Verweisregeln des Art. 9 FKVO, insbesondere Abs. 2b). Hiervon dürfte auch rege von den Mitgliedstaaten Gebrauch gemacht werden, wenn die Kommission gesetzlich verpflichtet wird, auf Antrag

---

[1552] Völcker, Frankfurter Kommentar V, Art. 1 FKVO, Rn. 18.

zu verweisen, sobald ein gesonderter Markt besteht und dieser keinen wesentlichen Teil des Gemeinsamen Marktes darstellt. Die Pflicht zum Verweis würde der gesteigerten Effektivität des Kartellrechts der Mitgliedstaaten Rechnung tragen. Alle Mitgliedstaaten verfügen über nationale Wettbewerbsbehörden, von denen viele unabhängig und damit keiner politischen Einflussnahme ausgesetzt sind.[1553]
Als Beispiele dient der Fall *BPN / Bagnasco / Carige*. Hier hatte die ABI parallel ihre Bankbedingungen der Kommission und ihre Bankbedingungen auch der Banca D'Italia als nationale Kartellbehörde vorgelegt. Die Kommission teilte der ABI mit, dass sie von den 26 angemeldeten Vereinbarungen nur drei prüfen werde, da die übrigen nicht geeignet seien, den Handel zwischen den Mitgliedstaaten spürbar zu beeinträchtigen. Folge der Mitteilung der Kommission an die Banca D'Italia war, dass diese als nationale Kartellbehörde ein Kartellverfahren nach den entsprechenden nationalen Regelungen bezüglich der verbliebenen 23 Vereinbarungen einleitete. Das Verfahren endete mit der Feststellung der Banca D'Italia, dass die Einheitlichen Bankbedingungen über die Gewährung eines Kontokorrentkredits geeignet seien, den Wettbewerb zu beeinträchtigen. Darüber hinaus wurden der ABI Auflagen gemacht.[1554]
Auch in Großbritannien wird das neu geschaffene Kartellrecht und seine Durchsetzung ernst genommen und ist als Beispiel geeignet. So hatte das britische Finanzministerium im November 1998 eine Untersuchung des nationalen Bankenmarkts in Auftrag gegeben. Diese Untersuchung ergab, dass der nationale Bankenmarkt erheblich von den kontinental-europäischen Strukturen abwich und deutliche Preisunterschiede für gleiche Leistungen bestanden. Die Regierung ließ daraufhin mitteilen, dass die neu eingerichtete Wettbewerbsbehörde sofort Untersuchungen aufnehmen würde.[1555]

Zu beachten ist allerdings, dass die Gemeinschaftsorgane gerade im Bankenbereich – entgegen der allgemeinen Aussage über die Bedeutungslosigkeit der Zwischenstaatlichkeitsklausel als Abgrenzungsmerkmal – durchaus diffe-

[1553] Unbegründet ist die Befürchtung von Monti, Speech, S. 5 durch den verringerten Anwendungsbereich könnten „nationale Champions" herangezogen werden, indem die Mitgliedstaaten sie vor grenzüberschreitenden Wettbewerb schützen. Hierfür verweist er auf die Entscheidung der Kommission *BSCH / Champalimaud* vom 11.01.2000. In diesem Fall hatte die portugiesische Regierung den Zusammenschluss zwischen einer spanischen Bank und einer portugiesischen Bank untersagt, obwohl der Anwendungsbereich der FKVO eröffnet und insoweit die Regelungsbefugnis Portugals erschöpft war. Hierbei handelt es sich aber um das Risiko, dass ein Mitgliedstaat europäisches Recht missachtet, weil es nicht seinen (industriepolitischen) Erwägungen entspricht. Das Risiko der Züchtung „nationaler Champions" hängt aber vielmehr von der Unabhängigkeit der nationalen Wettbewerbsbehörde ab. Dies kann als Bedingung für die Verringerung des Anwendungsbereichs gemacht werden. Vgl. zur Errichtung einer völlig unabhängigen Wettbewerbsbehörde in Spanien – Brokelmann, WuW 2000, 366f.
[1554] EuGH *Bagnasco / BPN / Carige*, Slg. 1999-I, S. 135ff. Rn. 14 ff.
[1555] F.A.Z. vom 21.03.2000, S. 18.

renzierte Entscheidungen getroffen haben.[1556] Auch hierin ist ein Grund für das vielleicht überraschende Ergebnis dieses Anwendungsbeispiel zu sehen.

1556 Jestaedt/Tostmann, WuW 1991, S. 280.

ZUSAMMENFASSUNG UND ABSCHLIEßENDE ANMERKUNGEN

Das derzeitige EG-Kartellrecht ist nicht mehr effektiv und leidet an einem Vollzugsdefizit, das sich durch den Beitritt der MOE-Staaten vergrößern wird. Die Maßnahmen der Kommission, in Gestalt von *comfort letters*, *settlements* und Gruppenfreistellungsverordnungen, haben nur kurzfristig Erfolg gehabt und begegnen wirtschaftspolitischen wie rechtsstaatlichen Bedenken.[1557]

Auch die von verschiedenen Seiten vorgebrachten Lösungsvorschläge, wie die Gründung eines Europäischen Kartellamts, der Schaffung einer *Cartel Task Force* (nach dem Vorbild der *Merger Task Force* der FKVO) und der Verkürzung des Verfahrens vor der Kommission, scheitern unter anderem an der politischen Realisierbarkeit oder mangelnden personellen Kapazitäten der Kommission.[1558]

Die von der Kommission beabsichtigte Reform der VO 17/62 wird nicht den gewünschten Effekt haben. Die Effizienzerhöhung durch die Dezentralisierung des Gemeinschaftskartellrechts wird teilweise durch den erhöhten Koordinations- und Überwachungsaufwand der Kommission aufgezehrt.[1559] Auch die Vereinbarkeit der Reform mit dem EG-Primärrecht ist zumindest kritisch. Schwerer wiegen noch die wettbewerbspolitischen Bedenken bei Umstellung des EG-Kartellrechts in eine Art Missbrauchskontrolle.[1560]

Der Grund für die verbleibenden Defizite zum Schutz eines effizienten Wettbewerbs ist darin zu sehen, dass die Kommission und der Rat bei ihren Reformbemühungen stets die genaue Bestimmung des Anwendungsbereichs des EG-Kartellrechts außer Acht lassen; obwohl EuGH und Kommission durch die extensive Auslegung und Anwendung der Zwischenstaatlichkeitsklausel, die den Anwendungsbereich der Art. 81, 82 EG von dem des nationalen Rechts abgrenzt, einen wesentlichen Beitrag zu dieser Situation beigetragen haben. Diese Praxis führt dazu, dass mit vertiefter Integration immer mehr Sachverhalte das Erfordernis der Handelsbeeinträchtigung erfüllen und die Kommission nicht in der Lage ist, eine entsprechende Menge an Fällen zu bearbeiten. Die mangelnde Ausfüllbarkeit der der Kommission zustehenden Kompetenzen führt zu einer Ineffektivität des europäischen Kartellrechts.[1561]
Die extensive Auslegung und Anwendung der Art. 81, 82 EG ist durch das EG-Recht allenfalls mittelbar vorgegeben, da sie sich am Integrationsziel der Ge-

---

[1557] Kapitel 1.

[1558] Kapitel 2, 1. Teil bis 4. Teil, Ergebnis Kapitel 2.

[1559] Eilmannsberger, JZ 2001, S. 369; Kommission, Zusammenfassung, S. 18, Rn. 6.1.

[1560] I. Schmidt, WuW 2002, S. 3; Eilmannsberger, JZ 2001, S. 368; Kapitel 2, 5. Teil, Ergebnis Kapitel 2.

[1561] Kapitel 3, 1. Teil, Zwischenbilanz 1. Teil.

meinschaft orientiert. Folglich mussten zum Zeitpunkt einer geringen Integrationsdichte niedrigere Voraussetzungen geschaffen werden, damit Sachverhalte den zwischenstaatlichen Handel beeinträchtigen konnten. Die am Integrationsstand der Gemeinschaft orientierte dynamische Auslegung des EuGH eröffnet aber auch die Möglichkeit, eine Umkehrung der Auslegung der Zwischenstaatlichkeitsklausel vorzunehmen. Auch das Prinzip des *effet utile* unterstützt diese Überlegung, da das EG-Kartellrecht in der gegenwärtigen Situation nicht effektiv angewendet und durchgesetzt werden kann. Eine Restriktion des Anwendungsbereichs der Art. 81, 82 EG könnte eine entsprechende Effektivität besser gewährleisten als die von der Kommission vorgesehene dezentralisierte Anwendung des Gemeinschaftskartellrechts alleine.[1562]
Die mangelnde Effizienz kann auch nicht durch die parallele Anwendung des nationalen Kartellrechts ausgeglichen werden, da dem der Grundsatz vom Vorrang des Gemeinschaftsrechts im Konfliktfalle entgegensteht. Gerade in Konfliktsituationen mit dem nationalen Kartellrecht wird ein Unternehmen mit der Anmeldung des Vorhabens bei der Kommission versuchen, entsprechende endgültige Maßnahmen der nationalen Kartellbehörde zu verhindern. Meldet ein Unternehmen an, so verzichten nationale Kartellbehörden im Hinblick auf eine mögliche Entscheidung der Kommission regelmäßig auf ein Tätigwerden.[1563]

Vermehrt wird daher zu Recht die Forderung laut, dass die Zwischenstaatlichkeitsklausel einzuschränken sei. Als Anhaltspunkte für ein entsprechendes Überdenken der Auslegung und Anwendung der Zwischenstaatlichkeitsklausel bietet sich der Entwicklungsstand der Gemeinschaft, insbesondere der verwirklichte Binnenmarkt, das Subsidiaritätsprinzip des Art. 5 Abs. 2 EG und das Konzept des Wettbewerbs der Systeme, an.[1564]
Hierbei handelt es sich aber nicht um einen integrationsfeindlichen Ansatz. Maßgebend sind sowohl die Interessen der Gemeinschaft als auch der Mitgliedstaaten. Dort wo die Interessen der Gemeinschaft nicht beeinträchtigt sind, sollen die Mitgliedstaaten als Herren der Verträge weiterhin frei handeln können. Damit wird der Gemeinschaft (im Bereich des EG-Kartellrechts ist vorwiegend die Kommission gemeint) ermöglicht, sich auf die für sie wesentlichen Fälle zu konzentrieren. Eigenheiten und Pluralität, die bisher als Stärke der europäischen Entwicklung betrachtet wurden, werden damit gewahrt, ohne den Integrationsprozess in Frage zu stellen.
Zu dem Erfolg der Integration trägt auch der effektive Schutz des Wettbewerbs durch entsprechende Wettbewerbsregeln bei, da er privat errichtete Handelsschranken zwischen den Mitgliedstaaten verhindert. Dieser effektive Schutz muss im Vordergrund der Betrachtung stehen und den Maßstab für entsprechende Überlegungen zur Abgrenzung des Anwendungsbereichs von EG-

[1562] Kapitel 3, 1. Teil D., Zwischenbilanz 1. Teil.
[1563] Kapitel 3, 1. Teil E., Zwischenbilanz 1. Teil.
[1564] Kapitel 3, 2. Teil.

Kartellrecht und nationalem Recht bilden. Nicht zu berücksichtigen sind hingegen die Interessen der Gemeinschaft oder der Mitgliedstaaten an dem Erhalt oder der Erweiterung der jeweiligen Kompetenzen. Kompetenzüberlegungen können nur auf Folgerungen beruhen, die sich an der jeweils besten Lösung für das Wohl der Gemeinschaft orientieren, also des effektiven Wettbewerbsschutzes.[1565]
Richtig ist daher, dass für die Wahrung des wirksamen Wettbewerbs im Gemeinsamen Markt nicht in hergebrachten hierarchischen Strukturen zu denken ist – danach wäre die Kommission allein prädestiniert, den Wettbewerb im Gemeinsamen Markt aufrechtzuerhalten. Maßstab muss vielmehr sein, welche Behörde die übergeordneten Vertragsziele besser verwirklichen kann.[1566] Dass hierbei den nationalen Kartellbehörden ein größerer Spielraum – auch bei der Anwendung der nationalen Kartellrechte - eingeräumt wird, kann nicht als integrationsfeindlich qualifiziert werden. Denn bei der Anwendung des nationalen wie auch europäischen Rechts werden den Mitgliedstaaten durch die übergeordneten Vertragsziele entsprechende Schranken gezogen. Damit wird gleichzeitig dem Konzept des Ordnungswettbewerbs der Weg geebnet, ein effektives Wettbewerbsrecht in Europa zu entwickeln.[1567]

Jedoch lassen weder das Subsidiaritätsprinzip des Art. 5 Abs. 2 EG noch das Konzept des Ordnungswettbewerbs aus Sicht des EG-Vertrags einen rechtsverbindlichen Schluss dahingehend zu, dass das Merkmal der zwischenstaatlichen Handelsbeeinträchtigung einer Restriktion zu unterziehen wäre.
Beim Subsidiaritätsprinzip des Art. 5 Abs. 2 EG scheitert dies an der fehlenden unmittelbaren Anwendbarkeit des Art. 5 Abs. 2 EG aufgrund seiner auf die Durchführung – nicht Kompetenzbegründung – bezogenen Rechtsnatur. Eine mittelbare Anwendung im Rahmen der Auslegung der Zwischenstaatlichkeitsklausel kommt zwar als Vertragsprinzip in Betracht, wird aber in seiner Wirkung durch die übrigen ebenfalls zu beachtenden Vertragsziele und Prinzipien relativiert. Gleiches gilt soweit man das Bestehen eines allgemeinen Subsidiaritätsprinzip anerkennt, das wegen der Berücksichtigung der übrigen Vertragsziele nur eine entsprechend geringe Rolle spielen kann.[1568]

In noch stärkerem Maße gilt dies für das Konzept des Ordnungswettbewerbs, nach dem die verschiedenen Rechtsordnungen der Mitgliedstaaten in Wettbewerb um die beste EG-kartellrechtliche Lösung treten könnten. Die Voraussetzungen dieses Prinzips sind zwar mit dem Herkunfts- beziehungsweise Ursprungslandprinzip im EG-Vertrag enthalten. Dennoch handelt es sich nicht um ein verbindliches Prinzip des Gemeinschaftsrechts, das bei der Auslegung der Zwischenstaatlichkeitsklausel zu berücksichtigen wäre, sondern stellt le-

[1565] Kapitel 3, Zwischenbilanz 2. Teil.
[1566] Jung, S. 252f.
[1567] Jung, S. 265f.
[1568] Kapitel 3, 2. Teil B. VI., Zwischenbilanz 2. Teil.

diglich dessen Folge dar. Aber auch eine andere Auffassung würde nichts an diesem Ergebnis ändern, da es nur eines von mehreren Vertragsprinzipien wäre, das bei der Auslegung der Zwischenstaatlichkeitsklausel zu beachten und dessen Wirkung daher vernachlässigenswert wäre.[1569]

Aus rechtspolitischer Sicht sind die Folgerungen aus dem Subsidiaritätsprinzip und dem Ordnungswettbewerb aber zu unterstützen. Das Subsidiaritätsprinzip und der Ordnungswettbewerb tragen zu einer Verringerung des Demokratiedefizits auf gemeinschaftlicher Ebene bei, da Maßnahmen, die vornehmlich auf der Ebene der Mitgliedstaaten anzusiedeln sind, auch dort behandelt werden sollen. Insbesondere der Ordnungswettbewerb zeigt die Vorteile auf, die mit einer Totalharmonisierung der nationalen Kartellregeln verloren gehen würden: Die nationalen Kartellbehörden könnten eigene wettbewerbspolitische Leitlinien entwickeln, die im Laufe der Zeit durch die Anwendungspraxis überprüft werden könnten. Die in diesem Entdeckungsverfahren entwickelten Lösungen könnten dann für das Gemeinschaftsrecht fruchtbar gemacht werden. So würden Fehler schneller aufgedeckt und behoben als bei einer Harmonisierung, wo das Wissen um die optimale Regelung gleichermaßen „angemaßt" ist, da es sich nicht in der Anwendungspraxis bewährt hat. Dort, wo es einer einheitlichen Regelung nicht bedarf, könnte schließlich den Präferenzen der Bürger besser Rechnung getragen werden.[1570]
Der Beitritt der MOE-Länder führt auch zu keinem anderen Schluss, da es sich hierbei nicht um eine Art Neubeginn des Integrationsprozesses handelt. Dafür sind die Voraussetzungen für den Beitritt der Kandidaten zu konkret und erfordern eine wirtschaftliche Annäherung sowie die Einführung von nationalen Wettbewerbsregeln, deren Durchsetzbarkeit gewährleistet ist.[1571]

Einen primär-vertraglich verankerten Anhaltspunkt für eine restriktive Neuausrichtung der Zwischenstaatlichkeitsklausel bietet allein der Entwicklungsstand der Gemeinschaft. Der verwirklichte Binnenmarkt hat zur Folge, dass - durch die extensive Auslegung des Merkmals der Handelsbeeinträchtigung zwischen Mitgliedstaaten - dieses Merkmal durch jeden grenzüberschreitenden Bezug erfüllt ist. Bisher konnte dies mit dem Integrationsziel gerechtfertigt werden. Mittlerweile ist eine so hohe Marktdurchdringung erzielt worden, dass in Zukunft das Integrationsargument die Wettbewerbspolitik immer weniger zu tragen vermag. Legt man der Zwischenstaatlichkeitsklausel eine dynamische Auslegung zugrunde, bei der der Integrationsstand zu berücksichtigen ist, so ist eine restriktive Auslegung angezeigt. Der Schwerpunkt wird in Zukunft im Schutz der Wettbewerbsstrukturen vor Verfälschungen innerhalb des Binnenmarkts liegen müssen, wie es Art. 3 lit g) EG beschreibt und auch immer mehr im Vordergrund der Praxis zu den Art. 81, 82 EG steht. Dementsprechend ist

[1569] Kapitel 3, 2. Teil C. V., Zwischenbilanz 2. Teil.
[1570] Kapitel 3, 2. Teil C. V., Zwischenbilanz 2. Teil.
[1571] Kapitel 3, 2. Teil E., Zwischenbilanz 2. Teil.

ein strengerer Maßstab für das Erfüllen der Voraussetzungen der Zwischenstaatlichkeitsklausel anzulegen. Ergänzend kann dieser Gedankengang auf den vom Gerichtshof entwickelten Grundsatz des *effet utile* gestützt werden, da die Kommission nicht in der Lage ist, alle Sachverhalte zu behandeln, die wegen des weiten Anwendungsbereichs in ihre Zuständigkeit fallen. Der effektive Wettbewerbsschutz erfordert daher die Rückführung der Zwischenstaatlichkeitsklausel, um den mitgliedstaatlichen Kartellrechten die Überprüfung von wettbewerbsrelevanten Maßnahmen nach nationalem Recht zu ermöglichen, die durch den Grundsatz vom Vorrang des Gemeinschaftsrechts de facto von einer Anwendbarkeit ausgeschlossen sind.[1572]
Es wäre zwar möglich, wie es auch der Kommission vorschwebt, die Ressourcen der Mitgliedstaaten durch eine dezentrale Anwendung des Gemeinschaftskartellrechts zu nutzen. Die damit verbundenen Bedenken für die einheitliche Anwendung und Durchsetzung des Gemeinschaftskartellrechts sind jedoch zu beachten. Außerdem würden damit die positiven Effekte des Ordnungswettbewerbs vernachlässigt, die auch der Gemeinschaft zugute kommen.

Eine entsprechende Neuausrichtung könnte durch die Kommission veranlasst werden, indem sie eine Bekanntmachung oder ähnliches erließe. Da aber entsprechende Maßnahmen von der Kommission den EuGH nicht binden und er auch in der Vergangenheit die Aussagen der Kommission zur Spürbarkeit der Zwischenstaatlichkeitsklausel ignoriert hat, müsste eine gesetzliche Regelung in Gestalt einer auf Art. 83 lit e) EG gestützten Ratsverordnung erlassen werden.[1573]

Die Neuausrichtung der Abgrenzung des Anwendungsbereichs von nationalem und europäischem Kartellrecht sollte nach dem Vorbild der FKVO erfolgen. Die in der FKVO niedergelegte Abgrenzung erfolgt mittels Umsatzkriterien, deren Überschreiten eine Beeinflussung des zwischenstaatlichen Handels vermuten lässt. Damit wird kein neuer Rechtsbegriff eingeführt, da die in den Umsatzschwellen enthaltenen Wertungen aus der Zwischenstaatlichkeitsklausel entnommen sind – ihre Kriterien gehen demnach in den Umsatzschwellen der FKVO auf.[1574]
Es bieten sich auch andere an qualitativen, quantitativen oder qualitativ-quantitativ gemischten Kriterien orientierten Alternativen für die Abgrenzung des Anwendungsbereichs an, die eine höhere Einzelfallgerechtigkeit bieten würden. Diese sind jedoch abzulehnen, da diese Einzelfallgerechtigkeit zu Lasten der Rechtssicherheit und Klarheit ginge oder mit zu großem Aufwand verbunden wäre, wie z. B. bei einer an Marktanteilskriterien ausgerichteten Abgrenzung: hier wären zunächst der relevante Markt sowie die Umsätze der

[1572] Kapitel 3, 1. Teil D., 2. Teil A., Zwischenbilanz 2. Teil.
[1573] Kapitel 3, 3. Teil A. III., Ergebnis Kapitel 3.
[1574] Kapitel 3, 3. Teil B. II., D., Ergebnis Kapitel 3.

übrigen Unternehmen zu ermitteln. Vorzuziehen ist bei der Abgrenzung der Anwendungsbereiche klare und relativ einfach nachzuvollziehende Kriterien. Die Umsatzschwellen der FKVO haben sich insoweit bewährt.[1575]

Um einen Ausgleich für das grobe Raster der Umsatzschwellen als Abgrenzungskriterien zu schaffen, wären auch die Verweisungsregeln der FKVO zu übernehmen. Dabei müsste im Rahmen der Verweisung von der EG an einen Mitgliedstaat die Pflicht der Kommission zur Verweisung nach Antrag festgelegt werden, wenn kein wesentlicher[1576] Teil des Gemeinsamen Marktes betroffen ist. Hier fehlt es an einem Interesse der Gemeinschaft, den Sachverhalt nach Gemeinschaftskartellrecht zu beurteilen. In allen anderen Fällen bliebe es der Kommission überlassen, den Sachverhalt selbst zu behandeln oder an den entsprechenden Mitgliedstaat zu verweisen. Die Verweisung könnte entweder unter Vorbehalt der dezentralen Anwendung des EG-Kartellrechts erfolgen oder die Anwendung des jeweiligen nationalen Kartellrechts erlauben. Diese Entscheidung verbliebe im Ermessen der Kommission.[1577]

Parallel zur Restriktion des Anwendungsbereichs der Art. 81, 82 EG müsste auch eine Ausschließlichkeitsregelung eingeführt werden. Dem ursprünglichen Vorhaben der Kommission, eine entsprechende Regelung mit der Reform der VO 17/62 einzuführen, ist zuzustimmen und sollte wieder aufgegriffen werden. Der Widerstand einiger Mitgliedstaaten gegen eine solche Ausschließlichkeitsregelung dürfte wegfallen, weil die damit verbundenen Souveränitätsbedenken durch eine Rückführung der Zwischenstaatlichkeitsklausel hinfällig würden.[1578] Die bisherige Praxis der Gemeinschaftsorgane ist nichts anderes als Ausdruck des in der EU *„jahrzehntelangen Tauziehens um Macht und Einfluss verschiedener Institutionen"* auf einzelstaatlicher und europäischer Ebene. Einigt man sich von vornherein auf eine möglichst weitgehende Trennung der Zuständigkeiten auf dezentraler und zentraler Ebene, so beseitigt man dieses Problem und führt außerdem den föderativen Ansatz der EU konsequent zu Ende.[1579]

Das Anwendungsbeispiel aus dem Bankenbereich hat auch gezeigt, dass eine Neuausrichtung der Zwischenstaatlichkeitsklausel anhand von Umsatzkriterien nicht zwingend in jedem Bereich zu einer Restriktion des Anwendungsbereichs führen muss. So wären Maßnahmen, die nach der bisherigen Definition des Merkmals der spürbaren Handelsbeeinträchtigung nicht in den Anwendungsbereich der Art. 81, 82 EG gefallen wären, bei Anwendung der Umsatzschwellen der FKVO von den EG-Kartellregeln erfasst. Dies ist die Folge einer

---

1575 Kerber, Fusionskontrollpraxis, S. 14; Kapitel 3, 3. Teil D., Ergebnis Kapitel 3.
1576 In der neuen Fusionskontrolle soll der Begriff „wesentlich" durch „erheblich" ersetzt werden: siehe Art. 9 VO-Vorschlag FKVO 2003.
1577 Kapitel 3, 3. Teil B. II. c), E., Ergebnis Kapitel 3.
1578 Kapitel 3, 3. Teil B II. 2., 3., D., Ergebnis Kapitel 3.
1579 Apolte, ökonomische Konstitution, S. 203

ausnahmsweise differenzierenden Einzelfallbetrachtung durch Kommission und Gerichtshof sowie der im Bankenbereich erzielten hohen Umsätze, die regelmäßig die Umsatzschwellen der FKVO überschreiten.[1580]

Die hier vorgeschlagene Neuausrichtung der Zwischenstaatlichkeitsklausel ergänzt die von der Kommission beabsichtigte Reform der VO 17/62. Dass der Anwendungsbereich des nationalen Rechts erweitert wird, bedeutet nicht, dass die Kooperation beim Vollzug des Gemeinschaftsrechts ausgeschlossen ist oder eine entgegengesetzte Wirkung hat. Es ist vielmehr eine Kombination aus beidem erforderlich, um das Kartellrecht den neuen Herausforderungen und Wandlungen anzupassen.[1581] Insoweit bietet sich die Neuausrichtung der Zwischenstaatlichkeitsklausel zusätzlich zur Dezentralisierung an.[1582]
Einen rechtlichen Konflikt zwischen der Neuausrichtung und der Reform der VO 17/62 gibt es jedenfalls nicht, da die Änderungen auf verschiedenen Ebenen erfolgen. Die Neuausrichtung betrifft den Tatbestand, die Reform der VO 17/62 betrifft die Rechtsfolgenseite und lässt den Anwendungsbereich der Art. 81, 82 EG unberührt. Das Verhältnis beschränkt sich im Wesentlichen darauf, dass der engere Anwendungsbereich weniger Sachverhalte zur dezentralen Anwendung des EG-Kartellrechts zur Verfügung stellt. Damit werden aber mehrere allgemein- als auch wettbewerbspolitische Vorteile verwirklicht, die auch der Effizienz des Wettbewerbsschutzes auf dem Gemeinsamen Markt zugute kommen.[1583]
Insbesondere die bei Verwirklichung der Reform der VO 17/62 faktische Verstärkung der Machtposition der Kommission[1584] könnte durch die Neuausrichtung wieder begrenzt werden. Die Befürchtungen eines durch die Bürokratie verwalteten Wettbewerbs, statt eines freien Wettbewerbs, wären damit ebenfalls zerstreut. Denn die, bei der Generaldirektion Wettbewerb und nicht der Kommission stattfindende, Machtkonzentration verstärkt die Bedenken hinsichtlich des Prinzips der Gewaltenteilung. Die Generaldirektion Wettbewerb gestaltet die EG-Kartellpolitik nicht nur in ihrer Funktion als Exekutive. Sie hat ihre legislativen Kompetenzen voll ausgeschöpft und bestimmt de facto auch die gesetzlichen Maßgaben, da sie der Kommission oder dem Rat legislative Vorschläge lediglich zur Beschlussfassung vorlegt. Ergänzend erlässt die Generaldirektion „Leitlinien", „Mitteilungen und „Bekanntmachungen". Nur mit diesen Veröffentlichungen erschließt sich der Praxis häufig, was sie zu beachten hat. Mit dem vom Gerichtshof eingeräumten Beurteilungsspielraum stellen sich Kommissionsentscheidungen häufig auch als endgültige Entscheidungen dar, so dass auch im judikativen Bereich ein großer Einfluss gegeben ist.[1585]

[1580] Kapitel 4, Ergebnis Kapitel 4.
[1581] Wesseling, European Law Review 1997, S. 53.
[1582] Wesseling, European Law Review 1997, S. 37.
[1583] Kapitel 3, 3. Teil E., Ergebnis Kapitel 3.
[1584] Rittner, EuZW 2000, S. 129; ähnlich Mestmäcker, EuZW 1999, S. 528.
[1585] Rittner, EuZW 2000, S. 129; Mestmäcker, EuZW 1999, S. 528.

Daneben könnte mit dem größeren Freiraum für die nationalen Kartellrechte auch die Vorteile des Ordnungswettbewerbs genutzt werden, die schließlich auch der gemeinschaftlichen Integration zugute kämen. Im Laufe der Zeit würde sich die beste Regelung in einem Entdeckungsverfahren herauskristallisieren, die sich gemeinschaftsweit durchsetzen würde. Da der Ordnungswettbewerb in einem das Gemeinschaftsinteresse nicht berührenden Bereich stattfände, da der Anwendungsbereich der EG-Kartellregeln nicht eröffnet wäre, stünde er auch nicht dem Integrationsprozess entgegen.
Gleichzeitig wäre dem Gedanken des EG-Vertrags Rechnung getragen, dass dem nationalen Recht neben dem Gemeinschaftskartellrecht ein eigener wesentlicher Raum verbleiben muss.[1586]

Hervorgehoben sei abschließend, dass eine Rückführung des EG-kartellrechtlichen Anwendungsbereichs nicht dem Integrationsziel entgegensteht: Nur effizienter innergemeinschaftlicher Wettbewerbsschutz führt zur weiteren Vertiefung der Integration. Nationales und gemeinschaftliches Kartellrecht sind insofern in ein dergestaltetes Verhältnis zu setzen, dass der Wettbewerb tatsächlich geschützt wird. Ziel ist zu vermeiden, dass sich kein wettbewerbsrelevanter Sachverhalt, wegen mangelnder Anwendbarkeit der einen Rechtsordnung einerseits und mangelnder Ressourcen zur Anwendung des anwendbaren Rechts andererseits, einer wettbewerblichen Überprüfung entziehen kann. Bei dem gesamten Fragenkomplex geht es darum, dass die Wettbewerbspolitik nicht den Anschluss an die veränderten Rahmenbedingungen, wie der Globalisierung der Märkte, verliert. Dafür können auch die verschiedenen zur Verfügung stehenden Mittel genutzt werden, auch wenn damit gegenüber einer zentralen Lösung gewisse Ineffizienzen verbunden sind. Entscheidend ist aber, dass die Abgrenzung der Anwendungsbereiche nicht zum Selbstzweck erfolgt, sondern sich an den tatsächlichen Notwendigkeiten und den wirtschaftlichen Realitäten orientiert. Dabei ist der effektive Schutz des Wettbewerbs – auch als Garant der gemeinschaftlichen Integration – das oberste Gebot.[1587]
Die Kommission hat dies für die wirtschaftlich bedeutendere FKVO eingesehen und der angestrebten Reform der FKVO diesen Effizienzgedanken zugrunde gelegt.[1588] Eine Reform der Art. 81, 82 EG, die sich lediglich auf die Durchführungsvorschriften bezieht und nicht auf die Abgrenzung der Anwendungsbereichs von nationalem und EG-Kartellrechts eingeht, kann diesem Ziel aber nicht genügen.

[1586] Rohe, RabelsZ 61 (1997), S. 11; Mestmäcker, FS willgerodt, S. 288.
[1587] Böge/Schaub, WuW 2001, S. 928; Müller-Graff, EuR 1989, S. 151.
[1588] Kommission, Grünbuch FKVO 2001 Rn. 16.

Literaturverzeichnis

Adamovich, Ivan Baron
Wohlgemuth, Michael
„Exit" und „voice" im Systemwettbewerb: das Zusammenwirken von Föderalismus und direkter Demokratie in der Schweiz, in: Manfred E. Streit / Michael Wohlgemuth (Hg.), Systemwettbewerb als Herausforderung an Politik und Theorie, S. 123 – 149; Baden-Baden, 1999 (zit.: Adamovich/Wohlgemuth, Systemwettbewerb als Herausforderung)

Alfter, Mette
Untersagungskriterien in der Fusionskontrolle, SLC-Test versus Marktbeherrschende Stellung – Eine Frage der Semantik?, WuW 2003, S. 20 - 28

Apolte, Thomas
Die ökonomische Konstitution eines föderalen Systems: Dezentrale Wirtschaftspolitik zwischen Kooperation und institutionellem Wettbewerb; Tübingen, 1999

Arnull, Anthony
Judging the new Europe, European Law Review 1994, S. 3 – 15

Ausschuss der Regionen
Stellungnahme des Ausschusses der Regionen zum Thema "Die Auswirkungen einer EU-Mitgliedschaft der beitrittswilligen Länder Mittel- und Osteuropas auf die Politiken der EU (Wirkungsanalyse)"; Amtsblatt Nr. C 064 vom 27/02/1998 S. 48

Axster, Oliver
Die Europäische Fusionskontrolle, in: Harm Peter Westermann u. a.(Hg.), Festschrift für Karlheinz Quack zum 65. Geburtstag, S. 573 – 588; Berlin, New York, 1991

Badura, Peter
Wandlungen der europäischen Wirtschaftsverfassung, in: Jürgen Schwarze / Peter-Christian Müller-Graff (Hg.), Europäische Verfassungsentwicklung, EuR Beiheft I/2000, S. 45 – 58; Baden-Baden, 2000

Balken, Gerrit
Das Verhältnis des nationalen Kartellrechts zu dem der EWG und die Zuständigkeit der beiderseitigen Behörden, S. 66; Köln, 1966

Bär, Rolf
Kartellrecht und internationales Privatrecht – Die kollisionsrechtliche Behandlung wirtschaftsrechtlicher Eingriffe, dargestellt am Beispiel der Gesetze gegen Wettbewerbsbeschränkungen; Karlsruhe, 1965

Baron, Michael
Die neuen Bestimmungen der Europäischen Fusionskontrolle; WuW 1997, S. 579 – 591

derselbe
Kartellgesetznovelle: Die wesentlichen Änderungen; in: FIW (Hg.), Schwerpunkte des Kartellrechts 1998, FIW Heft 178, S. 1 – 21; Köln u. a., 1999 (zit.: Baron, FIW 178 (1999))

Bartling, Hartwig — Von der Wettbewerbstheorie zur Theorie der Wettbewerbspolitik; in: Jörn Kruse u. a. (Hg.), Wettbewerbspolitik im Spannungsfeld nationaler und internationaler Kartellrechtsordnungen, Festschrift für Ingo Schmidt zum 65. Geburtstag; S. 17 – 31; Baden-Baden, 1997
(zit.: Bartling, FS I. Schmidt)

Bartodziej, Peter — Reform der EG-Wettbewerbsaufsicht und Gemeinschaftsrecht; Baden-Baden 1994

Baruch, Wolfgang — Das Verhältnis zwischen der Kartellregelung des EWG-Vertrages und des GWB, WuW 1963, S. 14 - 27

Basedow, Jürgen — Entwicklungslinien des internationalen Kartellrechts, NJW 1989, S. 627 – 638

Bechtold, Rainer — Grundzüge der neuen EWG-Fusionskontrolle, RIW 1990, S. 253 – 262

derselbe — Die Stellung der Kommission und der Unternehmen im EWG-Kartellverfahren, EuR 1992, S. 41 – 54

derselbe — GWB-Kommentar: Kartellgesetz, Gesetz gegen Wettbewerbsbeschränkungen; München, 1993
(zit.: Bechtold, GWB)

derselbe — Zwischenbilanz zum EG-Fusionskontrollrecht, EuZW 1994, S. 653 – 659

derselbe — Gemeinschaftsunternehmen nach der neuen Fusionskontroll-VO; in: FIW (Hg.), Schwerpunkte des Kartellrechts 1998, FIW Heft 178, S. 77 – 85; Köln u. a., 1999
(zit.: Bechtold, FIW 178 (1999))

Beck, Heiko — Abgestufte Integration im Europäischen Gemeinschaftsrecht unter besonderer Berücksichtigung des Umweltrechts; Frankfurt am Main u. a. 1995

Becker, Peter — Von den Europa-Abkommen zum Beitritt, Integration 1996, S. 69 – 74

Behrens, Peter — Die Konvergenz der wirtschaftlichen Freiheiten im europäischen Gemeinschaftsrecht, EuR 1992, S. 145-162

derselbe — Probleme der zentralen und dezentralen Anwendung der Wettbewerbsregeln der Gemeinschaft, in: Ole Due u.a. (Hg.), Festschrift für Ulrich Everling, Band I, S. 83 – 101; Baden-Baden, 1995
(zit.: Behrens, FS Everling I)

Bellamy, Christopher / **Child,** Graham D. — Common Market Law of Competition; 4. Aufl.; London 1993

Benda, Ernst — Die USA, Deutschland und Maastricht: Erfahrungen mit und Prognosen über Föderalismus und Subsidiarität; in: Werner Weidenfeld (Hg.), Reform der Europäischen Union – Materialien zur Revision des Maastrichter Vertrages 1996; S. 135 – 155, Gütersloh, 1995

Berthold, Norbert
Arbeitslosigkeit, Subsidiarität und institutioneller Wettbewerb; in: Lüder Gerken (Hg.). Europa zwischen Ordnungswettbewerb und Harmonisierung: Europäische Ordnungspolitik im Zeichen der Subsidiarität; S. 255 - 281; Berlin u. a., 1995
(zit.: Berthold in Europa zwischen Ordnungswettbewerb und Harmonisierung)

Beutler, Bengt
Bieber, Roland
Pipkorn, Jörn
Streil, Jochen
Die Europäische Union – Rechtsordnung und Politik; Roland Bieber u. a. (Bearb.); 5. A.; Baden-Baden, 2001
(Bearbeiter in Beutler/Bieber/Pipkorn/Streil)

Bien, Florian
Systemwechsel im Europäischen Kartellrecht – Zum Entwurf der EU-Kommission für eine Verordnung zur Durchführung der Art. 81 und 82 EG-Vertrag, DB 2000, S. 2309 - 2312

Blanke, Hermann-Josef
Die kommunale Selbstverwaltung im Zuge fortschreitender Integration: Aspekte nationaler und supranationaler Verfassungsentwicklung; DVBl. 1993, S. 828 – 831

derselbe
Normativer Gehalt und Justiziabilität des Subsidiaritätsprinzips nach Art. 3b EGV; in: Rudolf Hrbek (Hg.), Das Subsidiaritätsprinzip in der Europäischen Union – Bedeutung und Wirkung für ausgewählte Politikbereiche; S. 95 - 118; Baden-Baden, 1995
(zit.: Blanke in Subsidiaritätsprinzip in der EU)

Bleckmann, Albert
Europarecht: Das Recht der Europäischen Union und der Europäischen Gemeinschaften; Unter Mitwirkung von Martin Coen u. a.; 6. Aufl.; Köln u. a., 1997
(zit.: Bearbeiter in Bleckmann, EuropaR)

Blumenwitz, Dieter
Das Subsidiaritätsprinzip und die Stellung der Länder und Regionen in der Europäischen Union; in: Albrecht Randelzhofer, u. a. (Hg.), Gedächtnisschrift für Eberhard Grabitz; S. 1 - 15; München, 1995
(zit.: Blumenwitz, GS Grabitz)

Böge, Ulf
Schaub, Alexander
Konvergenz kartellrechtlicher Normen und deren Anwendung auf globale Sachverhalte, WuW 2001, S. 922 - 933

Böge, Ulf
Muss die EU zum SLC-Test wechseln?, WuW 2002, S. 825

Böhnel, Gisela
Die Auswirkungen der Europa-Abkommen auf das Wettbewerbsrecht der Staaten Mittel- und Osteuropas, EuZW 1998, S. 111 – 117

Borchmann, Michael
Ein Subsidiaritätsprotokoll - ein richtiger Schrift auf dem weg zu einem stabilen Einigungsprozess, EuZW 1996, S. 641

Bornkamm, Joachim — Anwendung des EG-Kartellrechts durch den nationalen Richter, in: FIW (Hg.): Schwerpunkte des Kartellrechts 1992/93; Köln u.a. 1994, S. 51 – 62

von Borries, Reimer — Gedanken zur Tragweite des Subsidiaritätsprinzips im Europäischen Gemeinschaftsrecht; in: Ulrich Everling u. a. (Hg.), Europarecht, Kartellrecht, Wirtschaftsrecht, Festschrift für Arved Deringer; S. 22 - 39; Baden-Baden, 1993

derselbe — Das Subsidiaritätsprinzip im Recht der Europäischen Union: Deutscher Landesbericht für den XVI. FIDE-Kongress 1994 in Rom, EuR 1994, S. 263 – 300

Brandt, Gabriele — Systemwettbewerb als ordnungspolitisches Konzept; in: Hartmut Berg / Ulrich Teichmann (Hg.), Dortmunder Diskussionsbeiträge zur Wirtschaftspolitik Nr. 86; Dortmund, 1997

Braxator, Kamil — Die Zwischenstaatlichkeitsklausel in den Wettbewerbsvorschriften des EWG-Vertrages und des Freihandelsabkommen Schweiz- EWG; Bern, Frankfurt am Main, 1982

Brinker, Ingo — Ansätze für eine EG-konforme Auslegung des nationalen Kartellrechts; WuW 1996, S. 549 – 558

Broberg, Morten P. — The De Minimis Notice; European Law Review, Volume 20 (1995), S. 371 – 387

Brokelmann, Helmut — Die Reform des spanischen Wettbewerbsrechts; WuW 2000, S. 365 – 382

Bruha, Thomas — Das Subsidiaritätsprinzip im Recht der Europäischen Gemeinschaft; in: Alois Riklin / Gerard Batliner (Hg.), Subsidiarität – ein interdisziplinäres Symposium, S. 373 - 410; Vaduz, 1994
(zit.: Bruha in Subsidiarität)

Bruha, Thomas
Straubhaar, Thomas — Ante-Portas Strategien für die MOEL; in: Rolf H. Hasse u. a. (Hg.), Erweiterung und Vertiefung der Europäischen Union - Perspektiven und Engpässe, S. 63 – 86; Baden-Baden, 2000

Bruhin, Roland — Die Zwischenstaatlichkeitsklausel des europäischen Wettbewerbsrechtes in der Rechtsprechung des Gerichtshofes; Wangen SZ, 1994

Bundeskartellamt — Kooperationen zwischen Wettbewerbern – Ist eine Neubewertung erforderlich? Diskussionspapier für die Sitzung des Arbeitskreises Kartellrecht am 9. und 10. Oktober 2000; abrufbar auf der Homepage des Bundeskartellamts (www.Bundeskartellamt.de)
(BKartA, Diskussionspapier Kooperationen)

Bundeskartellamt Das Untersagungskriterium in der Fusionskontrolle – Marktbeherrschende Stellung versus Substantial Lessening of Competition? Diskussionspapier für die Sitzung des Arbeitskreises Kartellrecht am 8. und 09. Oktober 2001; abrufbar auf der Homepage des Bundeskartellamts (www.Bundeskartellamt.de)
(BKartA, Diskussionspapier Marktbeherrschende Stellung)

Bunte, Hermann-Josef Das Verhältnis von deutschem zu europäischem Kartellrecht, WuW 1989, S. 7 – 21

derselbe Rechtsanwendungskonkurrenzen bei der Anwendung des EG-Kartellrechts durch die nationalen Kartellbehörden, DB 1994, S. 921 – 926

derselbe Ein Votum für eine 6. GWB-Novelle: - Gründe, Leitlinien, Vorschläge für Einzelregelungen, WuW 1994, S. 5 - 21

Calliess, Christian Der Schlüsselbegriff der „ausschließlichen Zuständigkeit" im Subsidiaritätsprinzip des Art. 3 b II EGV, EuZW 1995, S. 693 – 700.

derselbe Das gemeinschaftsrechtliche Subsidiaritätsprinzip (Art. 3b EGV) als „Grundsatz der größtmöglichen Berücksichtigung der Regionen", AöR 121 (1996), S. 509 – 543

Calliess, Christian
Ruffert, Matthias Kommentar zu EU-Vertrag und EG-Vertrag – EUV/EGV; Christian Calliess / Matthias Ruffert (Hg.); Hermann-Josef Blanke u. a. (Bearbeiter); Neuwied, Kriftel; 1999 (zit.: Calliess/Ruffert, EUV/EGV)

Canenbley, Cornelis Die Abgrenzung des geographisch relevanten Marktes in der EWG-Fusionskontrolle, in: Ulrich Everling u. a. (Hg.), Europarecht, Kartellrecht, Wirtschaftsrecht, Festschrift für Arved Deringer; S. 226 - 245; Baden-Baden, 1993

Caspari, Manfred Diskussionsbeitrag zu Wettbewerb der Systeme und das Binnenmarktprogramm der Europäischen Union; in: Lüder Gerken (Hg.), Europa zwischen Ordnungswettbewerb und Harmonisierung: Europäische Ordnungspolitik im Zeichen der Subsidiarität; S. 109 – 112; Berlin u. a., 1995

Clement, Wolfgang Eine neue Architektur für das Haus Europa, Die Institutionen müssen von Grund auf erneuert werden, Frankfurter Allgemeine Zeitung vom 16.11.2001, S. 10

Coing, Helmut Zur Auslegung von Art. 85 EWG-Vertrag, ZHR 1963, S. 271 – 292

Constantinesco, Vlad „Subsidiarität": Magisches Wort oder Handlungsprinzip der Europäischen Union, EuZW 1991, S. 561 – 563

Curtin, Deidre The Shaping of the European Constitution and the 1996 IGC: „Flexibility" as a Key Paradigm?, Außenwirtschaft 50 (1995), S. 237 – 251

Dauses, Manfred A. — Die rechtliche Dimension des Binnenmarktes, EuZW 1990, S. 8 – 11.

derselbe — Die Rolle des Europäischen Gerichtshofs als Verfassungsgericht der Europäischen Union, Integration 1994, S. 215 - 229

Davis, Gisela — The first six months with the new English Competition Act, EuZW 2000, S. 609.

Deckert, Martina R. — Zu Harmonisierungsbedarf und Harmonisierungsgrenzen im Europäischen Gesellschaftsrecht, Rabels Zeitschrift 64 (2000), S. 478- 496

von Delhaes, Karl — Wettbewerb, Wettbewerbsordnung und Konkurrenzfähigkeit. Probleme und Perspektiven Polens vor dem Beitritt zur Europäischen Union; in: Rolf H. Hasse u. a. (Hg.), Erweiterung und Vertiefung der Europäischen Union - Perspektiven und Engpässe, S. 145 - 167; Baden-Baden, 2000

Dörr, Oliver — Zur Rechtsnatur der Europäischen Union, EuR 1995, S. 334 – 348

Drasch, Wolfgang — Das Herkunftslandprinzip im Internationalen Privatrecht: Auswirkungen des europäischen Binnenmarktes auf Vertrags- und Wettbewerbsstatut; Baden-Baden, 1997

Dreher, Meinrad — Kartellrechtsvielfalt oder Kartellrechtseinheit in Europa?, AG 1993, S. 437 – 448.

Droutsas, Dimitri P. — Zypern und die Erweiterung der Europäischen Union, EuZW 1997, S. 641

Ebenroth, Carsten Thomas — Herausforderungen für das internationale Wirtschaftsrecht, RIW 1994, S. 1 –12

Ehlermann, Claus Dieter — Der Beitrag der Wettbewerbspolitik zum Europäischen Binnenmarkt, WuW 1992, S. 5 - 20

derselbe — Ist die Verordnung Nr. 17 noch zeitgemäß?, WuW 1993, S. 997 – 1001.

derselbe — Anwendung des Gemeinschaftskartellrechts durch Behörden und Gerichte der Mitgliedstaaten; in: Albrecht Randelzhofer u. a. (Hg.), Gedächtnisschrift für Eberhard Grabitz; S. 45 -55; München; 1995
(zit.: Ehlermann, GS Grabitz)

derselbe — 1995, Ökonomische Aspekte des Subsidiaritätsprinzips: Harmonisierung versus Wettbewerb der Systeme, Integration 1995, S. 11 – 21

derselbe — Artikel 3 des Kommissionsvorschlags vom September 2000 – wohlbegründet!, WuW 2001, S. 231

Ehricke, Ulrich — Die Bindungswirkung von Negativattesten und Verwaltungsschreiben im Gemeinschaftsrecht, ZHR 158 (1994), S. 170 – 181

Eilmannsberger, Thomas — Zum Vorschlag der Kommission für eine Reform des Kartellvollzugs, JZ 2001, S. 365 - 374

Emmerich, Volker — Kartellrecht; 8. Aufl., München 1999

derselbe — Zur Mär von der Arbeitsüberlastung der Kommission, WuW 2001, S. 3

Esser-Wellié, Michael — Die Anwendung der Artikel 85 und 86 EG-Vertrag durch die nationalen Gerichte, WuW 1995, S. 457 - 474

Europäische Kommission — Mitteilung der Kommission über Nebenabreden zu Zusammenschlüssen, ABl. C 203 vom 14.8.1990, S. 5 (Kommission, Mitteilung Nebenabreden)

Europäische Kommission — Bekanntmachung der Kommission über die Zusammenarbeit zwischen der Kommission und den nationalen Gerichten der Mitgliedstaaten bei der Bearbeitung von Fällen im Anwendungsbereich der Artikel 85 und 86 EG-Vertrag, ABl. 1993 C 39, S. 6ff.
(zit.: Kommission, Bekanntmachung über die Zusammenarbeit mit den nationalen Gerichten)

Europäische Kommission — Wachstum, Wettbewerbsfähigkeit, Beschäftigung – Herausforderungen der Gegenwart und Wege ins 21. Jahrhundert; abgedruckt als Anhang zu Heinz König (Hg.). Bringt die EU-Beschäftigungsoffensive den Aufschwung? Die deutsche Wirtschaftsforschung nimmt Stellung zum Delors-Weißbuch; Baden-Baden, 1994
(zit.: Kommission, Delors-Weißbuch)

Europäische Kommission — Das Subsidiaritätsprinzip. Mitteilung der Kommission an den Rat und an das Europäische Parlament vom 27.11.1992. SEK (92) 1990 Endg./2; abgedruckt in: Rudolf Hrbek (Hg.), Das Subsidiaritätsprinzip in der Europäischen Union – Bedeutung und Wirkung für ausgewählte Politikbereiche, S. 119 – 139; Baden-Baden, 1995
(zit.: Kommission, Mitteilung Subsidiaritätsprinzip)

Europäische Kommission — XXV. Bericht über die Wettbewerbspolitik (1995); Brüssel, Luxemburg 1996

Europäische Kommission — Bekanntmachung über Vereinbarungen von geringer Bedeutung, die nicht unter Art. 85 Abs. 1 des Vertrages zur Gründung der Europäischen Gemeinschaft fallen, ABl. 1997 Nr. C 372, vom 9.12.1997, S. 13
(zit.: Kommission, Bagatellbekanntmachung 1997)

Europäische Kommission — Bekanntmachung der Kommission über die Zusammenarbeit zwischen der Kommission und den Wettbewerbsbehörden der Mitgliedstaaten bei der Bearbeitung von Fällen im Anwendungsbereich der Artikel 85 und 86 EG-Vertrag, ABl. 1997 Nr. C 313 S. 3.
(zit.: Kommission, Bekanntmachung über die Zusammenarbeit mit den nationalen Behörden)

Europäische Kommission Mitteilung der Kommission über die Berechnung des Umsatzes im Sinne der Verordnung (EWG) Nr. 4064/89 des Rates über die Kontrolle von Unternehmenszusammenschlüssen, ABl. C 66 vom 02.03.1998 S. 25
(zit.: Kommission, Bekanntmachung Umsatzberechnung 1998)

Europäische Kommission XXVII. Bericht über die Wettbewerbspolitik (1997); Brüssel, Luxemburg 1998

Europäische Kommission Weißbuch über die Modernisierung der Vorschriften zur Anwendung der Art. 81 und 82 EG-Vertrag, Arbeitsprogramm der Kommission Nr. 99/027 vom 23.4.1999, ABl. C 132 vom 12.5.1999, S. 1
(zit.: Kommission, Weißbuch 1999)

Europäische Kommission Leitlinien: Entwurf von Leitlinien zur Anwendbarkeit von Artikel 81 EGV auf Vereinbarungen über horizontale Zusammenarbeit, Dok.-Nr.: COMP/1820/99 rev5
(zit.: Kommission, Leitlinien-Entwurf Horizontalvereinbarungen)

Europäische Kommission Bericht an den Rat über die Anwendung der in der Fusionskontrollverordnung vorgesehenen Schwellenwerte vom 28.06.2000, Dok.-Nr.: KOM(2000) 399 endg.
(zit.: Kommission, Bericht Schwellenwerte 2000)

Europäische Kommission XXIX. Bericht über die Wettbewerbspolitik (1999); Brüssel, Luxemburg 2000

Europäische Kommission Mitteilung der Kommission – Leitlinien für vertikale Beschränkungen, ABl. Nr. C 291 vom 13.10.2000, S. 1
(zit.: Europäische Kommission, Leitlinien Vertikalvereinbarungen)

Europäische Kommission Bekanntmachung der Kommission: Leitlinien zur Anwendbarkeit von Artikel 81 EG-Vertrag auf Vereinbarungen über horizontale Zusammenarbeit, ABl. Nr. C vom 06.01.2001, S. 2
(zit.: Kommission, Leitlinien für Horizontalvereinbarungen)

Europäische Kommission Vorschlag für eine Verordnung des Rates zur Durchführung der in den Artikeln 81 und 82 EG-Vertrag niedergelegten Wettbewerbsregeln und zur Änderung der Verordnungen (EWG) Nr. 1017/68, (EWG) Nr. 2988/74, (EWG) Nr. 4056/86 und (EWG) Nr. 3975/87, KOM(2000) 582 endgültig
(zit.: Kommission, Vorschlag VO 17/62)

Europäische Kommission Grünbuch über die Revision der Verordnung (EWG) 4064/89 vom 11.12.2001, Dok.-Nr.: KOM(2001) 745 endg.
(zit.: Kommission, Grünbuch FKVO 2001)

Europäische Kommission Bekanntmachung betreffend Vereinbarungen von geringer Bedeutung, die den Wettbewerb gemäß Art. 81 Abs. 1 des Vertrages zur Gründung der Europäischen Gemeinschaft nicht spürbar beschränken (De minimies), ABl. C 368 v. 22.12.2001, S. 13
(zit.: Kommission, Bagatellbekanntmachung 2001)

Europäische Kommission XXX. Bericht über die Wettbewerbspolitik 2000; Kommission, Brüssel, Luxemburg 2001

Europäische Kommission Vorschlag für eine Verordnung über die Kontrolle von Unternehmenszusammenschlüssen, ABl. C 20 v. 28.01.2003, S. 4 (Kommission, VO-Vorschlag FKVO 2003)

Europäische Kommission
Europäischer Rat Erklärungen für das Ratsprotokoll vom 19.12.1989 zur Verordnung (EWG) 4064/89 des Rates; in: WuW 1990, 240 – 245
(zitiert: Kommission/Rat, Protokollerklärung, WuW 1990)

Europäischer Rat Schlussfolgerungen des Europäischen Rates in Edinburgh vom 11./12.12.1992 zum Subsidiaritätsprinzip; abgedruckt in: Rudolf Hrbek (Hg.), Das Subsidiaritätsprinzip in der Europäischen Union – Bedeutung und Wirkung für ausgewählte Politikbereiche; S. 139 – 149; Baden-Baden, 1995
(zit.: Rat, Subsidiaritätsprinzip)

Europäisches Parlament
Europäische Kommission
Europäischer Rat Interinstitutionelle Vereinbarung zwischen dem Europäischen Parlament, dem Rat und der Europäischen Kommission über die Verfahren zur Anwendung des Subsidiaritätsprinzips vom 25. Oktober 1993, abgedruckt in: Rudolf Hrbek (Hg.), Das Subsidiaritätsprinzip in der Europäischen Union – Bedeutung und Wirkung für ausgewählte Politikbereiche; S. 149 – 150; Baden-Baden, 1995
(zit.: Parlament / Kommission / Rat, Interinstitutionelle Vereinbarung)

Everling, Ulrich Rechtsvereinheitlichung durch Richterrecht in Europäischen Gemeinschaft, Rabels Zeitschrift 50 (1986), S. 193 – 250

derselbe Probleme der Rechtsangleichung zur Verwirklichung des europäischen Binnenmarktes in: Jürgen F. Baur u. a. (Hg.), Festschrift für Erich Steindorff zum 70. Geburtstag, S. 1155 - 1173; Berlin, New York; 1990
(Everling, FS Steindorff)

derselbe Zur Wettbewerbskonzeption in der neueren Rechtsprechung des Gerichtshofs der Europäischen Gemeinschaften, WuW 1990, S. 995 – 1009

derselbe Justiz im Europa von morgen, Deutsche Richterzeitschrift 1993, S. 5 – 15

derselbe
Kompetenzordnung und Subsidiarität; in: Werner Weidenfeld (Hg.), Reform der Europäischen Union – Materialien zur Revision des Maastrichter Vertrages 1996; S. 166 – 176, Gütersloh, 1995

derselbe
Subsidiaritätsprinzip und „ausschließliches" gemeinschaftsrecht – ein „faux problème" der Verfassungsauslegung, in: Joachim Burmeister (Hg.), Verfassungsstaatlichkeit, Festschrift für Klaus Stern zum 65. Geburtstag, S. 1227 – 1237; München, 1997
(zit.: Everling, FS Stern)

Farnleitner, Johann
Die österreichische Kartellgesetznovelle 1993, WuW 1994, S. 114 – 118

Federal Trade Commission
U.S. Department of Justice
Antitrust Guidelines for Collaborations Among Competitors; April 2000, abrufbar über die Homepage der Federal Trade Commission (http://www.ftc.gov/ftc/antitrust.htm) oder des US Department of Justice (http://www.usdoj.gov/atr/)
(FTC/DOJ, Antitrust Guidelines)

Fehring, Dirk
Wirtschaftsrecht im Wandel – Rechtliche Rahmenbedingungen unternehmerischer Tätigkeit in Russland; in: Manfred A. Dauses (Hg.), Osterweiterung der Europäischen Union .Rechtsangleichung und strukturpolitischer Rahmen, S. 373 – 495; Wiesbaden, 1998

Fezer, Karl-Heinz
Europäisierung des Wettbewerbsrechts: gemeinschaftsrechtliche Grenzen im Recht des unlauteren Wettbewerbs, JZ 1994, S. 317 – 326

Fikentscher, Wolfgang
Das Unrecht einer Wettbewerbsbeschränkung: Kritik an Weißbuch und VO-Entwurf zu Art. 81 und 82 EG-Vertrag, WuW 2001, S. 446 – 458

Fleischer, Holger
Körber, Torsten
Der Einfluss des US-amerikanischen Antitrustrechts auf das Europäische Wettbewerbsrecht, WuW 2001, S. 6 – 19

Folz, Hans Peter
Demokratie und Integration – Der Konflikt zwischen dem Bundesverfassungsgericht und dem Europäischen Gerichtshof; Heidelberg, 1999

Frankfurter Allgemeine Zeitung
Klage über mangelnden Wettbewerb auf dem Bankenmarkt in Großbritannien: Schwachstellen Kontokorrentgeschäft und Mittelstand / Überhöhte Preise und schlechter Service / Untersuchung im Auftrag des Finanzministeriums, vom 21.03.2000, S. 18

Frankfurter Allgemeine Zeitung
Böge verteidigt die Fusionskontrolle in Deutschland, Arbeitskreis erörtert unterschiedliche Prüfkriterien in Amerika und Europa / Der Fall GE-Honeywell, vom 11.10.2001, S. 18

Frankfurter Allgemeine Zeitung Bund soll gegen neue EU-Kartellregeln klagen: Monopolkommission gegen die geplante Reform des Wettbewerbs-Verfahrensrechts / Sondergutachten, vom 31.10.2001, S. 15

Frankfurter Allgemeine Zeitung EU: Billigere Überweisungen rücken näher, vom 16.11.2001, S. 19

Frankfurter Allgemeine Zeitung Sparkassen beklagen EU-Preisdiktat, vom 22.11.2001, S. 18

Frankfurter Allgemeine Zeitung Kartellamt kritisch bei RWE und EON: Präsident Ulf Böge befürchtet marktbeherrschende Position, vom 23.11.2001, S. 23

Frankfurter Allgemeine Zeitung EU erzwingt niedrigere Bankgebühren: Regelung für Überweisungen, Abhebungen und Kreditkartenzahlungen, vom 27.11.2001, S. 15

Frankfurter Allgemeine Zeitung Banken wehren sich gegen Kartellvorwurf: Wegen Preisabsprachen beim Sortenumtausch / Widerspruch erwogen, vom 11.12.2001, S. 13.

Frankfurter Allgemeine Zeitung Schnellere Wettbewerbsprüfung bei Fusionen in Europa, Amerikanischer Ansatz soll Marktbeherrschungstest ablösen / Prinzip der einmaligen Anmeldung / Grünbuch, vom 12.12.2001, S. 15

Frankfurter Allgemeine Zeitung Böge: Geplante EU-Fusionskontrolle schwächt den Wettbewerb, Kartellamtspräsident fordert bessere Feinabstimmung / Kritik am Grünbuch der EU-Kommission, vom 27.12.2001, S. 15

Frankfurter Allgemeine Zeitung EON setzt bei Ruhrgas-Übernahme auf Ministererlaubnis: Kartellamt untersagt wie erwartet den geplanten Kauf / Regierung: Keine Zusage gegeben, vom 21.01.2002, S. 17

Frankfurter Allgemeine Zeitung EU-Nachrichten: Fusionskontrolle, vom 29.01.2002, S. 20

Frankfurter Allgemeine Zeitung Ertragskrise zwingt Banken zu veränderter Kreditvergabe, Schlechte Schuldner zahlen künftig mehr, gute weniger / „Basel II ist nur ein Katalysator“, vom 25.02.2002, S. 20

Frankfurter Allgemeine Zeitung Österreichs Banken konsolidieren sich nur langsam: Hohe Zweigstellendichte, ungünstiges Kosten-Ertrags-Verhältnis sowie geringe Eigenkapitalrentabilität; vom 18.03.2002, S. 25

Frankfurter Kommentar Frankfurter Kommentar zum Kartellrecht. Mit Kommentierung des GWB, des EG-Kartellrechts und einer Darstellung ausländischer Kartellrechtsordnungen. Band I (Texte GWB/EG, Auslandsrechte); Helmut Glassen u. a. (Hg.); Hans Aschenbach u. a. (Bearbeiter); Köln, 2001 (zit.: Bearbeiter, Frankfurter Kommentar I)

Frankfurter Kommentar Frankfurter Kommentar zum Kartellrecht. Mit Kommentierung des GWB, des EG-Kartellrechts und einer Darstellung ausländischer Kartellrechtsordnungen. Band V (EG-Kartellrecht); Helmut Glassen u.a. (Hg.); Hans Aschenbach u.a. (Bearbeiter); Köln, 2001
(zit.: Bearbeiter, Frankfurter Kommentar V)

Freitag, Robert Der Wettbewerb der Rechtsordnungen im Internationalen Gesellschaftsrecht, EuZW 1999, S. 267 – 270.

Friedrich, Hajo Das EU-Lobbying kommt auf Touren: „Als Bittsteller erreiche ich nichts, als Partner alles“, Frankfurter Allgemeine Zeitung vom 4.09.2001, S. 28

derselbe Die wirtschaftliche Integration ist verwirklicht: Jetzt kommt es auf die Bürger an / Arbeitsprogramm 2002 der EU-Kommission, Frankfurter Allgemeine Zeitung vom 8.01.2002, S. 21

Geberth, Rolf Das Spannungsfeld zwischen Wirtschaftsministerium und Kartellamt, AG 1991, S. 295 - 301

Geiger, Rudolf EG-Vertrag, 2. Auflage; München, 1995
(zit.: Geiger, EGV)

derselbe Allgemeine Überlegungen zum Begriff der ausschließlichen Gemeinschaftszuständigkeit als Anwendungsgrenze des Subsidiaritätsprinzips (Art. 3 b Abs. 2 EG-Vertrag); in: Meinhard Heinze / Jochem Schmitt (Hg.), Festschrift für Wolfgang Gitter, S. 267 – 276; Wiesbaden, 1995
(Geiger, FS Gitter)

derselbe Das Weißbuch der EG-Kommission zu Art. 81, 82 EG – eine Reform, besser als ihr Ruf?, EuZW 2000, S. 165 – 169.

Gerken, Lüder Vertikale Kompetenzverteilung in Wirtschaftsgemeinschaften – Bestimmungsgründe und Probleme; in: in: Lüder Gerken (Hg.), Europa zwischen Ordnungswettbewerb und Harmonisierung: Europäische Ordnungspolitik im Zeichen der Subsidiarität; S. 3 - 34; Berlin u. a., 1995
(zit.: Gerken in Europa zwischen Ordnungswettbewerb und Harmonisierung)

derselbe Der Wettbewerb der Staaten; in: Beiträge zur Ordnungstheorie und Ordnungspolitik des Walter Eucken Instituts, Nr. 162; Tübingen, 1999
(zit.: Gerken, Wettbewerb der Staaten)

Giersch, Herbert Marktwirtschaftliche Perspektiven für Europa. Das Licht im Tunnel; Düsseldorf u. a., 1993
(zit.: Giersch, Marktwirtschaftliche Perspektiven)

derselbe — Diskussionsbeitrag zu Vertikale Kompetenzverteilung in Wirtschaftsgemeinschaften – Bestimmungsgründe und Probleme; in: Lüder Gerken (Hg.), Europa zwischen Ordnungswettbewerb und Harmonisierung: Europäische Ordnungspolitik im Zeichen der Subsidiarität; S. 35 – 44; Berlin u. a., 1995
(zit.: Giersch in Europa zwischen Ordnungswettbewerb und Harmonisierung)

Gifford, Daniel J.
Raskind, Leo J. — Federal Antitrust Law, Cases and Materials, St. Paul, 1983
(zit.: Gifford/Raskind, Antitrust)

Gleiss, Alfred
Hirsch, Martin — Kommentar zum EWG-Kartellrecht; Martin Hirsch / Rainer Bechtold / Christian Hootz (Bearb.); 3. Auflage; Heidelberg, 1978
(zit.: Gleiss/Hirsch, 3. A.)

Gleiss, Alfred
Hirsch, Martin — Kommentar zum EG-Kartellrecht, Band 1: Art. 85 und Gruppenfreistellungsverordnungen; Martin Hirsch / Thomas O.J. Burkert (Verfasser); 4. Auflage; Frankfurt am Main, Stuttgart; 1993
(zit.: Gleiss/Hirsch, 4. A.)

González, José Palacio — The Principle of Subsidiarity (A guide for lawyers with a particular community orientation), European Law Review 20 (1995); S. 355 - 370

Grabitz, Eberhard — Über die Verfassung des Binnenmarktes, in: Jürgen F. Baur u. a. (Hg.), Festschrift für Erich Steindorff, S. 1229 – 1245; Berlin, New York; 1990
(zit.: Grabitz, FS Steindorff)

Grabitz, Eberhard
Hilf, Mainhard — Das Recht der Europäischen Union, Kommentar; Altband I: EuV/EGV – Maastricht Vertrag. Meinhard Hilf (Hg.), Rüdiger Bandilla u. a. (Bearbeiter); München, 2000
(zit.: Bearbeiter in Grabitz/Hilf, EUV/EGV I (Maastricht Vertrag))

dieselben — Das Recht der Europäischen Union, Kommentar; Altband II: EGV/EWGV – Maastricht Vertrag. Meinhard Hilf (Hg.), Rüdiger Bandilla u. a. (Bearbeiter); München, 2000
(zit.: Bearbeiter in Grabitz/Hilf, EGV/EWGV II (Maastricht Vertrag))

dieselben — Das Recht der Europäischen Union, Kommentar. Band I: EuV/EGV – Amsterdamer Vertrag; Meinhard Hilf (Hg.), Rüdiger Bandilla u. a. (Bearbeiter); München, 2001
(zit.: Bearbeiter in Grabitz/Hilf, EUV/EGV I (Amsterdamer Vertrag))

Grabitz, Eberhard
Iliopoulos, Constantin
Typologie der Differenzierungen und Ausnahmen im Gemeinschaftsrecht; in: Eberhard Grabitz (Hg.), Abgestufte Integration, S. 31- 46; Kehl am Rain, Straßburg, 1984

von der Groeben, Hans
Die Aufbaujahre der Europäischen Gemeinschaft: Das Ringen um den Gemeinsamen Markt und die Politische Union (1958 – 1966); Baden-Baden, 1982
(zit.: von der Groeben, Aufbaujahre)

von der Groeben, Hans
Thiesing, Jochen
Ehlermann, Claus-Dieter
Kommentar zum EU-/EG-Vertrag; Band 1: Art. A – F EUV, Art. 1 - 84 EGV Hans von der Groeben u. a. (Hg.); 5. Aufl.; Baden-Baden, 1997
(zit.: GTE-Bearbeiter, Band 1)

dieselben
Kommentar zum EU-/EG-Vertrag; Band 4: Art. 137 – 209a EGV Hans von der Groeben u. a. (Hg.); 5. Aufl.; Baden-Baden, 1997
(zit.: GTE-Bearbeiter, Band 4)

dieselben
Kommentar zum EU-/EG-Vertrag; Band 2/I: Art. 85 – 87 EGV; Hans von der Groeben u. a. (Hg.); 5. Aufl.; Baden-Baden, 1999
(zit.: GTE-Bearbeiter, Band 2/I)

Groger, Thomas
Janicki, Thomas
Weiterentwicklung des Europäischen Wettbewerbsrechts, WuW 1992, S. 991 – 1005

Grundmann, Peter
Nach der Reform ist vor der Reform: Erst das deutsche Vertragsrecht, nun ein europäischer Vertragsrechtskodex?, Frankfurter Allgemeine Zeitung, S. 10

Günther, Eberhard
Die Regelung des Wettbewerbs im Vertrag zur Gründung der Europäischen Union, WuW 1957, 275 - 293

derselbe
Vereinheitlichung der Wettbewerbsbedingungen im europäischen Raum, WuW 1961, S. 755 - 763

derselbe
Europäische und nationale Wettbewerbspolitik, in: Wirtschaftsordnung und Rechtsordnung, Festschrift zum 70. Geburtstag von Franz Böhm; Helmut Coing u. a. (Hg.), S. 279 – 318; Karlsruhe, 1965
(zit.: Günther, FS Böhm)

Häberle, Peter
Das Prinzip der Subsidiarität aus der Sicht der vergleichenden Verfassungslehre, in: Alois Riklin / Gerard Batliner (Hg.), Subsidiarität - ein interdisziplinäres Symposium, S. 267 – 310; Vaduz, 1994

Häde, Ulrich
Puttler, Adelheid
Zur Abgrenzung des Art. 235 EGV von der Vertragsänderung: Neue Erkenntnisse durch das Gutachten 2/94 des EuGH vom 28.3.1996?, EuZW 1997, S. 13 – 17.

Hannowsky, Dirk
Renner, Andreas
Subsidiaritätsprinzip, Bürgersouveränität und Ordnungswettbewerb. Ordnungstheoretische Überlegungen zur Ausgestaltung einer präferenzkonformen Ordnung Europas; Tübingen, 1996

Haus, Florian C.	Entflechtung nach der KartellVO?, WuW 2001, S. 659 – 664
Hauser, Heinz **Müller,** Alexia	Legitimacy: The Missing Link for explaining EU-Institution Building, Außenwirtschaft 1995, S. 17 – 42
Hausmann, Friedrich Ludwig	Staatliche Kartellrechtsdurchsetzung im internationalen Vergleich, in: FIW, FIW-Schriftenreihe Heft 174; Köln u. a., 1998
Hayder, Robert	Neue Wege der europäischen Rechtsangleichung? Die Auswirkungen der Einheitlichen Europäischen Akte von 1986, Rabels Zeitschrift 53 (1989), S. 622 – 698
Haymann, Michel	Extraterritoriale Wirkungen des EWG-Wettbewerbsrechts, Zürich 1974
Heidenhain, Martin	Europäische Fusionskontrolle für Zusammenschlüsse ohne gemeinschaftsweite Bedeutung, EuZW 1990, S. 84 bis 86
Heintzen, Markus	Subsidiaritätsprinzip und Europäische Gemeinschaft, JZ 1991, S. 317 – 323
Hildebrandt, Bernd	Die Beeinträchtigung des zwischenstaatlichen Handels, Eine Untersuchung zu Art. 85 EWG-Vertrag; Berlin, 1965
Hilz, Wolfram	Subsidiaritätsprinzip und EU-Gemeinschaftsordnung: Anspruch und Wirklichkeit am Beispiel des Maastricht-Prozesses; Opladen, 1998
Hirsbrunner, Simon	Die revidierte EG-Fusionskontroll-Verordnung, EuZW 1998, S. 69 – 75
Hirsch, Günter	Dezentralisierung des Gerichtssystems der Europäischen Union?, ZRP 2000, S. 57 – 60
Hitzler, Gerhard	Die Abgrenzung der Zuständigkeitsbereiche des Bundeskartellamts und der Landeskartellbehörden nach § 33 I Nr. 1 d GWB, WuW 1979, S. 733 – 739
Hochbaum, Ingo	Kohäsion und Subsidiarität – Maastricht und die Länderkulturhoheit, DÖV 1992, S. 285 – 292
Höffe, Otfried	Subsidiarität als staatsphilosophisches Prinzip?, in: Alois Riklin / Gerard Batliner (Hg.), Subsidiarität - ein interdisziplinäres Symposium, S. 19 – 46; Vaduz, 1994 (zit.: Höffe in Subsidiarität)
Hofmann, Rainer	Wie viel Flexibilität für welches Europa? Gedanken zur künftigen Entwicklung der europäischen Integration, EuR 1999, S. 713 – 735
Homann, Karl **Kirchner**, Christian	Das Subsidiaritätsprinzip in der Katholischen Soziallehre und in der Ökonomik; in: Lüder Gerken (Hg.), Europa zwischen Ordnungswettbewerb und Harmonisierung: Europäische Ordnungspolitik im Zeichen der Subsidiarität; S. 45 - 70; Berlin u. a., 1995

Homburger, Eric
Jenny, Hans
Internationalrechtliche Aspekte des EWG-Wettbewerbsrechts, Bern 1966

Hommel, Klaus
Spanien und die Europäische Wirtschaftsgemeinschaft: Geschichte einer Integration; Baden-Baden, 1992

Hopt, Klaus J.
Europäisches und deutsches Übernahmerecht, ZHR 161 (1997), S. 368 – 420

derselbe
Europäisches Gesellschaftsrecht – Krise und neue Anläufe, ZIP 1998, S. 96 – 106

Hornung, Dietmar
Im Jahr vor ihrem EU-Beitritt befinden sich einige Konvergenzländer im Rückwärtsgang, Frankfurter Allgemeine Zeitung vom 28.02.2003, S. 14

Hossenfelder, Silke
Müller, Martina
Parlasca, Susanne
Das Kartellverbot und seine Ausnahmen: Unternehmenskooperationen im Spannungsfeld zwischen nationalem und europäischem Wettbewerbsrecht, ZHR 160 (1996), S. 1 - 30

Hossenfelder, Silke
Lutz, Martin
Die neue Durchführungsverordnung zu den Artikeln 81 und 82 EG-Vertrag, WuW 2003, S. 119 - 129

Hrbek, Rudolf
Der Ertrag der „Verfassungsdebatte" von Maastricht: Ein Erfolg für den Föderalismus und die deutschen Länder?; in: Jürgen F. Baur u. a. (Hg.), Europarecht, Energierecht, Wirtschaftsrecht, Festschrift für Bodo Börner zum 70. Geburtstag, S. 125 – 161; Köln u.a., 1992
(zitiert: Hrbek, FS Börner)

derselbe
Federal Balance and the Problem of Democratic Legitimacy in the EU, Außenwirtschaft 50 (1995), S. 43 – 66

Immenga, Frank
Lange, Knut Werner
Elektronische Marktplätze: Wettbewerbsbeschränkende Verhaltensweisen im Internet?, RIW 2000, S. 733 - 739

Immenga, Ulrich
Diskussionsbeitrag zu: Wettbewerbspolitik und die Zusammenarbeit zwischen den Kartellbehörden in der Europäischen Union; in: Lüder Gerken (Hg.), Europa zwischen Ordnungswettbewerb und Harmonisierung: Europäische Ordnungspolitik im Zeichen der Subsidiarität; S. 229 - 236; Berlin u. a., 1995
(zit.: Immenga in Europa zwischen Ordnungswettbewerb und Harmonisierung)

derselbe
Harmonisierung des Wettbewerbsrechts als Aufgabe?, EuZW 1997, S. 449

derselbe
Eine Wende in der gemeinschaftsrechtlichen Kartellpolitik?, EuZW 1999, S. 609.

Immenga, Ulrich
Immenga, Frank A.
Niederlagen der Kommission in Luxemburg: Vorboten einer kartellpolitischen Wende?, BB 2002 (Heft 51/52), S. I

Immenga, Ulrich
Mestmäcker, Ernst-Joachim
EG-Wettbewerbsrecht; Kommentar; Band I; Ulrich Immenga / Ernst-Joachim Mestmäcker (Hg.); Jürgen Basedow u. a. (Bearbeiter); München 1997
(zit.: Bearbeiter in I/M, EG-WbR Bd. I)

dieselben
EG-Wettbewerbsrecht; Kommentar; Band II; Ulrich Immenga / Ernst-Joachim Mestmäcker (Hg.); Jürgen Basedow u. a. (Bearbeiter); München 1997
(zit.: Bearbeiter in I/M, EG-WbR Bd. II)

dieselben
Gesetz gegen Wettbewerbsbeschränkungen: Kommentar; Ulrich Immenga / Ernst-Joachim Mestmäcker (Hg.); Gerhard Dannecker u. a. (Bearb.); 3. Auflage; München; 2001
(zit.: Bearbeiter in I/M, GWB)

Ipsen, Hans Peter
Europäisches Gemeinschaftsrecht; Tübingen, 1972

Isak, Hubert
Der Gedanke der Rechtseinheit mit Blick auf den Beitritt mittel- und osteuropäischer Staaten; in: Jürgen Schwarze, Peter-Christian Müller-Graff (Hg.), Europäische Rechtseinheit durch einheitliche Rechtsdurchsetzung, EuR Beiheft I/1998; S. 73 - 93; Baden-Baden, 1998

Jahn, Joachim
Mehr Wettbewerb der Rechtsordnungen, Frankfurter Allgemeine Zeitung vom 17.11.2001, S. 17

Jaks, Jaroslav
Osterweiterung der EU – Herausforderung für die Beitrittsländer als auch für die Europäische Union; in: Rolf H. Hasse u. a. (Hg.), Erweiterung und Vertiefung der Europäischen Union. Perspektiven und Engpässe, S. 87 - 93; Baden-Baden, 2000

Janicki, Thomas
Perspektiven der Fusionskontrolle im gemeinsamen Binnenmarkt, WuW 1989, S. 193 - 202

derselbe
EG-Fusionskontrolle auf dem Weg zur praktischen Umsetzung, WuW 1990, S. 195 - 205

derselbe
Inhalt und Praxis der Rückverweisungsvorschriften in Art. 9 EG-Fusionskontrollverordnung, In: FIW (Hg.), Schwerpunkte des Kartellrechts 1992/1993, S. 63 – 76; Köln u.a., 1993

Jarass, Hans D.
EG-Kompetenzen und das Prinzip der Subsidiarität nach Schaffung der Europäischen Union, EuGRZ 1994, S. 209 – 219

Jestaedt, Thomas
Bergau, Torsten
Die neue Bagatellbekanntmachung der Kommission, WuW 1998, S. 119 – 134

Jestaedt, Thomas
Tostmann, Stefan
Die Bereichsausname des GWB und Art. 85 Abs. 1 EWG-Vertrag, WuW 1991, 275 - 287

Juenger, Friedrich K.
The „Extraterritorial" Application of American Antitrust Law and the New Foreign Relations Law Restatement, WuW 1990, S. 602 - 618

Jung, Christian H. A. — Subsidiarität im Recht der Wettbewerbsbeschränkungen – Die Aktionsmöglichkeiten nationaler Kartellbehörden in der Europäischen Union; Heidelberg, 1995

Kahl, Wolfgang — Möglichkeiten und Grenzen des Subsidiaritätsprinzips nach Art. 3b EGV, AöR 1993, S. 414 - 446

Kamann, Hans-Georg
Horstkotte, Christian — Kommission versus nationale Gerichte – Kooperation oder Konfrontation im Kartellverfahren: Das Masterfoods-Urteil des EuGH im Licht der geplanten Kartellverfahrensverordnung, WuW 2001, S. 458 – 468

Kamburoglou, Panagiotis — EWG-Wettbewerbspolitik und Subsidiarität, WuW 1993, S. 273 – 283

Kantzenbach, Erhard — Diskussionsbeitrag zu Wettbewerbsrecht und Wettbewerbspolitik in der Europäischen Union; in: Lüder Gerken (Hg.), Europa zwischen Ordnungswettbewerb und Harmonisierung: Europäische Ordnungspolitik im Zeichen der Subsidiarität; S. 213 – 218; Berlin u. a., 1995

Kantzenbach, Erhard
Kinne, Konstanze — Nationale Zusammenschlusskontrolle und internationale Wettbewerbsfähigkeit von Unternehmen; in: Jörn Kruse u. a (Hg.), Wettbewerbspolitik im Spannungsfeld nationaler und internationaler Kartellrechtsordnungen, Festschrift für Ingo Schmidt zum 65. Geburtstag; S. 67 – 83; Baden-Baden, 1997

Kaps, Carola — Die EU fest im Blick: Die mitteleuropäischen Beitrittskandidaten, die Fortschrittsberichte und die beiderseitigen Risiken, F.A.Z. vom 22.11.2001, S. 14

Kerber, Wolfgang — Die Europäische Fusionskontrollpraxis und die Wettbewerbskonzeption der EG, Bayreuth 1994
(zit.: Kerber, Fusionskontrollpraxis)

derselbe — Bildung, Forschung und Entwicklung: Grenzen staatlicher Politik aus der Perspektive des internationalen Wettbewerbs; in: Dieter Cassel (Hg.), 50 Jahre Soziale Marktwirtschaft. Ordnungstheoretische Grundlagen, Realisierungsprobleme und Zukunftsperspektiven einer wirtschaftspolitischen Konzeption, S. 321 - 365; Stuttgart, 1998
(zit.: Kerber in 50 Jahre Soziale Marktwirtschaft)

derselbe — Die EU-Beihilfenkontrolle als Wettbewerbsordnung: Probleme aus der Perspektive des Wettbewerbs zwischen Jurisdiktionen; in: Dieter Cassel (Hg.), Europäische Integration als ordnungspolitische Gestaltungsaufgabe: Probleme der Vertiefung und Erweiterung der Europäischen Union, S. 37 – 74; Berlin, 1998
(zit.: Kerber in Europäische Integration)

derselbe — Erfordern Globalisierung und Standortwettbewerb einen Paradigmenwechsel in der Theorie der Wirtschaftspolitik?, ORDO 49 (1998), S. 253 – 268

derselbe	Europäische Fusionskontrolle: Entwicklungslinien und Perspektiven; in: Peter Oberender (Hg.), Die Europäische Fusionskontrolle, S. 67 – 97; Berlin, 2000 (zit.: Kerber, Europäische Fusionskontrolle)
Kerse, C. S.	E.C. Antitrust Procedure; 4. Aufl.; London, 1998
Kiethe, Kurt **Schwab,** Michael	Wirtschaftsförderung der EG für mittel- und osteuropäische Staaten mit Phare, EuZW 1993, S. 180 - 183
Kirchner, Christian	Kartellrecht und neue Institutionenökonomik: Interdisziplinäre Überlegungen; in: Jörn Kruse u. a. (Hg.), Wettbewerbspolitik im Spannungsfeld nationaler und internationaler Kartellrechtsordnungen, Festschrift für Ingo Schmidt zum 65. Geburtstag; S. 33 – 49; Baden-Baden, 1997
Kiwit, Daniel **Voigt,** Stefan	Grenzen des institutionellen Wettbewerbs; Jahrbuch für Neue Politische Ökonomie 17 (1998), S. 313 - 337
Klaue, Siegfried	Europäisches Kartellrecht und Energiewirtschaft; in: Herbert Leßmann u. a. (Hg.), Festschrift für Rudolf Lukes zum 65. Geburtstag, S. 405 - 410; Köln u. a., 1989 (Klaue, FS Lukes)
derselbe	Einige Bemerkungen über die Zukunft der Zweischrankentheorie; in: Jürgen F. Baur u. a. (Hg.), Festschrift für Erich Steindorff, S. 979 – 987; Berlin, New York; 1990 (zit.: Klaue, FS Steindorff)
Kleinmann, Werner	Die Umsatzschwellen für Zusammenschlüsse von gemeinschaftsweiter Bedeutung in der Europäischen Fusionskontrolle und ihre Revision; in: Jörn Kruse u. a. (Hg.) Wettbewerbspolitik im Spannungsfeld nationaler und internationaler Kartellrechtsordnungen, Festschrift für Ingo Schmidt zum 65. Geburtstag; S. 131 – 141; Baden-Baden, 1997
Klocker, Peter	Die Befugnisse des Bundeskartellamts im europäischen recht, WuW 1990, S. 109 – 116
derselbe	Fit machen für den „Kulturwechsel"!, WuW 2002, S. 1151
Klose, Tobias	Das Verhältnis des deutschen zum europäsichen Kartellrecht in der Verfügungspraxis des Bundeskartellamts; Berlin, 1998
Knauf, Angelika	Angleichung des Wirtschaftsrechts der EU-assoziierten Staaten am Beispiel der Tschechischen Republik; in: Manfred A. Dauses (Hg.), Osterweiterung der Europäischen Union. Rechtsangleichung und strukturpolitischer Rahmen, S. 99 – 196; Wiesbaden, 1998
Knebel, Hans-Werner	Die Extraterritorialität des Europäischen Kartellrechts, Art. 85, 86 EWGV: Die Rechtsprechung des EuGH, EuZW 1991, S. 265 – 274

Knemeyer, Franz-Ludwig — Subsidiarität, Föderalismus, Dezentralisation: Initiativen zu einem „Europa der Regionen", ZRP 1990, S. 173 – 174

Koch, Norbert — Die neuen Befugnisse der EG zur Kontrolle von Unternehmenszusammenschlüssen, EWS 1990, S. 65 - 72

Köck, Heribert Franz — Die „implied powers" der Europäischen Gemeinschaften als Anwendungsfall der „implied powers" internationaler Organisationen überhaupt; in: Karl-Heinz Böckstiegel u. a. (Hg.), Völkerrecht, Recht der Internationalen Organisationen, Weltwirtschaftsrecht, Festschrift für Ignaz Seidl-Hohenveldern, S. 279 – 299; Köln u. a., 1988 (zit.: Köck, FS Seidl-Hohenveldern)

Koenig, Christian — Europäische Integration und Systemwettbewerb zwischen mitgliedstaatlichen Rechtsordnungen, EuZW 1998, S. 513.

Königs, Folkmar — Die Beeinträchtigung des Handels zwischen Mitgliedstaaten als Abgrenzungskriterium zwischen EWG-Kartellrecht und dem nationalen Recht der Mitgliedstaaten; in: Otto Friedrich Freiherr von Gamm u. a. (Hg.), Strafrecht, Unternehmensrecht, Anwaltsrecht; Festschrift für Gerd Pfeiffer, S. 569 – 587; Köln u. a., 1988

Kramp, Karsten — Die Begründung und Ausübung staatlicher Zuständigkeit für das Verbot länderübergreifender Fusionen nach dem geltendem Völkerrecht; Berlin, 1993

Kreidler-Pleus, Daniela — Der EG-Beitritt Portugals: Wirtschaftliche, politische und rechtliche Grundlagen, Frankfurt am Main u.a., 1990

Krimphove, Dieter — Europäische Fusionskontrolle; Köln u. a., 1991

Kropholler, Jan — Internationales Privatrecht; 4. Aufl.; Tübingen, 2001

Krupp, Hans-Jürgen
Schweppe, Gerhard — Nationaler Wettbewerb und internationale Wettbewerbsfähigkeit: Das Beispiel von Banken und Börsen; in: Jörn Kruse / Otto G. Mayer (Hg.), Aktuelle Probleme der Wettbewerbs- und Wirtschaftspolitik, Festschrift für Erhard Kantzenbach zum 65. Geburtstag, S. 223 – 238; Baden-Baden, 1996

Lambers, Hans-Jürgen — Subsidiarität in Europa – Allheilmittel oder juristische Leerformel?, EuR 1993, S. 229 - 242.

Lampert, Thomas — Kompetenzabgrenzung zwischen nationaler und europäischer Fusionskontrolle, WuW 2002, S. 449 - 458

Langeheine, Bernd — Abgestufte Integration, EuR 1983, S. 227 – 260

derselbe — Rechtliche und institutionelle Probleme einer abgestuften Integration in der Europäischen Gemeinschaft, in: Eberhard Grabitz (Hg.), Abgestufte Integration, S. 47 – 124; Kehl am Rain, Straßburg, 1984

Langen, Eugen
Bunte, Hermann-Josef
Kommentar zum deutschen und europäischen Kartellrecht; Eugen Langen (Begr.), Hermann-Josef Bunte (Hg.); Benedikt Bräutigam u.a. (Bearb.), Band 1; 9. Aufl.; Neuwied u. a., 2001
(zit.: Bearbeiter in Langen/Bunte, KartR)

Lässig, Peter
Die dezentrale Anwendung des europäischen Kartellrechts, in: FIW, FIW-Schriftenreihe Heft 170; Köln u. a., 1997

Lecheler, Helmut
Das Subsidiaritätsprinzip – Strukturprinzip einer europäischen Union, Berlin, 1993

Lenz, Carl Otto
Kommentar zu dem Vertrag zur Gründung der Europäischen Gemeinschaften; Carl Otto Lenz (Hg.), Klaus-Dieter Borchardt u. a. (Bearb.); Köln u. a., 1994
(zit.: Bearbeiter/Lenz, EG-Kommentar)

Lieberknecht, Otfried
Das Verhältnis der EWG-Gruppenfreistellungsverordnungen zum deutschen Kartellrecht; in: Otto Friedrich Freiherr von Gamm u. a. (Hg.), Strafrecht, Unternehmensrecht, Anwaltsrecht, Festschrift für Gerd Pfeiffer, S. 589 - 606; Köln u.a. 1988

Löffler, Heinz F.
Statistik der EG-Fusionskontrollverfahren nach fünfjähriger Anwendungspraxis, WuW 1996, S. 209 – 212

Maasch, Beate
Der EuGH und das Chaos; in: Karsten Schmidt / Eberhard Schwark (Hg.), Unternehmen, Recht und Wirtschaftsordnung; Festschrift für Peter Raisch zum 70. Geburtstag; S. 417 – 431; Köln u. a., 1995

Maietta, Felice
Customer Care und Multikanalstrategien ermöglichen bessere Kundenbindung: Mehr Service und Effizienz durch prozessorientierte Kommunikationslösungen, in: International Bankers Forum e.V. (Hg.), Frankfurt EURO FINANCE WEEK, Beilage B zu Frankfurter Allgemeine Zeitung v. 10.10.2001, S. B1

Martenczuk, Bernd
Die differenzierte Integration und die föderale Struktur der Europäischen Union, EuR 2000, S. 351 – 364

Martinek, Michael
Habermeier, Stefan
Das Chaos der EU-Gruppenfreistellungsverordnungen: Analyse, Kritik und Verbesserungsvorschläge, ZHR 158 (1994), S. 107 – 148

Mayer, Kerstin
Die Zwischenstaatlichkeitsklausel als Abgrenzungskriterium zwischen europäischem und nationalem Kartellrecht; Berlin, 1999

Meier, Gert
Einheitliche Europäische Akte und freier EG-Warenverkehr, NJW 1987, S. 537 – 542

derselbe
GWB-Novelle und Europäischer Binnenmarkt, WuW 1988, S. 723 - 732

Merkt, Hanno — US-amerikanisches Gesellschaftsrecht; Heidelberg, 1991
(zit.: Merkt, US-amerikanisches Gesellschaftsrecht)

derselbe — Das Europäische Gesellschaftsrecht und die Idee des „Wettbewerbs der Gesetzgeber", Rabels Zeitschrift 59 (1995), S. 545-568

derselbe — Europäische Rechtsetzung und strengeres autonomes Recht, Zur Auslegung von Gemeinschaftsnormen als Mindeststandards, Rabels Zeitschrift 61 (1997), S. 647 – 684

Mestmäcker, Ernst-Joachim — Offene Märkte im System unverfälschten Wettbewerbs in der Europäischen Wirtschaftsgemeinschaft; in: Helmut Coing (Hg.), Wirtschaftsordnung und Rechtsordnung, Festschrift zum 70. Geburtstag von Franz Böhm, S. 345 – 391; Karlsruhe, 1965
(zit.: Mestmäcker, FS Böhm)

derselbe — Europäisches Wettbewerbsrecht; München, 1974
(Mestmäcker, Europäisches Wettbewerbsrecht)

derselbe — Fusionskontrolle im Gemeinsamen Markt zwischen Wettbewerbspolitik und Industriepolitik, EuR 1988, S. 349 - 377

derselbe — Zur Wirtschaftsverfassung in der Europäischen Union, in: Rolf H. Hasse u. a. (Hg.), Ordnung in Freiheit, Festgabe für Hans Willgerodt zum 70. Geburtstag, S. 263 - 292 ;Stuttgart u. a., 1994
(zit.: Mestmäcker, FS Willgerodt)

derselbe — Wettbewerbsrecht und Wettbewerbspolitik in der Europäischen Union; in: Lüder Gerken (Hg.), Europa zwischen Ordnungswettbewerb und Harmonisierung: Europäische Ordnungspolitik im Zeichen der Subsidiarität; S. 191 – 212, Berlin u. a., 1995
(zit.: Mestmäcker in Europa zwischen Ordnungswettbewerb und Harmonisierung)

derselbe — Versuch der kartellpolitischen Wende in der EU: Zum Weißbuch der Kommission über die Modernisierung der Vorschriften zur Anwendung der Art. 85 und 86 EGV a. F., EuZW 1999, S. 523 – 529

Miersch, Michael — Kommentar zur EG-Verordnung Nr. 4064/89 über die Kontrolle von Unternehmenszusammenschlüssen; Neuwied, Frankfurt am Main, 1991

van Miert, Karel — Wettbewerbspolitik und die Zusammenarbeit zwischen den Kartellbehörden in der Europäischen Union, S. 219 – 228; in: in: Lüder Gerken (Hg.), Europa zwischen Ordnungswettbewerb und Harmonisierung: Europäische Ordnungspolitik im Zeichen der Subsidiarität; Berlin u. a., 1995
(zit.: van Miert in Europa zwischen Ordnungswettbewerb und Harmonisierung)

derselbe — Die Wettbewerbspolitik der neuen Kommission, WuW 1995, S. 553 – 560.

derselbe — EU Competition Policy in the banking sector, speech to the foreign bankers in the Belgian Bankers' Association in Brüssel am 22.09.1998, abrufbar auf der Homepage der Europäischen Kommission (http://www.europa.eu.int./comm/competition)
(zit.: van Miert, Speech 1998)

Monopolkommission — Systemwettbewerb; Sondergutachten 27 gemäß § 24 Abs. 5 S. 4 GWB; Baden-Baden, 1998
(zit.: Monopolkommission, Systemwettbewerb)

Monopolkommission — Sondergutachten 28; Kartellpolitische Wende in der Europäischen Union? Zum Weißbuch der Kommission vom 28. April 1999; Baden-Baden, 1999
(zit.: Monopolkommission, Sondergutachten 28 (1999))

Montag, Frank
Kaesnner, Ralph — Neuere Entwicklungen in der Fallpraxis der europäischen Fusionskontrolle, WuW 1997, S. 781 – 794

Monti, Mario — Competition Policy and Financial Services. Speech at the European Banking Congress 1999 in Frankfurt am Main am 19.11.1999, Europäische Kommission; Speech/99/171; Brüssel, 1999

Möschel, Wernhard — Recht der Wettbewerbsbeschränkungen; Köln u.a., 1983
(zit.: Möschel, Recht der Wettbewerbsbeschränkungen)

derselbe — EG-Industriepolitik nach Maastricht, ORDO 43 (1992), S. 415 – 421

derselbe — Zum Subsidiaritätsprinzip im Vertrag von Maastricht, NJW 1993, S. 3026 – 3028

derselbe — Banken und Wettbewerb; in: Karsten Schmidt / Eberhard Schwark (Hg.), Unternehmen, Recht und Wirtschaftsordnung; Festschrift für Peter Raisch zum 70. Geburtstag; S. 469 – 481; Köln u. a., 1995
(zit.: Möschel, FS Raisch)

derselbe Diskussionsbeitrag zu Das Subsidiaritätsprinzip in der Katholischen Soziallehre und in der Ökonomik, in: Lüder Gerken (Hg.), Europa zwischen Ordnungswettbewerb und Harmonisierung: Europäische Ordnungspolitik im Zeichen der Subsidiarität; S. 71 – 74; Berlin u. a., 1995 (zit.: Möschel in Europa zwischen Ordnungswettbewerb und Harmonisierung)

derselbe Herausforderungen an die Wettbewerbspolitik, S. 35 - 51; in: Ludwig-Erhard-Stiftung (Hg.), Wirtschaftsordnung als Aufgabe. Zum 100. Geburtstag von Franz Böhm, Krefeld 1995
(zit.: Möschel, GS Böhm)

derselbe Reform des europäischen und des deutschen Kartellrechts, EWS, 1995, S. 249 – 255

derselbe Subsidiaritätsprinzip und europäisches Kartellrecht, NJW 1995, S. 281 – 285

derselbe Die deutsche Fusionskontrolle auf dem Prüfstand des europäischen Rechts: „Überflügelung" oder Harmonisierung, AG 1998, S. 561 – 566

derselbe Defätismus gegenüber Brüssel?, WuW 2000, S. 951

derselbe Systemwechsel im europäischen Wettbewerbsrecht? Zum Weißbuch der EG-Kommission zu den Art. 81ff. EG-Vertrag, JZ 2000, 61 – 67

Müller, Alexia Petra Der Europäische Gerichtshof im Spannungsfeld von Subsidiarität und Integration; Bamberg, 1996

Müller, Markus Systemwettbewerb, Harmonisierung und Wettbewerbsverzerrung: Europa zwischen einem Wettbewerb der Gesetzgeber und vollständiger Harmonisierung; in: Ernst-Joachim Mestmäcker u. a. (Hg.), Wirtschaftsrecht und Wirtschaftspolitik Band 163; Baden-Baden, 2000

Müller-Graff, Peter-Christian Die Rechtsangleichung zur Verwirklichung des Binnenmarktes, EuR 1989, S. 107 – 151

derselbe Diskussionsbeitrag zu „Zum behaupteten Demokratiedefizit der Europäischen Gemeinschaft; in: Peter Hommelhoff / Paul Kirchhof (Hg.), Der Staatenverbund der Europäischen Union, S. 67 - 72, 1994
(zit.: Müller-Graff in Der Staatenverbund)

derselbe Binnenmarktauftrag und Subsidiaritätsprinzip, ZHR 159 (1995), S. 34 – 77

Mussler, Werner Systemwettbewerb als Integrationsstrategie der Europäischen Union, in: Manfred E. Streit / Michael Wohlgemuth (Hg.), Systemwettbewerb als Herausforderung an Politik und Theorie, S. 71 – 102; Baden-Baden, 1999

Mussler, Werner **Wohlgemuth,** Michael	Institutionen im Wettbewerb – Ordnungstheoretische Anmerkungen zum Systemwettbewerb in Europa, S. 9 – 45; in: Peter Oberender u. a. (Hg.), Europas Arbeitsmärkte im Integrationsprozess; Baden-Baden, 1995
Nanz, Klaus-Peter **Silberberg,** Reinhard	Strategien für das Europa von morgen: EG-Vertrag und EU-Vertrag in der Fassung des Vertrages von Amsterdam, Texte und Kurzkommentar; Kurt Schelter / Werner Hoyer (Hg.), Klaus-Peter Nanz / Reinhard Silberberg (Bearb.); Starnberg, 1998
Nicolaysen, Gert	Zur Theorie von den implied powers in den Europäischen Gemeinschaften, EuR 1966, S. 129 - 142
derselbe	Funktionalität und Kontrolle der Subsidiarität; in: Werner Weidenfeld (Hg.), Reform der Europäischen Union – Materialien zur Revision des Maastrichter Vertrages 1996; S. 156 – 165, Gütersloh, 1995
Niederleithinger, Ernst	Die europäische Fusionskontrolle und ihr Verhältnis zum nationalen Recht – aus der Sicht des Bundeskartellamts; in: FIW-Schriftenreihe (Hg.), Wettbewerbspolitik an der Schwelle zum europäischen Binnenmarkt, Referate des XXII. FIW-Symposions, Heft 134 (1989), S. 79 – 94; Köln u. a., 1989 (zit.: Niederleithinger, FIW 134 (1989))
derselbe	Das Verhältnis nationaler und europäischer Kontrolle von Zusammenschlüssen, WuW 1990, S. 721 - 730
derselbe	Vier Prognosen zur europäischen Fusionskontrolle, in: Harm Peter Westermann u. a.(Hg.), Festschrift für Karlheinz Quack zum 65. Geburtstag, S. 645 – 655; Berlin, New York, 1991
Niemeyer, Hans-Jörg **Hirsbrunner,** Simon	Anstaltslast und Gewährträgerhaftung bei Sparkassen und die Zwischenstaatlichkeitsklausel in Art. 87 EG, EuZW 2000, S. 364 – 368
Nuolimaa, Risto	Die finnische Kartellgesetzgebung, EuZW 1993, S. 88 – 91
Odersky, Walter	Art. 85/86 EG-Vertrag und die nationalen Gerichte. Einige Bemerkungen aus der Sicht des Bundesgerichtshofs, in Ulrich Immenga u.a. (Hrg.): Festschrift für Ernst-Joachim Mestmäcker zum siebzigsten Geburtstag, Baden-Baden 1996, S. 699 – 709
Oppenheim, S. Chesterfield **Weston,** Glen E. **McCarthy,** J. Thomas	Federal Antitrust Laws, Cases, Text and Commentary; 4. Aufl.; St. Paul, 1981
Oppermann, Thomas	Europarecht; 2. Aufl.; München 1999
Palacio González, José	The Principle of Subsidiarity (A guide for lawyers with a particular community orientation), European Law Review, Volume 20, S. 355 – 370; London, 1995

Pape, Wolfgang | Socio-Cultural Differences and International Competition Law, European Law Journal 1999, S. 438 - 460

Paulweber, Michael
Kögel, Rainer | Das europäische Wettbewerbsrecht am Scheideweg: Die Reformvorhaben der Kommission zur Modernisierung des europäischen Kartellverfahrensrechts in der Kritik, AG 1999, 500 - 515

Pernice, Ingolf | Diskussionsbeitrag zu Abgrenzung der Funktionen und Zuständigkeiten zwischen den nationalen Kartellämtern und der Wettbewerbsbehörde der Europäischen Union; in: Lüder Gerken (Hg.), Europa zwischen Ordnungswettbewerb und Harmonisierung: Europäische Ordnungspolitik im Zeichen der Subsidiarität; S. 245 – 254; Berlin u. a., 1995

Pescatore, Pierre | Mit der Subsidiarität leben – Gedanken zu einer drohenden Balkanisierung der Europäischen Gemeinschaft, in: Ole Due u.a. (Hg.), Festschrift für Ulrich Everling, Band II, S. 1071 – 1094; Baden-Baden, 1995

Pieper, Stefan Ulrich | Subsidiaritätsprinzip – Strukturprinzip der Europäischen Union, DVBl. 1993, S. 705 – 712

derselbe | Subsidiarität; Köln u. a. 1994

Pipkorn, Jörn | Das Subsidiaritätsprinzip im Vertrag über die Europäische Union – rechtliche Bedeutung und gerichtliche Überprüfbarkeit, EuZW 1992, S. 697 – 700

Ràcz, Margit | Spannungsfelder und Rahmenbedingungen der Vertiefung und Erweiterung der Europäischen Union; in: Rolf H. Hasse u.a. (Hg.), Erweiterung und Vertiefung der Europäischen Union - Perspektiven und Engpässe, S. 47 – 61; Baden-Baden, 2000

Rehbinder, Eckard | Der Vorrang des EG-Kartellrechts vor nationalem Kartellrecht bei Freistellungen; in: Immenga, Ulrich u.a. (Hg.). Festschrift für Ernst-Joachim Mestmäcker zum siebzigsten Geburtstag, Baden-Baden ,1996, S. 711 - 724

Reich, Norbert | Die Bedeutung der Binnenmarktkonzeption für die Anwendung der EWG-Wettbewerbsregeln, in: Jürgen F. Baur u. a. (Hg.), Festschrift für Erich Steindorff, S. 1065 - 1084; Berlin, New York; 1990
(zit.: Reich, FS Steindorff)

Reich, Norbert | Binnenmarkt als Rechtsbegriff, EuZW 1991, S. 203 - 210

Ress, Georg | Ist die Europäische Union eine juristische Person?, in: Georg Ress u. a. (Hg.), Die Organe der Europäischen Union im Spannungsfeld zwischen Gemeinschaft und Zusammenarbeit, EuR Beiheft II/1995, S. 27 – 40; Baden-Baden, 1995

Riesenkampff, Alexander
Barron, William M. | Kartellrecht in den USA und Deutschland; New York, Bonn; 1982

Ritter, Lennart
Braun, David W.
Rawlinson, Francis
EEC Competition Law, A Practitioners Guide, Deventer, Bosten, 1991

Rittner, Fritz
Die wirtschaftsrechtliche Ordnung der EG und das Privatrecht, JZ 1990, S. 838 - 846

derselbe
Das europäische Kartellrecht – Eine kritische Bestandsaufnahme, JZ 1996, S. 377 – 385

derselbe
Wie viel Europa braucht Europa?, EuR 1998, S. 3 – 19

derselbe
Wettbewerbs- und Kartellrecht, 6. A., Heidelberg, 1999 (zit.: Rittner, KartellR)

derselbe
Zurück zum Missbrauchsprinzip im EG-Kartellrecht? – Zum Weißbuch der Kommission, DB 1999, S. 1485 - 1486

derselbe
Die Handelsvertreterpraxis nach dem neuen EG-Kartellrecht für Vertikalvereinbarungen, DB 2000, S. 1211 - 1216

derselbe
Kartellpolitik und Gewaltenteilung in der EG, EuZW 2000, S. 129

Rohardt, Klaus Peter
Die europäische Fusionskontrolle beginnt Gestalt anzunehmen, WuW 1991, S. 365 - 383

Rohe, Mathias
Binnenmarkt oder Interessenverband? – Zum Verhältnis von Binnenmarktziel und Subsidiaritätsprinzip nach dem Maastricht-Vertrag, Rabels Zeitschrift 61 (1997), S. 1 - 85

Romano, Roberta
The Genius of American Corporate Law, Washington, 1993

Roth, Wulf-Henning
Einlagensicherung im Binnenmarkt: Anmerkungen zum Urteil des EuGH vom 13.5.1997 – Rs C-233/94, Zeitschrift für Bankrecht und Bankwirtschaft 1997, S. 373 – 381

Rumpf, Christian
Die Zollunion EU - Türkei, RIW 1997, S. 46 – 53

Sack, Jörn
Einige einfache Gedanken zur Reform des Gerichtshofes der Europäischen Gemeinschaften im Hinblick auf neue Erweiterungen der Europäischen Union, EuR 1999, S. 571 – 576

Sauter, Herbert
Ein Nachwort zur europäischen Fusionskontrolle, in: Harm Peter Westermann u. a.(Hg.), Festschrift für Karlheinz Quack zum 65. Geburtstag, S. 657 – 667; Berlin, New York, 1991

derselbe
Zusammenarbeit zwischen nationalen Wettbewerbsbehörden und der Kommission; In: FS für Ingo Schmidt, S. 97 – 108. Herausgegeben von Jörn Kruse u. a.; Baden-Baden, 1997

Scharrer, Hans-Eckart — Abgestufte Integration – Eine Alternative zum herkömmlichen Integrationskonzept?, Integration 1981, S. 123 - 133

Schaub, Alexander; **Dohms,** Rüdiger — Das Weißbuch der Europäischen Kommission über die Modernisierung der Vorschriften zur Anwendung der Artikel 81 und 82 EG-Vertrag, WuW 1999, 1055 – 1070

Schäuble, Wolfgang — Die Nation ist in Europa gut aufgehoben, Die Schlüsselfrage aller Reformen lautet: Wer entscheidet künftig worüber?, Frankfurter Allgemeine Zeitung v. 27.02.2002, S. 10

Schima, Bernhard — Das Subsidiaritätsprinzip im Europäischen Gemeinschaftsrecht; Wien, 1994

Schlecht, Otto — Die Bedeutung des Wettbewerbs für die europäische Integration, in: Clemens-August Andrae u. a. (Hg.), Wettbewerb als Herausforderung und Chance, Festschrift für Werner Benisch; S. 49 – 58; Köln u. a., 1989
(zit.: Schlecht, FS Benisch)

derselbe — Europäische Wettbewerbspolitik im Widerstreit zwischen Harmonisierung und Subsidiarität, in Immenga, Ulrich u.a. (Hrsg.): Festschrift für Ernst-Joachim Mestmäcker zum siebzigsten Geburtstag, Baden-Baden 1996, S. 747 - 762
(zit.: Schlecht, FS Mestmäcker)

derselbe — 40 Jahre Dienste für die Soziale Marktwirtschaft: Das „Gesetz gegen Wettbewerbsbeschränkungen", WuW 1997, S. 565 – 572

Schmidhuber, Peter M. — Die europäische Fusionskontrolle und ihr Verhältnis zum nationalen Recht – aus der Sicht der Europäischen Gemeinschaften; in: FIW-Schriftenreihe (Hg.), Wettbewerbspolitik an der Schwelle zum europäischen Binnenmarkt, Referate des XXII. FIW-Symposions, Heft 134 (1989), S. 95 – 102; Köln u. a., 1989

derselbe — Das Subsidiaritätsprinzip im Vertrag von Maastricht, DVBl. 1993, S. 418 – 422

Schmidhuber, Peter M.; **Hitzler,** Gerhard — Die Verankerung des Subsidiaritätsprinzips im EWG-Vertrag – ein wichtiger Schritt auf dem Weg zu einer föderalen Verfassung der Europäischen Gemeinschaft, NVwZ 1992, S. 720 – 725

Schmidt, Ingo — Europäische Industriepolitik – ein Widerspruch zur Wettbewerbsordnung?, WuW 1995, S. 971 – 985

derselbe — Weißbuch – Ein Weg für mehr Rechtssicherheit und effizienten Wettbewerbsschutz, WuW 2002, S. 3

Schmidt, Ingo; **Schmidt,** André — Europäische Wettbewerbspolitik. Eine Einführung; München, 1997
(zit.: Schmidt/Schmidt, Europäische Wettbewerbspolitik)

Schmidt, Karsten | Die europäische Fusionskontrolle und ihr Verhältnis zum nationalen Recht – aus der Sicht der Wissenschaft; in: FIW-Schriftenreihe (Hg.), Wettbewerbspolitik an der Schwelle zum europäischen Binnenmarkt, Referate des XXII. FIW-Symposions, Heft 134 (1989), S. 65 – 77; Köln u. a., 1989 (zit.: Schmidt, FIW 134 (1989))

derselbe | Vertragsnichtigkeit nach § 134 BGB durch nicht-regelnde Behördenmitteilung: Der BGH auf dem Wege zu einer „acte-clair"-Theorie im deutschen Wirtschaftsverwaltungsrecht?, NJW 1995, S. 2255 – 2258

Schneider, Ulrich J. | Das Bagatellkartell; Köln u. a., 1994

Schön, Wolfgang | Mindestharmonisierung im europäischen Gesellschaftsrecht, ZHR 160 (1996), S. 221 - 249

Schröter, Helmuth | Aktuelle Probleme der Anwendung von Artikel 81 EG: Vortrag im Rahmen des Siebenten St. Galler Internationalen Kartellrechtsforums, 27. und 28. April 2000

Schütz, Jörg | In: Hans Müller-Henneberg und Gustav Schwartz (Hg.), Gesetz gegen Wettbewerbsbeschränkungen und Europäisches Kartellrecht, Gemeinschaftskommentar, EU-Fusionskontrolle, Einführung und Art. 1-3 VO 4064/89; 5. Aufl.; Köln u. a., 2001 (zit.: Schütz in GK, EU-FKVO)

Schwartz, Ivo E. | Das Verhältnis des einzelstaatlichen zum Bundes-Antitrustrecht, ZHR 1962, 254 - 296

derselbe | EG-Kompetenzen für den Binnenmarkt: Exklusiv oder konkurrierend/subsidiär, in: Ole Due u.a. (Hg.), Festschrift für Ulrich Everling, Band II, S. 1131 – 1354; Baden-Baden, 1995 (zit.: Schwartz, FS Everling II)

Schwarze, Jürgen | EU-Kommentar; Jürgen Schwarze (Hg.); Bertold Bär-Bouyssière u. a. (Bearb.); Baden-Baden; 2000

derselbe | Die extraterritoriale Anwendbarkeit des EG-Wettbewerbrechts – Vom Durchführungsprinzip zum Prinzip der qualifizierten Auswirkung, WuW 2001, S. 1190 – 1202

Schweitzer, Michael; **Hummer**, Waldemar | Europarecht: Das Recht der Europäischen Union, das Recht der Europäischen Gemeinschaften (EGKS, EG, EAG); 5. A.; Neuwied, Kriftel, Berlin, 1996

Semler, Franz-Jörg; **Bauer**, Michael | Die neue EU-Gruppenfreistellungsverordnung für vertikale Wettbewerbsbeschränkungen – Folgen für die Rechtspraxis, DB 2000, S. 193 – 200.

Sepp, Jüri — Wettbewerb und Wettbewerbspolitik in Estland als Voraussetzung des EU-Beitritts; in: Rolf H. Hasse u. a.(Hg.), Erweiterung und Vertiefung der Europäischen Union - Perspektiven und Engpässe, S. 169 – 179; Baden-Baden, 2000

Siebert, Horst — The Harmonization Issue in Europe: Prior Agreement or a Competitive Process?; in: Horst Siebert (Hg.), The Completion of the Internal Market; S. 53-75; Tübingen, 1990

Stahlberg, Jana — Die Reform des Wirtschaftsrechts in Polen, S. 197 – 280; in: Osterweiterung der Europäischen Union. Rechtsangleichung und strukturpolitischer Rahmen; Herausgegeben von Manfred A. Dauses; Wiesbaden, 1998

Steckhan, Rainer — Kartelle und zwischenstaatlicher Handel. Die Zwischenstaatlichkeitsklausel in Art. 85 des EWG-Vertrages im Lichte der Rechtsprechung zur Handelsklausel der amerikanischen Bundesverfassung; Stuttgart; 1967

Stein, Torsten — Subsidiarität als Rechtsprinzip?; in: Detlef Merten (Hg.), Die Subsidiarität Europas, S. 23 - 40; Berlin, 1993
(zit.: Stein in Subsidiarität Europas)

derselbe — Anmerkung zur Entscheidung des EuGH „Her Majesty's Customs and Excise / Gerhart Schindler u. Jörg Schindler", EuZW 1994, S. 315

Steindorff, Ernst — Spannungen zwischen deutschem und europäischem Wettbewerbsrecht; in: FIW (Hg.): Heft 127, Schwerpunkte des Kartellrechts 1986/1987, Köln u.a. 1988, S. 27 – 54
(zit.: Steindorff, FIW 127 (1986/1987))

derselbe — Aufgaben und Zuständigkeiten im europäischen Kartellverfahren; ZHR 162 (1998), S. 290 bis 317

derselbe — Mehr staatliche Identität, Bürgernähe und Subsidiarität in Europa?; ZHR 163 (1999), S. 395 – 440

Stewing, Clemens — Subsidiarität und Föderalismus in der Europäischen Union; Köln u. a., 1992

Stockmann, Kurt
Schultz, Klaus-Peter — Kartellrechtspraxis und Kartellrechtsprechung 1997/1998; 13. Auflage; Köln, 1998

Streinz, Rudolf — Das Maastricht-Urteil des Bundesverfassungsgerichts, EuZW 1994, S. 329 – 333.

Streit, Manfred E. — Europäische Industriepolitik nach Maastricht – Eine ordnungspolitische Analyse; in: Wernhard Möschel u.a. (Hg.): Marktwirtschaft und Rechtsordnung, Festschrift zum 70. Geburtstag von Erich Hoppmann, S. 189 – 210; Baden-Baden 1994
(zit.: Streit, FS Hoppmann)

derselbe Systemwettbewerb und europäische Integration, in: Felix A. Zimmermann u. a. (Hg.), Ordnungspolitische Aspekte der europäischen Integration: Freiburgs Botschaft für ein offenes Europa, S. 11 – 22; Baden-Baden, 1996 (zit.: Streit in Ordnungspolitische Aspekte)

Streit, Manfred E.
Mussler, Werner
Wettbewerb der Systeme und das Binnenmarktprogramm der Europäischen Union.; in: Lüder Gerken (Hg.), Europa zwischen Ordnungswettbewerb und Harmonisierung: Europäische Ordnungspolitik im Zeichen der Subsidiarität; S. 75 - 108; Berlin u. a., 1995

Streit, Manfred E.
Kiwit, Daniel
Zur Theorie des Systemwettbewerbs; in: Manfred E. Streit / Michael Wohlgemuth (Hg.), Systemwettbewerb als Herausforderung an Politik und Theorie, S. 13 - 48; Baden-Baden, 1999

Sullivan, Lawrence A. Antitrust; St. Paul, 1977

Tichy, Gunther Integrationstheorie und Osterweiterung, in: Otto G. Mayer / Hans-Eckart Scharrer (Hg.), Osterweiterung der Europäischen Union: Sind die mittel- und osteuropäischen Länder und die EU reif für eine Erweiterung?, S. 11 – 56; Baden-Baden, 1997

Tschäni, Hanspeter Der gliedstaatliche Kompetenzbereich in der Aufgabenverteilung des amerikanischen Bundesstaates – Illustriert an der Rechtsprechung des Supreme Court zur Interstate Commerce Clause; Bern, Frankfurt am Main; 1982

Ulmer, Peter Der sachliche Anwendungsbereich des EWG-Kartellverbots, Juristische Analysen – Wirtschaftsrecht I – 1970, S. 5 – 33

van der Esch, Bastiaan Der Stellenwert des unverfälschten Wettbewerbs in der Rechtsprechung des Europäischen Gerichtshofes und der Verwaltungspraxis der Kommission, WuW 1988, S. 563 – 575

Vaubel, Roland Ein Vorschlag für die Reform der europäischen Wettbewerbspolitik, in: Felix A. Zimmermann u. a. (Hg.), Ordnungspolitische Aspekte der europäischen Integration: Freiburgs Botschaft für ein offenes Europa, S. 173 – 179; Baden-Baden, 1996 (zit.: Vaubel in Ordnungspolitische Aspekte)

Veelken, Winfried
Karl, Matthias
Richter, Stefan
Aspekte der europäischen Fusionskontrolle; In: Die Europäische Fusionskontrolle: Grundzüge und Einzelfragen zur Verordnung (EWG) Nr. 4064/89; Von Winfried Veelken, Matthias Karl und Stefan Richter; Tübingen, 1992

Vonnemann, Wolfgang Die neue europäische Fusionskontrolle: Überblick über die EG-Fusionskontrollverordnung vom 21.12.1989, DB 1990; S. 569 – 574

Wechsler, Benedikt Der Europäische Gerichtshof in der EG-Verfassungswerdung, Baden-Baden, 1995

Weede, Erich — Vom europäischen Wunder zum schleichenden Sozialismus?; in: Gerard Radnitzky / Hardy Bouillon (Hg.), Ordnungstheorie und Ordnungspolitik, S. 15-46; Berlin u. a., 1991

Weitbrecht, Andreas — Perspektiven für die Wettbewerbsfähigkeit Europas, Bericht über das XXIX. FIW-Symposion in Innsbruck, 1996, WuW 1996, S. 300 - 304.

derselbe — Europäisches Kartellrecht 2000/2001, EuZW 2002, S. 581 - 589

Wesseling, Rein — Subsidiarity in Community Antitrust Law: Setting the Right Agenda, European Law Review, Volume 22, S. 35 – 54; London, 1997

Weyer, Hartmut — Nach der Reform: Gestaltung der Wettbewerbspolitik durch die Kommission? – Zur Anwendung des Art. 81 EGV durch die Kommission, nationale Gerichte und EuGH in einem System der gesetzlichen Ausnahme, ZHR 164 (2000), S. 611 – 637

Wiedemann, Gerhard — Kommentar zu den Gruppenfreistellungsverordnungen des EWG-Kartellrechts, Band I, Köln, 1989
(zit.: Wiedemann, Kommentar Bd. I)

derselbe — Handbuch des Kartellrechts; Gerhard Wiedemann (Hg.), Ursula Bumiller u. a. (Bearb.); München, 1999
(zit.: Bearbeiter in Wiedemann, Hdb. KartR)

Wiegel, Michaela — Europäische Ungeduld: Wie die Franzosen über die Zukunft der EU diskutieren, Frankfurter Allgemeine Zeitung v. 5.11.2001, S. 12

Winkler, Tobias — Die gegenseitige Anerkennung – Achillesferse des Regulierungswettbewerbs; in Manfred E. Streit / Michael Wohlgemuth (Hg.), Systemwettbewerb als Herausforderung an Politik und Theorie, S. 103 - 121; Baden-Baden, 1999
(Winkler, Systemwettbewerb als Herausforderung)

Wohlfahrt, Ernst
Everling, Ulrich
Glaesner, Hans Joachim
Sprung, Rudolf — Die Europäische Wirtschaftsgemeinschaft; Kommentar zum Vertrag; Berlin, Frankfurt, 1960
(zit.: Bearbeiter in Wohlfahrt/Everling/Glaesner/Sprung)

Wohlgemuth, Michael — Systemwettbewerb als Entdeckungsverfahren, S. 49 - 70, in: Manfred E. Streit / Michael Wohlgemuth (Hg.), Systemwettbewerb als Herausforderung an Politik und Theorie; Baden-Baden, 1999
(zit.: Wohlgemuth in Systemwettbewerb als Herausforderung)

Wolf, Dieter — Europäisches Wettbewerbsrecht – Teil I: Europäisches Kartellrecht, WM 1992, S. 1730 *derselbe* Zum Verhältnis von europäischem und deutschem Wettbewerbsrecht, EuZW 1994, S. 233 – 238

derselbe Abgrenzung der Funktionen und Zuständigkeiten zwischen den nationalen Kartellämtern und der Wettbewerbsbehörde der Europäischen Union; in: Lüder Gerken (Hg.), Europa zwischen Ordnungswettbewerb und Harmonisierung: Europäische Ordnungspolitik im Zeichen der Subsidiarität; S. 237 - 244; Berlin u.a., 1995 (zit.: Wolf in Europa zwischen Ordnungswettbewerb und Harmonisierung)

derselbe Der Wettbewerb zwischen Gruppen kann nur ein bescheidener Ersatz für den Wettbewerb zwischen einzelnen Unternehmen sein, Kreditwesen 1996, S. 1197 - 1200

derselbe Erlass einer Gruppenfreistellungsverordnung für vertikale Wettbewerbsbeschränkungen, EuZW 1999, S. 641.

Wolf, Dieter
Fink, Reinhard Mit der Verordnung Nr. 17 ins nächste Jahrtausend?, In: WuW 1994, 289 - 293

Wörner, Ingo Europäische Bankenregulierung im Spannungsverhältnis zwischen Regulierungswettbewerb und Harmonisierungsbemühungen; Baden-Baden, 2000

Zäch, Roger Wettbewerbsrecht der Europäischen Union. Praxis von Kommission und Gerichtshof; München, 1994

Zinsmeister, Ute Die Anwendung der Artikel 85 und 86 EG-Vertrag durch die nationalen Behörden, WuW 1997, S. 5 – 14

Zschocke, Christian O. Harmonisierung der Fusionskontrolle aus der Sicht des Praktikers, WuW 1996, S. 85 – 91

Zuleeg, Manfred Die Auslegung des europäischen Gemeinschaftsrechts, EuR 1969, S. 97 – 108

derselbe Der Rang des europäischen im Verhältnis zum nationalen Wettbewerbsrecht, EuR 1990, S. 123 – 134

derselbe Die föderativen Grundsätze der Europäischen Union, NJW 2000, S. 2846 – 2851

Frankfurter wirtschaftsrechtliche Studien

Herausgegeben von
Theodor Baums, Andreas Cahn, Friedrich Kübler, Hans-Joachim Mertens,
Eckard Rehbinder, Gunther Teubner

Band 1 Tomas Brinkmann: Unternehmensinteresse und Unternehmensrechtsstruktur. Aufgaben und Grenzen eines normativen Regulativs unternehmenspolitischer Prozesse. 1983.

Band 2 Rüdiger Hahn: Behinderungsmißbräuche marktbeherrrschender Unternehmen. Eine Untersuchung der Beeinträchtigung von Wettbewerb und Marktstruktur durch horizontalen Nichtleistungswettbewerb als Gegenstand der Mißbrauchaufsicht nach § 22 Abs. 4 S. 2 Nr. 1 GWB. 1984.

Band 3 Peter Buchmann: Registerpublizität und Gläubigerschutz bei der Einmann-Gesellschaft. 1984.

Band 4 Christian Joerges/Eugen Hiller/Knut Holzscheck/Hans-W. Micklitz: Vertriebspraktiken im Automobilersatzteilsektor. Ihre Auswirkungen auf die Interessen der Verbraucher. 1985.

Band 5 Annette Boerner: Die Haftung des herrschenden Kommanditisten. 1985.

Band 6 Dirk H. Mahler: Rechtsmißbrauch und einstweiliger Rechtsschutz bei Dokumentenakkreditiven und "Akkreditiven auf erstes Anfordern": Eine rechtsvergleichende Untersuchung. 1986.

Band 7 Brigitte Kratz: Ausländische Eingriffsnorm und inländischer Privatrechtsvertrag. 1986.

Band 8 Dimitris Tsibanoulis: Die genossenschaftliche Gründungsprüfung. 1987.

Band 9 Jürgen Braun: Rechtsfragen des Transport-Unfall-Informations- und Hilfeleistungs-Systems der deutschen chemischen Industrie. 1987.

Band 10 Thomas Pfeiffer: Die Bedeutung des privatrechtlichen Immissionsschutzes. Eine Untersuchung zu §§ 1004, 906 BGB. 1987.

Band 11 Michael Bothe/Josef Brink/Christian Kirchner/Albrecht Stockmayer: Rechtsfragen der internationalen Verschuldungskrise. Voraussetzungen, Formen und Verfahren internationaler Umschuldungsmaßnahmen und Umschuldungsvereinbarungen. 1988.

Band 12 Felix Dörr: Die fehlerhafte GmbH. 1989.

Band 13 Rolf Trittmann: Anwendungsprobleme des Haager Beweisübereinkommens im Rechtshilfeverkehr zwischen der Bundesrepublik und den Vereinigten Staaten von Amerika. Exklusive Regelung zur Überbrückung der Unterschiede zwischen dem kontinental-europäischen und anglo-amerikanischen Zivilprozeßrechtssystem? 1989.

Band 14 Margaretha Sudhof: Dreieckige Rechtsverhältnisse im Wirtschaftsverwaltungsrecht - Am Beispiel von Konkurrentenklagen. 1989.

Band 15 Michael Weigel: Schriftformklauseln in Allgemeinen Geschäftsbedingungen. 1989.

Band 16 Hans-Peter Schröder: Der sichere Weg bei der Vertragsgestaltung. 1990.

Band 17 Matthias Haas: Haftungsfreizeichnungsklauseln in Allgemeinen Geschäftsbedingungen. Eine rechtsdogmatische und ökonomische Analyse. 1991.

Band 18 Andreas Hahn: Instandhaltungsverträge. Begriffe, Einordnung, Rechtsfolgenbestimmung, Auswirkung auf die Kautelarpraxis. 1991.

Band 19 Jürgen Götz: Der Entherrschungsvertrag im Aktienrecht. 1991.

Band 20 Friedrich Wächtershäuser: Das Gesellschaftsrecht des internationalen Joint Ventures. 1992.

Band 21 Christina Escher-Weingart: Nutzungsausfall als Schaden und sein Ersatz. 1993.

Band 22 Jean-Claude Zerey: Rechtliche Probleme der Finanzierung von *Leveraged Buyouts* und *Tender Offers* durch Banken in den USA und in der Bundesrepublik Deutschland. Eine rechtsvergleichende Studie über die Rolle der Banken bei Unternehmenskontrolltransaktionen in den USA und in der Bundesrepublik Deutschland. 1994.

Band 23 Markus Bauer: Gläubigerschutz durch eine formelle Nennkapitalziffer - Kapitalgesellschaftsrechtliche Notwendigkeit oder überholtes Konzept? Eine rechtsvergleichende Untersuchung der Gläubigerschutzkonzepte des amerikanischen und deutschen Kapitalgesellschaftsrechts. 1995.

Band 24 Marion Vollmann: Minderheitenschutz im aktienrechtlichen Beschlußmängelrecht. Eine Bestandsaufnahme und Vorschläge zu einer rechtspolitischen Reform. 1997.

Band 25 Lydia Klose-Mokroß: Gläubigerschutz im Kapitalgesellschaftsrecht am Beispiel der Lehre von der verdeckten Sacheinlage. 1997.

Band 26 Stephan Aubel: Der vereinfachte Bezugsrechtsausschluß. Aktionärs- und Gesellschaftsinteressen beim vereinfachten Bezugsrechtsausschluß nach Maßgabe des § 186 Absatz 3 Satz 4 AktG. 1998.

Band 27 Kurt Peter Dittrich: Die Privatplazierung im deutschen Kapitalmarktrecht. Eine Untersuchung der Vorschriften des Auslandinvestmentgesetzes, des Wertpapier-Verkaufsprospektgesetzes und des Gesetzes über Kapitalanlage-Gesellschaften unter Berücksichtigung des Rechts der Vereinigten Staaten von Amerika und des Vereinigten Königreichs. 1998.

Band 28 Viola Sailer: Aktienrechtliche Minderheitskompetenzen zwischen Mißbrauch und unternehmerischer Entscheidungsfreiheit. 1999.

Band 29 Marc Zimmerling: Kapitalerhaltung und Konzernfinanzierung. Eine Untersuchung der kapitalerhaltungsrechtlichen Problematik aufsteigender Sicherheiten im Konzern. 1998.

Band 30 Joachim Wichert: Die Finanzen der Kommanditgesellschaft auf Aktien. 1999.

Band 31 Kerstin Andrea Müller: Produktverantwortung und ihre Durchsetzung. Eine kartellrechtliche Beurteilung von Selbstverpflichtungen im Umweltrecht aus deutscher und europäischer Sicht unter besonderer Berücksichtigung der Altautoentsorgung. 1999.

Band 32 Bettina Friedrich: Konvergenzen im Gesellschaftsrecht. Recht-Fertigung durch Status- und Befundsicherung. 2000.

Band 33 Rudolf Lemke: Haftungsrechtliche Fragen des Ratingwesens – ein Regelungsproblem? 2000.

Band 34 Klaus R. Roller: Die Vergütung des Aufsichtsrats in Abhängigkeit vom Aktienkurs. 2000.

Band 35 Bettina Bokelmann: Personelle Verflechtungen über Aufsichtsräte. Aufsichtsratsmitglieder mit hauptberuflicher Vorstandsfunktion. 2000.

Band 36 Kai-Uwe Steck: Regulierung von US-amerikanischen Investmentgesellschaften (Investment Companies). Unter besonderer Berücksichtigung des National Securities

Markets Improvement Act of 1996 (NSMIA) und anderer aktueller Rechtsanpassungen. 2000.

Band 37 Kristofer Bott: Wissenszurechnung bei Organisationen. 2000.

Band 38 Ursula Lenzen: Unerlaubte Eingriffe in die Börsenkursbildung. 2000.

Band 39 Martin Schulz: Verfassungsrechtliche Vorgaben für das Kollisionsrecht in einem Gemeinsamen Markt. Eine rechtsvergleichende Untersuchung zu den Grenzen einzelstaatlicher Anknüpfungsmethoden im internationalen Vertrags-, Delikts- und Gesellschaftsrecht am Beispiel der Vereinigten Staaten von Amerika. 2000.

Band 40 Maximilian Koch: Diversifizierung und Vorstandskompetenzen. 2001.

Band 41 Corrado Wohlwend: Die Hauptversammlung im Wandel der Kommunikationsformen. 2001.

Band 42 Michael Rozijn: Der Unternehmensmaklervertrag. Zur Anwendung des allgemeinen Maklervertragsrechts auf Mergers & Acquisitions-Dienstleistungen. 2001.

Band 43 Konstantinos N. Kyriakakis: Die Überwachung einer US-amerikanischen Aktiengesellschaft durch institutionelle Anleger. 2002.

Band 44 Uta Fredebeil: Aktienemissionen. Das underwriting agreement (der Übernahmevertrag) und seine spezifischen Klauseln. 2002.

Band 45 Michaela G. Döbler: Die Einführung des WTO-weiten Erschöpfungsgrundsatzes in das Markenrecht der EU und der USA. 2002.

Band 46 Jan Liersch: Regulierung des Blockhandels an den organisierten Aktienmärkten der Vereinigten Staaten, Großbritanniens und Deutschlands. 2002.

Band 47 Sascha Lotze: US-amerikanisches Kapitalmarktrecht und Internet. Aufsichts- und haftungsrechtliche Fragen des Internet-Einsatzes bei Wertpapieremissionen und im Wertpapierhandel. 2002.

Band 48 Boris Trautmann: Die Konkurrenz von Haftpflicht- und Versicherungsanspruch. Ein Beitrag zur ökonomischen Analyse des Rechts unter Berücksichtigung von Unsicherheit und Verhaltensanomalien. 2002.

Band 49 Matthias Möller: Rechtsformen der Wagnisfinanzierung. Eine rechtsvergleichende Studie zu den USA und zu Deutschland. 2003.

Band 50 Heiner Feldhaus: Die Eignung zur erheblichen Kursbeeinflussung bei der Ad-hoc-Publizität. Eine rechtsvergleichende und interdisziplinäre Untersuchung unter Berücksichtigung der europarechtlichen Vorgaben. 2003.

Band 51 Matthias Janke: Gesellschaftsrechtliche Treuepflicht. Neubewertung der richterrechtlichen Generalklausel im Rahmen einer rechtsvergleichenden und ökonomischen Analyse. 2003.

Band 52 Katrin Thoma: Eigengeschäfte des Vorstands mit der Aktiengesellschaft. Eine vergleichende Untersuchung zum englischen, U.S.-amerikanischen und deutschen Recht. 2003.

Band 53 Mathias Stöcker: Rechtsfragen grenzüberschreitender Unternehmenszusammenschlüsse - unter besonderer Berücksichtigung des Falles Daimler/Chrysler - 2003.

Band 54 Otto Korte: Zur mißbräuchlichen Wahrnehmung der aktienrechtlichen Anfechtungsbefugnis. 2003.

Band 55 Wilhelm Wilderink: Die Auflösung und die Verschmelzung von Investmentfonds. 2003.

Band 56 Anja Birkenkämper: Rechtsfragen feindlicher Übernahmen. Jurisitische Nachlese zum Fall Krupp/Thyssen. 2003.

Band 57 Manuel Lorenzo Alonso: Die Neuausrichtung der Zwischenstaatlichkeitsklausel der Art. 81, 82 EG. Folgen der neuesten Entwicklungen des Gemeinschaftsrechts für die Zwischenstaatlichkeitsklausel - unter besonderer Berücksichtigung des Bankenbereichs. 2003.

FSC
www.fsc.org
MIX
Papier | Fördert
gute Waldnutzung
FSC® C083411

Kolibri 360 GmbH
Ferdinand-Jühlke-Straße 7
99095 Erfurt, Deutschland
produktsicherheit@kolibri360.de

Druck:
CPI Druckdienstleistungen GmbH
im Auftrag der
Kolibri 360 GmbH
Ferdinand-Jühlke-Str. 7
99095 Erfurt